从山西出发的区域社会史

行龙 主编

商务印书馆
The Commercial Press

图书在版编目(CIP)数据

从山西出发的区域社会史/行龙主编. —北京：商务印书馆，2022
ISBN 978-7-100-21116-1

Ⅰ.①从… Ⅱ.①行… Ⅲ.①社会史—研究—山西 Ⅳ.①K292.5

中国版本图书馆CIP数据核字（2022）第076194号

权利保留，侵权必究。

从山西出发的区域社会史
行龙　主编

商 务 印 书 馆 出 版
（北京王府井大街36号　邮政编码100710）
商 务 印 书 馆 发 行
北京顶佳世纪印刷有限公司印刷
ISBN 978-7-100-21116-1

2022年6月第1版　　　开本 710×1000　1/16
2022年6月北京第1次印刷　印张 30¼

定价：148.00元

《山西大学建校 120 周年学术文库》总序

喜迎双甲子，奋进新征程。在山西大学百廿校庆之时，出版这套《山西大学建校 120 周年学术文库》，以此记录并见证学校充满挑战与奋斗、饱含智慧与激情的光辉岁月，展现山大人的精学苦研与广博思想。

大学，是萌发新思想、创造新知识的学术殿堂。求真问理、传道授业是大学的责任。一百二十年来，一代又一代山大人始终以探究真理为宗旨，以创造新知为使命。无论创校初期名家云集、鼓荡相习，还是抗战烽火中辗转迁徙、筚路蓝缕；无论是新中国成立后"为完成祖国交给我们的任务而奋斗"，还是改革开放以后融入科教强国建设的时代洪流，山大人都坚守初心、笃志求学，立足大地、体察众生，荟萃思想、传承文脉，成就了百年学府的勤奋严谨与信实创新。

大学之大，在于大学者、在于栋梁才。十年树木、百年树人。一百二十年的山大，赓续着教学相长、师生互信、知智共生的优良传统。在知识的传授中，师生的思想得以融通激发；在深入社会的广泛研习中，来自现实的经验得以归纳总结；在无数次的探索与思考中，那些模糊的概念被澄明、假设的命题被证实、现实的困惑被破解……，新知识、新思想、新理论，一一呈现于《山西大学建校 120 周年学术文库》。

"问题之研究，须以学理为根据。"文库的研究成果有着翔实的史料支撑、清晰的问题意识、科学的研究方法、严谨的逻辑结构，既有基于社会实践的田野资料佐证，也有源自哲学思辨的深刻与超越，展示了山大学者"沉潜刚克、高明柔克"的学术风格，体现了山大人的厚积薄发和卓越追求。

习近平总书记在 2016 年哲学社会科学工作座谈会上指出，"一个国家的发展水平，既取决于自然科学发展水平，也取决于哲学社会科学发展水平。

一个没有发达的自然科学的国家不可能走在世界前列，一个没有繁荣的哲学社会科学的国家也不可能走在世界前列"。立足国际视野，秉持家国情怀。在加快"双一流"建设、实现高质量内涵式发展的征程中，山大人深知自己肩负着探究自然奥秘、引领技术前沿的神圣责任，承担着繁荣发展哲学社会科学的光荣使命。

百廿再出发，明朝更璀璨。令德湖畔、丁香花开，欣逢盛世、高歌前行。山大学子、山大学人将以建校120周年为契机，沿着历史的足迹，继续秉持"中西会通、求真至善、登崇俊良、自强报国"的办学传统，知行合一、厚德载物、守正创新、引领未来。向着建设高水平综合性研究型大学、跻身中国优秀知名大学行列的目标迈进，为实现中华民族伟大复兴的中国梦贡献智慧与力量。

本书缘起

本书是山西大学中国社会史研究中心专兼职研究人员的论文结集，又是一本酝酿较长时间的论集。在这里有必要交代一下本书的缘起。

山西大学中国社会史研究中心成立于1992年，其创始人乔志强先生出生于1928年，逝世于1998年，"逢二""逢八"对我们这个中心来说具有特殊的意义。2008年10月，中心与中国社会科学院近代史研究所在太原美丽的天龙山麓联合举办了"中国社会史研究的理论方法暨纪念乔志强先生诞辰八十周年国际学术讨论会"。2018年9月，中心又在名胜晋祠举办了"从山西出发的历史学暨纪念乔志强先生诞辰九十周年学术讨论会"。两次会议地点均选在太原名胜晋祠、天龙山一带，因为乔志强先生的骨灰就安放在天龙山上的仙居园公墓，这也是我从未向人道及的一点小小私心。

"从山西出发的历史学"，是在2017年的一次学术讨论会期间提出的。此年8月中旬，中心与中国社会科学院《中国边疆史地研究》编辑部在山西大学联合举办"长城内外：历史时期中国北方边塞地带的人群、生计与社会进程"学术讨论会。会议期间，我曾召集有关同仁商议翌年学术讨论会的主题，客座教授邱仲麟先生首先表示极力赞同，同仁诸位亦无异议，遂有2018年的晋祠会议。

2018年9月上旬，刚刚在京开完"'教研相长七书'出版座谈会"，下旬中心便举办了晋祠会议。晋祠会议并未邀请更多国内外学者莅会，只是中心专兼职研究人员参加的小型学术讨论会，专职人员十二位，特聘客座教授七位，是一次"少而精"的学术讨论会。中心成立三十年来，专职人员从无到有，最多也就是现在的十四位，外聘客座教授都是对山西有过很好研究并与中心有长期交流合作的著名学者，无论专兼职，均以"宁缺毋滥"四字衡之。此次讨论会上，诸位就社会史、区域社会史、区域与整体、"碎片化"与本土化等问题及中心现有成果和进一步的发展方向，都提出了一些很好的意见，也都提交了相关的学术论文。会后本拟编辑论集出版，然限于客观条件未能如愿，也是一个不小的遗憾。

岁月如流，弹指间即到2022年。2022年，山西大学创办两个甲子120年，中国社会史研究中心成立30年，在这个特殊的年份，中心诸位均以为应当编一个集子以示纪念。在中心专兼职人员每位提交一篇已发表的学术论文基础上，以各篇论文均围绕"以山西为中心"为参照，我们编辑了这本《从山西出发的区域社会史》。张俊峰同志为本集初期编辑付出了许多心力，在这里我代表诸位向他道一声感谢。

甲子从头又一新。修建不久的"鉴知楼"焕然一新，正门两侧的巨幅壁报廊道，分别书写着"一所大学，两个甲子；一个中心，三十而立"八个大字，大门上方"守正创新"四字熠熠生辉。这是一个特殊的年份，《从山西出发的区域社会史》权且作为一份小小的礼物，献给大学，献给中心，献给前辈。

行　龙

2022年5月于山西大学

中国社会史研究中心鉴知楼

目 录

中国社会史研究向何处去 ·· 行　龙　1

水利社会史

水与中国历史
　　——第21届国际历史科学大会开幕式的基调报告 ········ 李伯重　17
自然灾害、环境危机与中国现代化研究的新视野 ················· 夏明方　29
道德、权力与晋水水利系统 ·· 沈艾娣　37
山西四社五村水利秩序与礼治秩序 ································· 祁建民　53
泉域社会：洪洞广胜寺霍泉水资源开发的历史与实践 ············ 张俊峰　70
关系千万重：明代以降吕梁山东麓三城的洪水灾害
　　与城市水环境 ··· 李　嘎　107

区域社会经济史

边缘的底层：明代北边守墩军士的生涯与待遇 ················· 邱仲麟　133
略论明代山陕地域共同体的形成
　　——基于边防、区域经济以及灾荒应对的分析 ············ 安介生　197

流动的土地与固化的地权
　　——清代至民国关中东部地册研究 ………………… 胡英泽 230
清代前期山西吕梁山区的荒地问题与社会结构变动
　　——以石楼县为例 ……………………………………… 张　力 272
晚清民国清徐县王氏家族分家析产初探 ………………… 郝　平 297
近代山西城乡货币体系变迁初探（1894—1927）
　　——以小额通货为中心 ………………………………… 韩　祥 319

区域社会文化史

民国山西村政建设中的"制度设计" ……………………… 谢　泳 357
从女仆、传教士到举世瞩目的"小妇人"
　　——艾伟德个人形象的形成研究 ……………………… 赵中亚 367
明清易代之际的方志编纂与地方社会
　　——以浑源州为例 ……………………………………… 曾　伟 386
"医"图千言：20世纪二三十年代《汾州》杂志中的医疗
　　与漫画 …………………………………………………… 贾登红 407

集体化时代的山西农村社会

资料、视角与写法：关于中国当代社会史研究的再思考 …… 常利兵 431
抗战时期太行根据地社会调查刍论 ……………………… 马维强 451
"下中农"考辨 ……………………………………………… 郭心钢 463

中国社会史研究向何处去

行 龙[*]

一、"碎化"或"碎片化"

　　无论从西文中转译过来的"碎化"与"碎片化"的表述确切与否,"碎"字在汉语中的一般理解就是破碎、粉碎;另一个意思是琐碎、细碎。碎片则是散乱一片,"一地鸡毛"。笔者接受社会史研究应当碎化的做法,就是要把研究对象咬碎嚼烂,烂熟于心,化然于胸,然后付诸笔端。而"碎片化"则是研究者需要力戒和摒弃的,这是因为只有碎片一地,却没有那个"有似绳索贯穿钱物"(陈旭麓语)的东西,只能是碎片越来越多,景象越来越乱。反之,如果有了那个"有似绳索贯穿钱物"的东西把一地的"碎片"再串通提起,这样的"碎片化"倒也不是不可以接受的。其实,说社会史研究"碎化"或"碎片化",主要还是批评其研究对象和选题的琐碎罢了。

　　社会史研究中出现"碎化"的现象,其实与其学科的特性密切相关,一定程度上也可以说是研究过程中自然而然的现象。社会史首先建立在对传统史学的反思、批判的基础上,西方传统史学以实证为重,注重叙述事件而缺少推理分析;注重抄录史实而不作概括归纳;注重研究个人而忽视集团;注重上层人物而忽视下层民众,有人将此概括为"事件的历史"。在中国,梁启超在倡导新史学的同时,猛烈批判旧史学"知有朝廷而不知有国家";"知

---

[*] 行龙,山西大学中国社会史研究中心教授。

有个人而不知有群体";"知有陈迹而不知有今务";"知有事实而不知有理想",那实际是一种"帝王将相"的历史。社会史研究在批判传统史学的基础上异军突起,又在批判传统史学的基础上树立起旗帜,这个旗帜的核心就是代表着新史学发展趋势的"总体史"。勒高夫在谈到伏尔泰等"新史学的祖先"时明确指出:"这里所要求的历史不仅是政治史、军事史和外交史,而且还是经济史、人口史、技术史和习俗史;不仅是君王和大人物的历史,而且还是所有人的历史;这是结构的历史,而不仅仅是事件的历史;这是有演进的、变革的运动着的历史,不是停滞的、描述性的历史;是有分析的、有说明的历史,而不再是纯叙述性的历史;总之是一种总体的历史。"①

20世纪80年代中国社会史研究的复兴,除了拨乱反正、解放思想的时代背景推动外,史学界本身的自省也是一个重要的动力。人们越来越意识到,一个时期以来,史学研究被浓厚的政治意识所笼罩,以政治史尤其是阶级斗争史为主导的史学,不仅不能反映历史的全部和真实,而且使研究越来越苍白干瘪,在一片"史学危机"的呼声中,"把历史的内容还给历史"(恩格斯语)成为复兴社会史研究的最强音。复兴最初的中国社会史,无论"专史说"还是"通史说",都在强调一种全面的历史或总体的历史。于是乎,人口、婚姻、家庭、宗族、城市、农村、衣食住行、婚丧嫁娶、节庆习俗、教育赡养、自然灾害、会党土匪、宗教信仰等均被纳入社会史研究的视野。柳暗花明又一村,具有新史学色彩的社会史研究大大地超越了传统史学的研究领域,一时间给人眼花缭乱、目不暇接之感。正是在这样一种复兴初期扩展领域和"占领地盘"的过程中,20世纪90年代初期,即有学者批评中国社会史研究的"碎化",好像社会史学科也是一个杂物筐,什么东西都可以往里面装。

应该说,社会史研究过程中出现的"碎化"现象,实际上就是在"总体史"的旗帜下自然产生的一种学术现象,西方社会史研究亦复如此。最近,

---

① 〔法〕J.勒高夫等主编:《新史学》,姚蒙编译,上海:上海译文出版社,1989年,第19页。

笔者刚看过一本《碎片化的历史学》，即是对年鉴派史学进行评介的书。① 问题是，研究者如何在自然的"碎化"过程中自觉地避免"碎片化"，依我之见，还是要回到总体史的路子上来，正确地理解和把握总体史。只有如此，才可能使社会史研究真正摆脱"碎片化"的境地。

在我看来，社会史意义上的总体史并不简单的就是要追求研究对象上的五花八门、包罗万象甚至是越多样化越好、越琐细化越好，也不是单个社会要素连续相加重叠的混合体，而是一种多种结构要素相互联系和作用的多层次的统一体。布罗代尔特别强调，"所谓总体，指的是一个统一体"②。他所倡导并实践的结构、局势、事件"三时段"历史，首先就是一种互相联系和互相作用的总体史。马克·布洛赫说："无论什么性质的社会，一切事物都是互相制约、互相联系的，政治、经济的结构与信仰及思想最基本、最微妙的反映都概莫能外。"③ 社会史的选题应该没有大小之分，再小的选题也可以是社会史的选题，关键是要"以小见大"，在总体史的眼光下寻找事物的互相联系和作用。同样，只有在认识论和方法论的基础上把握总体性，"保持总体化的眼光"，再小的区域也可以作出社会史意义上的总体史。勒华拉杜里的《蒙塔尤》一书，其研究对象虽只是中世纪法国南部一个拥有数百人的小村庄，但它却试图把构成和表现13—14世纪蒙塔尤社区生活的各种参数一一揭示出来，"明确表示了新史学的总体研究愿望"。我想进一步强调的是，社会史意义上的总体史与唯物辩证法中整体的观点、普遍联系的观点也是息息相通的。

避免"碎片化"的办法就是从总体的观点进行多学科的交融。彼得·伯

---

① 〔法〕弗朗索瓦·多斯：《碎片化的历史学——从〈年鉴〉到"新史学"》，马胜利译，北京：北京大学出版社，2008年。
② 〔法〕布罗代尔：《资本主义的动力》，杨起译，北京：生活·读书·新知三联书店，1997年，第52页。
③ 〔法〕马克·布洛赫：《历史学家的技艺》，张和声、程郁译，上海：上海社会科学院出版社，1992年，第180页。

克有言:"各个学科的结合是对碎片化的补救"①,"揭示地域、社会群体与各个学科之间的关联,是与碎片化进行战斗的一种方式"②。不同学科之间的对话与交流本来就是社会史研究的重要特征,年鉴学派自创始一直到如今第四代学者80年的发展过程,就是一个多学科不断交流和融合的过程。即使当今西方流行的微观社会史,也有许多优秀的能够体现总体史的著作。"由于教科书是通论性质的,你并不必须对每一个小问题都进行研究,而一部好的微观史却同时需要具备细节、证据和总体史的雄心。""倘若一部微观史写得好的话,它应该是一部有着自身深厚内蕴的研究,但同时也会揭示出与在它之外的其他进程的事件的关联。"③

这就是说,只要我们"保持总体化的眼光",进行多学科的交流对话,勇于和善于在具体研究中运用整体的、普遍联系的唯物史观,再小的研究题目、再小的区域研究也不会被人讥讽为"碎片化"。可惜的是,我们仍有一些研究者并没有把总体史的眼光贯穿到自己具体的研究实践中。对此,早在1950年,布罗代尔在法兰西学院的就职演讲中就引用年鉴派创始人费弗尔的话大声疾呼:"最好不过的是,每一位学者在从事他自己的正规专业、忙于开垦他自己的花园时,也应该努力注意邻人的工作。但是,往往由于院墙太高而被挡住了视线。倘若这些不同团体之间的智力交流更频繁一些,那么将会有多么丰富的关于方法和关于事实解释的珍贵建议,会有怎样的文化成果,会在直觉上迈出怎样的一步!"④ 应该说,"碎化"或"碎片化"本身并不可怕,可怕的是碎而不通,碎而不精。目前中国社会史研究中已经出现了多学科交叉的良好势头,也有一些较为成功的著述出现,但未来的路程仍然十分漫长。

---

① 〔英〕玛丽亚·露西娅·帕拉蕾丝-伯克编:《新史学:自白与对话》,彭刚译,北京:北京大学出版社,2006年,第178页。
② 同上注,第179页。
③ 同上注,第76页。
④ 〔法〕布罗代尔:《论历史》,刘北成、周立红译,北京:北京大学出版社,2008年,第20页。

二、关于"进村找庙，进庙找碑"

20世纪90年代以后，中国社会史研究出现了从整体社会史到区域社会史的学术转向，也就是从社会史学科性质、概念、范畴及宏观的、一般的"大而化之"的讨论层面向更为深入的、以特定区域为取向的研究模式转换。这是中国社会史复兴以来近10年时间后出现的又一个新的潮流，也即人们所熟知的区域社会史研究。

可以说，区域社会史研究的兴盛固然受到了"中国中心观""区位市场体系""国家与社会"等西方史学思潮的影响，但社会学、人类学的田野调查理论和方法更为其提供了直接的学术资源。20世纪80年代后期，陈春声、郑振满、刘志伟等"华南学派"同行即与海外人类学机构和专家合作，开展华南区域社会史的研究，并与香港科技大学、北京师范大学、山西大学等单位联合举办多期"历史人类学研讨班"，中山大学的"历史人类学研究中心"随即挂牌成立，历史人类学在社会史界乃至整个人文社会科学界受到了极大关注。依笔者粗浅的理解，"华南学派"的历史人类学，其研究特色主要是在历史学为本位的基础上，充分借鉴吸收人类学的理论方法，从"历史与田野"的视角进行区域社会史研究。或者说，他们注重共时性结构和历时性过程的结合，在把握历史脉络的基础上，从过去如何造成现在、过去的建构如何诠释现在的问题意识为出发点，以宗族、绅士、族群认同、械斗等为切入点，研究华南地区作为特定的地域社会在历史长河中是如何逐步纳入国家的过程及其复杂的生成关系的。

正是基于这样的问题意识，他们的研究对象大都选择在基层与乡村，凸显了自下而上的社会史路径，所以对村庄及庙宇的田野考察成为一道亮丽的风景。杨念群教授曾将此形象地描述为"进村找庙，进庙找碑"。在我看来，这样的描述一方面表达了"华南学派"进行区域历史研究的特色；另一方面又似乎在提醒我们不能只是一头钻进村庙而不顾外面的世界。此外，这样的研究还试图表明了把历史与田野结合起来对推动整个中国史研究的可行性和重要性。其实,杨念群教授后来倡导和讨论的"感觉主义"及"在地化"研究以及笔者提出的"走向田野与社会"治史理念,也都有着这样的学术蕴含。显而易见的是,走进历史"现场",寻找过去的遗迹,充分地将文字史料在田野中激活,已经成为区域社会史研究者建构大历史进程中特定地域社会变革所不可或缺的重要工作。

正如我们不必为什么是社会史争论不休、悬而不决一样,我们也不必为历史人类学争什么学科地位。重要的是,社会史研究要"优先与人类学对话",充分吸收人类学的理论与方法,以历史学为本位开展广泛而深入的田野调查工作,应当是值得充分肯定和需要长期坚持的方向。可以说,人类学家从事的微观个案研究,他们到研究对象的生活圈子里进行长期的田野工作,并对其观察和体验到的"他者"世界进行"深描"和"文化的解释",这些都是社会史研究者,尤其是区域社会史的研究工作者应当在实践中认真加以体悟和感受的方法。因此,我们不能把"进村找庙,进庙找碑"与解读历史文献的功夫割裂开来,更不能将两者对立起来。离开基本的历史文献无法去做历史的研究,也不可能拥有社会史意义上的"总体的眼光",进行田野工作恰恰是为了进一步地激活文献,读懂读通文献。为了直接体验特定空间里的历史,到研究对象的实地进行人类学式的田野考察,不仅可以发现一些文献上没有记载的内容,而且会把文献上死的历史记载变为有了切身感受的活生生的历史"现场"。把历史文献与田野考察结合起来,把象牙塔里的历史学家变为"田野里的历史学家"并没有什么不好。然而,需要指出的是,社会史的田野调查还是要以历史学为本位,人类学倚重参与观察和口述资料,历史学则强调在参与观察的过程中对地域历史的体验、感觉和文本资料的搜集。我们也可以将这看作人类学的田野调查与社会史的田野调查的差别所在。我曾经指出要想在中国社会史研究中真正地有所创新,就需要不断地走向田野与社会,将史料、研究内容、理论方法融为一体,这实际上也是在强调史料的搜集在社会史研究中的重要性。①

目前田野调查在中国社会史研究中已经蔚然成风,但基本仍限于研究者个体的行为,像年鉴派那样真正的"集体调查"我们做的还非常有限。勒高夫在谈到费弗尔的《为史学而战》时写道:"费弗尔在书中提倡'指导性的史学',今天也许已很少再听到这一说法。但它是指以集体调查为基础来研究历史,这一方向被费弗尔认为是'史学的前途'。对此《年鉴》杂志一开始就做出榜样:它进行了对土地册、小块田地表格、农业技术及其对人类历史的影响、贵族等的集体调查。这是一条可以带来丰富成果的研究途径。自1948年创立起,高等研究实验学院第六部的历史研究中心正是沿着这一途径从事研究工作的。"② 显然,对集体调查的强调事实上也是与社会史的总体史关怀一致的,它可以使研究者更为全面地兼顾到研究对象的方方面面,真正从特定的区域历史构建中凸显出整体性的面貌。

因此,社会史研究者要走向田野与社会,并不能被简单地视为身处乡野,即我们所追求的田野调查,而是一个发现史料、发现问题、发现历史的综合作用的研究过程。中山大学历史人类学研究中心对清代贵州清水江流域木材贸易文书的发现整理,山西大学中国社会史研究中心对集体化时代山西百余农村基层原始档案资料的搜集整理,可视为我在此所强调的"集体调查"的开始。可以说,此类历史与田野有效对接的具体方法,无论是在原始资料的发掘上,还是在问题假设上,都对自下而上的社会史研究有着十分重要的意义。我们经常会听到一些研究者在抱怨中国没有像西方那样完整的教会档案和系统文献,从事社会史研究的资料难以搜集,其实那是我们的功课还没有做好,我们的工作还没有到位。中国如此之大,资料搜集的空间也很大。除了研究者个人的田野工作和资料搜集之外,进行整体性的"集体

---

① 行龙:《二十年中国近代社会史研究之反思》,《近代史研究》2006年第1期。
② 〔法〕J. 勒高夫等主编:《新史学》,姚蒙编译,上海:上海译文出版社,1989年,第14—15页。

调查"实在是应该大力提倡的,一定程度上这也是一种文化遗产的抢救。而且,我相信社会史研究在从田野调查中寻找到新的创新点的同时必将推动整个中国的历史研究不断走向深入。

三、"除去政治史"与"重提政治史"

自社会史研究在中国历史学的发展中呈现出蒸蒸日上的势头后,传统的政治史就似乎陷入了一种尴尬的境地。其实,这也是中西方新旧史学转型过程中所面临的一个共性问题,其典型表现就是以"自下而上"的社会史视角对传统政治史路径的直接挑战与反叛。正是在强烈反对政治史统领全部历史的声浪中,一种"排除了政治的人民的历史"成为西方社会史最初的一家之言,屈威廉的《英国社会史》便是代表。加纳在20世纪80年代进行评述时说,屈威廉的这个定义"成为关于社会史的最著名的定义,它经常为人们所引用,又不断遭到批判,而且迄今为止未被充分理解"[1]。勒高夫用"同政治史的一场斗争"作为小标题,即谈到第一代年鉴派代表人物费弗尔和布洛赫在初期反对政治史、尤其是外交政治史的斗争。在他们看来,传统的政治史一方面是一种叙述性的历史;另一方面又是一种由各种事件拼凑而成的历史,那就是一种"事件性的历史"[2]。

其实,年鉴学派虽然反对传统的政治史写作,但他们自己并没有排除政治史。丹尼尔·罗什就认为,"政治史从未在法国消失过","在早期的年鉴群体中布罗代尔所关注的问题之一就是要让人做政治史。马克·布洛赫不仅写了政治史,而且也开了政治史方面的课程"[3]。中国社会史复兴以来,并没有明确地排除政治史的说法,或许我们可以说,由于中国社会史研究建立在

---

[1] 蔡少卿主编:《再现过去:社会史的理论视野》,杭州:浙江人民出版社,1988年,第148页。
[2] 〔法〕J. 勒高夫等主编:《新史学》,姚蒙编译,上海:上海译文出版社,1989年,第9页。
[3] 〔英〕玛丽亚·露西娅·帕拉蕾丝-伯克编:《新史学:自白与对话》,彭刚译,北京:北京大学出版社,2006年,第148页。

以反对政治史为主导,尤其是以阶级斗争为主导的史学书写框架的基础上,因此在其复兴和发展的过程中,政治史的内容没有引起人们足够的关注和重视,这倒是需要我们认真反思的问题。

进入 21 世纪后,在倡导"新史学""新社会史"的实践过程中,杨念群教授又力争重提政治史。2004 年《历史研究》第 4 期发表了杨念群的《为什么要重提"政治史"研究》一文。他有感于政治史被碎片化,"最终沦落成为边缘学门",提出了要复兴政治史,就必须在与其他研究取向特别是与社会史研究的不断对话中寻求灵感,同时也要不断超越"地方性"的感觉重新建立起整体解释的意识。①

笔者以为,重提政治史研究,并不是要回归到旧史学笼罩下的那种传统的占据支配地位的政治史;而恰恰是一种与社会史沟通的超越传统政治史的"新政治史"。这个问题的实质其实就是如何实现政治史与社会史的有机结合,如何从社会史的角度去研究政治史。政治史与社会史并不相互排斥,社会史可以丰富政治史的内容,政治史可以凸现社会史的意义。我们知道,社会史的重要特征就是注重多学科的交融、"长时段"的观念、总体史的追求、"自下而上"的视角,甚至是田野调查的方法等都可以很好地运用到政治史或政治领域的研究中去。所以,"重提政治史"的一个关键实际上就在于提醒社会史研究者,即使以"自下而上"的视角去书写普通民众的历史,也应该关注到那些对大历史发展进程起着决定性影响的精英人物、国家政治、典章制度等方面的作用和在场。这也是追求"总体史"的一种内在体现。

笔端至此,我还想强调一个相关的话题,这就是中国社会史的研究有必要延伸到现当代史,从社会史的角度去重新审视中共党史、中共革命史,乃至当代中国史研究。一个不能忽视的问题是,中国社会史复兴 30 年来,主要的成果和研究队伍相对集中在中国古代史、近代史领域,1919 年以后,尤其是 1949 年后的所谓现当代史的社会史研究显得相当薄弱。中国近代史

---

① 杨念群:《为什么要重提"政治史"研究》,《历史研究》2004 年第 4 期。

的下限应该在1949年已成为学界共识，但具体的研究往往难以延伸下来，对中华人民共和国成立后的社会史的研究并没有真正展开。正如田居俭教授所指出的:"无论从中国通史的一个断代史（中华人民共和国史）的角度审视，还是从中国正在经历并将长期经历的一个社会形态史（社会主义史）的角度审视，当代社会史都是一个亟待填补的空白。"① 可以说，把社会史研究引向现当代史，必将为中国历史的整体推进做出新的贡献。因为"现当代史距我们当今的现实社会最近，现实社会中的许多问题与过往不久的中国历史紧密相连，把社会史研究引入中国现当代史是中国社会史研究必须引起重视的问题，也是社会史研究者应当担负的一份社会责任"②。

　　社会史首先是一门"问题史学"，通过过去而理解现在，通过现在而理解过去，这也正是法国年鉴派史学方法论的核心。勒高夫明确指出社会史"比任何时候都重视从现时出发来探讨历史问题"③。而中国现当代史与现实社会的政治经济变革紧密相连，这样一个长时段的历史，我们不能也不可能把它割裂开来。如果我们的社会史研究仅限于古代、近代的探讨而不顾及现当代，那将是社会史研究一个巨大的缺失和遗憾。倘若将社会史的视角延伸至中国现当代史之中，则有助于我们重新解释或评判很多的问题。例如，我们如何从社会史的角度重新审视以阶级斗争为主导的现当代史和革命史模式；如何突破人为的历史时段划分，进而从整体的角度研究中国革命史；如何"自上而下"和"自下而上"相结合来研究中国革命史；如何从多学科交叉融合的视角研究中国革命史，如此等等，都需要社会史研究者努力思考并付诸实践。近年来，南开大学中国社会史研究中心的李金铮教授已开始提倡一种"新革命史"的研究取向，即"从国家与社会的关系，具体说就是国家

---

① 田居俭：《把当代社会史提上研究日程》，《当代中国史研究》2007年第3期。
② 行龙：《"自下而上"：当代中国农村社会研究的社会史视角》，《当代中国史研究》2009年第4期。
③ 〔法〕J.勒高夫等主编：《新史学》，姚蒙编译，上海：上海译文出版社，1989年，第13页。

政权与民间社会双重互动角度进行研究,是一个新的切入点和突破点"①。近年来,山西大学中国社会史研究中心开展的"集体化时代的中国农村研究",也是在反思传统革命史的基础上的新探索。在我看来,这种不同于以往革命史范式的研究路径也将大大丰富对中国革命及其现代性转变的认识与理解。

四、走向多元开放

2009 年 3 月 24 日,《光明日报》史学理论版整版发表赵世瑜教授、常建华教授和笔者三人的笔谈,题目是《走向多元开放的社会史——中国社会史研究 30 年的回顾与前瞻》,我以为这个标题加得很好,多元开放应该是中国社会史研究下一步的基本走向。

先看开放。中国社会史研究的 30 年是开放的 30 年,这里的开放首先是我们对国外史学尤其是与西方社会史研究的开放。1949 年以来直至改革开放前的中国历史学研究虽然取得了很大的成绩,但也深受闭目塞听和教条主义之害。在改革开放时代复兴的中国社会史研究,开始就受到来自西方的各种社会科学理论和方法的影响,以法国年鉴学派为代表的西方社会史研究以及美国关于中国的相关研究对中国社会史研究的影响尤其突出。现代化模式、"中国中心观"、长时段、"自下而上"、"内卷化"、"过密化"、"权力的文化网络"、市民社会、国家与社会、历史人类学、"地方性知识"、后现代、后社会史,② 林林总总的各式理论和方法,都随着不断地翻译引进而耳熟能详。然而,上述概念和理论恐怕只是对少数学者而言,对西方社会史研究相关理论和方法的切实吸纳,尤其是把西方的理论与方法借鉴运用到中国社会史的具体研究中仍然任重而道远。

---

① 李金铮:《何以研究中共革命与乡村社会?》,《中国社会史研究的理论与方法暨纪念乔志强先生诞辰 80 周年国际学术研讨会·会议论文集》,2008 年 10 月。
② 〔西〕米格尔·卡夫雷拉:《后社会史初探》,李康译,北京:北京大学出版社,2008 年。

中国社会史研究的开放还表现在它对其他人文社会学科的开放。社会学、人类学、地理学、政治学、经济学、民俗学、人口学等都对社会史的研究起到了很大的推动作用，同时社会史也促动了其他学科的发展。眼下，社会经济史、社会文化史、区域社会史、乡村社会史、城市社会史、水利社会史、医疗社会史、生态社会史等不仅一一登上史坛，而且已有一些优秀的成果陆续出现，社会史真的由灰姑娘变成了一位公主，它也像一个盛大的花圃，培育出千姿百态百花齐放的璀璨景象。

同走向开放一样，中国社会史的研究还需要进一步走向多元。多元本与开放互为一体，开放必定带来多元，多元能够进一步促进开放。面对不断翻新目不暇接的西方各式理论，我们会有一种难以跟进的感觉。早年在国内从事社会史研究后来又长期在海外研究的孙江教授就曾不无担忧地说道："在当代世界新史学变化的时间表上，值得我们痛加反思的是，限于学术信息的不足和学术语境的不同，我们和欧美几乎在同一个时间，用同一种声音发出了'史学危机'的呼声，但是内容却根本不同，以年鉴学派为代表的新史学要否定的是整体的结构历史和历史学过分社会科学化的倾向，而这恰恰是我们视为社会史研究的范本来加以追求的目标。"① 我想中国社会史研究要走向多元，学习西方是不可或缺的功课，但是我们也不必为跟不上西方而过多地担忧，西方与我们有不同的"学术语境"，更有与我们不同的历史内容，我们要与西方的社会史进行对话而不能仅限于"自话自说"，我们更要从中国的历史实际出发建立自己"本土化"的中国社会史，该补的功课还是要认真地补上。

走向多元，笔者还想强调马克思主义唯物史观对中国社会史研究的意义。历史唯物主义的基本原理与社会史研究的理论有许多相通之处，阶级分析、具体问题具体分析、全面的整体的观念、事物之间的普遍联系性等在社会史的研究中都有其一定的方法论指导意义，我们不能因为过去教条主义地

---

① 孙江主编：《事件·记忆·叙述》，杭州：浙江人民出版社，2004年，第21页。

理解和运用唯物史观而漠视它的存在。年鉴派史学就认为，新史学和马克思主义并非互不相容，马克思主义的历史分期学说仍是一种长时段的理论，把群众在历史上的作用放在首位与新史学注重研究普通民众的历史不谋而合，带着问题去研究历史、跨学科研究、长时段和整体观察等很多方面，"马克思是新史学的大师之一"①。认识到这一点，并将其充分纳入具体的社会史研究中，也将有助于大力提升我们中国历史研究的整体水平。

可以说目前的中国社会史研究已经出现了走向多元的发展趋向。在历史唯物主义的指导下，广泛汲取中国传统史学和西方各种理论方法的各类社会史研究已经蔚然成风；区域社会史、历史人类学以其鲜明的特性更加为人称道；医疗社会史、生态社会史、城市社会史等新领域方兴未艾；"新社会史""新文化史""新革命史"以其探索性的精神崭露头角；以探讨历史总体性为旨归的"新整体史"仍然引人注目；相关资料的搜集整理，甚至"集体调查"式的资料工作已渐次展开，我们能够感受到中国社会史研究的无穷魅力和美好前景，中国社会史研究也必将走向更加广阔的未来。

综上所述，中国社会史研究自 1978 年后复兴以来，已有 30 年的发展历程。在我而言，这本身也应该成为我们史学工作者进行认真反思的一段学术史，或者用福柯的话来说，就是一种"知识考古学"。就像人类学界早已对其田野工作这一学科本领不断进行批判性的反思一样，我们以历史学为本位的社会史研究者也应该对走过"而立之年"的中国社会史研究中存在的一些问题和重要的研究路径——进行探讨与反思，进而推动整个中国历史的深入发展。本文即是以此为出发点进行思考的产物，并希望能够引起学界同仁的关注和进一步的讨论。

---

① 〔法〕J. 勒高夫等主编：《新史学》，姚蒙编译，上海：上海译文出版社，1989 年，第 35 页。

水利社会史

史料校本

水与中国历史

——第21届国际历史科学大会开幕式的基调报告

李伯重[*]

18世纪中国文学名著《红楼梦》中的主角贾宝玉有一句名言:"女儿是水做的骨肉。"如果不只从字面上来看的话,这句话颇具深意。水造就了所有民族的历史,而中国的历史则最清楚地证明了这一点。

一、序章:中国的龙崇拜

龙文化与中国历史同样久远。在古代中国,龙是最受尊崇的对象之一。龙的形象在新石器时代陶器上就已出现。龙这个字,在商代甲骨文中也已有之,以后逐渐演化,成为今天习见的形式。在欧洲传统文化中也有龙,但通常是与邪恶相联系;而中国传统文化中的龙,则代表着威严、力量与仁慈,在中国人的精神世界中享有崇高的地位。因此,龙是帝王的象征,皇帝被称为真龙天子,御座被称为龙椅,御袍则被称为龙袍。龙的图像,在皇宫中随处可见。

到了近代,龙又成为了中国的象征。中国第一面国旗是龙旗,中国自己最早铸造的银元是龙元。1949年以后,天安门成为了中华人民共和国的国家象征,而龙的形象依然保留在天安门前的华表上。中国人民也一如既往,把自己称为"龙的传人"。

---

[*] 李伯重,清华大学历史系教授。

在中国的民间文化中，龙也无处不在。无论是通都大邑，还是穷乡僻壤，凡有水之处，皆有龙王庙。在众多民间传说中，龙王都是主角。在夏历新年和其他中国传统节日，龙舞、龙灯都不可或缺；龙舟竞渡使得端午节成为中国嘉年华。在中国的年节庆祝活动中，没有龙的形象，人们就感觉不到充分的喜庆气氛。

但是，中国的龙到底代表什么呢？著名的中国历史学家李埏教授（1914—2008）精辟地总结说："由于人们和水的关系更加密切，以及对水这种自然力量的不理解，龙于是完全成了水的化身——水神。到农业生产发展起来，水的作用更为重要，龙崇拜也就更发展。"① 简言之，龙就是水神，掌握着在何时、何地降甘霖以及降多少的权力。因此，崇拜龙就是崇拜水神，或者说，就是崇拜水。

二、中国历史上的三大奇迹

今天全世界的人都在谈论"中国奇迹"，即中国在过去30年中，经济所取得的史无前例的高速成长。但是在历史上，中国还有比今天的经济奇迹更加伟大的三大奇迹。正是这三大奇迹，使得中国在世界上与众不同。

第一大奇迹是中国这个国家。在世界历史上，曾经出现过许多拥有广大的疆域和众多的人口的帝国，其中一些也曾延续了相当长的时期。但是，没有哪一个帝国像中华帝国存在如此长久。中华帝国建立于公元前3世纪后期，一直延续到20世纪初期。在这两千多年中的大部分时期内，中国（至少是中国内地）基本上都在一个政权的治理之下。一般而言，在近代以前的世界上，罕有广土众民的国家能够长期维持下去，这似乎是一条规律，而只

---

① 李埏：《龙崇拜的起源》，《学术研究》（昆明）1963年第9期，后收入李埏《不自小斋文存》，昆明：云南人民出版社，2001年，第458—487页。

有中国是例外。① 中国这种独一无二的长时期的大一统，成为世界历史上一个值得深入研究的大问题。

第二大奇迹是中国人民。早在 1 世纪，汉帝国的人口就已达到 6000 万，比当时世界上另外一个人口最多的国家——罗马帝国——的人口还多出 10%。② 从 1300 年以后，中国一直是世界上人口最多的国家。到了 18 世纪，全世界每 3 个人中就有 1 个是中国人。③ 中国幅员辽阔，生活在这个广大疆域之内的人们，在民族、宗教、地域等方面具有丰富多彩的多样性。然而，绝大多数生活在这片土地上的人，都把彼此视为拥有共同的语言、文化和文字的一家人，而中国也是所有生活在这片土地上的人民的共同家园。④ 这一点，在世界历史上也无有其俦。

第三大奇迹是中华文明。中华文明起源于 5000 年前，经过长期的演变，到了公元前 3 世纪，已基本定型，后来继续发展，成为世界上主要文明之一，为中国以及其他国家（特别是日本、朝鲜、越南）的人民共同分享。这一伟大的文明包括独特的书写系统汉字、独特的关于人与世界的观念、独特的意识形态和独特的政治制度等。在 2000 年前，汉帝国和罗马帝国巍然屹

---

① Mark Elvin, *The Pattern of the Chinese Past——A Social and Economic Interpretation*, Stanford: Stanford University Press, 1973, p. 17；史景迁（Jonathan Spence）用称颂的语气写道："大约 1600 年时，中国是世界上幅员最辽阔的统一政权。当时俄国才开始形成统一的国家，印度尚分别由蒙古人及印度人统治，墨西哥、秘鲁等古文明帝国则毁于疫疾肆虐与西班牙征服者。此时中国人已逾 1.2 亿，远超过欧洲各国人口之综合。……欧洲各国、印度、日本、俄国以及奥斯曼帝国的统治者，此刻无不致力于建构有系统的官僚组织，俾以有效统治领土和臣民。然而中国已经具备庞大的官僚体系，能够有效地统治这个巨大的帝国"（Jonathan Spence, *The Search for Modern China*, New York: Norton, 1999, p. 7）。

② 14 年，罗马帝国开国君主奥古斯都去世时，罗马帝国人口约为 5400 万（Angus Maddison, *Contours of the World Economy 1—2030 AD, Essays in Macro-Economic History*, Oxford: Oxford University Press, 2007, p. 35）。

③ James Lee & Feng Wang, *Malthusian Mythology and Chinese Reality: The Population History of One Quarter of Humanity, 1700-2000*, Cambridge, MA: Harvard University Press, 2000, p. 6.

④ 在中文中，"国家"（country）是由"国"（state）和"家"（home）两个字构成的。

立在欧亚大陆两端,是古典时代世界的两大主要文明。到了 4 世纪,两大帝国都崩溃了。但是在尔后的一两千年中,中华文明依然继续着,而罗马文明则否。虽然罗马文明的许多重要特征后来融入了演变中的西方社会,但是这个文明本身却中断了,并未在原有地方一直延续下去。因此,在此意义上可以说,中华文明是世界上持续时间最久的文明。

这三大奇迹使得中国的历史与众不同,引起了人们对此的高度兴趣,并导致了"中国特殊论"[①]的出现。然而问题是,中国的特殊性,又是建立在什么基础之上呢?

三、中国的治水

水与上述中国三大奇迹之间有非常密切的联系。这种联系部分地回答了中国人为什么如此崇拜水,以及中国人为什么在治水工作上,付出了比世界上其他任何地方的人民更多的努力。

中国古代圣人孔子有云:"水可载舟,亦可覆舟。"[②] 这个生动的比喻道出了水的双重性质,即水对人类,既可有利,亦可有害。如何取水之利,避水之害?中国人对此问题的关切,贯穿着整个中国历史。

以往学界对于中国历史的一些看法,深刻地反映了治水在中国的重要性。[③] 中国传说中的第一个王朝——夏朝,其创立者大禹就是一位水利专家,

---

① 英文为 China's exceptionalism,亦有译作"中国例外论"的。
② 此语最早出于《孔子家语》"五仪解第七",原文为"水所以载舟,亦所以覆舟"。后来为《荀子》"哀公篇"引用,作"水则载舟,水则覆舟"。现在常见的"水可载舟,亦可覆舟",则为《后汉书》卷 65《皇甫规传》所引用者。
③ 中国历史与治水活动之间的关系,最早为魏复古(Karl A. Wittfogel, 1896—1988)所注意。他认为:大规模的防洪和灌溉工程,需要中央进行协调。这种需要促进了专业的官僚机器的兴起,从而导致了一种"水利帝国"(hydraulic empire),亦称"水利专制主义"(hydraulic despotism)或"水垄断帝国"(water monopoly empire)的出现。依照他的观点,中国就是这种"水利帝国"的代表。他认为:在中国,尽管一个王朝可能被推翻,(转下页)

因其治理黄河的伟大成就，得到人民的拥戴，从而继承了大舜的帝位。大禹治水的故事一直流传了下来，表现出中国人对治水的重视。秦统一中国以后，治水更成为国家最重要的任务之一。①

在过去的2000多年中，中国发展出了先进的水利工程技术，建成了世界上最大的防洪系统、最大的灌溉系统和最大的水运系统。

中国的万里长城举世皆知，这个旨在保卫中国本部不受北方游牧人入侵的防御工事，是人类历史上最大的建筑工程。然而，中国还有几道另外的"长城"，却较少为世人所知。这几道"长城"，就是用来防御洪水的长堤。黄河是中华民族的母亲河，黄河水滋养了中华文明。但黄河也是一条桀骜不驯的河流，经常给沿岸人民带来巨大的灾难。②为了抵御河水泛滥，中国人在黄河两岸修建了高耸的大堤，经过历代的修筑，这道大堤长达1500

（接上页）但是新王朝与旧王朝差别不大。魏氏关于治水重要性的看法可能是正确的，但是整体而言，他的理论已经破产，因为他把水利与"专制主义"这两个概念，直接等同起来（参见 J. M. Blaut, *The Colonizer's Model of the World: Geographical Diffusionism and Eurocentric History*, New York: The Guilford Press, 1993, pp. 83-90）。事实上，在中国的帝制时期，特别是在明清时期，尽管中央政府在兴建和维护大型水利工程（例如黄河大堤和大运河）方面负有重要责任，但是绝大多数水利工程都是由地方当局、民间团体和各种非政府组织发起和出资兴建的。

① 由国家组织和协调的大型治水工作，在整个帝制时期都在进行。例如西汉元封二年（公元前109），黄河决口，武帝"使汲仁、郭昌发卒数万人塞瓠子决。于是天子已用事万里沙，则还自临决河，沉白马、玉璧于河，令群臣从官自将军以下，皆负薪窴决河"（《史记》卷29《河渠书第七》）。又如东汉永平十一年（68），明帝"遂发卒数十万，遣景与王吴修渠筑堤，自荥阳东至千乘海口千余里。景乃商度地势，凿山阜，破砥绩，直截沟涧，防遏冲要，疏决壅积，十里立一水门，令更相洄注，无复溃漏之患。景虽简省役费，然犹以百亿计。明年夏，渠成"（《后汉书》卷76《循吏列传第六十六》）。隋炀帝开凿大运河，征发民夫更是数以百万计。明清两代还专门设置了漕运总督的职位，以管理大运河。

② 黄河发源于中国西部，在东流的过程中，沿途接收了大量的泥沙。当黄河流入华北平原后，流速减缓，携带泥沙的能力随之下降。泥沙逐渐堆满河床，黄河也成为河床高于周围地面的"悬河"。一旦河堤决口，河水就要泛滥，并且导致黄河改道。在过去3000年中，黄河决口超过1500次，改道则达26次，每次决口和改道都造成大量生命和财产的损失。

公里，①为仅次于长城的伟大建筑工程。在中华民族的另外一条母亲河——长江——的中游，中国人在过去的 1500 年中建成了长达 180 公里的荆江大堤，使得周围 18000 平方公里的富饶平原免遭水患。在华东海岸，气势恢宏的捍海大塘形成了一条长 600 公里的防洪大堤，②保卫着中国最富庶的长江三角洲不受汹涌海涛的侵袭。

今天世界上现存最早的人工灌溉工程系统，是位于中国川西成都平原的都江堰。③都江堰建于公元前 256 年，今天依然在使用，灌溉着超过 5300 平方公里的沃野。在中国的帝制时代，有更多的灌溉工程建成。④由于这些灌溉工程，到 15 世纪初，中国有 30% 的耕地是人工灌溉的耕地。在随后的 5 个世纪中，尽管中国耕地总数增加了 3 倍，但是人工灌溉耕地在总耕地中的比例仍在不断提高。⑤与欧洲、印度以及世界上其他地区相比，中国的人工灌溉耕地在耕地总数中的比重异乎寻常的高。⑥

中国有众多的河流，从河流长度和流域面积大小来看，长江、黄河和珠江是最大的三条。这三大河流的流向都是自西向东。为了用水路把南北联系起来，中国人开凿了一条南北向的"人工密西西比河"——大运河，把长江、

---

① 今天的黄河大堤，大部分重建于 15 至 19 世纪，包括 605 公里长的南岸大堤和 719 公里长的北岸大堤，此外还有长达 174 公里的其他防洪大堤。因此黄河大堤的总长达到 1498 公里，堤高则比周围地面高 3—5 米。
② 这些海塘系用石料与泥土筑成，平均高度 4.5 米，底部宽 12 米，顶部宽 3—6 米。
③ 都江堰水利工程已于 2000 年被联合国教科文组织确定为世界文化遗产。
④ 这些工程包括了在长江三角洲、珠江三角洲、洞庭湖地区、江汉平原等地的高度发达的灌溉系统。
⑤ Angus Maddison, *Chinese Economic Performance in the Long Run* (Second edition, revised and updated: 960–2030 AD), Development Centre of the Ogranisation for Economic Co-Operation and Development (Paris), 2007, p. 15.
⑥ 在 1850 年，印度的人工灌溉耕地仅占耕地总数的 13.5% 左右。欧洲的数字无法获得，但可能更加接近印度的情况而非中国的情况。Angus Maddison, *Chinese Economic Performance in the Long Run* (Second edition, revised and updated: 960–2030 AD), Development Centre of the Ogranisation for Economic Co-Operation and Development (Paris), 2007, p. 15.

黄河两大河流和北方另外三条主要河流连接了起来。① 大运河今日长 1794 公里，而在 13 世纪之前更是长达 2500 公里，是人类最伟大的工程成就之一，②至今为止依然是世界历史上最大的人工水运系统。中国另外一条较少为人所知的南北向运河，即建于公元前 230 年左右的灵渠，是世界上现存的最早的运河。灵渠位于风景如画的桂林附近，把长江和珠江的两条重要支流——湘江和漓江——连接了起来，从而使得长江和珠江两大水系彼此相连。在大运河和灵渠的沿岸，建有无数的闸门、水坝、蓄水池、码头、泊船处、维修设施、桥梁、货栈、旅馆、治安机构等，成为复杂而完整的水运系统。这两条运河的开凿，把中国的三大河流和赣江、湘江、汉水、淮河、海河等重要河流连为一体。除此之外，中国的海路运输网也覆盖了全部海岸。这样，在 19 世纪之前，中国已建成一个以 3-T 形水路网为基础的巨大的水运系统，③全国大部分地区都被纳入其中。

简言之，正如李约瑟在其名著《中国的科学与文明》中所言：中国人在治水和用水方面，在世界各国中非常突出。④

四、治水与"中国奇迹"

中国在治水方面所进行的努力，超过世界上其他所有国家。⑤ 这种努力

---

① 这些河流包括钱塘江、淮河和已经湮灭了的大清河，这几条河流也都是东西流向的。
② 大运河的长度，分别为苏伊士运河和巴拿马运河长度的 16 倍和 33 倍。
③ 这三个"T"字形水路网有一条共同的横向轴线——长江，而有三条不同的纵向两翼：第一条是汉水——湘江，第二条是京杭大运河——赣江，第三条是北洋航线和南洋航线。此外，湘江水系通过灵渠与珠江水系相连，而赣江水系则越过大庾岭一小段陆路后也与珠江水系相连。
④ Joseph Needham, etc., *Science and Civilisation in China*, Vol. 4, *Physics and Physical Technology*, part III, *Civil Engineering and Nautics*, London: Cambridge University Press, 1971, p. 212. 李约瑟此语，系引用清初来华传教士李明（Louis Lecomte）的观察和现代多位学者的意见。
⑤ Steven Solomon, *Water: The Epic Structure for Wealth, Power, and Civilization*, New York: Harper Collins, 2010, p. 96.

获得了丰厚的回报,构成了上述中国三大奇迹的基础。

黄河大堤的兴建,使得中华文明得以逃脱世界上许多古代文明后来都消亡了的厄运。不仅如此,在年降水量不足 300 毫米、横跨内蒙古沙漠的中国内陆干旱贫瘠地区,中国人用黄河水创造出一个生机盎然的绿色地带。① 中国兴建的水利工程使得更多的富源得以开发,② 对中华文明的持续、发展和繁荣厥功甚伟。

今天,中国的耕地面积仅占世界耕地面积的 8.6%,但是却养活了世界人口的 20%。③ 在历史上,中国人口在世界人口中的比重更大,而耕地面积增加的速度则比世界其他地区慢得多。④ 多亏中国耕地具有比世界其他地区的耕地更高的生产力,才养活了中国的人口。不仅如此,在过去 2000 年中的大部分时间内,中国人民享有比世界上大部分地区更高的生活水准。⑤ 这

---

① Robert Kandel, *Water from Heaven: the Story of Water from the Big Bang to the Rise of Civilization, and Beyond*, New York: Columbia University Press, 2003, p. 179.

② 都江堰水利工程使得成都平原成为"天府之国",而长江三角洲、珠江三角洲、洞庭湖地区、江汉平原上的灌溉系统,也使得这些地区成为著名的鱼米之乡或者可以使"天下足"的粮仓。

③ 中国耕地在世界耕地中的比重,过去一般认为仅为 7%,但据较新的估计为 8.6%(参见封志明、刘宝勤等:《中国耕地资源数量变化的趋势分析与数据重建:1949—2003》,《自然资源学报》2005 年第 1 期)。2008 年世界人口总数为 67 亿,而中国人口为 13 亿(Population Reference Bureau, 2009 *World Population Data Sheet*, http: //www.prb.org /pdf08 / 08WPDS_Eng. Pdf)。

④ 例如,中国人口在世界人口中的份额,1700 年为 29%,1820 年为 37%(Maddison, *Chinese Economic Performance in the Long Run*, p. 24)。在 1700—1980 年间,世界耕地总数增加 466%(D. Tilman, K. G. Cassman, PA. Matson, R. Naylor and S. Polasky, "Agri-cultural Sustainability and Intensive Production Practices", in Nature 418 (6898), August 2002, pp. 671-677),而在中国,耕地在 1770—1957 年间只增加了 177%(Dwight Perkins, *Agricultural Development in China, 1368-1968*, Chicago: Aldine Publishing Company, 1969, p. 16)。1957 年数字是中国耕地统计面积的峰值(封志明、刘宝勤等:《中国耕地资源数量变化的趋势分析与数据重建:1949—2003》,《自然资源学报》2005 年第 1 期)。

⑤ 麦迪森(Angus Madison)认为,早在 10 世纪,在人均收入方面,中国经济已领先世界,这种地位一直保持到 15 世纪(Maddison, *Chinese Economic Performance in the Long Run*, p. 15)。15 世纪之后,一直到 19 世纪,与其他国家相比,中国人仍然生活得不错。(转下页)

当然是一个了不起的成就,而这一成就很大程度上应归功于中国高效的灌溉系统,因为有了这个系统,中国耕地才有这样高的生产力。①

上述以 3-T 形水路网为基础的水运系统,把中国大部分人口和经济连贯了起来,成为中国的生命线。中国疆域辽阔,从热带直到寒温带,跨越了 30 个纬度,各地生态环境和自然资源具有高度多元性。② 有了上述这样一个举世无

(接上页)谢和耐(Jacque Gernet)指出:一般而言,在雍正朝和乾隆朝前半期,中国人过得比路易十五时代的法国人更好(Jacque Gernet, *A History of Chinese Civilization*, Cambridge: Cambridge University Press, 1972, pp. 420-421)。何炳棣也认为:18 世纪中国的农民,比同时代法国的农民或者 19 世纪前期普鲁士的农民以及德川时代日本的农民,都生活得更好(Ping-ti Ho, *Studies on the Population of China, 1368-1953*, Cambridge, MA: Harvard University Press, 1959, p. 194)。贝洛赫(Paul Bairoch)则估计,1800 年中国人均国民生产总值(GNP)约为 228 美元,而 18 世纪英国、法国不同年份的人均国民生产总值,在 150—200 美元。相比之下,中国人民生活得更好一些(转引自 Fernand Braudel, *The Perspective of the World, Civilization & Capitalism, 15th-18th Century, Vol. 3*, Berkeley: University of California Press, 1992, p. 534)。因此 18 世纪后期亚当·斯密在《国富论》中说:"很久以来,中国就是世界上最富有的国家之一,它土地最肥沃、耕作最精良、人民最勤奋、人口最稠密"(Adam Smith, *An Inquiry into the Nature and Causes of the Wealth of Nations*, The Electronic Classics Series, PSU-Hazleton, Hazleton, PA18202, 2005, p. 64)。

① 与世界上其他许多地区相比,中国自然环境并不很好。中国北方和西北部长期以来受到沙漠化的威胁,自然环境尤其不佳。依照现在的统计,大约占中国耕地总数三分之一的 3.31 亿公顷耕地正在退化,而其中 2.62 亿公顷已经退化,因此中国实际退化耕地和潜在退化耕地之比,在世界上所有国家中是最高的(The World Bank, *China: Air, Land, and Water: Environmental Priorities for a New Millennium*, published by The International Bank for Reconstruction and Development of The World Bank, Washington, D. C., 2001, p. 18)。如果没有人工灌溉,中国很大一部分耕地将变成沙漠。

② 麦克尼尔(John McNeill)把中国两大河流以及大运河做了一个国际比喻:黄河,就像阿斯旺水坝以上的尼罗河一样,携带着灌溉用水和有养分的泥沙,穿过贫瘠的大地,流向大海,水流有明显的季节性。黄河可通航的河段有 600~800 公里,与从尼罗河第一瀑布到海的距离相似。长江,流过中国中部,而自唐代中期以来,这一地区就已成为中国的谷仓。长江为这个地区提供了丰沛的灌溉用水以及廉价的水运,就像恒河之于印度一样。长江可通航的河段从入海口直到重庆,长达 2700 公里。但是由于有三峡之险,主要航运仍然在武汉以下,离海大约 1100 公里,大致相当于大型船舶可以通航的恒河河段(从入海口到阿拉哈巴德)。大运河则可视为一条人工开挖的密西西比河(John McNeill, "China's Environmental History in World Perspective", in Mark Elvin and Liu Ts'ui-jung,(转下页)

双的水运系统，中国各地的资源也就被纳入了一个统一的网络。各地的产品如牲畜、木材、粮食、鱼、盐、纤维（丝苎棉麻）、金属、建筑材料等，都可以相对低廉的运费运送到其他地方。这样，这个水运系统在中国创造出了一个统一的政治实体和紧密联系的社会经济。也正因如此，与其他在领土和富源方面可以与中国相匹敌的国家相比，中国的政治和社会统一程度都更高。[1]

简言之，如果没有中国人成功的治水，上述三大"中国奇迹"是不可能出现的。可以说，水与中国历史的这种紧密联系，是支持"中国特殊论"的主要因素之一。在此意义上来说，水确实是认识中国历史的一个关键。

五、结语：过去的延续和今天的挑战

在过去的30年中，中国发生了巨大的变化。但是，尽管如此，中国的过去依然映照着它的现在。可以说，中国的现在正在和它的过去对话。

正如在过去一样，近代中国人继续致力于兴建更大、更多的灌溉系统。1952年，中国有52%的耕地是人工灌溉的耕地，形成鲜明对比的是，美国人工灌溉的耕地大约只占其耕地总面积的10%。[2] 到了今天，借助于现代技术和大规模投资，中国以前所未有的规模和速度，在国内主要河流上大力兴

（接上页）*Sediments of Time: Environment and Society in Chinese History*, Cambridge: Cambridge University Press, 1998, pp. 31-52）。对于麦氏的这一比喻，我觉得还可加上两点：就像西非的刚果河一样，珠江流过一个自然资源（特别是木材、金属、水果）丰富的热带地区，这个地区还具有水稻和甘蔗生产的巨大潜力。这些富源和潜力，在明代以前尚未得到很好开发。此外，1390公里长的辽河，也与俄国的伏尔加河相似，流经一个充满森林和草原的半寒带地区，直到清代之前，这一地区的资源基本上尚未开发。

[1] John McNeill, "China's Environmental History in World Perspective", in Mark Elvin and Liu Ts'ui-jung, *Sediments of Time: Environment and Society in Chinese History*, Cambridge: Cambridge University Press, 1998.
[2] Angus Maddison, *Chinese Economic Performance in the Long Run* (Second edition, revised and updated: 960-2030 AD), Development Centre of the Ogranisation for Economic Co-Operation and Development (Paris), 2007, p. 15.

建水利工程。已完工的三峡大坝，是迄今为止世界上最大的水坝。但三峡大坝只是中国雄心勃勃的南水北调工程的一个部分。南水北调工程的设计目标，是把4.48亿立方米的长江水调到缺水的北方。这个庞大的工程，包括开挖一些世界上最大的运河，由南向北，把中国的东部、中部和西部连接起来。[①] 此项工程完成后，中国的主要地区都将在水文上更加密切地连为一体。

但是这些只是今天中国水的故事的一个方面。中国在兴建巨大的水利工程时，面临着水的数量和质量两方面的大问题。更加严重的是，这些问题在未来几十年中还将不断恶化。在今天，与中国迅速的经济成长相伴的是对水的需求的持续增加。[②] 中国人均淡水量只是世界平均水平的四分之一，随着需求量的增加，水的匮缺、污染、地下水位降低、大水大旱频繁发生等问题也不断加剧，并已日益接近危险的临界点，而在中国的一些地区，这种临界点已经来临。[③] 不仅如此，没有迹象表明中国受威胁最严重的淡水湖的水质有所改善，相反倒有指标说明中国地下水的污染问题还在恶化。[④] 中国为过

---

① 这项工程包括3条把长江水引到北方的线路。第一条为东线，长1466公里，主要是利用大运河，少有新开挖的运河。第二、第三条为中线和西线，大部分是新开挖的运河。其中，中线长1432公里，从湖北丹江口一直延伸到天津，西线则需在世界上条件最艰难的青藏高原上开挖数百公里的运河。

② 在1980—1993年间，中国城市生活用水增加了350%，而工业用水则增加了1倍 (The World Bank, *China: Air, Land, and Water: Environmental Priorities for a New Millennium*, published by The International Bank for Reconstruction and Development of The World Bank, Washington, D. C., 2001, p. 47)。

③ 这些问题在中国北部特别严重。中国北部包括东北、西北、山东半岛、海河流域、黄河流域、淮河流域，这些地区水资源量只占全国水资源总量的14.4%，人口却占全国的43.2%，耕地占全国的58.3%。根据调查，中国北方缺水地区总面积已达约58×104平方公里，包括北京、天津、河北、山西、河南和山东等地。干旱少雨的年份，常使河道干涸断流。参见王瑗、盛连喜等《中国水资源现状分析与可持续发展对策研究》，《水资源与水工程学报》2008年第3期；The World Bank, *China: Air, Land, and Water: Environmental Priorities for a New Millennium*, published by The International Bank for Reconstruction and Development of The World Bank, Washington, D. C., 2001, p. 47.

④ The World Bank, *China: Air, Land, and Water: Environmental Priorities for a New Millennium*, published by The International Bank for Recon struction and Development of The World Bank, Washington, D. C., 2001, p. 47.

去30年的高速发展付出了水资源被破坏的高昂代价。现在中国必须在水资源保护和继续进行的工业化、城镇化和提高农业生产力之间寻求平衡，大力改善水资源，使得经济发展能够与水资源保护相符。

中国古代贤君唐太宗（599—649）有一句名言："以古为镜，可以知兴替。"英国哲人培根（Francis Bacon, 1561—1626）也说："读史使人明智。"探究中国历史与水的关系，将为我们提供一个了解水在长期的社会发展中所起的重要作用的良机。我们应当怀着敬畏之心来对待水。由于生活在我们这个星球上的所有人的身体都主要由水构成，因此关心水也就是关心我们自己。孔子的"水可载舟，亦可覆舟"的教诲，是放之四海而皆准的真理。在这一点上，世界各国都一样，中国也没有什么特殊性可言。

自然灾害、环境危机与中国现代化研究的新视野

夏明方[*]

人与自然之间的关系是人类生存与发展的最基本的关系之一。从某种意义上来说，人类文明的演进过程实际上就是人类对自然的不断改造和对自然界的变化不断适应的过程。从历史的眼光来看，人类赖以生存的环境，至少是地球表层的生态系统，在很大程度上已经不是纯粹意义上的原生的自然环境了，而是愈来愈深刻地融入了人类活动的意蕴。同样，自然环境对人类社会的影响——无论遥远的过去抑或现在，这种影响往往都是以形形色色的灾害这一极端形式呈现于人类面前的——也不仅仅是人们通常看起来的那种短暂的、偶然的、局部的或外在的干扰，是可以采取类似外科手术刀一样的技术手段就可以消除的，或者如同浪花般地随着时间的流逝化解于无形，而是潜移默化到人类社会的深处，弥散于诸如技术体系、经济结构、政治制度、文化意识、宗教信仰以及风俗习惯等各种人类事象之中，成为社会分化和文明演进不容忽视的动力之源。生态环境的种种看似不规则的扰动在时间之剑中变成过去，却又借助于其所造成的自然资源的空间变动过程和人类文化的信息传递之流而扩散开来，延续下去，并使人类的生命之河愈加汹涌澎湃。在当今世界，环境问题之所以引起人们越来越多的重视，人类的观念意识乃至人类社会本身之所以在全球范围内都面临着生态转向的大势，不也正是过去的，乃至远古以来愈演愈烈的这种自然与人交互作用的结果吗？

---

[*] 夏明方，中国人民大学清史研究所教授。

一、从人与自然的互动关系出发

事实上，近二百多年来于西欧发端进而在全球范围内迅速扩张的现代化进程，同样是人类社会对生态系统变迁的一种动态响应过程。根据当代新制度经济学和经济史研究的最新成果，现代化进程之所以在西欧首先启动，主要原因之一就是中世纪农业社会中人与自然的紧张关系所形成的周期性爆发的重大灾害事件，通过劳动力和资源之间相对价格的不断变动，客观上对社会经济结构和阶级结构不断进行调整，最终形成有利于生产效率提高和技术发展的经济制度和国家政权形式。而随后的现代化的传播和扩展，无论是给人类的政治、经济、文化等各个社会层面，还是给人类赖以生存与发展的生态环境，都带来了迄今为止最剧烈、最深远的变化。而且由于这种变化使得人与自然之间原有的经过长期演化而形成的相对稳定的关系在极短的时期内发生了巨大的扰动和破坏，代之而起的便是人与自然关系的愈来愈严重的失调和愈来愈尖锐的矛盾，并对人类社会本身产生了巨大的反作用，其突出表现就是越来越频繁的自然灾害和环境危机。如果说以欧美为主体的现代社会，在过去的几个世纪里，"已经冲破了赤贫和饥饿困扰的社会束缚"，易言之，即所谓的"马尔萨斯陷阱"，从而"实现了只有相对丰裕才可能达到的生活质量"，那么，这样一种"相对丰裕"所赖以实现的技术进步以及由此导致的史无前例的人口爆炸，又使得人类不得不去面对后果可能更为严重的新"马尔萨斯危机"。

毫无疑问，从人口、资源、环境与灾害等生态系统的角度对现代化进程，特别是对现代化的起源问题进行探讨，不仅有助于进一步认识现代化进程的动力、性质、规律和发展趋势，也有助于进一步认识现代化过程中以自然灾害和环境危机为主要标志的人类生态系统变迁的原因、过程和规律，从而为最终寻求人与自然之间协调发展的现代化道路提供历史的借鉴。

在这样一种扩及全球的现代化进程中，东、西方之间特别是中西之间发展道路的巨大差异无疑是其最显著的特点之一。寻求中西历史变迁过程的异同点，探析其之所以产生的社会历史根源，在国内外现代化比较研究领域也一直占有十分突出的地位，取得的成果亦极其丰硕。如果将这种比较研究置于上述人与自然相互作用的背景之下，并放在一个更长的历史时段之中进行，则不但会有力地推动现代化比较研究的发展，在理论上亦将进一步深化对中国国情和现代化道路的认识，进而有助于更加深入地探索符合中国国情的可持续发展的现代化途径。

值得注意的是，中国几千年的传统社会，在通常被人们所忽视的救灾减灾及环境保护问题上所取得的理论、制度和实践上的成就，是西方中世纪文明所远远不及的，以致法国著名的汉学家魏丕信将18世纪中国集权体制下的荒政体系等同于近代西方的国家福利主义，国内不少学者更把古人所谓的"天人合一"的哲学观念视为解决当前全球环境危机的秘钥。然而就如同中国未能最先迈进现代化道路一样，中国发达的救灾环保（环境保护）理论亦未能使前近代中国像欧美国家那样在现代化过程中逐渐摆脱重大饥荒和瘟疫的威胁，在向现代化的减灾理论及实践的转变过程中也经历了漫长而艰难的历史时期。因此，对中西救灾、环保的理念、制度、政策、措施进行系统的比较，总结各自不同的特点与历史经验，探索中国近代救灾事业现代化的历程，对于今天我国的减灾环保建设将具有非常重要的理论价值和现实意义。而且由于灾害对社会的广泛而复杂的影响不可能像减灾防灾的技术工程那样可以在实验室里进行模拟，而往往是在已经发生的灾难性事件中归纳总结，故而从人文社会科学的角度来整理和比较人类历史上的救灾经验具有特殊的不可替代的理论价值。

二、全球范围的自然灾害与环境危机

正由于现代化进程是人类历史上最剧烈、最深远的社会变迁过程之一，是推动近二百多年来世界历史发展的最强大的力量，也正因为自然灾害和生态环境危机愈来愈威胁着人类社会的生存与发展,故而自20世纪五六十年代以来,上述两个问题先后引起了国内外学术界的广泛关注和深入研究。然而,由于专业方向和思维习惯的局限,这两类研究长期以来未能有机地结合起来,有关的中国现代化理论研究和比较研究更多地是从国际环境、知识进步、技术发展、经济增长、政治变迁、社会秩序、文化心理等人文社会科学的层面进行的,对生态变迁与现代化进程的互动关系则较少提及。而有关自然灾害和环境危机方面的研究则更多地是从地理学、生态学、灾害学、气候学、地质学、水文学、生物学、医学等自然科学的角度进行的,更注重的是灾害演变、环境变迁的趋势性分析、规律性分析以及救灾减灾工程的技术方面,较少涉及灾害的社会影响及减灾工程的社会制度层面。近年来有不少研究对此虽有所论述,但一般还是侧重于人类活动对自然环境的影响,而相对忽视了生态变迁、自然灾害潜在的社会功能及其与各种社会历史现象,特别是现代化过程之间的相互关系。如何将自然与社会的变化结合起来,并通过人与自然之间的关系及其变动过程来透析人与人之间的关系,透析中国现代化过程中各种社会现象的转变轨迹,是一项巨大的理论创新工程。

　　从比较现代化的学术研究道路来考察,马克思早在130多年前出版的《资本论》中就已经注意到灾害对社会的影响在不同的国家具有不同的反映,并辟出专节探究了1846年爱尔兰大饥荒对该地区原始资本积累的巨大影响。到20世纪七八十年代,以著名美国学者、诺贝尔经济学奖获得者诺斯为代表的新制度派经济学家,则将马克思特别强调的而被西方学术界长期忽视的制度变迁研究放在人口与资源的紧张关系这一历史背景之中,对西方经济史的结构与变迁、对西方世界在近代的兴起与发展作出重新解释,并取得了巨大的成功。在诺斯等人看来,"人口与资源之间的紧张状况","过去是,今后也仍将是经济史的中心"。当然正如这位经济学家曾经指出的,他的工作"旨在为西方世界的兴起这一独有的历史成就的原因作出解释",唯其如此,则又反衬出非西方世界的另一种截然不同的社会变迁模式。与此同时,法国年鉴学派代表人物之一拉杜里则把发生在14—15世纪(即欧洲中世纪末期)

持续百年的以黑死病为主要标志的人口—生态危机看作是中、欧社会大分野的转折点。因为"人口的大幅度下降相反地伴随着大量农业资本的残留","造成了土地资本的大量剩余,由此带来了生活水平的大幅度上升以及城市和海上经济的多样化,从此以后得以满足从葡萄牙到德意志的西方社会不断增长的复杂的物质和文化需要",使中世纪后期的人口表现出了前所未有的恢复能力并开始朝着新的方向迈步";而且"似乎是在经济的废墟上出现了像凤凰一般辉煌的知识文艺复兴"。相反,在同一时期的中国,虽然经历了同样的人口生态危机,却并没有带来什么"有益的后果",尽管这未曾妨碍"中国文明在中世纪末仍然有能力取得重大的成就","却没有取得重大的突破",从而"有可能创造出一个由中国推动世界经济,创立一个交流的、工业的、资本主义的和科学的社会"。美国学者迈克·戴维斯的新作《维多利亚时代晚期的大屠杀》更是别开生面,把19世纪后期发生的全球性厄尔尼诺大饥荒——这是黑死病之后最大的人类灾难之一,在中国被称为"丁戊奇荒"——与中国、印度、巴西等当代发展中国家的形成联系起来,为我们理解19世纪晚期的资本主义列强究竟如何利用气候异常来强化世界体系中的不发达现象做出了重要的贡献。

应该指出的是,这些理论或假说有的带有极其强烈的意识形态色彩,有的则脱不了欧洲中心论的偏见,但他们提出的问题以及观察问题的视野所具有的学术启迪意义,是无论如何也无法否认的。怎样对上述西方理论去伪存真,剔粗取精,继承和发展马克思所开创的灾害社会史的比较研究路线,重新解释中国的现代化道路,对国内学者来说无疑是一个巨大的挑战。

至于国内的减灾救灾史的研究,近年来的确成果累累,只是由于这些研究主要还是集中在减灾的技术或工程措施方面,而且大都未能超出邓拓《中国救荒史》的研究范围,对中国救荒思想和实践的现代化过程的研究也基本上仍付阙如,所以也有待于进一步拓展和完善。最近,法国学者魏丕信在给自己于20世纪70年代完成的代表作《十八世纪中国的官僚制度与荒政》所写的中文版前言中,一方面扼要地回顾了过去十年来主要是中文世界有关中华帝国晚期救灾方面的研究成果，一方面又不无自信地表示，他的研究虽然有许多细节可以"进行新的补充"，但他在 20 年前所做的"主要论断仍是适用的，没有由于近年来新研究的出现而过时"。或许就历史的实际情形来说，魏氏此语不无武断之嫌，可是就国内的相关研究而言，在很大程度上应属毋庸讳言的事实。

三、中国现代化研究需解决的关键问题

他山之石，可以攻玉。我们目前所要做的工作，简而言之，就是在充分汲取国内外现有研究成果的基础上，如何从生态变迁与现代化进程的互动关系这一新的角度，并通过与欧美等发达国家的比较，从经济变化、政治变迁和文化心理转换等各个方面，更深入地探讨中国现代化进程的性质、特点、规律。其中需要解决的关键问题大致表现在以下几个方面：

首先是现代化起源的动力和条件问题。既然以英国为首的西欧国家，由于人口与资源之间的紧张关系而导致的一系列天灾人祸的调整，渐渐孕育出促进技术革新和经济增长的所有权体系和经济制度，是其最终导致工业化出现的重要原因之一，那么，作为此前世界范围内经济发展水平无出其右的中国传统社会，在同样遭遇周期性大规模的自然灾害之后却始终未能促成有效率的经济组织，乃至经济发展相对落伍甚至停滞不前而未能独立走向资本主义道路。为什么？这样的产权体系又是如何影响后来的中国现代化进程的？

其次是现代化的经济建设与社会发展的关系问题。西方国家通过工业化建设和市场经济的发展，比较有效地克服了人口与资源之间的紧张关系及全球范围内周期性气候变化的负面影响，摆脱了古典主义的增长限制，而在以教养兼施为己任的家国一体化的中国传统社会，尽管拥有世界上独一无二的两千多年的救灾减灾经验和极其丰富的环境保护的思想资源，但直至 20 世纪上半叶也未能跳脱周期性饥荒的困扰，更未能阻滞生态环境的破坏和恶化的趋势。其中的原因是什么？中国的荒政即减灾事业在其变革过程中究竟应

该选择一条什么样的现代化路径和方式?

再次则是现代化过程中以国家与社会关系为核心的政治变迁问题,主要包括以下内容:即如何辩证分析环境变迁与阶级结构、社会冲突以及政治体制的关系;如何看待这种与生态环境关联密切的传统政权形式对中国现代化进程的影响以及其在中国被迫卷入现代化进程以后所发生的变化;如何从减灾救灾这一特殊的社会领域去深入探讨国家与社会的关系及其演变特点。事实上,余新忠的新作《清代江南的瘟疫与社会》已经就此展开了开创性的探索。

最后是如何从生态变迁的角度审视民族文化心理、民众意识和现代化的关系。不管人们在解读马克斯·韦伯提出的"新教伦理与资本主义精神"这一命题时会得出怎样不同的结论,有关民族文化心理与现代化之间的关联却总是割不断的。清末以来,如何改造国人的民族素质或国民性,塑造具有近代特质的国民意识,更是一直被当作摆脱亡国灭种之威胁、建立现代民族国家的重要路径。但是除了早年的潘光旦先生(代表作是《民族特性与民族卫生》)与今人任不寐的《灾变论》之外,鲜有人从灾荒的角度对这类被众多忧时之士痛加针砭的国民性进行系统的探讨。其实,不管是潘光旦所指的中国人的好死不如赖活的"牛皮糖精神",还是国内灾学界提出的概念如"灾民心理""灾民意识",乃至任不寐的"灾民理性",在中国这样一个所谓的"饥荒的国度"里,都不仅仅是一种灾时出现、灾后消失的短暂的现象,也不是不能导致人的意识的"整体的历史变迁",而是此消彼起,连绵不断,最终从非常规的思想意识转化为一种常态的思想意识,积淀在人类心灵的深处,成为中华民族整体社会意识中不可分割的组成部分。而詹姆斯·C.斯科特著名的"道义经济学"对东南亚"农民社会的许多奇特的技术的、社会的和道德的安排"所做的解释,如果离开了"农民对饥荒的恐惧",则只能成为无源之水、无本之木。不过,由于潘光旦的研究主要是将明恩溥的《中国人的特性》、亨廷顿的《种族的特性》与自己有关人文生物学方面的思考嫁接而成的,长期以来应者寥寥,而任不寐的研究则激情多于思辨,思辨多于实证,颇多偏激之处；至于人们在引用道义经济学理论来阐释中国小农的生存理性时，又大都抽象掉了这一生存理性赖以滋生的土壤，故亟须重新加以论证。

以上提出的不过是有关生态危机与现代化之诸多关系中的几个方面，但是如果这样的研究能够对当前颇受非议的"现代化研究"多少起到添砖加瓦的作用，余愿足矣。既然我们大家今天理所当然地加以接受的自然界的画卷，原本就是"一幅历史化的画卷"，总是充满着进化、冲突，伴随着剧变与灾难，既然人类的生命之河，就像美国著名的环境伦理学家霍尔姆斯·罗尔斯顿所说的那样，势必要将人与自然的界限冲刷得模糊起来，使之融为一体。既然探究人与自然之间这种不断变动着的相互关系的生态科学——一门综合了其他人文、自然科学并因之被视为终极科学的科学，按照一位环境史学家的观点，本质上不过是历史学的一门分支，而且，既然中国的现代化进程至今仍风潮激荡，所谓的"现代化叙事"尚未至寿终正寝之时，我们就实在没有什么理由不把两者结合起来加以研究，以期从历史的深处为完善当前的现代化建设寻找些许有益的启示。窃以为当今中国现代化过程中出现的一系列问题诸如所谓的"迷途""陷阱"，与其说主要是现代化本身造成的，还不如说是当前的现代化远不够彻底的结果；与其说是现代性肆意扩张的结果，毋宁说是裹挟其中的前现代幽灵阴魂不散所致。我们目前正在遭遇的极其严峻的全国范围的生态危机，似尤其如此。

道德、权力与晋水水利系统

沈艾娣 *

近年来不少研究指出,人们的身份认同,在本质上是不断变动、支离破碎,并在相当程度上具有历史偶然性的。① 不过,往往为我们所忽视的是,作为身份认同的一个必要组成部分的道德价值体系,也是特定的人际关系、群体和体制互动的产物。② 这些道德价值体系也体现了人与家人、朋友、邻居、同事和国家的关系。最近有学者运用了詹姆斯·斯科特(James Scott)道德经济(moral economy)的理论来研究中国农村社会,可是他们仍把道德经济视为根植于某个特定的社会阶级的一套道德价值体系。③ 我们需要进

---

* 沈艾娣,英国牛津大学教授。

① Benedict Anderson, *Imagined Communities: Reflections on the Origins and Spread of Nationalism* (London: Verso, 1991). 关于中国身份问题的讨论包括:Myron Cohen, "Being Chinese: The Peripheralization of Traditional Identity," in *The Living Tree: The Changing Meaning of Being Chinese Today*, ed. Tu Wei-ming (Stanford: Stanford University Press, 1994); Pamela Kyle Crossley, *Translucent Mirror: History and Identity in Qing Imperial Ideology* (Berkeley: University of California Press, 1999); Rana Mitter, *The Manchurian Myth: Nationalism, Resistance and Collaboration in Modern China* (Berkeley: University of California Press, 2000)。

② 关于情欲的历史有比较多的书,如:Dorothy Ko, *Teachers of the Inner Chambers: Women and Culture in Seventeenth-Century China* (Stanford: Stanford University Press, 1994); 熊秉真、吕妙芬编:《礼教与情欲:前近代中国文化中的后现代情》(台北:"中央研究院"近代史研究所,1999 年)。

③ James C. Scott, *The Moral Economy of the Peasant: Rebellion and Subsistence in Southeast Asia* (New Haven: Yale University Press, 1976); Ralph Thaxton, *Salt of the Earth: The Political Origins of Peasant Protest and Communist Revolution in China* (Berkeley: University of California Press, 1997); Roxann Prazniak, *Of Camel Kings and Other Things: Rural Rebels against Modernity in Late Imperial China* (Lanham: Rowman and Littlefield, 1999); Chen Yung-fa and Gregor Benton, *Moral Economy and the Chinese Revolution: A Critique* (Amsterdam: University of Amsterdam, 1986).

一步探讨的是,"道德经济"在中国农村究竟意味着什么,其具体实践又如何。[1] 本文试图通过考察山西晋水水利系统,具体分析道德如何通过在某群体中流传的故事建构起来,又如何在特定的体制中落地生根,进而说明,不同的道德理想,是根植于不同的农业体系的不同权力结构之中的。

一、引言

晋水发源于山西省中部平原以西的山麓,流入汾河,其间流经约30个村庄;由于水是当地盼富来源的主要保障,了解这些村庄的水利系统,对理解地方社会是极其重要的。在水源充足的情况下,农民宁愿种植水稻而非当地通常种植的高粱和黍子;另一些家庭则利用自己拥有的水磨房磨小麦赚钱。再者,由于此地煤炭又多又便宜,同时需要水和燃料的工业往往集中在山区。有些村庄专门生产纸张、矾和醋等土产,也需要大量的水。[2] 晋祠镇是这些工业的资本来源和产物销售中心,因此,当地全部民众几乎都得仰赖晋水为生计。

本文旨在探讨清末晋水水利系统所体现的道德价值体系,我们首先须对当地的水利史有一个概括的认识。晋水水利系统起源于宋代。宋太祖灭北齐时,用洪水摧毁了这座城市,山西的首府遂迁到今天太原市所在。后来,在原来的晋阳城的废墟上,渐渐又兴起了新的村庄。古城营、南城角、晋阳堡这些村庄的名称,是北齐晋阳城址遗留下来的痕迹,晋祠就建在过去的晋阳城内一间寺庙的遗址上。[3] 这些村庄仍利用晋水灌溉。当时,晋水的源头是

---

[1] 杜赞奇(Prasenjit Duara)在《文化、权力与国家:1900—1942年的华北农村》(*Culture, Power and the State: Rural North China 1900–1942*, Stanford: Stanford University Press, 1988)中也提出了类似的问题。

[2] 太原市南郊区地方志编纂委员会编:《太原市南郊区志》,北京:生活・读书・新知三联书店,1994年,第259—270页。

[3] 郝树侯:《太原史话》,太原:山西人民出版社,1956年,第17页。

位于晋祠的一处泉水。到了 1060 年,泉水被分割,其中七分流往北河,三分往南河。这一分配比例一直持续到 20 世纪。①

15 世纪,晋阳发生了另一次重大的转变。当时,明朝政府将当地的一部分土地充公,改为晋府用地。政府重新分配北河水,按照称为"军三民三"的新的分配办法,夏季庄稼最需水的时候,北河的水一半流往原有的村庄,另一半则流往新建的晋府和宁化府。水的分配是按"轮"和"程"来运作的。某村获分配一程的水,就等于获分配得一天一夜的水。同时,水还按"轮"在所排定的日子里流往某个村庄。②水源的供应,是通过操纵水口来控制的,而水口则由指定的渠甲监管。到了冬天,水流便同从前一样免受控制了。③

至清代,随着灌溉的范围扩展到种植小麦的旱田,这种在特定的日子轮流用水的配水方式也延伸到南渠。④与此同时,随着轮流系统的扩大,控制这一系统的渠甲和渠长的权力也逐渐增大。渠甲和渠长都是各村按照可用水量的比例推选出来的,在某些情况下,这些职位逐渐由控制某些村庄的宗族所把持。⑤其中权势最大的是晋祠镇的渠长,他们控制着这条河的源头,而花塔村和王郭村的渠长则分别控制着南渠和北渠。渠长共 13 名,其等级分明,如花塔村、王郭村便各控制四五个渠长,在花塔村渠长之下,设有 72 个渠甲,王郭村渠长之下有 36 个渠甲,属于其他渠长的渠甲则较少。这个

---

① 乾隆《太原县志》,卷 12,《艺文一》。
② 刘大鹏:《晋祠志》,慕湘、吕文幸点校,卷 33,《河例四》,太原:山西人民出版社,1956 年,第 854 页。有关晋水水利系统各方面可以参阅好并隆司:《近世山西の水争をめぐつて——晋水・县东两渠の场合》,载中国水利史研究会编《佐藤博士退官纪念中国水利史论丛》,东京:国书刊行会,1984 年。
③ 乾隆《太原县志》,卷 17,《渠案》;好并隆司:《近世山西の水争をめぐつて——晋水・县东两渠の场合》,第 373 页。
④ 〔日〕好并隆司:《近世山西の水争をめぐつて——晋水・县东两渠の场合》,第 376—380 页;〔日〕好并隆司:《晋祠志よりみた晋水四渠の水利・灌溉》,《史学研究》,第 170 期(1986),第 3 页;乾隆《太原县志》,卷 17,《渠案》;刘大鹏:《晋祠志》,卷 32,《河例三》,第 845—851 页。
⑤ 刘大鹏:《晋祠志》,卷 35,《河例六》,第 891 页;卷 39,《河例十》,第 986、991 页。

管理系统在各渠以及上下游各村之间的连串纠纷中不断扩展。当这些纠纷提交到地方司法机关时，地方官的判决就会影响到这个系统的进一步发展。①这个系统的权力结构是建立在国家行政官僚体制的基础上的。明初的驻军，导致形成各村轮流供水的制度。到了清代，地方官在处理法律纠纷时所做的种种决定，又使这个系统进一步延伸到晋水流域的其他地区。在以下的讨论中，我们会看到，那些服膺儒家价值观而为政府所承认的宗族，在这套水利管理系统中，往往占据着比较优越的地位。

二、两种不同的价值体系

本文认为，官方意识形态虽然塑造了晋水水利系统的某些方面，但这个系统的文化内涵却有别于官方的意识形态。只要细心考察有关的文献资料，便可察觉这些差别。可惜，该系统大部分可资利用的原始资料，或出于官方，或出于那些明确奉行正统价值观的作者之手。有关晋水水利系统最重要的历史资料，是明清两代以及民国时期编纂的地方志。明代的方志作者高汝行是本地的缙绅，而清代乾隆年间编撰的方志，则由太原知县贠佩兰担任总裁，太原县教谕杨国泰任纂修。民国时期方志的编纂者刘大鹏信奉理学，拥有少量旱田，他和他的子孙从未在这一水利系统中担任职务，自己也从来没有参加过渠长的宴请。迟至1939年，由于他具有举人身份，又是耆老（时年82岁），才在地方上略具名气。②1892年，他看到很多文人学士也热心参与晋祠的庙会，不能苟同，叹息不已。③他运用自己的知识和多年的潜心研究，详细阐述晋水水利系统的运作方式，意欲以之取代渠长的河册的记载。我们可以说，刘大鹏尝试提出另一种观点，运用他关于晋水系统的论述，从

---

① 刘大鹏：《晋祠志》，卷33，《河例四》，第862—863页；卷36，《河例七》，第922—923页；卷38，《河例九》，第979—982页。
② 刘大鹏：《退想斋日记》，太原：山西人民出版社，1990年，第545—546页。
③ 同上注，第8页。

渠长们手上夺取那种他从来不曾染指的部分权力。因此，他编撰的志书，也和高茹行和贠佩兰的版本一样，所鼓吹的是这个水利系统体现的官方意识形态。然而，当我们对这些方志进行分析，并与碑刻、家谱和民间故事等其他资料相比较后，就有可能明白官方的道德标准和该系统的文化内涵差别何在。

官方道德标准与该水利系统的地方文化内涵的差别，在当地所崇拜的一个位于晋水源头的女神的身份问题的有关论述上，得到清楚的体现。乾隆版的《太原县志》征引康熙年间学者阎若应的解释，说这位女神是邑姜，即唐叔虞的母亲：

> 邑姜为十乱之一，齐太公望女，唐叔虞母。叔虞之封唐也，亦发梦于其母，故今晋水源有女郎祠，实邑姜之庙。旁方为唐叔虞庙，南向。此子为母屈者也。母封曰圣母，子封曰汾东王。祀典之讹自明洪武四年诏革天下神祇封号止称以山水本名，于是圣母庙改为晋源神祠矣。当时礼官不学如此，余从草间搜出宋政和五年残碑，乃姜仲谦《谢雨文》，首云："致祭于显灵昭济圣母汾东王之祠"，中云："惟圣母之发祥兮，肇晋室而开基"。①

根据这个说法，这座于河水源头、地位十分重要的庙宇，是一个表达儿子与母亲之间孝道关系的神殿。但在当地民间流传的说法，一直认为圣母殿奉祀的是一位水神，明代和清代的《太原县志》还辑录了另一则民间流传的解释。对圣母殿女神来历有完全不同的说法：

> 俗传晋祠圣母姓柳，金胜村人。姑性严，汲水甚艰。道遇白衣乘马者，欲水饮马，柳与之。乘马者授以鞭，令置瓮底曰："抽鞭则水自生。"柳归母家，其姑误抽鞭，水遂奔流。急呼柳至，坐于瓮，水乃止。

---

① 乾隆《太原县志》，卷3，《祀典》。

相传圣母之座,即瓮口也。①

这个故事在清代乾隆年间编纂的县志中被斥为无稽之谈,但在明代的县志收录这个故事时似乎没有提出质疑。事实上,这个故事后来在当地被不同的文献辗转引用,流传甚广。从明代一直到20世纪,都代表了本地人对这个女神的来源的一般的认识。②

官方的道德标准与该水利系统的文化内涵的差异,偶尔也见于那些认为官府的判决对自己不利的群体所撰写及印行的文献中。其中,王杰士案是我见过的最好的例证,王杰士是南河王郭村的渠长,雍正年间被控"无弊不作","越界强霸晋祠稻地水例"。③这起诉讼似乎源出王郭村与晋祠之间对南河水的控制权的一场争执。该案件了结后,勒石为记,其文如下:

> ……讯之北河渠长据称:"晋祠用水自古及今有例无程,每年先浇晋祠无程地,然后才及各村有程地"等语,据此则九口稻地原在应浇之例矣。王杰士居住王郭村,为南河四村渠长一十六年,越界强霸九口稻地水例,无钱不许灌浇,谓无例地也。卑职细思无例之说计亦甚巧,当日远村引用晋水出夫者为有例,不出夫者为无例。④

因为晋祠在泉地,镇人可以随便用水,不用按程分。后来,围绕着晋祠人用水问题的纷争越演越烈,一直发展至王郭渠长王杰士提出,要控制镇上的人用水。事情闹到衙门,地方官进行了调查并做出判决,认为晋祠以前有

---

① 嘉靖《太原县志》,卷3,《杂志》,第4b—5a页。这一故事后来的版本见乾隆《太原县志》,卷18,《杂志》;刘大鹏:《晋祠志》,第1057—1058页;W. Y. Fullerton and C. E. Wilson, *New China: A story of Modern Travel* (London: Morgan and Scott, 1909), 87-88; 张纪仲、王战伟:《晋祠的传说》,太原:山西人民出版社,1986年,第2—6页。
② 乾隆《太原县志》,卷3,《祀典》。
③ 感谢晋祠第二中学的吴炯生为我讲述这个故事。
④ 刘大鹏:《晋祠志》,卷32,《河例三》,第846页。

权使用这里的水,所以他们免费用水的权利应保留,并应该有自己的渠长和水甲。① 据刘大鹏说,攻击王杰士贪污的人是晋祠人杨二酉。杨二酉仕途顺利,官至巡察台湾御史。这场争执之后,晋祠特别开放一个水口允许杨家用水,作为对杨二酉的答谢。② 与上述资料形成对照的是,王郭村的《王氏家谱》为我们提供了一个有关这场纠纷记录的完全不同的版本,其说云:

> 其(王杰士)生性刚毅,强悍好斗。一年北河总渠,在古城营"满汉"武举带领下,强行淘河,并无理垫高南河水平石。王杰士知道后,毫不示弱,终于在他唆使下,枣元头村民"雷四"奋勇当先,趁人不备,将武举推下河去,用镰刀砍死。然后投案自首。事后南河五村,共同出钱厚葬"雷四"。并赡养老母直至百年。清雍正癸酉,晋祠杨二酉中进士。太原县知县,因惧进士权威,只听一面之词,修改晋祠水程,声称晋祠乃晋水源头,故判晋祠水程为"方窟圆塞,圆窟方塞,插牌浇地(县府特示领牌,牌插在那里,那里就能随便开口浇地),细水长流"。王杰士自感执拗不过,遂迁全家至介休县。③

将这一记载与上引碑文相比较,可以清楚看到,该案其实是王郭村及其渠长为南河水控制而引起的纠纷,并不像官方资料描述的那样是王杰士违法强行霸占的案件。其实,在18至19世纪,王郭村渠长的地位,在同代表郡治地区利益的晋祠镇和花塔村渠长的争夺中,逐渐被削弱。为此,王郭村的村民极有可能起草了一份同官方意见相对立的声明。另一个清楚的事实是,在王郭村的资料中,村民对王杰士赞誉有加,谓其"生性刚毅",维护本村

---

① 好井隆司:《近世山西の水争をあぐつて—晋水・县东两渠の场合》,第376—380页;《晋祠志よりみた晋水四渠の水利・灌溉》,第3页;乾隆《太原县志》,卷17,《渠案》。
② 刘大鹏:《晋祠志》,卷32,《河例三》,第837页;关于杨二酉,见郭怨舟、马云江、郭素婕:《巡察台湾御史杨二酉》,太原:山西人民出版社,1993年。
③ 《太原市南郊区王郭村王氏族谱》(手稿,1992年)。

的利益，与那些审理此案的官员们的评价大不相同。在这个案件里，我们可以看到在水利系统结构中，存在着两种不同的价值体系：官方正统的意识形态和民间非正统的价值体系。

三、水利与地方社会体系

我们目前手头的资料，体现了儒家的正统话语。这套话语表达了官方重义轻利，百姓重利轻义，还有百姓相对更偏向于使用暴力的观念。尽管我们所用的资料使我们很难分辨在水利系统中的价值体系的属性，但我仍然希望能够透视这套儒家正统话语，找出水利系统中的价值体系的脉络。王杰士受人称赞的美德，反映了这套价值体系的本质，换言之，这套价值体系是基于对暴力的使用、水的商品化以及把村庄视为一个整体的正面评价而建立的。这些观念和官方的意识形态大相径庭。官府不但对水的商品化提出批评，并且经常强调权利和义务同等重要。

炫耀武力，本与正统的儒家思想相左。斯蒂文·郝瑞（Stevan Harrell）在他的研究中，以福建的民间械斗和戏剧对民间使用武力的肯定为例，提出了"反文化"（countercultures）的分析概念。[①] 郝瑞把儒家正统思想和"反文化"明确区分开来，这一点我并不完全同意。本文认为，某种价值体系在社会结构的不同层面中，有不同的体现，而并非在整个社会或整个阶级都有同样的体现。从其他资料看来，山西当地人对军事和武力有不少正面评价。山西省以文入仕者不多，而武举在很多家庭中有重要的地位，这在地方精英的传记中常常体现出来。[②] 此外，山西中部很多极有权势的家庭，都说他们的祖先出自驻扎在西北边境的军队。山西中部尤其是太谷县也以武术传统著

---

① Stevan Harrell, "Introduction," in *Violence in China: Essays in Culture and Counterculture*, ed. Jonathan N. Lipman and Stevan Harrel (Albany: State University of New York Press, 1990).

② 比如东高白村的贾氏，参见清徐县地方志编纂委员会：《清徐县志》，太原：山西古籍出版社，1999年，第110页。

名，许多武术家被票号商人聘为押送货物的保镖。前面提到的翰林杨二酉的家族史，就声称杨氏是宋代将军的后代，明清时期有36个武秀才和武举人，本村的杨家军也相当有名。[1] 杨二酉家族的例子，说明对使用武力的赞扬，并非下层阶级独有。因此，本文并不认为存在一个跟上等阶级文化完全不同的所谓"民间文化"，我希望强调的是，价值体系本来是体现在一些乡村组织体系之中的，水利系统是其中一例。

武力的运用，是构成晋水水利系统基本传说的核心内容。在山西其他水利系统中也有类似的故事：[2]

> 俗传塘中分水塔底，葬鏊塘时争水人骸骨。谓当日分水南北相争，设鼎镬于塘边，以赴人者为胜。北河人赴之，遂分十分之七，葬塔底以旗其功。说涉荒唐，不可不信也。然迄今北河都渠长，花塔村张姓每岁清明节，在塘东祭奠，言是祀其当年争水之先人。询之父老，众口一词，不知其所以然，亦惟以讹传讹而已。[3]

这个故事和其中提及的习俗清楚地揭示，水利系统的设立，源于村庄间的械斗。这个故事后来另有一个修订的版本，讲述一位官员设立了一个油锅，他预料没有人有足够的勇气去蹚油锅，借此达到自己控制这条河的目的。与此同时，每年花塔村的村民都要利用清明的祭祀颂扬他们祖先运用武力捍卫他们水源供应的自发行动，又常常追述到铜钱和滚油的故事，以称赞个人在肉体考验中表现出的勇气和为本村作出的牺牲，以及他们对官方干涉这一水利系统的运作所做的抗争。

武力也被用于强化这一系统的运作。我们已经看到王杰士在发觉南河水

---

[1] 郭怨舟、马云江、郭素婕：《巡查台湾御史杨二酉》，第2—4页。
[2] 郑东风：《洪洞县水利志》，太原：山西人民出版社，1993年，第355页。
[3] 刘大鹏：《晋祠志》，第114页；《太原市南郊区志》，第700—701页；刘俊英：《晋祠的传说故事》，太原：山西人民出版社，1993年，第15—18页。

被偷后所做的行动，以及南部地区其他村落如何加强该行动。这种使用武力的现象并不少见：

> 栽蓝接蓝时时用水，虽无放水巡牌，亦必开口用水，用毕乃将口闭，旧例已然，历年久远，并无异词。光绪六年，纸房村赵姓放池接蓝，照旧用水，而花塔渠长指为私自轮水，并不关口。总河渠甲径率河夫数十名诣赵姓家，击毁窗户及室中器具，且呈控于县，又延劣绅段某入署，关说赵坏河例。邑宰薛元钊提究总河渠甲，供系旧例，赵无过犯。宰不信，既而呈北河总河用水界碑文，薛公阅之，曰：段某翰邦，岁贡生几乎误吾。乃责罚花塔渠长，并申饬段某结案。①

官方通过谴责渠长这种强化水利控制权的暴力行为，他们认为这种行动破坏了国家对暴力使用权的垄断，而且违背了国家对水利系统的使用定下的原则——即公共资源须公平分配。在此案件中，地方官做出了有利于赵士冠而不利于花塔渠首的判决，即容许赤桥村村民使用河水，并规定他们的用水由晋祠的渠长而非花塔的渠长来控制。

渠长间的纠纷也常常用暴力来解决，这从以下引文可见一斑：

> 道光二十五年正月二十八日惊蛰，三月二十一日决水，自惊蛰日至是日五十二日挑河。二十三日，王郭村渠长刘煜因晋祠总河渠长杜杰卖其二堰水于索村，得钱肥己。协同伊叔刘邦彦率领敬夫数百名，各带兵器，中有火枪数十杆。张村渠甲人等在后，跟随者亦众。至晋祠南门外白衣庵，大骂杜杰专事行凶，声势汹汹，十分可畏。镇人魏景德居南门外，挺身而出，理劝拦解。刘煜手持钩镰，创伤景德头顶腰手，当即倒地。杜杰闻知，纠众堵御。煜因景德伤重，逃匿中堡恒和粮店。杰

---

① 刘大鹏：《晋祠志》，卷32，《河例三》，第834—835页。

道德、权力与晋水水利系统　47

寻获,命水甲殴打,煜被伤亦重。到县堂讯,将殴煜之水甲四名,各笞五十释放。杰与煜俱监禁,久乃开释。①

在上述的案件中,水利使用权作为可以买卖的财产的这种理念,是通过暴力得到巩固的。事实上,水是可以买卖的资源的这种观念,一直植根于这个水利管理系统中。我们已经看到王杰士如何向使用了本村水的晋祠人收取费用,以及晋祠一位渠长如何卖水。作为轮流供水体系的一个部分,渠长们向用水的村民收费,同时出售剩余的水。截至1916年,在数百年的时间内,花塔渠长一直按照每亩26文钱的比例收取费用,而所有用北河水灌溉的土地,则每亩增收50分文钱的费用。②这也是花塔渠长在夏季轮流灌溉结束后售水的标准价格。对于这样的情况,刘大鹏在《晋祠志》中如此评价:

灌溉麦田已毕,谓公事完竣,即许渠甲售水渔利,此大弊也。夫溉麦已毕,仍系两程水,此水为村中公共之水,非渠甲可擅为己之水,胡为任其售耶?同为村人而有钱者浇,无钱者即莫能灌,事不均平,一至于此,殊可扼腕。③

在这里我们可以看到,刘大鹏表达的,是官方或正统的观念——水是公有的,应该让大家共享;渠长卖水是腐败行为。但事实上,卖水的现象却普遍不过,屡起诉讼,是因为水的所有权不清楚的结果。上述的事实不仅仅局限在北河,1821年和1831年,南渠的村庄抗议渠长卖水,也引发了类似的法律纠纷。④

水是可以买卖的商品这个观点,借着其他故事得到进一步强化,这些故

---

① 刘大鹏:《晋祠志》,卷36,《河例七》,第925页。
② 刘大鹏:《退想斋日记》,第226页。
③ 刘大鹏:《晋祠志》,卷35,《河例六》,第893页;卷37,《河例八》,第950页。
④ 刘大鹏:《晋祠志》,卷36,《河例七》,第923页。

事将某些村庄控制水的权力的来源,归因于村际间妇女人口的流动。柳氏成为晋水圣母的故事,也就是讲述她从金胜村入嫁晋祠的故事,官方的版本叙述的则是唐叔虞孝顺邑姜的故事。金胜村位于北渠下游支流,这个传说似乎反映在 15 世纪晚期,位于北渠下游支流的金胜村和董茹村与控制北河水源供应的花塔村开始出现一系列纠纷。此时花塔渠长由于在晚上为晋府土地供水,因而减少了下游村庄可获得的水源供应。① 在这场纠纷中,金胜村民拟写的一份诉状中提到晋祠圣母的娘家在金胜村云:"晋祠圣母柳氏原头金胜村娘家回马水,军民轮流灌溉田禾,与王府并不相干。"② 这样的传说不是仅此一个。作为南河一部分的陆堡河由来自北大寺的一位渠长控制,而北大寺主要聚居的则是武姓的单姓村庄。然而,根据刘大鹏的说法却是:

> 传言:旧名邓家河,系东庄营邓姓经营河事。不知何年邓家有孀妇再醮,将《河册》随至北大寺村武家,遂凭《河册》自为渠长,东庄营人争之不得。③

刘大鹏认为这是传说不可信,他指如果确有其事,必定会导致一场法律纠纷。虽然故事本身可能并不真实,但位于该渠末端的村庄如东庄营(或在北河的金胜和董茹村)常常同渠长发生冲突,该故事可能与此有关。④ 这两个故事显示,正如妇女出嫁的嫁妆一样,水的控制权是可以作为村庄赠送的财产而失去的。

从水利系统的结构可见,在当时人的心目中,水的所用权是整个村庄共有的,并非渠长独享的。华北农村的公共组织的性质,已有不少作者讨论

---

① 乾隆《太原县志》,卷17,《渠案》。
② 刘大鹏:《晋祠志》,卷30,《河例一》,第799页。
③ 刘大鹏:《晋祠志》,卷39,《河例十》,第986、991页。
④ 关于东庄营的用水问题参见好并隆司:《晋祠志よりみた晋水四渠の水利・灌溉》,第18页;刘大鹏:《晋祠志》,卷34,《河例五》,第968—970页。

过，我在这里只想简单地说明：水利系统的结构也体现了村庄作为一个公共团体的性质。这一体系的结构表明，水利并不为渠长们私人拥有，而是村落的共同财产。在这些叙述中，渠长们卖水的控制权并不属于其私人所有。当类似王杰士的渠长因敛财而遭到起诉时，政府官员控告他们的证据，是他们借水利中饱私囊。轮流制度将水分配给村庄而不是个人，借着水利获得财富的，是村庄而不是个别的家庭或个人。关于渠长任命及其任期长短的规定，也限制了渠长们以村庄的利益为代价扩充自己的权力。在晋祠，规定"中南北三堡轮流充应，周而复始，不得连应"。在古城营，则推行一个更为严格的轮流体系，"农氓轮流充应，一年一易。凡本身充应一次者，不再充当"，即渠长由拥有土地的人轮流担任，而且禁止每个土地持有者一生中担任村首的机会超过一次。小地主轮流扮演渠甲的角色。赤桥村的水甲每年由"乡约会，村绅耆"在"田多而善良者"中选取。① 一旦渠长接受任命，他就能将从全村征集来的基金投入到水渠的管理中去。这样渠长们能够代表该渠介入法律纠纷，并且通过向灌溉的土地征收费用的方式，为解决纠纷提供资金。② 这意味着水的控制权是村民以共同体的形式拥有的，而不是个别的渠长拥有的。

水利系统的诸多仪式，也体现了水的控制权和连带的财富和权力，是属于村庄而不是渠长个人的。刘大鹏在提及渠长及渠甲祭祀这一水利系统神的活动时，有时称之为"晋祠、赤桥、纸房三村渠甲演剧"，有时也称之为"晋祠、纸房、赤桥三村公共演剧酬神"。③ 这些演戏和同时进行的活动所需的费用由村民浇地的缴费支付。晋祠、纸房和赤桥三个村的所有村民都参与这一祭祀活动，该活动还经常伴有大型的宴会和戏剧演出。④ 其他村如王郭、

---

① 刘大鹏：《晋祠志》，卷32，《河例三》，第826—827页；卷35，《河例六》，第897页。
② 刘大鹏：《晋祠志》，卷30，《河例一》，第787页。
③ 刘大鹏：《退想斋日记》，第194、412页。
④ 刘大鹏：《退想斋日记》，第308、334、545、546页。

南庄和北大寺的村民也参与在晋祠的祭祀,"祭毕而归,宴于本村之公所"①。祭祀由渠长主持,全村参与祭祀仪式和与之相关的欢庆活动。七月初三的庙会,圣母从晋祠游行到县城,就是每年最重要的节日,情况亦相若。

村庄作为一个共同体,通过武力保护其财产,在此基础上形成的水利系统的概念,与地方志作者和官方所提供的有关该水利系统的形象大异其趣,这从官方在法律诉讼中所作的裁决中清楚可见。地方官在关于水利系统的法律纠纷中的判决,乃基于公平和需要的原则。官员强烈反对卖水,并且倾向于做出有利于小用水户而不利于渠长的判决。早在明代,当金胜和花塔村在北渠水的控制上发生纠纷的时候,起决定作用的地方官,认为水已经变成了一种商品,土地与劳动和供水之间的联系已经遭到破坏,最终受害的是穷人。他竭力确立一套新的制度,清楚界定需要灌溉的土地的多寡,负责水利工作的工人的数量,和任命渠甲和渠长的数量的关系。②换言之,水不是通过商业市场而是根据需要来进行分配的。这一纠纷一直持续到18世纪,这时地方官再次试图强化根据需要制定分水的方式。1742年,花塔村和金胜村之间发生了一起法律纠纷,争论的核心在于金胜村和董茹村是否应在夏季轮流供水结束后分配到一定的水量:

> 乾隆四年八月内,金胜村翟斌等欲使秋水,花塔村牛周冕等拦阻不允,因而具控,经该县前任县令标,江南武进县拔贡,雍正十一年知太原,有政声,擢知朔州,卒于官批,令小站、古城两营渠长周廷玉等议处,因向无金胜一定程期,彼时告争,正使秋水之时,评给金胜、董茹秋水二程具词和息。在花塔各村民以为暂借,故尔应允。至乾隆六年八月内,金胜、董茹原有厚等,又欲使水,据花塔等村渠甲张产等具控,该县据讯花塔等村民坚称:二月三十日以前,八月初二日以后,并无金

---

① 刘大鹏:《晋祠志》,卷8,《祭赛下》,第191页。
② 乾隆《太原县志》,卷17,《渠案》。

胜、董茹二村水例，不容使水。金胜、董茹二村又称现有水帖，执照为据，例得使水。经该县查阅金胜村所执水帖、执照相背，不足为凭，但金胜、董茹二村三月以后，八月以前，既同在北河使水，若春秋之水不能沾润，亦非情理之平。当经该县断令：除三月初一日起至八月初一日止，仍照排单使水外，嗣后每年春水自惊蛰起，秋水自八月初二日起，六日一轮，挨至第三轮之第三、第四两昼夜，给与金胜、董茹二村。[1]

从上文所见，地方官拒绝将水视为花塔渠长的财产，而根据金胜村的需要做出判决。相似的案例不是仅此一件，我们已经看到，当赤桥的种植靛蓝的赵时冠需要水的时候，官府做出的决定是有利于他，而不利于试图强迫他付款的花塔渠长的。在另一起案件中，当赤桥的造纸商在晋祠引水准备洗纸时，政府准许他们在"北河截挑渠之余日，决水挑河"的时候，使用晋祠的入塘的权利，明显与北河和南河渠长们的愿望相左。在这里，地方官再次根据造纸商的需要予以批准，"令口仍开，准洗纸者从此入"[2]。在这起案件中，地方官也同意村民的说法，"取用不同，而所以沐圣母恩惠，一方之人，万世之远，依之以为生，固无异也"[3]。判决称"查得晋祠一水，各村灌溉所资，赤桥村在该庙河内洗纸，虽偶一为之，亦属不得已之举……停工不洗，有碍生计"[4]。可见，地方官的裁决，往往有利于用水者，而不一定顺应掌握水的控制权者的愿望。

四、结语

本文开始提出的问题是，根植在晋水水利系统的道德理念到底是什么。

---

[1] 刘大鹏：《晋祠志》，卷33，《河例四》，第862—863页。
[2] 刘大鹏：《晋祠志》，卷30，《河例一》，第784页。
[3] 同上注，第784—785页。
[4] 同上注，第785页。

由于我们的资料充斥着儒家正统思想，要回答这个问题并不容易。我们比较清楚的，是像其他官僚结构一样，控制晋水水利系统的人对系统有自己的一套看法，与官方对水利的看法大不相同。前者把水视为商品的观念，不为官方认可，只能借着宗教仪式具体呈现，并通过村与村之间的武力纠纷加以强化，而宗教仪式和民间传说，往往对这些暴力举动倍加推崇。本文希望提供一个例子，让读者理解道德经济如何在中国农村得到体现，并试图说明支撑某种道德经济的价值系统，是存在于地方组织之中，而不是存在于某一个阶级里的，这些组织，或多或少给个人和群体提供了一个选择不同的价值结构的可能性。

山西四社五村水利秩序与礼治秩序

祁建民[*]

一、"均水"理念与用水差序

"均水"理念来源于水的公共性质，这是水对于人类的不可或缺性和其流动性决定的。水利的公共性首先体现在其公共属性方面。在中国古代，人们很早就认识到水的公共性质。古人认为水是生养万物的，因而是世间至善至尊的东西。比如："上善若水，水善利万物而不争。""水者何也，万物之本源也，诸生之宗室也，美恶、贤不肖、愚俊之所产也。"水的性质就是，"上天则为雨露，下地则为润泽，万物弗得不生，百事不得不成；大包群生而无好憎，泽及蚑蟯而不求报，富赡天下而不既，德施百姓而不费"。由此，"是谓主德"，"故有像之类莫尊于水"。再如"凡四水者（指昆仑山的河水、赤水、弱水、洋水），帝之神泉，以和百药，以润万物"。水为至善，水为天然，水生万民，这就强调了水的公共属性。

由此，对于水利纷争解决的最基本的方针就是"均水"理念。有学者根据水资源的类型划分出泉域、流域、洪灌域以及库域、围堰等水利社会类型，[①]但是不论哪种类型，"均水"都是其最基本用水原则。《淮南子》中提到："同陂而溉田其受水均也。"明代洪武年间钦差大臣凌左棠在《平阳府蒲

---

[*] 祁建民，日本长崎县立大学教授。
[①] 张俊峰：《水利社会的类型——明清以来洪洞水利与乡村社会变迁》，北京：北京大学出版社，2012年。

州河津县水利榜文》中说:"天地无私,生水火本以养民,虽水火无情,顺其性亦能济物。"所以在用水上"务要照地亩均用,勿致争讼"。① 史书中对于水利管理上"均水"原则的记载比比皆是。例如:政府设置管水官员就是为了"平水","有水池及鱼利多者置水官,主平水收鱼税"。汉代倪宽治水有功,他制定的中国古代最早的水令,其目的就是平均用水以灌溉更多的田地,"宽表奏开六辅渠,定水令以广溉田"。现存中国最早的水利法规《水部式》中就规定:"凡浇田皆仰预知顷亩,依次取用。水遍,即令闭塞。务使均普,不得偏并。"还规定"居上游者不得壅泉而专其腴"。② 唐代官吏戴叔伦,"守抚州刺史,民岁争灌溉,为作均水法,俗便利之,耕饷岁广"。唐代法律规定:"自余山川薮泽之利,公私共之。"③ 还规定:"每渠及斗门置长各一人,至溉田时,乃令节其用水之多少,均其溉焉。"元朝陕西乡儒浦道元就希望官府派员"监视兴元渠堰,庶使水利均平,岁无荒歉之患,盖利于民即利于国也"④。清代官员曾总结京南水利治理的原则时说:"南局田不患其不营,而患营之不广,水不苦其不足,而苦水之不均。"⑤ 现代学者钱杭就认为:"'均平'也是中国古代水权理论的终极目的。"⑥

不过,"均水"只是一种理念,这首先是水的特性决定的。现代水利行政学理论认为,水的流动和多功能性造成了水的所有权的相对性。水资源所有权具有相对性、共享性和永续性。"水是流动的,处于不间断的循环之中,所以人类对水资源的占有也是相对的,其使用、收益、处分均具有不完

---

① 行龙:《环境史视野下的近代山西社会》,太原:山西人民出版社,2007年,第169、176页。
② (唐)《水部式》。〔日〕仁井田陞:《补订中国法制史研究·法和习惯·法和道德》,日本:东京大学出版社,1991年,第323—348页。
③ 〔日〕好并隆司:《中国水利史研究论考》,日本:冈山大学文学部,1993年,第3页。
④ [元]浦道元:《顺斋先生闲居丛稿·卷一七·论兴元河渠司不可废》,北京:北京图书馆出版社,2005年。
⑤ [清]陈仪:《畿辅通志·卷四七·水利营田》,石家庄:河北人民出版社,1989年。
⑥ 钱杭:《库域型水利社会研究——萧山湘湖水利集团的兴与衰》,上海:上海人民出版社,2009年,第116页。

整性、不稳定性。水的循环性和不确定性,决定了水资源所有权的相对性"。这是由于"法律上的物权一般具有排他性,即一旦把某物确定给某人使用时,其他的人就不能再使用。然而,水则不同,上游使用过的水下游还可以利用,左右岸可以同时使用,发电过后灌溉依然能用等。水资源的流动性和多功能性,决定了水资源使用权的共享性"。另外,"水资源属循环再生资源,不因为开发利用而枯竭(前提是合理开发),可以永续利用,因而水资源的所有权是永固的"。①

表1 古代洪洞县用水秩序

渠名	渠规
利泽渠	自下而上实排浇灌。若应使水村分浇毕,即便交刻次浇村分。
清泉渠	本渠自来行沟使水,自下而上。
长润渠	本渠上下村分使水日期时辰已有定例。
众议渠	一年自上而下,一年自下而上,反复轮流,不得紊乱。
晋源渠	本渠使水,依照古例,一年从上,一年从下,依次照段浇灌民田。
清涧渠	古册遗失,因无水程限制,故上游易于霸截。今遵断,分定上下两节,自下而上各限四日水程。
陈珍渠	一年自上往下,一年自下逆上,每一甲口使水一昼夜。
园渠	浇地日期下五上三,先下后上。下河自头夹口,自上往下。上河自泉坡由下往上,古来成规,不许紊乱。
通泽渠	应浇灌地亩,初年自上而下,次年自下而上。编为十节使水,十日一周,周而复始。
通源渠	应浇灌地亩,初年自上而下,次年自下而上。
崇宁渠	平常使水自下而上。倘有山水猛来,照依常规,不许强截盗豁。
沃阳渠	本渠新入末夫地亩,地虽在上,理以后浇。必待古册地亩浇完,方许浇灌。

---

① 孔达:《水政概论》,北京:中国水利水电出版社,2013年,第50页。

续表

渠名	渠规
通津渠	浇地单年先尽北渠，浇北渠转鉴。双年先尽南渠，浇南渠转签。
先济渠	本渠使水人户，自来从下节夹口浇灌，渠长、沟头不依者，乱行沟例，准罚白米五升。
润民渠	本渠浇自上而下，如上未灌完，在下不得强行掘堰。
淤民渠	自上往下，挨次浇灌。倘水涨发，水大自溢坝流，具有退水口低亦可沾润，以免争讼，以全和好。
汾州里渠	每年有水时，温家庄浇完之后，即行放水，下流至韩、温两庄从前置买作渠之地。
天润渠	先从上接，轮流使水，依次浇灌。如上接浇地未遍，下接不依渠规强豁使水，浇地一亩者，罚白米五斗，充渠使用。
涧渠	杨家庄虽在上游，并无册簿，仅可考证者，惟高公村碑文尚约可识。盖水无定程，往往数年不能得灌溉之利。则居民漠视，此渠亦宜矣。
广平渠	山水入口各渠，分流自上而下挨次使水浇灌，不许强行邀豁使水。如强豁者，罚白米二石。
普润渠	渠道水行，其水系涧，为雷鸣雨水，不能常流。如有水之日，某日至某日，自上而下，浇至某村某渠某甲口某人地内，水尽为止。日后再有水至，就从水尽之地接浇，一一挨次浇灌。
万润渠	浇地自上而下，强截浇地一亩者，罚米五斗。上年浇过而今年重浇者，每亩罚米五斗。水大下源不容退水者，每人罚米一石。
第二润民渠	渠口在下，别庄通涧接水之处，不得结党仗势，越赖上水垒石遮挡。砌水平系依分数均摊，每一夫分到水平三寸，如是合立条约上。
均益渠	浇灌地亩自上而下，一水彻底，不得紊乱。

国际上关于水权的规定，最主要的就是滨岸权（亦称河岸所有权）。其最初源于英国的普通法和1804年的拿破仑法典，后来在美国东部地区得到发展，成为国际上现行水法的基本理论之一，也是现代西方主要国家制定水法的基础。在理论上，无论是上游或下游，滨岸权的权利是平等的，不存在

用水的先后顺序权，但在实践中，上游用水总是先于下游。①

在古代山西，为了实现"均水"，先人们想出许多解决的办法。这是由于"山西古代的水渠由于水源不充足，为了多浇地，一般都不实行全流灌溉，而是按照各村土地之多寡或分配的用水时刻实行轮灌。有的是'由上而下'，有的是'自下而上'，也有的'一年由上而下，一年自下而上'"②，用水秩序十分复杂。根据孙焕仑纂《洪洞县水利志补》③一书对于洪洞县内各水渠渠规的记载，其用水秩序多种多样。（见表1）

在实际用水过程中，虽然有渠规，许多灌区还将渠规刻碑以永久保存，但是由于天气水文状况经常变化，河流渠道也会发生改变，还有上下游、左右岸的人口、势力的对比会有变动，特别是由于古代政治就是人治，常常人去政空，用水原则和规章、断案也就多有变化。由此"均水"理念，在实际水利秩序中并不能得到保障，而"不均"则成为常态，在用水制度中普遍存在差序和不均。

古代"不均"的水利秩序往往是恃强凌弱，依仗斗勇好狠，经过矛盾冲突后的结果。例如，山西省洪洞县通利渠上游有两个渠首村集团，一个是石止、马牧和辛村三村，一个是登临、安定和好义三村。中下游有十五个村庄。一个水源有两个渠首村，而且都要按照传统惯例享受自由取水的待遇，这就成了所有矛盾的焦点。根据早期水碑记载，马牧三村是原定的渠首村，后因好义三村村风强悍，拼命占水，马牧三村抵挡不过，只好退让，与其他十五村站在一起，结成后来的十八村用水组织。原洪洞水利局长说，1949年以前，在春灌和秋灌急需用水的季节，好义村人甚至挎手枪、穿丧服、剃光头、打死架，以控制全渠用水，马牧三村见状，只能甘拜下风。按古碑的

---

① 尹明万等：《流域初始水权分配关键技术研究与分配试点》，北京：中国水利水电出版社，2012年，第13—14页。
② 员守谦：《略论山西古代的河渠灌溉法则》，载李乾太、啸虎《山西水利史论集》，太原：山西人民出版社，1992年，第218页。
③ 孙焕仑：《洪洞县水利志补》，太原：山西人民出版社，1992年。

规定，通利渠应该自下而上轮流管理用水的，但在调查中，村民反映，由于好义村势力强大，碑刻的规矩一直没有实行过。到了晚清时期，干旱频仍，通利渠刻碑最盛，下游政府衙门所在平阳府"六次"命令"十八村自下而往上使水"，但是始终没有落实。村民说，水渠供水，自上而下是水性，自下而上是人性，通利渠过去用水是走水性，不通人性。①

在元代山西临汾龙子祠《兴修上官河水利记》碑文中就记载有："上官河水利之不均有年矣，其据上流者专其利，地未干而重溉者以月计之率三四次"，而"其下流者渴其利"。出现水争，"而与斗者百千人，至有致人命于死数起"。② 说明是水利管理制度所造成的弊端。

另外，上下游地势上的优劣也造成了"不均"。在太岳山区过去有"三水灌田"和"上足下用"的差序性水规。"三水灌田"就是依据土地的位置，分成上中下三等，换渠口之段叫上节，可以不摊工、不摊款、先浇地。理由是"挨山烧柴，挨河吃水"，此之谓"便水"。渠之中节则摊工、摊款，上节浇完才能浇，这叫"提水"。渠之下节，摊工亦摊款，等上、中节有余才能浇，这叫"余水"。"上足下用"就是等上游用完了不用了，下游才能接水，因此下游有常年浇不到一次者，而上游则浇两三次。③

同样在1949年以前的平遥县也有类似的三水灌田制。如清林之清水渠依据地位被分成上、中、下三等。首先是便水，先节不摊工不摊款，先浇地，"靠山吃山"。渠之中节摊工摊款，上节浇完才能浇，这叫"挨水"（挨到的意思）。渠之下节摊工摊款，等上节有了余水才能浇，叫余水。也有"上足下用"的规矩，如过去之东泉洪水，必须等上游用完了，下游才能接

---

① 董晓萍、蓝克利：《不灌而治——山西四社五村文献与民俗》，北京：中华书局，2003年，第181—183页。
② 同上注，第153—154页。
③ 田玉龙：《抗日战争和解放战争时期的太岳区水利建设》，载《山西水利史论集》，太原：山西人民出版社，1992年。

水。下游有一年浇不到一次的。①

在水利兴工方面也有许多"不均"的规定。山西历史上很多灌区有"蛇蜕皮"的规矩。清淤挖渠时，下游村庄由渠尾一直挖到渠首，上游村庄出工只挖自己的村界一段，掌握水权的地主豪绅和渠长、渠头和渠甲等占有水地，但不用出工。相反，忻县牧马河安邑渠农民赵喜有地十二亩，二十多年未浇灌。常能有地十一亩，十一年没浇一次水，但是必须年年出工出粮。②

由于上下游的天然地理区别，上游欺压下游，往往还形成了传统习惯和仪式。1949年以前山西榆次潇河灌区就有"请上水头""跟水饭""谢水饭""沈渠饭"等习惯，并且规定"吃甚要有甚，一样不能少"。怀仁村请演武村吃席，甲头用罐量酒，罐底有孔，永远倒不满，给得不想要了为止。另外还要九斤十四两的边鸡一只，买不到时折价算款。张庆村请上游王村"九姓"（掌握水权的人）吃饭，人数不定，有多少人就得请多少人，吃完了把桌凳踢翻，碗碟家具摔碎，再把蒸馍用袋子背走。郭家庄浇完地，要祭祀河神唱十天戏，还有其他村庄也是如此。唱戏时，渠长大摆宴席，开支很大，仅中四渠各村每年得付出渠长工资以及吃喝和唱戏费用大小米达十八万斤。③所以，用水"不均"本是古代水利秩序的常态。

二、四社五村的用水差序

四社五村是横跨山西省洪洞、赵城（后并入洪洞）、霍州三县交界处的一个民间水利组织，到明清时期共有15个村庄共同使用发源于霍山沙窝峪的一条峪水。该峪水的水源复杂，具体包括山间植被积存雨水的自然流泻和

---

① 《平遥县1946年水利工作总结》，《山西革命历史档案／平遥县／平遥县政府关于水利、农场、造林等问题的计划总结、报告 1948—1949》，山西省档案馆，全宗号157，目录号1，案卷号9。
② 员守谦:《建国初期山西的灌区民主改革》，《山西水利》，1987年第2期。
③ 同上。

雨水、涧水、泉水以及雪水等。这就造成了其流量小、不稳定、水流大小带有季节性的特点。由于水资源匮乏，四社五村经过长时间的冲突、争夺，形成了"不均"的水利秩序。15个村庄分成了3个等级。第一级是4个主社村，即一社仇池社（包括桥东、桥西二村），二社李庄社，三社义旺社，四社杏沟社。这四社按兄弟排行，一般称为老大、老二、老三、老四，四兄弟间就存在差序。第二级是比四社稍微低一等的第五村，即孔涧村，该村不能成为社，地位比四主社四兄弟低一等。第三级是附属村，附属村分别属于四社五村各主村，即附属于仇池社桥东村的南川草洼村，附属于桥西村的北川草洼村，附属于李庄社的琵琶塬村、百亩沟村，附属于义旺社的桃花渠村、南泉村、南章村，附属于杏沟社的窑塬村，附属于五村孔涧村的刘家庄村。

　　四社掌控着水资源，具有分水权，可以轮流主办祭祀仪式，保存和修改水利簿（水规），负责维修水利工程。以上权利在当地被称为水权。其次是渠权，即渠务管理权，除四社之外，五村即孔涧村也掌有渠权。这5个主社村都有独立的用水日，即水日。就是按照水利簿的规定，以每月28天为一期，将每月时间分成5份，各主社村各获得一份，各份天数并不均等，一社仇池社8天，二社李庄社7天，三社义旺社4天，四社杏沟社6天，五村孔涧村3天。至于附属村则只能使用主社村的过路水和剩余水。四社五村用水秩序是"自下而上"，强调保证下游村得到规定水量的饮用水，优惠主社村的用水，允许主社村在人口增加时扩建村内储存渠水的坡（泊）池，但附属村却不准。附属村还要为主社村分担劳力、经费，以取得用水资格。

　　四社五村的水利秩序被文字化在水利簿上，并且在水源地龙王庙的石碑上亦有碑文记载。每年清明节一到还要举行祭祀活动，由四社轮流主办，交接水利簿，验收上一年水利工程，确定下一年水利工程，审核上一年经费使用情况，决定下一年经费的征收。账本审核完毕后，举行烧账本仪式，据说是给神送去了，上一年的账目就此了结。然后全体主社村社首一起吃饭、看戏。

　　值得注意的是，位于沙窝峪水水源处的沙窝村并不在四社五村组织内，而且其用水受到四社五村的严格控制。该村虽然位于水源处，但是要同四社五村一样在用水上只能饮用不可灌溉，不许建立坡（泊）池储存水，不能在水源地放鸭、捕鱼和在岸上植树，以免影响四社五村的水质。对于四社五村建在水源附近的龙王庙，沙窝村还要派人维护。

四社五村这种用水差序是如何形成的呢？从自然条件看，首先是地势和人口多少造成的。水源出沙窝峪后，由于地势高度倾斜，一路向下。与平原地势不同，上游处在山脚坡地，村落稀少，人口不多，而下游是平川，村落稠密，人口众多。从实力对比上看，下游人多势众。现在只能根据2001年的调查统计看，一社仇池社，桥东村有235户、1100人，其附属村南川草洼村有95户、500人。桥西村有350户、1500人，其附属村北川草洼村有79户、340人。桥东桥西两村一直成为一体，虽然离水源最远，但是势力却最大，两村团结一致，形成一股强大力量。① 二社李庄社有310户、801人，其附属村琵琶塬村有120户、560人，百亩沟村有110户、540人。三社义旺社有250户、1000人。其附属村桃花渠村有30户、110人，南泉村有30户、100人，南章村有40户、120人。四社杏沟社有250户、1250人，其附属村窑塬村有137户、600人。五村孔涧村有70户、370人，其附属村刘家庄村260户、850人。孔涧村虽然人口比刘家庄村少，但是一直以义旺社为后盾，实际上是义旺村的附属村，地处上游负责监视沙窝村和刘家庄村。② 以上合计主社村有1465户、6021人，附属村有901户、3720人。③ 下游人多势众，就决定了"先下后上"的水利秩序。

其次还有移民的传说。据说刘家庄村是移民村，是清代从贾村迁移来的。而沙窝村据说以前称皇壁村，有1000多户，大约150年前，遭到泥石

---

① 董晓萍、蓝克利:《不灌而治——山西四社五村文献与民俗》，北京：中华书局，2003年，第230页。

② 同上注，第204页。

③ 同上注，第397页。

流而全村毁灭，现在的村民是贾村的移民和来自河南的难民。① 按照先来后到的民间规矩，两村虽处上游，但是却没有水权。

一般来说，由于水的流动性，任何水源都存在上下游的差别，上游在用水上具有地理上的优势。但是，在四社五村却是相反，在四社五村水利组织中，离水源最远的仇池社是势力最大的首社，这就是长期利益争夺、冲突的结果。据一社社首董步云说："这个水规，是老先人通过千辛万苦斗争统一得来的。不是一下子能形成，那是在自己的生活、生产中，认识到水的问题才解决了。"② 这位社首还说："听的传说呢，历史上我们社就是首社，我们村子大、人多、说话也算数，也有人力，也有物力，可能也敢打。"义旺社副社首也说："老大一个是势力大，一个是打死人的过多。"③ 首社村的地位是靠打架打出来的。首社村过去属于赵城县，赵城以民风剽悍在当地十分有名。另外，2014年8月17日，笔者再次访问四社五村时，义旺社社首王宝虎说仇池社能当老大是因为当时是仇池社首先挑头引水的，当时沙窝村没有什么人，所以也没有人反对。

不过，处于上游的村落还是享有一定特权的。比如上游沙窝村在大祭时可以免费吃席看戏，水渠维修也不用缴费。义旺社社首乔新民就说："沙窝村以前白吃水，修工程不交钱，没有义务，还白吃席看戏。因为人家是上游，下游要尊重上游。如果上游要破坏下游的管道，这很容易，下游不能白天黑夜都看着。但我们让他们吃水，不让他们生产用水。这有利于下游的用水。我们让他们自觉地遵守我们的水规。实际上，很多规则都是为他们制定的。"④ 上下游自然地势不能改变，下游对沙窝村也只好给点优惠。

四社五村的水利秩序直到现在也被严格维护，一社社首董步云就说：

---

① 董晓萍、蓝克利：《不灌而治——山西四社五村文献与民俗》，北京：中华书局，2003年，第158页。

② 同上注，第220页。

③ 同上注，第154页。

④ 同上注，第223页。

"为什么要形成这个水规呢？上边就有石碑，村里还有遗留下来的水利簿。这是我们四社五村的劳动人民通过在这里生活，感到水的重要性，必然要联合搞这个。必须要有规矩，没有规矩不成方圆。有些人就无法无天，就要破坏嘛，你要没个规矩能行呀！这要付出相当的代价，或者是生命财产，经济损失。这个历史，是劳动人民需要的。人民流了血和汗，交织到一起，形成了这个水规。"所以，"我们村传说都是一说上游有人豁水，就有抵命的，打死也有抵命的。维护水规是花代价、智慧换来的。咱现在这会儿是通过历史延续过来的"。[1] 20 世纪 60 年代，沙窝村自己挖渠，打算引水浇地，被老大仇池社社首董步云得知后，带领众人上山制止，沙窝村不听，村民把董步云围住。董义正词严地指出，沙窝村有地权，无水权，不能灌溉，这是"几千年留下的水规"，不能破坏，最后喝退了围攻的村民，带人把新渠填平。[2] 现在虽然一社打了机井，不用峪水了，但是依然不放弃水权，每年参加水利祭祀活动，参与水利管理和施工。

三、用水差序与礼治秩序

在乡土社会中，水利秩序的形成虽然是依靠实力或者武力，但是要使这种利益冲突的结果得到固定，并且形成一种传统，使得人们主动遵守，还需要文化观念上的解释与保证，以至成为一种"习性"。按照布尔迪厄的文化与权力的说法："习性来自早期的社会化经验，外在的结构在这种经验中被内化。结果，对于一个生活于分层社会世界中的特定群体而言，可能之物与不可能之物的参数与边界的内化了的倾向，就通过社会化得到了发展。这样，习性一方面为行为设立了限制；另一方面也发生出与早期社会化的结构

---

[1] 董晓萍、蓝克利：《不灌而治——山西四社五村文献与民俗》，北京：中华书局，2003 年，第 220 页。

[2] 同上注，第 302 页。

特征对应的知觉、灵感以及实践。"① 在四社五村水利秩序中有两个重要的传统习俗观念，这就是兄弟排行的规定与嫁女送水的习俗传说。四社五村首先是按照兄弟排行顺序规定了四社在水利秩序中的地位。"四社一直按家庭兄弟排行，奉老大为四社的总社首，其余三社都低老大一等。他们在任何场合下，都会按照这种家庭齿序排序出场，便从无争端。"② 老三义旺社副社首杨小平就说："老大毕竟是老大，任何时候都是老大。人家就是大祭主，要祭的时候，就必须下事人家。拜龙王么，就是老大先上么。我们只能在后面。我们是老三，就是老三。任何解决不了的问题，都由老大定。"③

由此，在四社之中"老大也被这种观念所长期塑造，承担了兄长的角色，有时还是'长兄代父'的角色，认为自己当仁不让是水利账簿的第一发言人"④。老大社首董步云就说："这四个社说，让老大说，老大就决定。老大说，对嘛！马上执行嘛！首社嘛，对一些大家解决不了的问题，首社就可以下结论。你是首社，你就可以下结论。四社五村定不下来的事，最后就是首社说话。原则非坚持不可，他再不接受，那就在大会上把它宣布处罚。"⑤

其次，就是嫁女送水传说，把水权村与附属村的关系解释为翁婿（老丈人与女婿）关系。义旺社副社首杨小平说："这孔涧村和我们这一个村，是归我们社管。不属于那三个社管。过去我们这七枪水都是我们的。我们村里的一个闺女，嫁到孔涧村啦。过去都是父母包办。她不去，说没有水吃。就这呢，当时我们村就给了她三枪水，说你嫁过去就给你三枪水，这个闺女嘞，就是我们村的这个闺女把水带走了。为了去，带走了，一直把那一个村拉入到这四社五村里头，成了'五村'。过去我们是四社，后来加了一个村，

---

① 〔美〕戴维·斯沃茨：《文化与权力：布尔迪厄的社会学》，陶东风译，上海：上海世纪出版集团，1992年。
② 董晓萍、蓝克利：《不灌而治——山西四社五村文献与民俗》，北京：中华书局，2003年，第226页。
③ 同上注，第227页。
④ 同上。
⑤ 同上。

成了五村。"①

不但有义旺村对孔涧村的嫁女传说,还有孔涧村对刘家庄的嫁女传说。按照义旺村妇女刘月喜等的说法:"刘家庄的一日水,是孔涧给的。孔涧的一个人呢,可能是当村干部的人,他闺女给刘家庄了。给刘家庄呀,家庭也好,女婿也好,去去就吼。她爸问她哩,说:'女子你吼啥哩,没有吃的?没有喝的?'女子说:'啥也好,就是没有洗脸水。'她爸说:'你合上(方言,指拿上)一日水。'也是孔涧这人能,敢予,把孔涧的水予去,你也不能把我怎么样。"②刘家庄的樊先生也说:"旧社会就是刘家庄的人当放水员,先给孔涧村放满了,再给自己村子放。这村没有水,人家闺女回去了,说是连洗脸水也没有。刘家庄娶的孔涧的女,孔涧给他姑娘送的一口洗脸水,咱们这村吃的还是洗脸水。咱们吃那老丈人水哩嘛。"③刘家庄老人说:"1949年以前,每到六月六,刘家庄的头人都穿长袍、戴礼帽、杀全羊、备香纸、拎酒提肉,到庙里拜孔涧村的社首,乞求分水。"④

这里由兄弟排序、翁婿关系等习俗传说所维系的用水秩序实际上反映了中国乡村根深蒂固的礼治秩序。而礼治秩序的"'礼'是中国传统文化的核心。中外学界对此结论都不会持有异议"⑤。

费孝通认为中国传统乡村社会秩序就是一种礼治秩序。费孝通对于这种礼治秩序做过如下概括:第一,维持乡土社会秩序的就是礼治秩序。"礼治从表面上看去好像是人们行为不受规律拘束而自动形成的秩序。其实自动的说法是不确,只是主动地服从于成规罢了。孔子一再地用'克'字,用'约'字来形容礼的养成,可见礼治并不是离开社会,由于本能或天意所构

---

① 董晓萍、蓝克利:《不灌而治——山西四社五村文献与民俗》,北京:中华书局,2003年,第163页。

② 同上。

③ 同上注,第164页。

④ 同上注,第300页。

⑤ 马小红:《礼与法:法的历史连接》,北京:北京大学出版社,2004年,第76页。

成的秩序了。"①"礼治的可能必须以传统可以有效地应付生活问题为前提。乡土社会满足了这前提，因之它的秩序可以用礼来维持。"② 第二，礼治秩序是一种传统，具有强大的历史惯性。"这里所谓礼制也许就是普通所谓人治，但是礼治一词不会像人治一词那样容易引起误解，以致有人觉得社会秩序是可以由个人好恶来维持的了。礼治和这种个人好恶的统治相差很远，因为礼是传统，是整个社会历史在维持这种秩序。礼治社会是并不能在变迁很快的时代中出现的，这是乡土社会的特色。"③

中国传统文化中的"礼"具有三大特征，四社五村的水利秩序就反映了"礼"的根本观念。

首先，"礼"是来源于等级社会的行为规范，并且是为了维护等级制度被提倡的。韦伯认为："在儒家经典学说中，同样在伦理方面，人与人原则上平等的前提是符合世袭官僚制与封建制及各种出身等第的划分的政治对立的。"④ 美国学者史华兹也认为："中国的经书注疏传统一再强调，礼的作用就在于教育人们在社会中完好地扮演各自的角色；要维持社会的和谐，离不开如下事实：每个人都按照他在更大的整体中所应该做的那样去履行职责。"⑤ 儒学经典《礼记》对于"礼"的功用就是这样规定的："夫礼者所以定亲疏，决嫌疑，别同异，明是非也。""道德仁义，非礼不成，教训正俗，非礼不备。分争辩讼，非礼不决。君臣上下父子兄弟，非礼不定。班朝治军，莅官行法，非礼威严不行。祷祠祭祀，供给鬼神，非礼不诚不庄。是以君子恭敬撙节退让以明礼。"礼乐崩坏则会导致等级秩序的混乱，《汉书》中就说："乡饮之礼废，则长幼之序乱，而争斗之狱蕃。"所以，有学者认为："存在于社

---

① 费孝通:《乡土中国　生育制度》，北京：北京大学出版社，1998年，第52页。
② 同上。
③ 同上注，第52—53页。
④ 〔德〕马克思·韦伯:《儒教与道教》，王容芬译，北京：商务印书馆，2002年，第197页。
⑤ 〔美〕本杰明·史华兹:《古代中国的思想世界》，程钢译，南京：江苏人民出版社，2008年，第88—89页。

会中的贵贱上下等第与存在于家庭中的尊卑长幼等第都被儒家看成是维护社会秩序不可缺少的条件。要使贵贱、尊卑、长幼、亲疏有别,必须以'礼'作为社会成员的行为规范。"①

在传统儒学看来等级要好于平均,立足于等级的平均才能维护社会的安定。荀子认为"均"的前提就是要别等级,没有绝对的"均"。他说:"分均则不偏,势齐则不壹,众齐则不使。有天有地而上下有差,明王始立而处国有制。夫两贵之不能相事,两贱之不能相使,是天数也。势位齐,而欲恶同,物不能澹,则必争;争则必乱,乱则穷矣。先王恶其乱也,故制礼义以分之,使有贫、富、贵、贱之等,足以相兼临者,是养天下之本也。《书》曰:'维齐非齐'此之谓也。"

中国水利史上根据水的公共性所形成的"均水"理念与由于人们在社会关系上的等级制传统发生冲突,造成的用水"不均"。这种矛盾对立长期存在,成为常态。用水上的"不均"实际上反映了人们社会关系上的不平等。而这种不平等,与传统文化中的维护等级制的"礼"的观念相契合。荀子竭力主张:"均"会导致"争","争"则"乱","乱"则"穷"。"均"并不好。"均水"的理想原则与"不均"的儒家观念发生冲突。这就限制了"均水"原则的实现,使得"不均"为人们所接受。

其次,"礼"源于中国传统人情道德,并带有浓厚人情味。《礼记》就说:"凡礼之大体,体天地、法四时、则阴阳、顺人情,故谓之礼。"马小红认为:"礼是血缘社会中敬畏天地鬼神的产物,礼的特征是强调冥冥之中的神力和血缘的亲情。所以礼竭力提倡的是天地人的相通,是缘于人情的伦理道德。"② 由此,"礼虽然借助于上天和自然来加强自己的神秘性和合理性,但其内容又植根于人们的日常生活和人情之中"③。

---

① 张仁善:《礼·法·社会——清代法律转型与社会变迁》,北京:商务印书馆,2013年,第34—35页。
② 马小红:《礼与法:法的历史连接》,北京:北京大学出版社,2004年,第84页。
③ 同上注,第79页。

美国学者史华兹注意到了"礼"的等级制内容之外，还有人情与平等的相互性特点。他认为："'礼'的终极目的是要赋予等级制与权威以人情的魅力，但肯定也意味着要维护并澄清它的基础。"① 有人研究礼是强调其相互性而不是其等级制，史华兹认为："的确存在这种礼的关系，在那里，平等的相互性（reciprocity）占据主导的地位，比如朋友之间的关系。可以肯定，等级制并不能排除相互性的存在。儿女对父母有尽孝的义务，父母对于儿女有慈爱的义务。臣子对其统治者有服从与忠诚的义务，因而统治者在对待臣子时，也'应该接受礼的规章的指导'（君使臣以礼）。"不过，在春秋时代"孔子更关注的是当世存在的因为颠覆神圣权威脆弱结构造成的危害，而不是当权者对于权威的滥用"②。

四社五村用水秩序上的不平等被带上家庭兄弟排行和翁婿关系这样的亲情色彩，给不平等的水利关系带上一种人伦关系和人情色彩。既然有亲情关系，四社兄弟之间以及水权村对于附属村之间就并不仅仅是一种以上压下、以大欺小的利益关系，而是双方都在温情脉脉的家族或亲戚关系的面纱之下，小弟和晚辈尊重兄长，同样兄长对于下面也有所照顾。双方关系在亲情之下可以互相忍让，不能不顾亲情、撕破面皮，对立争斗。这对于维护即使是不平等的水利秩序是十分重要的。四社五村就是按照这种家庭亲情式的长幼尊卑秩序来解释和接受不平等的水利秩序的。利益之争要服从于亲情关系。史华兹提到的相互性其实也是存在的，附属村不能没水吃，即使受到严格控制的沙窝村亦可以免费吃席、看戏，并不用出修渠费用。

"礼"要求人们自觉顺应规范，不要突破"礼"而去争斗。韦伯认为儒学是主张不争的，孔子就主张："克己复礼为仁。一日克己复礼，天下归仁焉。为仁由己，而由人乎哉？"到达到"非礼勿视，非礼勿听，非礼勿言，

---

① 〔美〕本杰明·史华兹：《古代中国的思想世界》，程钢译，南京：江苏人民出版社，2008年，第88—89页。
② 同上注，第92页。

非礼勿动"。

礼治社会秩序就是通过这种对于"礼"的遵守,通过个人自觉而形成的。儒学强调内在的修养。费孝通认为:"礼并不是靠一个外在的权力来推行的,而是从教化中养成了个人的敬畏之感,使人服膺;人服礼是主动的。"① 梁启超也说:"孔子以为礼的作用可以养成人类自动自治的良好习惯,实属改良社会的根本办法,他主张礼制的主要精神在此。"②

遵守礼序而不争,这是维护水利秩序的重要因素。按照"礼"的原则,用水差序的四社兄弟之间,水权村与附属村的翁婿之间不能违背礼序出现争斗。当老大处罚违规用水行为时,就不仅仅是对违反水规的一种惩罚,而是"以兄代长",对于家族中的"非礼"行为进行处治,因而具有维护"礼"的正义性质。作为兄弟和晚辈也要按照"不争"的准则,对于用水的"不均"要按照"礼"的要求在内心寻找平衡,放弃抗争。这样,礼治秩序的传统观念就成为维护四社五村水利秩序的文化传统保证。

---

① 费孝通:《乡土中国 生育制度》,北京:北京大学出版社,1998年,第51页。
② 梁启超:《饮冰室合集》(第八册),北京:中华书局,1989年,第16—17页。

泉域社会：洪洞广胜寺霍泉水资源开发的历史与实践

张俊峰[*]

一、颇似江南：泉水、渠系与村庄

> 村址所在，西北两面平坦旷阔，土质肥沃，灌溉方便，皆为上等水地。东、南两面环沟，沟底有河，河水长流，河上建有水磨、油坊多处，既能磨面、碾米，还可榨油、弹花。同时，河之两岸多开种稻田、菜园，适宜栽种稻米、莲菜和其他蔬菜，间或利用水洼营造芦苇，开发编织业。每年初秋季节，沟河两岸，稻穗沉沉，荷花盛开，鱼翔河底，蛙鸣堤上。又有成群幼童嬉戏河间，捉鱼弄蟹。此情此景，酷似一派江南风光。
>
> ——引自《严家庄村史资料札记》，1994 年

这段文字反映的是山西省洪洞县广胜寺泉域一个普通村庄的基本面貌，展现了村庄经济、社会发展与泉水的密切关系。本文接下来的研究，就先从广胜寺泉谈起。广胜寺泉，位于山西省临汾盆地东侧的基岩山区。泉域地势总体呈东高西低、北高南低的特点，泉口海拔高程约 600 米。这一特征基本决定了泉水的自然流向和大致的灌溉区域。地质研究者判定此泉系霍山大断层岩溶溢流泉，泉水补给主要靠岩溶水盆地范围内大气降水的直接入渗。由

---

[*] 张俊峰，山西大学中国社会史研究中心教授。

于该泉补给区所在的太岳山区和沁河流域森林植被好，雨量丰富，有利于入渗，约占总补给量的85%。其次，泉域范围内变质岩区和砂页岩区地表径流的入渗补给约占总补给量的15%。①1993年，由中国地质大学水文地质与工程地质系完成的研究报告指出：广胜寺泉岩溶水系统的储存资源量约为64.5亿立方米，流量年内动态稳定，多年平均流量3.534立方米每秒，存在以8年为周期的波动特点。②而据霍泉水利管理处资料显示：该泉在1956—1993年多年平均流量为3.91立方米每秒，1994—2000年平均流量为3.22立方米每秒，2001年以来平均流量为2.92立方米每秒。总的来看，尽管目前还保持较大流量，但实际上已在逐渐衰减。目前广胜寺泉主要用于农业灌溉，灌溉面积10余万亩，在山西省属于一个中型灌区。同时，该泉还是山西焦化集团、临汾市水泥厂、洪洞县化肥厂以及洪洞城市所需生产、生活的重要水源。

虽然有多种文字资料表明广胜寺泉水利的开发始自唐贞观年间，但霍泉水利管理局纪珠宝主任却不赞同这一观点。他认为霍泉水利的实际开发年代应早于唐代。因为单从技术水平来看，郑国渠、都江堰这些著名的水利工程早在春秋战国时期已有，其本身所需的水利技术相当复杂。相比之下，距离关中郑国渠并不遥远，且同样处于华夏文明发源地域的霍泉，其开发所需技术难度比起前者要小很多，因而不可能迟至唐代才得到利用。③这一观点是值得重视的。不过，要说自唐贞观始，霍泉水利已得到当地的大规模开发，应是毋庸置疑的。

结合霍泉水利开发历程可知，自唐宋直至1949年前后，霍泉渠系主要由北霍渠、南霍渠、通霍渠（后分为小霍渠和副霍渠）、清水渠等四条渠道构成，其中，北霍渠与南霍渠为主干渠。据文献所载，北霍渠与南霍渠皆创

---

① 山西省水利厅、中国地质科学院岩溶地质研究所、山西省水资源管理委员会编著：《山西省岩溶泉域水资源保护》，北京：中国水利水电出版社，2008年，第231页。
② 山西省洪洞县霍泉水利管理处、中国地质大学（武汉）水文地质与工程地质系：《山西省霍泉岩溶水系统研究报告》，内部资料。
③ 2004年7月10日霍泉水利管理局调查笔记，地点：霍泉水利管理局纪珠宝主任办公室。

自唐代，且北霍较南霍产生年代为早。通霍渠开凿于宋庆历六年（1046），小霍渠为通霍渠后易之名，副霍渠原为通霍渠槽南一沟（按，沟即大渠），明建文四年（1402）始独立成渠。清水渠开创年代不详，可能创自宋金时期，但不晚于元。有霍泉水神庙现存元代至元二十年（1283）《重修明应王庙碑》可兹佐证。据碑载："之初，分名曰北渠、南渠，下而拾遗，又曰清水、小霍。赵城、洪洞二县之间，四渠均布，西溥汾堧，方且百里，乔木村墟，田连阡陌，林野秀，禾稻丰，皆此泉之利也。"1954 年，由山西省人民政府水利局下发的《霍泉渠灌区增产检查报告》则这样描述霍泉渠灌区的基本面貌：

> 霍泉渠发源于洪赵县东北 40 里的霍山西侧的广胜寺，泉水丰富，水质良好，经常有 4 个秒公方的长流水。由寺院附近分水亭分为 3 条干渠，全长 108 华里。北干渠由分水亭偏西北行，经黄埔、柴村、明姜等村通向赵城城北连城镇；南干渠由分水亭西南行经道觉、西安等村通向洪洞城关附近；中干渠由南干渠引水西行，经马头、李宕等村直入汾河。全灌区中部低，而南北高，以泉眼为扇轴，向南北两侧延伸构成一翼状扇形面。受益区包括洪赵县 21 乡，96 个自然村，63345 口人。共灌溉面积 84714 亩。

根据渠道路线，不难判定，1954 年霍泉渠系中，北干渠与南干渠均是在原先北霍渠、南霍渠渠道基础上的延伸。而中干渠则是在合并清水渠、小霍渠（副霍渠）的基础上形成的。由此可见，中华人民共和国成立初期霍泉渠灌区的渠系其实是在传统渠系基础上的扩充和延伸，以霍泉为轴的扇形渠系格局并未有太大改变。不过在受益村庄与人口数、灌溉面积上，已非传统时期可比。根据笔者以往的研究，北霍渠的效益在宋庆历五年（1045）就已达到有史以来最大值，可灌溉赵城县 24 村 592 顷土地。此后，该渠受益村庄直至明清时期仍基本保持稳定，但受益地亩却呈现下降趋势。南霍渠在唐贞元十六年（800），同样达到历史时期最高，可灌溉 13 村 215 顷土地。此后受益村庄数虽稳定不变，受益土地数却在明清以来呈逐渐减少的趋势。从古今霍泉水量的记载和研究结果来看，霍泉出水量长期稳定，只是由于近20年来经济发展，泉域及水源补给区各行政单位对地下水资源开采量不断加大才影响到霍泉的出水量。但该因素在历史时期是不存在的。因此，既然出水量大体保持不变，为什么会出现灌溉地亩数量不升反降的情形？颇引人深思。

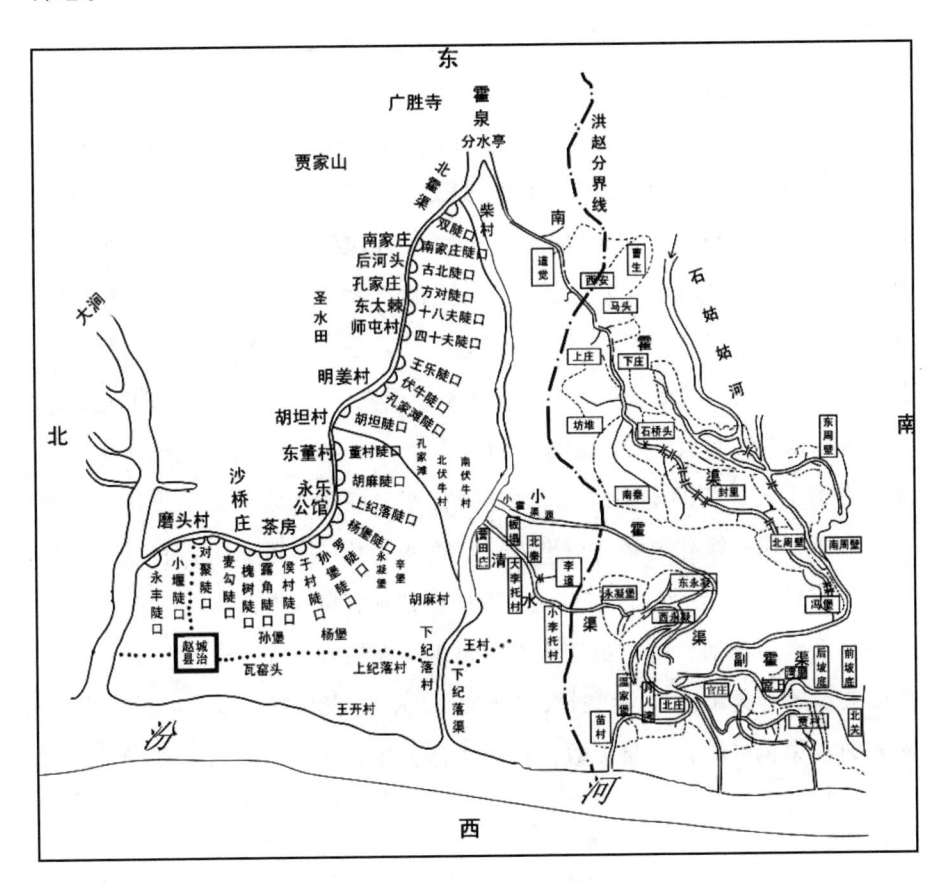

图 1　传统时代霍泉灌区的范围和渠道线路

方便的用水条件和发达的渠系，使得传统时代广胜寺泉域大多数村庄都具有水乡的风貌，1999年出版的洪洞县《广胜寺镇志》对辖区各村庄特点的概括就足以说明。如位于霍泉发源地的圪垌村,"镇人民政府所在地,洪广路穿村而过,霍泉水依村涌流,依山傍水,风景秀丽"。道觉村,"东临霍泉,水利条件得天独厚,集市贸易兴旺繁荣,素有'金道觉'的美称"。马头村,"地处平川,土地肥沃,盛产小麦、玉米及各种蔬菜,水利便利,交通发达"。板塌村,"地处平川,水源丰富,以农为主"。北郇村,"地处河谷,以农为主"。东安村,"临洪广路,交通方便,近南干渠,水利条件好"。长安堡,"村东有沟,清水长流"。① 俨然一派水乡风光。

泉域内很多村庄除直接受益于霍泉外,村庄本身就有泉源可资利用,用水条件可谓便利。据不完全统计,单广胜寺镇所属村庄就有大小泉源46眼,长期供人畜食用或灌溉,直至20世纪末,依然是"家家有水井,吃水不出院",与霍泉一道构成民众日常生产与生活的重要水源。坊堆等村即是这类村庄的代表。据《坊堆村史》记述,"村地处北霍西麓阜头之下,东高西下,上可承南霍渠水以资灌溉,下有营田涧可以流污,且地多涌泉,宜植稻藕,以此优越之地利,故无论亢旱久涝,皆不损于农田收益。又以地理形便,堰双头水,以补南霍渠陡门水轮值空日之不足,人称坊堆为三不浇,(大风不浇、下雨不浇、夜间不浇)。清代光绪初年,连年不雨,渠枯土焦,谷难下种,他处百姓饿死道路,坊堆人民皆饱腹无忧,此非人力,良以地利然也"。② 另据《广胜寺镇志》描述,南堡村,"水利资源丰富,地下泉水甚多,南沟泉系水流积河,可以推动水磨,浇地更是方便。全村土地肥沃,盛产粮棉菜瓜果等类作物"。早觉村,"地处平川,以农为主。该村水利条件好,村东通霍渠饶半围,小泉无数,稻田肥沃,主植水稻、莲根等作物,还可以养鱼"。③

---

① 李永奇、严双鸿主编:《广胜寺镇志》,太原:山西古籍出版社,1999年,第1篇第3章镇村简况,第11—24页。
② 杨明诗:《坊堆村史》草稿手本,霍泉水利管理局张海清先生提供。
③ 李永奇、严双鸿主编:《广胜寺镇志》,太原:山西古籍出版社,1999年,第1篇第3章镇村简况,第11—24页。

由此我们可以归纳出广胜寺泉域村庄的总体特征，即：大部分均处在平川、河谷地带，交通便利，泉水丰富，水利条件优越。以农为主，水产丰富，经济繁荣。历史久远，文化昌盛，属于典型的传统农业社会。自2000年以来，笔者曾数度考察灌区，所到之处最直观的感受便是：这些村庄有着非常发达的渠系，渠道纵横且清水长流，绿树成荫，间或有荷塘、鱼池、汩汩泉眼，气候湿润，空气清新，因水而很有灵性，完全不同于周遭那些因工业发展而导致生存环境急剧恶化的区域，确实是"颇似江南"。

二、以水为中心：水资源与水经济

丰富的水源、发达的渠系和适宜的气候条件，为泉域社会经济发展提供了良好的基础。与北方绝大多数地区的旱作农业类型相比，泉域社会的支柱型经济具有明显的"以水为中心"的特征。① 笔者称之水利型经济。水利型经济特指一系列与水密切相关的经济产业，此类产业无水则难以存续，对水资源的依赖程度极高。在广胜寺泉域，水利型经济主要有二，即需水作物的种植和传统水力加工业——水磨。两大产业构成了传统时期广胜寺泉域村庄经济的重要支柱。

结合文献和田野考察，笔者了解到，需水量大的作物，如水稻、莲菜、银耳等在该区域的种植非常普遍。水稻在霍泉流域有相当悠久的历史。其中，软稻是主要品种，碾制后称糯米，色泽青白，籽粒饱满结实，黏性大，可制作元宵和醪糟等食品。道光《赵城县志》有记载曰："南乡地平衍，霍水盈渠，得灌溉利。水田多种粳稻，春夏间畦塍如绣，乐土也。……论者谓东

---

① 广胜寺水神庙现存万历四十八年（1620）《邑候刘公校正北霍渠祭祀记碑》开头即称："赵平水绵邑，地瘠民贫，不通经商，宦籍亦寥寥，所治生惟赖兹北霍渠胜水七分。"一语点明霍泉对于地方社会的重要价值。康熙十四年（1675）《赠北霍渠掌例卫翁治水告竣序》碑中也有类似的表述："我简邑士无显宦，苦乏箦灯之资，商止微息，囊无经营之斧。所恃以粒我烝民者，惟是霍泉一派，膏泽万顷。"

南二乡，泉清而土润，得地气之和，非妄也。""稻米产太原晋祠者佳。其次本邑亦有二种，东乡者霍水性柔，食之和中，西乡者汾水力大，食之益气。"①

莲藕的栽培亦较普遍，明代洪洞已有"莲花城"之美誉。据土人介绍，过去汾河沿岸所产莲藕个头大，藕瓜粗，质嫩脆，味香甜，带泥远销色味不变。广胜寺泉域的莲藕种植面积也很大，据《广胜寺镇志》记载："本镇水源丰富，低凹沟水地较多，极宜水产种植及养殖，全镇水产种植面积有4713亩，种植有水稻、莲藕、荸荠等水产作物。"②

此外，芦苇也是泉域颇常见的一种经济作物，县志记载称"洼地产芦苇，岁取其值，可代耕，时亦供仓与狱（王乐、小胡麻、伏岩、营田、长安）"，其中王乐、小胡麻、营田、长安四村即位于南、北霍渠道所及区域。

因用水便利，该泉域的棉花、小麦产量远较周围地区为高。加之气候和光照条件优越，作物通常一年两熟。板塌村张海清先生讲："本地作物一年两熟。通常是10月种麦，6月收获；6月种玉茭，10月收获。过去本地棉花种植较多，占30%左右。种粮食可以自给自足，种棉花可以解决食用油和穿衣问题。"③1954年山西省水利局完成的《霍泉渠灌区增产检查报告》中，对20世纪50年代以前泉域农业经济做过调查。调查显示，"灌区作物以小麦棉花玉茭为主，并有3858114亩稻田，产量均较高，小麦每亩均产300斤，棉花每亩均产180斤。灌区农民每人平均有1.32亩水地，中等户每人每年即可平均收入玉茭1000斤左右，因而灌区农民生活一般的比较富裕"④。

如同山西其他泉域一样，水磨业在该泉域也极为普遍，是地方社会一项重要的产业门类，经济效益极高，充分利用了霍泉水流落差大、水量充沛的特点。如《赵城县志》记载："东乡水地居半。侯村、耿壁、苑川间多高阜；胡坦及广胜地，皆平衍，得霍泉之利，居民驾流作屋，安置水磨，清流急湍

---

① 道光《赵城县志》，卷六"坊里"、卷十九"物产"。
② 李永奇、严双鸿编：《广胜寺镇志》，太原：山西古籍出版社，1999年，第92—93页。
③ 2005年3月21日田野访谈笔记，地点：霍泉水利管理局副主任张海清办公室。
④ 笔者收集，山西大学中国社会史研究中心藏。

中，碾声相闻，令人有水石间想。"①水磨主要用于磨面、榨油、碾米、棉花加工等各项事宜，与传统农业社会民众日常生活联系极为紧密。明清时代，水磨在一定程度上代表了当时生产力的发展水平。

对于水磨的数量，各代记载多有不同，总体上呈现增长的趋势。金天眷二年（1139）《都总管镇国定两县水碑》记载宋庆历五年洪赵争水时的有关数据称："霍泉河水等共浇溉一百三十村庄，计一千七百四十户，计水田九百六十四顷一十七亩八分，动水碾磨四十五轮。"同年抄写的《南霍渠渠条》则记载了南霍渠各村水磨和䋏的数量，"道觉村磨六轮，兴一十二夫。䋏二轮，兴二夫。东安村磨三轮，兴六夫，西安村磨四轮，兴八夫，䋏二轮，兴二夫。府坊村磨二轮，兴四夫，䋏一轮，兴一夫。封北村磨二轮，兴四夫。南羊社并南秦村磨一轮，兴二夫。封村磨二轮，兴四夫，䋏一轮，兴一夫"。总计水磨20轮，䋏②6轮。至清同治九年（1870），《泰云寺水利碑》记载的南霍渠十三村水磨已成倍增加，其中"上节水磨三十五轮"，"下节水磨二十一轮"，共计56轮。田野调查中，笔者还了解到北霍渠水磨的分布情况："北霍渠过去水磨很多。主要在上游和中游。其中，后河头村在解放初一村就有32盘。水磨主要用来轧花，把籽棉磨成皮棉。也可以利用水力弹花、碾米、磨面。"③至1958年，广胜寺泉域水磨数量已增至82轮。据地方人士估算，若以每轮水磨日产值30元，年值5000元计算，全部水磨年产值可达41万元。这一数字对于泉域村庄来说相当可观。由于水磨业极高的经济效益，很早就纳入了地方政府的税收范围，官府专门设立了"磨捐"一项。民国《洪洞县志》记载："水磨戏捐共有若干，前知事未据声明也。知事查历年账簿，磨捐一项，每年平均约收钱贰百千文。"④顺治《赵城县志》亦有类似记载："水磨，官二盘，岁征课钞六锭，小麦九斗六升；民

---

① 道光《赵城县志》，卷六"坊里"。
② 所谓䋏，原意是手摇缫丝机，在此是指利用水力来缫丝或织布的机械。
③ 2005年3月21日田野访谈笔记，地点：霍泉水利管理局副主任张海清办公室。
④ 民国《洪洞县志》，卷九"田赋志"。

一百七十三盘，岁征小麦一百一十七石八斗四升。"①

由于水磨代表了传统农业社会最高的生产力水平，经济收益明显，因而拥有水磨便成为财富的象征。这在《洪洞县志》中可以得到印证，据志书载："孙世荣，马头村人，乡饮耆宾。嘉庆间岁饥，以积粟百余石，贱值出售。家置水碓数处，有载糠秕赁舂者，荣怜之，易以嘉谷。后岁熟，人归偿，辞不受。"②因孙世荣家有水碓数处，因此可能平日家境就较诸乡邻富裕。饥荒来临时，不仅可以自保，而且有能力救助乡里。严家庄村史编撰者对该村水磨、油坊业者经济状况的描述也颇有说服力，据载抗日战争前后，该村占有水磨、油坊，兼营庄稼的有10多户，是全村80多户中最富有的阶层，"他们占有土地虽不很多（一般都超过平均水平），但因其所收的水磨、油坊课费（为磨面数的5%—7%），足够全家常年食用，种地和其他收入皆成节余，因此经济状况较为富裕。他们除维持其较高的生活水平外，还常年雇佣长工和短工，间或放点高利贷。故此，土改时所划地主、富农，多在他们中间"③。

水磨的发展拉动了村庄经济的发展。据道觉村郭根锁先生讲："南霍渠13村中道觉村水磨最多，俗称道觉圪垌38盘磨。有些磨一日一夜可磨面3000斤。我村利用地利优势，共设有11盘水磨，加上水稻、小麦、棉花等各类作物的高产，自古以来就是一个远近闻名的大集市。由于交通便利，我村庙会、集市发达，商铺林立，有'金道觉'之称。"④一些村庄则因水磨而得名。如磨头村，原名凤头村，因该村的水磨是霍泉七分渠下游的头一盘磨，后来便更名为磨头村；王家磨村也很类似。清初，该村吴王两家利用广胜寺的水源为动力，在七分渠旁建了3盘水磨，附近村里百姓常到这里磨面，因此称作吴王磨。后来，吴家迁离，就改称为王家磨。⑤

---

① 顺治《赵城县志》，卷四"食货志"。
② 民国《洪洞县志》，卷13"人物志下"。
③ 《严家庄村史资料札记》，1994年，霍泉水利管理局张海清先生提供。
④ 2004年8月8日田野访谈笔记，地点：道觉村南霍渠畔。
⑤ 董爱民主编：《洪洞村名来历》（内部印刷资料），第31、206、220页。

农作物的高产和水磨业经济的繁荣，为很多村庄和家族经济的发展注入了动力，助其完成资本的积累过程，于是很多家族热衷于买房置地，建设家园。在此，仍以水利条件优越的村庄之一严家庄为例。该村大姓以严、赵和刘为主，严姓最多。村史资料记载称，清雍正初年到同治末年的140多年，是该村经济发展的兴盛时期。在村史编撰者眼里，经济兴盛的标志有二，一是楼院庙宇的建设和村址规模的不断扩大；二是大量从外村购置地亩，扩大产业。就土地购置情况来看，"南圪台上、羊圪窝和东沟里，原先都是南头和早觉村的地盘。从康熙末年开始，就一块一块地被严家庄人买了回来。仅据严祜、严新玉、严文筠、严维忠等四户所保存的旧契约获悉，他们的先辈，先后从南头、早觉买回土地14块，计地25.59亩"①。道光初年，从村外买地最多者，当数全村头等富户，修建东楼的严克镕。光绪三年（1877），严文统之妻（严克镕的儿媳）给3个儿子国栋、国瑞、国祥分家文书上说：

"吾家百余年来，纵非甚昌，亦为不艰。"分书载明："除将祖宗遗业拨出庇老地30余亩，长孙地3.5亩外，三股均分。"其中，严国栋应分：坐北向南砖窑两孔半，窑上楼房三间半……，水地68.3亩，行本钱一宗30千文……。后批："六妹日后出嫁，议定陪嫁银一百五十千文。"附记罗列了国栋应分地的坐落：本村西沟里1.6亩；墓西东5.3亩。南王村2亩，小李宕1.6亩。永宁村32.3亩，坊堆6亩。石桥村5亩，南秦4亩，三洋堡3.5亩，巨家堡5.5亩。②

事实上，严国栋所分的土地及本钱，只是其祖宗遗产的九分之一。因其父辈严文统兄弟三人，各分三分之一，而国栋所分的又是文统财产的三分之一。依此粗略推算，即使到了光绪初年，严克镕一族，仍有水地600多亩，

---

① 《严家庄村史资料札记》，1994年。
② 同上。

其兴盛时期的地产、资产数额则会更多。村人对严家的历史记忆尤深，传说东楼里严克镕发财后，仅在永凝渠上就购得土地700多亩，兴建东楼花费白银数千两。俗语所谓"严家庄的银子，早觉村的人子"，反映的正是这一状况。严家庄的个案，一定程度上可以说是泉域村庄经济特点的一个缩影。严氏发家后兼并其他村庄水地的行为，也折射出水利型经济对地方权势阶层的吸引力。

值得重视的是，村庄经济的发展还带动了泉域集市及庙会的兴盛。广胜寺泉域传统庙会较多，仅就南霍渠（13村）、通霍渠（7村）、清水渠（5村）村庄来看，每年即有7次大型庙会。分别是：二月十九，以放烟火著称的早觉庙会；三月十八，闻名全国的广胜寺庙会；四月初一，以民间艺术为名的坊堆庙会；六月六，以布匹买卖最隆的道觉庙会；六月十五，以祭羊卜雨、预兆丰年的南秦庙会；七月二十七，以抬爷爷、列炉子为趣的北秦庙会；九月二十五，以骡马大会最为热闹的严家庄庙会。其中，三月十八广胜寺水神庙会最具盛名且历史久远。从元延祐六年（1319）《重修明应王殿之碑》中就能窥见其昔日盛况："每岁三月中旬八日，居民以令节为期，适当群卉含英，彝伦攸叙时也，远而城镇，近而村落，贵者以轮蹄，下者以杖履，挈妻子舆老羸而至者，可胜慨哉！争以酒肴香纸，聊答神惠，而两渠资助乐艺牲币献礼，相与娱乐数日，极其餍饫而后顾瞻恋恋，犹忘归也，此则习以为常。"再从庙会交易的商品来看，既有日常生活所需物品，又有农业生产所需之牲畜；既有烟火杂耍，又有祭祀、抬阁，可谓异彩纷呈。如果没有泉域社会相对富足的生活水平和充沛的市场需求与购买力，恐难以持久维系。这就从另一个侧面显示了水利型经济的地域优势。

三、权力中心：水组织与水政治

鉴于水利与泉域经济、民众生产生活的密切联系，对水资源进行有效的分配、组织和管理，避免用水不公和争端的发生，也就成为泉域社会的一大重要事项，牵一发而动全身。广胜寺泉域水利管理组织，早在宋金时期即已普遍建立，历经元、明、清数代，其组织形式和管理条例愈发严密，水利管理者不仅仅是地方水利事务的中心，甚至有可能成为地方权力的中心，原因即在于地方社会经济文化的发展对水资源的严重依赖，导致地方权势阶层和各类社会精英迅速向水利管理的权力中心会集。

渠长—沟头制是泉域水利组织的基本形式。资料显示，泉域水利组织的建立和完善，应与宋金以来洪洞、赵城两县村庄间不断发生的争水纠纷有关。自唐贞元十六年（800）南北霍渠三七分水以来，两渠民众屡屡因"三七分水之数不确"，分别在北宋开宝年间（968—975）、庆历五年（1045）、金天会十三年（1135）迭次兴讼，至金大定十一年（1171）已出现"洪洞赵城争水，岁久至二县不相婚嫁"①的严峻局面②。在此情况下，加强水利管理遂成当务之急。成书于民国六年（1917）的《洪洞县水利志补》全文收录了金天眷二年（1139）《南霍渠册》。该渠册不仅记录了南霍渠与北霍渠在唐贞元十六年（800）的三七分水事件，而且对北宋后期南霍渠的水利管理情况亦有所揭示。据载："古旧条例：渠长，下三村充当，冯堡、周村、封村周岁轮流，以凭保结。"所谓古旧条例，是指北宋政和三年（1113）所修南霍渠册，金天眷二年（1139）《南霍渠册》中有如下记载："自大朝登基置立渠条……兹有三村渠长共村得癸巳年古旧渠条，累经兵革，失迷无凭，可照所有去岁渠长，从新置立，抄写古旧渠条一簿，以渠照验科罚。"经查证，文中的"癸巳年"即北宋政和三年。这就表明：宋亡金兴后，金政权曾要求南霍渠的新老渠长按照该渠古旧渠条重新编制新渠册。由此可知，至少在北宋末年起，南霍渠即已实行渠长制，且执行由南霍渠最下游三村轮流充当渠长的制度。

至于为什么要设立渠长，金天眷二年（1139）《南霍渠册》有下语："赵

---

① 雍正《山西通志》，卷33"水利略"。
② 详见张俊峰：《明清以来洪洞水利与社会变迁》，山西大学博士学位论文，2006年。

城县、洪洞县碍为屡屡相争词讼,各立渠长一员,拘集各村沟头,智治水户。十三村使水昼夜长流,分番浇灌地土,一月零六日一遭,各得其济。"紧随其后,金兴定二年(1218),南霍渠条例中又新增如下两条:一是"赵城县、洪洞县碍为相争词讼,各立渠长一员,拘集各村沟头智治水户,十三村使水,昼夜长流,分番浇灌地土,一月零四一遭,各得其济"。二是"赵城、洪洞两县难以归问,各立渠长一员"。此处,第一条与天眷二年相似,第二条则提到问题的关键"两县难以归问",遂给南霍渠洪赵二县各立渠长一员。

此后,南霍渠的水利管理组织愈益严密起来。元代至元二十年(1283)所立《南霍渠成造三门下二神记》记录了一份完整的南霍渠水利管理人员名单:"……由是南霍渠长冯堡村高天吉,西安村王同,渠司梁巚纠率一十三村沟头冯堡村许佺周村李邦荣封村胡山封村北社邢亨南样社杜进南秦村秦明坊堆村李定府坊村李芳曹生村苗昇西安村李安贞东安村柴政双头村杨忠道觉村杜山敦请待诏……"①通过这份名单,可以了解两个信息:一是至元二十年南霍渠水利组织包括:渠长2人、渠司1人、13村沟头各1人,与后世没有多大差别,表明南霍渠水利组织在当时已臻完备;二是渠长出现两人,一人为渠道下游洪洞县冯堡村人,一人为渠道上游赵城县西安村人。这一条与兴定二年洪赵"两县难以归问,各立渠长一员"相对应,表明当政者自金代起,即已实行在南霍渠洪、赵二县分设渠长治理水利争端的措施。该措施经元明清三代一直延用至1949年霍泉水委会的成立。如元延祐六年(1319)《重修明应王殿之碑》碑阴"助缘题名之记"南霍渠部分见载,赵城上四村有"西安村渠长、渠司""东安渠长、渠司"字样,洪洞下九村有"冯堡村渠长""周村渠长""封村渠长"字样。可以推断下游渠长是冯堡、周村、封村三村轮充,上游则是东安与西安二村轮充。元泰定元年(1324)《南霍渠彩绘西壁记》再次证实了这种判断,该碑题名中出现了"渠长西安王温甫""周村渠长□□"的字样。同样,清同治九年(1870)《泰云寺水利碑》

---

① 此碑系笔者于2009年五一期间在道觉村三官殿前新发现的元代南霍渠水利碑,非常珍贵。

有:"南霍十三村分上下二节,上管五村,下管八村,上节浇地二十八顷,水磨三十五轮,系上节掌例所辖也。下节浇地四十二顷,水磨二十一轮,系下节掌例所辖。"掌例即渠长,足见这种这种水利管理方式的长期有效性,因而得到泉域社会水利组织的大力推行。

北霍渠水利组织虽不似南霍渠那般复杂,但由于渠道远较南霍渠为长,且灌溉村庄众多,主干渠两侧陡口即达25个。[①]故而北霍渠的管理,向来分上中下三节,除各村设沟头专管一村外,全渠还设有渠长1人,水巡1人,上中下三节各设渠司1人。[②]道光《赵城县志》对其分工讲得很清楚:"旧例,岁设渠长,官给以帖。渠长下设渠司,理渠之通塞;水巡,巡水之上下;沟头,司陡门之启闭。"

再来看渠长的人选。渠长并非寻常百姓可以充膺,就连沟头、渠司、水巡也非平庸之辈。水利管理人员通常是在有一定经济基础或政治地位的社会上层或精英人物中产生。这一特点,在金兴定二年(1218)南霍渠渠条中就已显现,该渠条规定:"随村庄于上户,每年选补平和信实之人,充本沟头勾当。""各村选保当年沟头,不得凶恶之人充沟头勾当。如违罚钱二十贯文。罚讫别行选保。"金元之际,北霍渠渠长郭祖义,则有"赵城前尉"[③]的履历。清康熙四十二年(1703),北霍渠渠长郝显鼎,"邑宝贤坊之望族也。端严正直,忠厚诚恳,有古君子之风"(《辉翁郝君治水囗绩序碑》);乾隆五年(1740),北霍渠"今渠长崔翁讳至诚号明意,宝贤一绅也"(《治水均平序》)。上述记载表明,担任渠长、沟头等职务者,既要有经济地位,又要有德行要求,不可或缺。为了防止渠长选举非人,赵城县清水渠和北霍渠还规定,"每年公举正直老成之人,充膺渠长、沟头,先行报官查验充膺,不得

---

① 道光《赵城县志》,卷11"水利"。乾隆五年(1740)《治水均平序》则有"北霍渠自柴村而至永丰,陡口有上中下三节之分,水田有三万四千八百之余,地广而渠远"的记载。
② 可参见延祐六年(1319)《重修明应王殿之碑》碑阴"助缘题名之记"北霍渠部分。
③ 尉是古代军官名,掌兵事。古代地方郡、县一般设"都尉""县尉",即主管一县军队的军官。

私自报刁健多事之徒,以滋事端,违者重究"(《清水渠册》),赵城县志还有记载说该县霍泉中,只有北霍渠和清水渠,"官给以帖",足见政府对渠长选拔工作的重视。①

渠长任期,通常采用一年一任的方式,不得连任。广胜寺水神庙现存北霍渠《历年渠长碑》,始自明正德元年(1506),终于清乾隆三年(1738),232年间,共涉及134人次,除去一些年份缺载外,一律遵循一年一任的规定,未见有连任渠长的现象。当然,这134人次当中,也有少数一人多次就任渠长职务的现象。如张直分别在万历四十三年、天启七年、崇祯十二年三度出任渠长;张光美在万历四十四年和万历四十七年两度任渠长。与此相似,水神庙的元代碑中也存在一人两次任渠长的现象,如高仲信就分别在延祐五年、泰定元年任北霍渠渠长。再者,若单从渠长姓名来看,似乎还存在一段时间内渠长职务由某一家族同辈兄弟交替充当的现象。比如万历五年张文献,万历八年张文贵,万历二十三年张文胜;万历二十八年张维屏,万历三十四年张维纲,万历四十年张维宁;崇祯七年王建极,崇祯八年王立极;顺治三年宝贤坊渠长崔邦英,康熙十二年宝贤坊渠长崔邦佐等。由于缺乏有关人员更进一步的资料,因此不排除有宗族势力轮流掌控渠长职务瓜分渠利的情况,在此姑且提出以供讨论。

再就渠长的工作来看,充任渠长者在一年的任期中一般都很辛苦,尤其对于那些责任心强的人来说更甚。北霍渠水利碑中,由渠长以下全体管理人员给掌例(即渠长)立碑颂德的碑文数量最多,共计16通。此类碑文大同小异,多叙述某某担任渠长期间,治水、修渠、敬神等事情。以乾隆十一年(1746)《督水告竣序》为例,掌例韩荣,"秉性刚直,行事公正。一任厥事,勤敏督水,诚敬祀神。遇改种之期,催水不暇,率其子弟,烦其亲友,上下催督,日夜弗息。供给费用皆由己备,从不搅扰各村也。是以感格天心而田

---

① 《奉赞北霍渠掌例高凌霄序》也讲到高某由"阖县之缙绅士庶,公推治水之职,遂荐邑候陈老爷恩赐掌例"。

无旱向，禾皆丰收。……且又不惜资财，不惮劳苦，整修麻子桥堰、燕家沟，坚固无患"。总之表达的均是渠长很辛苦，治水成就很显著之意。

既然担当掌例是辛苦活，不但要付出精力，还要掏个人腰包来办理公务，似乎有些得不偿失，却仍有人不辞辛劳，情愿"吃亏"，而且有些人还多次充膺渠长，这就很值得反思。倘能结合渠长的活动空间和交际范围来分析，不难发现与担任渠长获得的多方面社会资源、信息和机遇相比，渠长本人在身体上和经济上付出一年或几年的辛劳实在算不了什么。从渠长的生活空间来看，远非蕞尔小民可比。一个普通村民经常的活动空间可能就是自己村庄所在的范围，顶多加上周围临近的若干个村庄。其社会交往，恐怕也主要以本村、本姓、本族人为主。[1]渠长则不然，其活动空间通常会覆盖渠道所及的整个范围。以北霍渠为例，担任该渠掌例者，其活动空间至少要在全渠24陡门所及的村庄范围内，遇到治水紧张的时刻，还会与渠司、水巡长住某村，这就为扩大其社会交往提供了条件。

再看其交往对象，则上至本县最高长官，下至渠司、水巡、沟头，而后者通常是具有一定社会地位和威信的村庄精英或上层人物。通过治水、祀神等各类公共水利活动，渠长本人在与他人的交往和处理各类用水问题的过程中，获得了更多人的认可和社会知名度，从而为其向社会更高层次的流动提供了机会和条件。比如南霍渠下节掌例卢清彦，就因其在平息多村水利争端中的贡献而威望陡增，入选《洪洞县志·人物志》。县志记载称："卢清彦，字子文，冯堡人。端谨正悫，和易近人。邻里有争，辄劝止之，乡人倚以为重。同治八年，总理南霍渠，时值亢旱，洪赵两邑互争水利，麇集多人，势将械斗。彦为剖决利害，事因以解。渠众感念，立碑泰云寺，以志不忘。"[2]还有一些人因在治水中的贡献突出，得到了县令、渠民的嘉奖。比如康熙十七年（1678）北霍渠掌例王周映，任职期间敢于革除水利陈弊，减轻

---

[1] 参考王庆成先生有关华北乡村集市的系列研究。
[2] 民国六年《洪洞县志》，卷十三"耆寿"。

了渠民的负担,因而得到赵城县令的嘉奖,并响应渠民要求为其立碑颂德。此外,在泉域社会还保持着全体用水户为治水有功者家门前立匾的传统。如康熙四十二年(1703)《辉翁郝君治水□绩序碑》有"合邑举匾,六十五沟之头感颂之甚,愿出公资,勒石以垂永久"的记载。泉域至今尚存的两块匾额,分别是民国二十六年(1937)北霍渠24村沟头代表全体渠民为表彰渠长王子山先生懿行在其家门头悬挂的"治水勤劳"匾,和1950年霍渠水利委员会代表全体渠民为板塌村李大星门头悬挂的"导水热心"匾。这便在无形之中树立了村庄精英人物在基层政治中的威望,无论其是否继续管水,都会在地方社会重大事件中起到中坚或决策者的作用。同样,当政府在泉域社会遇到棘手的事情时,这些素有威望的人物也会进入官员的视野,成为他们倚重的对象。在与政府官员交往的过程中,村庄精英也得到了向上流动的机会和空间。这样的道理,对于掌例而言如此,对于渠司、水巡和沟头来说亦然,无须赘言。

不可否认的是,渠长也有"贪污腐化"的行为。很难保证历代治水者个个都能做到"导水热心""治水勤劳",如果渠长利用自身特殊的地位和权力谋取私利,也会对基层政治产生不利的影响。金大定十一年(1171),岳阳令麻秉彝奉命处理霍泉水争时,就处理过不法渠长,据载"前此司水者赃秽狼藉,秉彝尽置于法,自是无讼,二县之民刊石以纪其事"[①]。清乾隆十六年(1751),又有人在《整修水神庙碑》中议论说:"独计治水之长,一年一更,其中保无因仍苟且,徒塞一岁之责而已乎?"类似的质问,在同治三年(1864)清水渠碑中也有表露:"况渠长等秉公办事者,固不乏人;利欲熏心者亦复不少。其内种种窒碍,不可胜言。"另据档案资料显示:"过去南北霍渠,有一最大弊端,即渠长虽名义上是义务职,但权大责重,每年更换一次,常有卖水事情,往往将上游原有水田,卖得水量不足,变成旱田;下游原有旱地,反而变成水田,渠道上演出惨案,半由于此。又因渠制不良,渠

---

① 雍正《山西通志》,卷33"水利略"。

长是无给职,任意向渠民借端摊款;甚至勾结劣绅土棍,挑拨沿渠村庄,动辄兴讼。一旦争水,起了讼事,彼等即住在城内饭馆,大吃大喝,任意挥霍。又因渠长是一年一选的不连任制,今年卖水舞了弊,明年去职后,即可逍遥法外。"① 将此记载与北霍渠 16 掌例碑相比较,可以更为全面地理解渠长在泉域社会水利组织和基层政治中所发挥的作用。

最后再看水利管理人员在水神祭祀活动中扮演的角色。据明代碑记,祭典水神的活动,是因为"当事者以众散乱无统,欲联属之,遂定为月祀答神,贶萃人心,此祭之所由来也"②。但令创立者意想不到的是,祀神活动确立以后,随着岁月的流逝,人们越搞越复杂,并且赋予其越来越多的含义。同碑载:"当日不过牲帛告虔、戮力一心而已,厥后增为望祀,又增为节令祀,其品此增为一,彼增为二;此增为二,彼增为三、为四,愈增愈倍,转奢转费,浸淫至今,靡有穷已。"到此刻,祀神活动变成了渠长、沟头大肆敛钱的工具,这无疑会加重泉域渠民的负担,于是出现了裁汰陋俗的声音。据明万历四十八年(1620)《水神庙祭典》碑载:"北霍渠旧有盘祭,每岁朔望节令,计费不下千金,皆属值年沟头摊派地亩,每亩甚有摊至四五钱者,神之所费什一,奸民之干没什九,百姓苦之。"同年立《察院刘公校正北霍渠祭祀记碑》也揭露了祀神摊派的实质:"其中百计科敛,不曰粢盛之费,则曰筵会之费;不曰往还之费,则曰疏浚之费。祭无定品,费无定数,岁靡千金,如填溪壑。无他人皆我籍之徒,身无寸土,冒名渔猎,图干没以肥家也。"然而水神祭典中的这一弊病并未彻底铲除而是积久延续并成为广胜寺泉域特有的现象。如清康熙三十八年(1699)《道示断定水利碑》中,再次出现"水利祀神滥派虐民"的控诉。

通过上述正反两方面的分析,我们得以了解以渠长为首的水利管理人员

---

① 《洪洞县水利档案》,复印自大同市档案局,山西大学中国社会史研究中心马维强博士收集。需要警惕的是,该资料带有集体化时代诉苦的烙印,控诉旧社会水利制度的色彩比较浓厚,需慎重鉴别和使用。

② 万历四十八年(1620)《邑侯刘公校正北霍渠祭祀记》。

在地方水利事务中所具有的关键作用，也可以发现担任水利职务者，并不见得就是 16 通掌例碑中所描绘的那种忙忙碌碌、废寝忘食、公而忘私的形象。借助于水利管理这一方式，村庄精英人物获得了相互之间进行权力交易的资本，也获得了与上层社会进行交往的机缘，从而在更广泛的意义上对泉域社会的发展变迁产生重要影响。

四、灌溉不经济：水争端与水权利

水最初作为一种公共资源，供人畜汲引和农田灌溉，具有很大的随意性。只是随着社会经济的发展，用水需求的不断扩大，有限的水资源在满足某一群人和村庄用水需求的同时，就难以同时满足另一群人和村庄的同等需求，于是便会产生谁来用、用多少、孰先孰后等一系列用水争议。也就是后世经济学家通常所说的"水权"问题，应该说这是一个具有普遍意义的社会问题。

从历史来看，"水不足用"与"越界治水"始终是影响广胜寺泉水利用和分配的两个重要因素。广胜寺泉水发源地虽在赵城县，获益者却是赵、洪二县。由于行政管辖权不一，在水权分配过程中就容易发生县域纠葛，地方主义凸显，导致地方利益与国家利益产生张力，不易调和。于是在水权分配上就浮现出很多问题。

首要的问题，应是洪赵二县三七分水。对于三七分水，地方社会长期流传有"油锅捞钱定三七"的传说。根据该传说，北霍渠赵城县渠民还在水神庙西侧修建了纪念争水英雄的好汉庙。然而，三七分水史并非像油锅捞钱一样无稽，而是有着确切史料依据的历史事实。据金天眷二年（1139）《南霍渠册》记载，霍泉最初受益者仅是赵城县人。唐贞元年间，因洪洞"岁逢大旱，天色炎炎，水草枯竭，草木焦卷，禾稼稿然"，于是洪洞县令张某派遣郎官崔某向赵城县令乞水，"将赵城县使余之水，乞我以救人，广苏我田苗，为令相公昆季慈上爱下，能无情乎？其时崔郎中乞水一寸"。此即后世赵城人"余水灌洪"说法的由来。自此，洪洞人便有了使用霍泉水浇灌民田的先例。但是，洪洞人从这次"乞水"经历中得到了好处，意识到引霍泉水灌田的重要意义。于是在贞元十六年（800），当洪洞再次发生干旱时，便有洪洞人希图援引前例，与赵城分水。对此，《南霍渠册》有完整的记录："至唐贞元十六年，有洪洞县百姓卫朝等，知其惠茂，便起贪狼之心，无厌之求，后次兴讼。时前使在中，承更及乞水滴漏陡门二尺九寸，深四寸。终未饱足，再行陈告。将赵城县道觉等四村、洪洞县曹生等九村计一十三村庄一同与北霍渠下地土一例十分水为率。验得本渠二百一十五顷地，计四百三十夫头，总计验数本渠合得水三分。然必先赵城道觉等四村浇讫，将多余水浇洪洞县曹生等九村人户。"看来，这次争水行动得到了官府的支持。

值得注意的是，此次分水的关键有二，一是归属赵城的北霍渠与既有赵城又有洪洞村庄在内的南霍渠的分水比例如何确定；二是南霍渠赵城村庄与洪洞村庄如何分配南霍渠的"三分"水。关于南北二渠如何分水的问题，上引史料已言明，是综合了南北两渠地亩多寡进行的平均分配。可惜该资料中只记载了当时南霍渠的土地数字——215顷，缺北霍渠的土地数。而万历《洪洞县志》则称："唐贞元间，居民导之分为两渠。一名北霍，一名南霍，灌赵城、洪洞两县地八百九十一顷。"两者相减后得出北霍渠土地数字应是676顷。676与215的实际比例是3.14∶1，四舍五入取整则为3∶1。这就是说，如果单以实际土地数字为据进行水量分配，北霍渠应占总水量的75%，南霍渠占25%。但是在实际分水过程中，又面临工程技术难题，无法做到精确无误差。因此，南北霍渠三七分水的比例应该是结合了实际土地数字和工程数学原理后得出的一个最佳比例。三七比例的划定，既解决了分水难题，且确定了后世的用水格局。

然而令分水者始料不及的是，南北两渠的土地数字并非一成不变的，而是处于一个变动不羁的状态。研究表明，唐宋时期是泉域水利发展的黄金时期。北宋庆历五年（1045），"霍泉河水等共浇溉一百三十村庄，计一千七百四十户，计水田九百六十四顷一十七亩八分"，这已是历史上霍泉的最大灌溉面积。①比唐贞元十六年（800）三七分水时，新增水田73顷余。相比之下，南霍渠灌溉面积却呈下降趋势。据清顺治《赵城县志》记载，北宋庆历五年（1045）"南渠分五道，一曰南霍，一曰九成，与南霍一道，以上下流，俗呼二名。一曰小霍，溉邑道觉等四村，洪洞曹生等十三村，共田一百六十余顷。"比唐代的215顷，减少了55顷。这就是说，庆历五年北霍渠灌溉面积增加了128顷。在泉水流量相对稳定的条件下，南北霍渠的一减一增，必然会使唐贞元十六年的三七分水制度与现实不相适应。这种不适应最直接的表现就是南北霍渠围绕"三七分水"冲突不断。

北宋开宝年间（968—975）和庆历五年（1045），洪赵二县发生的两次争水案件，都与"三七分水"有关。开宝年间，"因南渠地势洼下，水流湍急，北渠地势平坦，水流纡徐，分水之数不确，两邑因起争端，哄斗不已"②。不过，当事者于分水处设限水、逼水二石，从技术上解决了此次纠纷："当事者立限水石一块，即今俗传门限石是也。长六尺九寸，宽三尺，厚三寸，安南霍渠口，水流有程，不致急泄。又虑北渠直注，水性顺流，南渠折注，水激流缓，于北渠内南岸、南渠口之西立拦水柱一根，亦曰逼水石，高二尺，宽一尺，障水西注，令入南渠，使无缓急不均之弊。"③遗憾的是，宋初的这一举措并未能维持太久，至庆历五年两县人再次起争。关于这次争讼的过程，已无详细资料可查。唯一可见的，是清代康熙时任赵城县令的吕维杆在《赵城别纪》中的记载："宋庆历五年，邑人郭逢吉与洪洞人燕三争水利，转运使郡守踏勘，酌水之去洪洞者十之三，赴本邑者十之七，各设陡门，遂定水例，立碑南北渠。"从这一记录中依稀可以发现：此次争水仍与三七分水有关。

金代洪赵二县争水斗讼更为激烈，究其实质，仍以"三七分水"为中心。

---

① 金天眷二年（1139）《都总管镇国定两县水碑》。
② 清雍正四年（1726）《建霍渠分水铁栅详》，洪洞县水神庙分水亭北侧碑亭。
③ 同上。

天会十三年（1135）赵城人状告洪洞人盗水，平阳府府判高金部、勾判朱某、绛阳军节度副使杨桢等人先后审理此案，未能息争，反被洪、赵民屡屡状告定水不均。直至金天眷二年（1139），河东南路兵马都总管兼平阳府尹完颜谋离也亲自带同两县官吏及两县千余水户到分水处实地踏勘，本着"参照积古定例定夺，务要两便"的原则，恢复了"三七分水"体例，平息争端。然此后洪赵争水更是愈演愈烈，金大定年间（1161—1189）甚至出现"洪洞、赵城争水，岁久至二县不相婚嫁"①的严峻形势。从宋金时代三七分水制度不断遭受地方用水者反对的事实可见，三七分水制度已经无法保证所有用水者的利益而处于被改革的边缘。只是得益于官府的极力维护，才勉强得以保留。

与宋代霍泉灌溉面积的稳步增加相比，明清时期则呈现为大幅减少的特点。先来看北霍渠的统计数字：明万历四十八年（1620）《水神庙祭典文碑》载该渠"二十四村共水地三万四千九百一十一亩"，清雍正四年（1726）平阳知府刘登庸在处理洪洞、赵城争水问题时，统计北霍渠"溉赵城县永乐等二十四村庄，共田三百八十五顷有奇"。后又有减少，乾隆五年（1740）《治水均平序》载："北霍渠自柴村而至永丰，陡口有上、中、下三节之分，水田有三万四千八百之余。"道光七年（1827）《赵城县志》又有记载称此渠"由分水亭下至窑子村，凡二十四陡口，共溉地三万四千七十四亩"。再看南霍渠，万历《洪洞县志》记载："溉洪洞曹生、马头、堡里、上庄、下庄、坊堆、石桥头、南秦、南羊、周壁、封村、冯堡十二村地一百三十九顷奇。"雍正四年（1726），"溉赵城道觉等四村，南溉洪洞县曹生等九村，共田69顷有奇"。（《建霍泉分水铁栅详》）很显然，与万历时期相比，南霍渠的灌溉亩数也大为缩减。雍正以后这种趋势仍在继续。同治九年（1870）《泰云寺水利碑》载："不知南霍十三村分上下二节……上节浇地二十八顷……下节浇地四十二顷"，共地70顷，140余年内几乎没有增长。不难发现，明清时代霍泉灌溉面积已较唐宋时代减少了将近一半。究竟是什么原因使得霍泉发

---

① 雍正《山西通志》，卷33"水利略"。

生如此巨变呢？

从理论上讲，水量减少，渠道失修和因战争或自然灾害而导致的土地破坏、荒芜等，都会直接影响到泉域灌溉面积。但是若要大幅度地改变泉域用水局面，除非发生某种不可抗拒的重大自然灾害。山西地震史研究者王汝雕先生对1303年即元大德七年洪洞八级大地震的研究，证实了这一点。这次大地震的震中就位于广胜寺泉域，著名的郇堡地滑现象也发生于此。地震对泉域渠道造成了严重的破坏，从延祐六年（1319年）水神庙《重修明应王殿之碑》可知："地震河东，本县尤重，靡有孑遗。上下渠堰陷坏，水不得通流。"地震对霍泉流量的影响，则见载于国家图书馆收藏的明洪武十五年（1382）刻本《平阳志》，这部方志由元末明初平阳文士张昌纂修。全书卷数不详，残存卷一至九。该志卷七"赵城县"记载："霍泉渠：……元大德间地震，将北霍渠郇堡等村渠道陷裂，斗门壅没不存，泉水减少。今溉地四百七顷八十余亩。"王汝雕指出："这一地震80年后的记载说明，破坏最严重的是北霍渠和清水渠，大规模的地体滑移就是从北霍渠渠身开始的。值得注意的是'泉水减少'这一情况。估计地震使泉下游的地层结构破坏，泉水在地面以下渗透量增大，故地面流量减少。"①但是霍泉流量究竟受到多大的影响，我们目前尚不可知。②再者，霍泉渠道系统在遭受严重破坏的同时，泉域地形地势也随之发生变化。变化的后果，就是震后很多村庄不能再从霍泉受益，被迫退出了水利系统。通过比较地震前后霍泉渠受益村庄数量可知，庆历五年（1045）北霍渠曾有46个受益村592顷地，明清时期只剩下24个，土地最多时仅有385顷，相差甚大。清水渠在金元时期有14个村庄135顷地，清代只剩下5—7个村，73多顷地。南霍渠则比较幸运，一直保持着13

---

① 王汝雕：《从新史料看元大德七年山西洪洞大地震》，《山西地震》2003年第3期。
② 如果不考虑土地本身因地震造成的破坏，单从出水量进行考察，可知当渠系恢复后，在水利技术不变的情况下，从明清泉域灌溉面积只有唐宋时代大致一半的事实，可以推测唐宋时代霍泉水量是明清时期水量的2倍左右。现在的霍泉水量监测资料显示明清时期霍泉流量可能在 $4 \text{ m}^3/\text{s}$，且多年稳定，那么唐宋时期可能高达 $8 \text{ m}^3/\text{s}$。

个村庄的规模，但是受益地亩也从原来的 215 顷锐减到不足百顷。

时异势殊。与宋金时期相比，明清时代泉域灌溉面貌可谓沧桑巨变。即便如此，三七分水的制度作为一项传统，仍然被继承和保留了下来，没有丝毫改变。同时，历代官员为了保证三七分水的精确，想尽各种方法来加以维护。从开宝年间设立限水石、拦水柱、逼水石，到金天会年间设置木隔子，再到清雍正三年（1725）铸造分水铁柱，建分水亭，并将分水处划为禁地，不允许常人随便进入，可谓费尽心机。然此仍未能阻止水利争端的发生。

明代中期，洪赵纷争又起，焦点仍在"三七分水"。明隆庆二年（1568），赵城人王廷琅在淘渠时，偷将分水处"壁水石"掀去，并将渠淘深，致使"水流赵八分有余，洪二分不足"，激起洪洞人不满，洪洞渠长董景晖径告至巡按山西监察御史宋处。宋御史命平阳府查报。知府毛自道令同知赵、通判胡共同审理。二人参照金碑和唐宋成案，重新确定两渠渠口原定尺寸，重置拦水石和限水石，重新恢复三七分水，这起争端始告结束。① 万历年间，洪赵两县又有争端，清道光七年（1827）《赵城县志》记载："郑国勋，万历时令。性伉直，有干才。洪洞人与邑民争霍渠水利，力抗之乃已。后令朱时麟继之，更定分水尺寸，使无更易。"② 郑国勋为明万历二十二年至万历二十四年赵城令，朱时麟为万历三十七年至万历三十九年赵城令，两人在各自任职期间都有处理洪赵争水的事迹，表明万历二十二年至万历三十九年间，洪赵两县仍时有水案发生，且争论的焦点还是三七分水。清代，洪赵分水之争依旧。南北两渠之民仍在为是否和如何置放"逼水""限水"二石争执不休。碑载："雍正二年，民复争斗，两县各详前院。蒙委员查勘回详：因立石久坏，致起讼端。遂遵古制，复立二石在案。仅隔一年，复蹈前辙。蒙宪台委绛州知州万国宣查勘。该州宣布宪谕，民心平复。乃案墨未干，洪民将门限一石击碎，赵城令江承诚连夜复置，随置随击。赵民也将逼水石拔

---

① 隆庆二年（1568）《察院定北霍渠水利碑记》。
② 道光《赵城县志》，卷30 "宦绩传目"。

去，以致两邑彼此纷纷呈详。"①

面对洪赵渠民针锋相对、剑拔弩张的紧张局势，知府刘登庸在回顾自唐以来数百年洪赵争水历史之后，将原因归结于两个方面，即"两邑之民，各存偏私，又因渠无一定，分水不均，屡争屡讼，终无宁岁"②。鉴于分水石"既小而易于弃置，碎烂毁败，不能垂久"的弊端，他将精力放在改造分水设施上，"窃为莫如于泉眼下流，即今渠口上流丈许，法都门水栅之制，铸铁柱十一根，分为十洞，洪三赵七，则广狭有准矣。铁柱上下，横贯铁梁，使十一柱相连为一，则水底如画，平衡不爽矣。栅之西面，自南至北第四根铁柱，界以石墙，以长数丈，迤逦斜下，使南渠之口不致水势陡折。两渠彼此顺流，且升栅使高，令水下如建瓴，则缓急疾徐亦无不相同矣。如此则门限、逼水二石，可以勿用。庶三七分水，永无不均之患，一劳永逸，民可无争"。③刘登庸的这一改造方案，得到上级称道，山西布政使分守河东道潘宏裔评价说"改置铁柱、铁墙，比旧制分水更均，奸民亦无所逞喙矣"；山西等处承宣布政使司布政使高成龄则称赞说"该署府留心民疾，铸画精详，甚为可嘉"，其他高级官员亦有"其法至善""甚为允协"的话。应该说，自宋开宝年间一直缠绕于洪赵三七分水之争中的分水"设施"问题至此已相当完美。

但是，雍正以后南北霍渠依旧存在的争水问题使刘登庸"一劳永逸平息纷争"的理想也遭受彻底失败。同治九年（1870），赵城县百姓私自改造分水亭下分水墙，使分水墙"比旧时高有尺许"，但值年掌例置之不问，官府也"难以定断"，遂不了了之。无奈之下，曾于同治八年（1869）总理南霍渠事务的冯堡村人卢清彦，率南霍渠下八村公直将此事刊诸碑石，留作记录。

民国时期，南北霍渠再次因分水发生械斗事件。民国十六年（1927）六月，时值玉米灌水季节，赵城人将洪洞三分渠水截留汇入七分渠，正依水程

---

① 雍正四年（1726）《建霍渠分属铁栅详》，碑存霍泉分水亭北侧碑亭。
② 雍正四年（1726）《建霍渠分属铁栅详》。
③ 同上。

浇地的洪洞南秦村人一见水干，立刻纠集该村青壮年组成百人大队人马，手持铁锹、耙子、木棍之类器械，径直打到赵城道觉村，将该村渠首房屋拆毁，打死巡水员一名，至分水亭将渠水拨回。事后官司一直打到省城太原，最后由南秦人按户摊钱赔偿死者了事。①

由于地震的影响，我们可以将泉域社会三七分水的历史划作两个不同的阶段。这两个阶段的分界线就是元大德七年（1303）洪洞大地震。三七分水原本是作为唐代解决洪赵争水的办法而制订的，在宋金时代已不适合土地面积和用水量的变化而急需调整，但终究未变。地震后，泉域社会各方面均发生了巨大变化，霍泉水量大幅减少，渠道遭受严重破坏，经历很长时间才恢复，许多村庄、土地不再具备引水灌溉条件而退出霍泉水利系统。在此情况下，三七分水的制度依然作为一项传统和不容更改的制度被保留下来，与现实用水状况已完全脱节，近乎僵化了。正因如此，无论三七分水技术和设施多么先进，对于解决两县民众实际用水困难却是无济于事的。于是，以三七分水为焦点的水利争端，便不断地映入人们的视线。原本不足的水资源，由于未能得到合理有效的配置，长期低效运营，呈现出"灌溉不经济"的特点。这种面貌，直至1949年后霍泉灌区实行水利民主改革后才有改观。

五、权利象征：水信仰与水习俗

泉域社会在长期的用水实践中，还形成了极具特色的水神信仰和水利习俗，是泉域水文化的重要组成部分。这不仅是泉域社会自身的一大特征，而且具有重要的象征意义，暗示和表达了泉域社会不同群体的用水地位和水权分配格局。

首先是敬祀水神的传统，这也是泉域水文化中最重要的组成部分。水

---

① 参见李永奇、严双鸿主编：《广胜寺镇志》，太原：山西古籍出版社，1999年，第95页；《南秦村史》，洪洞县档案馆存。

神明应王无疑是整个泉域范围内最具影响力的神祇。民间多呼明应王庙为大郎庙，此庙现位于霍泉泉源海场北侧，系元代建筑风格。据至元二十年（1283）《重修明应王庙碑》载，此庙"按《寰宇记》，自唐以来，目其神曰大郎，然明应王之号，传之亦久，其褒封遗迹，遭时劫火，寂无可考"。说明当时撰碑者，赵城县教谕刘茂实并不清楚水神明应王的由来。民间虽流传大郎神是指修建都江堰水利工程的秦蜀守李冰，但仅系口传，无切实依据，有牵强附会之嫌。笔者考证，霍泉水神明应王其实是霍山神山阳侯的长子，《宋会要辑稿》中有"霍山神山阳侯长子祠在赵城县，徽宗崇宁五年十二月赐庙额明应"的记载。长子行大，故又称大郎神，这也与宋乐史《太平寰宇记》中"霍水源出赵城县东三十八里广胜寺大郎神，西流至洪洞县"[①]的记载相对应。由于唐宋时期正值霍泉水利蓬勃发展的高峰期，水对地方社会意义重大，因而存在一个由山神变水神以适应现实需要的过程。[②] 对此过程，由于时代演替而逐渐不为世人所知。

明应王庙在金元时代可谓命运多舛。先是毁于"金季兵戈"，后又毁于元大德七年（1303）地震，两度重修，始成现在规制。现存至元二十年（1283）《重修明应王庙碑》和延祐六年（1319）《重修明应王殿之碑》对此过程记载甚详。比较两通碑文可知，霍泉南北诸渠在水神庙的两度重修工程中均用力甚勤，积极参与，起到了中坚力量作用，反映了水神明应王对于泉域社会各用水群体的重要意义。尤其在元代经历地震打击重修水神殿时，更是囊括了南北两渠所有受益村庄，无一例外，这一点从延祐六年（1319）《助缘题名之记》中很容易看得出来。

民众对水神的崇奉更主要表现在频率极高的日常祀神活动中。水神庙现存明清各两通祭典文碑，清晰地展示了各种祭祀节日的变化。从明万历

---

① 《四库全书·史部二三七·地理类》，第469册《太平寰宇记》，第365页。
② 参见张俊峰：《明清以来洪洞水利与社会变迁》，山西大学博士学位论文，2006年，第40—41页。

四十八年（1620）的两通碑文来看，当时北霍渠的祭祀活动已相当频繁且达到了奢华靡费的程度。最初倡率者只是想通过"月祀答神"的行动，解决北霍渠管理中"众散乱无统"的问题，达到"贶萃人心"的目的。但是，随着岁月的流逝，又由每月一次的朔祭改为每月朔、望二祭，后在此基础上又增加了节令祀，即逢重大节令也要赴庙祀神，如三月十八水神圣诞日、五月初五端午节、六月初六崔府君圣诞日、九月初九重阳节、八月十五中秋节、十月十五水官诞辰日。此外还有二月初一开沟祭、闰月祭、春秋二祭及辛霍峪龙王四月十五日圣诞祭等。如此名目繁多的祭典和祭祀摊派负担，可谓劳民伤财，令泉域民众应接不暇，于是有了万历四十八年（1620）赵城县刘公汰繁存简、节约办祭的改革措施。同样，康熙十二年（1673）南霍渠也进行类似整顿祭典的活动，且有"嗣后备牲祭献，不得指科排席、邀娼聚饮"①的规定。虽是惠民之举，却都未能维持太久，泉域社会曾一度有"祭一减则水势刹"的流言。于是到清康熙年间，各种祭典节日又重新恢复了。

北霍渠在长期的水神祭典活动中，还总结出了各种祭典仪式的规格和标准，明确了不同身份人员的权利和义务，并将其制度化、规范化。以万历四十八年（1620）经赵城县令校正后的"每月初一日祭"为例，规定祭品及各项花费标准为：酌定银四两。其中，猪一口，重五十斤，银一两五五钱；羊一只，重二十五斤，银五钱；馒头五盘，各处献食，银二钱；合文一百，砖箔一个，银一钱五分；酒，银三分；油烛，银五分；四处龙王、海场、关神、郭公纸马等，银二钱一分；各门神、上下寺纸箔，银一钱四分；每月常明灯油四斤，银一钱二分；每月细香、盘香，银三分；渠长公费，银一钱；渠司水巡公费，银四分；廊下沟头公费，银五分；屠户口饭工钱，银八分；厨子口饭工钱，银五分；供役人公费，银一钱四分；调料，银五分；男乐四名，银一钱六分。一年共计银48两。②其他节日祭典除了规格、花费标准各

---

① 康熙十二年（1673）《水神庙清明节祭典文碑》。
② 万历四十九年（1621）《水神庙祭典文碑》。

有高低外，其余皆与此大同小异。为了确保一年十二个月祭典活动的正常举办，北霍渠还将所属24村沟头分成12组，每月指定2名沟头配合掌例做好祭典事宜。此外，在北霍渠的各种祭典规定中，还有一项内容就是对祭品的分配，主要是对猪羊肉这类供品的分配。为此颁布了"分胙定规"，根据祭典规格的高低，划定不同的分配人群。如在三月十八和八月十五两次最重要的祭典活动中，因有赵城县高官亲临，因而也要参与分胙；其余常规性祭典如朔望祭，则仅限于渠长、渠司、水巡、各村沟头等水利管理人员和包括厨子、屠户、乐人、庙户在内的祭典活动参加者。分胙行为对于泉域范围内每个村庄的沟头而言，是有特殊象征意义的，是否能够参与分胙、怎样分胙意味着沟头各自所代表的村庄用水权的有无与次序的先后。因此，祭典水神的活动历来就为泉域村庄所重视，久之成为泉域社会的用水权利的象征。

　　与字面规定不同的是，泉域社会在长期的祭祀过程中，还存在着诸多禁忌和陋俗。如每年三月十八水神诞辰时，"南霍渠所有村庄中，只有道觉村奉纸不奉表；在水神庙祭神时，按旧例对联由道觉村贴，脑由官庄村贴；祭祀水神时，只有水神姥姥家道觉村人、北霍渠掌例和赵城县令可以从水神庙中门进庙，洪洞县令和南霍渠其他村庄则只能由侧门入庙。清末，南渠下节掌例封村郑长宗自视有朝廷从四品官衔，祭典水神时欲从中门进，遭到赵城北渠人的殴打"①。由此可见，即使在同一个用水系统中，赵城与洪洞，上游与下游，在祀神仪式中的地位和权力却相差极大，这也间接反映了不同用水主体水权的不对等。这种权力的不对等，在水神庙的地域分布上也有体现。据文献和调查可知，广胜寺泉域明应王庙共有四处。其中，赵城两处，一是位于霍泉发源地的大郎庙，一是位于赵城县衙附近的明应王行宫；洪洞两处，一在小霍渠官庄村，一在副霍渠北洞村东。非常奇特的是，北霍渠、南霍渠和清水渠祭典水神的活动均在霍泉发源地的大郎庙，而接南北霍渠溢漏之水的小霍渠、副霍渠则是在各自渠道上修建明应王庙作为祭典场所，并不

---

① 郭根锁手稿《道觉村史》，山西大学中国社会史研究中心藏，笔者收集。

参与霍泉发源地大郎庙的祭祀和维修工程。由此可见，在广胜寺水神明应王的祭祀圈中，也是有明确等级划分的，其中北霍渠和南霍渠赵城上四村是第一等级，南霍渠洪洞下九村和清水渠是第二等级①；小霍渠和副霍渠则是第三等级。此外，从水神庙绝大多数碑文只记述北霍渠治水、祭祀的活动中，也能发现该庙为北霍渠独占的特点，这更反映出赵城人和赵城村庄在霍泉水利系统中的优越性。

泉域水文化的第二个方面是大量与水权有关的传说和故事普遍流传。其中，与三七分水关系最为紧密的"油锅捞钱"传说，就非常典型。这一传说的大致内容是：洪赵二县因水纠纷不断，冲突升级。紧急情况下，官府想出用油锅捞钱的办法来确定分水比例。于是在滚烫的油锅里抛入十枚铜钱，由双方各派一名代表，规定捞出几枚铜钱就可得几分水。结果赵城人一下子从油锅里捞出七枚铜钱，于是赵城分得七分水，洪洞分得三分水。洪赵三七分水的比例就是这样形成的。这个传说在洪赵二县流传极广，几乎是妇孺皆知的。笔者在山西水利史的研究中，发现该省很多泉域都有着类似的故事，且分水的结果也完全相同，均是三七分水，比如晋祠泉和介休洪山泉。山西翼城滦池泉域也有通过油锅捞钱获取用水权的故事。至今，这些地方还保留着历史上的三七分水设施和纪念争水英雄的庙、碑或坟墓。在广胜寺泉域有好汉庙、在晋祠有张郎塔、在介休有好汉墓、在翼城有四大好汉庙。田野调查中笔者还了解到，当地民众对这些争水英雄几乎是"宁信其有，不信其无"的，甚至有人能说出争水英雄的真实姓名和所在村庄等信息，言之凿凿。这不禁令人满腹狐疑。但是，油锅捞钱无论真假，都作为泉域水文化的一个重要内容而流传下来，这至少说明泉域社会是有其存在之基础的。毕竟，通过油锅捞钱的方式确定分水比例，尽管缺乏切实依据，却作为对三七分水现象的一种解释，具有一定的权威性。因而成为不同用水主体重申或强调其水权

---

① 之所以将清水渠划作第二等级，是因为清水渠与南霍渠一样，曾先后两次参与到霍泉发源地大郎庙的重修工程中，一次在至元二十年（1283），一次在康熙三十八年（1699）。

合法性的依据之一。

与此相关的是黑猪拱河的传说。霍泉诸渠中，北霍渠形成年代最早。故老相传，北霍渠的形成与一黑猪有关，说该渠道是由此黑猪于一夜之间用嘴拱出来的，"黑猪拱河"的传说在当地甚为流行，赵城"明姜"村名的由来即与该传说相关。① 至今水神庙大殿内壁画上仍有武士牵一犬一猪的画像。另据坊堆村人杨明诗先生研究，水神庙内曾有专门供奉黑猪的地方，因黑猪开渠有功，受到历代赵城人的顶礼膜拜。② 黑猪拱河的传说反映了北霍渠最初开凿时的情形，也似在暗示该渠为最先导引霍泉水的渠道。

与以争水为主题的传说不同，泉域村庄中还流传有很多强调以水结缘、同样强调水权合法性的故事，比较典型的是发生在坊堆村与双头村的"石佛镇蛇妖"故事。据坊堆村《双堆渠册》记载："吾村古有双堆渠一道，水源发起在赵邑之双头村，沟内无数小泉汇聚一处，故渠口上水即由该村之西南隅注入，流到吾村而止。且其地之方向形势，天然凑合，只能灌及吾村，非惟他处不能染指，即该村出水之区因水流在下，亦绝对不克利用。然水量弱小，灌田不过六百余亩，此固由天然造化使然，非人事所能强求者也。"③ 可知两村的关系是：双头村有泉却难以引水，坊堆村无泉却能够引水。不知究竟是否坊堆村为确保水源无虞之故，总之是发明了一个故事出来，"考邑乘所载吾村无底泉涌出石佛一尊，身高丈余，而双头村有双头妖蛇，伤人无算，因求迎得石佛，立庙镇之，于是该村人均得以无患，而吾村之渠水即由此兴起焉。此盖元世祖年间之事，迄今石佛在该村诚为独一无二之尊神，而渠水在吾村尤为不消不灭之利源也"④。通过这个"子虚乌有"的故事，双方可谓各得其所，最重要的是坊堆村借此取得了利用双头泉水的合法性。更令人吃惊的是，"最可奇者，两村世世和谐等于姻戚，故对于渠上使水从无发生事端

---

① 参见郑东风主编：《洪洞县水利志》，太原：山西人民出版社，1993年，第354页。
② 坊堆村杨明诗著《霍山广胜寺》，手稿，1961年。
③ 乾隆三十五年（1770）《双堆渠册》，张海清先生提供。
④ 同上。

者"。这可以说是一个非常典型的以水结缘的故事，具有浓郁的水文化色彩。

此外，泉域还流传有反映水神明应王勇斗南蛮子、保护神泉的"南蛮子盗宝"传说，与三七分水有关的"十支麻糖"的传说等。这些传说和故事共同赋予泉域社会丰富的水文化内涵，成为泉域社会的重要特征。

泉域水文化的第三个方面是通过编修渠册、树碑立传等方式彰显水权合法性。编修渠册乃是泉域诸渠历来就有的一个传统习惯。渠册内容一般包括用水来源、渠道长度、用水村庄、使水周期、管水组织、兴夫数量、渠道禁令等，很多渠册还载有历次水利兴讼断案等重要内容。由于渠册可以作为判定用水者水权合法性的重要依据，故同渠之人，无不奉为金科玉律。通常由值年掌例小心收藏，秘不示人。泉域现存渠册有南霍渠、副霍渠、小霍渠、清水渠、双堆渠五部。其中，南霍渠册年代最早，始自金天眷二年（1139），据渠册所载，该渠册是在参照北宋政和三年（1113）"古旧渠条"的基础上编制而成的。可见早在宋金时代南霍渠已有编修渠册的习惯。同时还要看到，渠册并非是纯粹民间性质的，每部渠册付诸使用前，必先呈报官府，由知县验册钤印后方可施行，渠册记载的水利条规是在各用水群体的长期实践中形成的，在渠册范围内的水事活动经过官府认定，因而具有了法律效力。当发生争水纠纷时，渠册往往是判定对错的重要依据，因而在一些水利诉讼中，往往还会出现伪造渠册以争水权的行为。足见，渠册对于维护水权的重要性。

树碑立传也是维护水权的一项常见举措。康熙十六年（1677），水神庙北霍渠掌例碣有"北霍渠掌例，每岁终必勒诸石，所以编年也，载事也，纪功也"的说法，可见这一习惯在泉域社会的普遍意义。就水神庙碑的类型而言，包括掌例碑、水利断案碑、重修碑等。其中，掌例碑数量最多，内容除表彰其任职期间的功劳外，还有一项内容是向全体渠民公示各项花费开支。如道光二十二年（1842）北霍渠碣记碑末就有"买地花钱五十七千百文，税契过银用钱四千二百文，本年寻人看守用钱五千文，其余系合渠人共用"字样；同样，乾隆十六年（1751）《塑修水神庙龙王像戏台等碑》记载掌例冯旺治渠修庙的事迹，碑末也有"塑龙王神像，修伞一把，重修砖窑背墙八孔，修燕家沟，共费银□□二两□钱"字样。此外，泉域还有为治水有功者家门悬挂牌匾以示奖励的风气，前文提及民国二十六年（1937）"治水勤劳"和20世纪50年代"导水热心"二匾即是如此。水利断案碑则记载历次水讼过程、断案结果等，是惩戒违规行为，维护正当水权的依据。诸渠民众对此极为重视。如光绪二十五年（1899），清水渠全体渠民就将元代该渠洪赵二县争水斗讼的经过重新誊写立碑，警醒后世要照章使水，引以为戒。① 这些水利习惯在泉域源远流长，从未因朝代更替而中断，可视为泉域社会的又一传统。

　　泉域水文化的第四个方面是争水文化。尽管有发达的水组织、严密的渠册和严厉的惩罚等因素的制约，泉域社会在用水过程中仍存在上下游不对等、水权分配不公的现象。溢出法律条文和渠册规约之外的"不法"行为经常发生，因而在高度依赖水资源禀赋发展的泉域社会中，在水权分配上也一直有非正式的"规则"在暗流涌动。在实际用水中，下游受到上游欺凌时往往是忍气吞声。如康熙三十八年（1699）《道示断定水利碑》记载："又据永丰里崔生贵等，环跪投禀，吁复旧规，词称霍山泉水分为三节使用，本里原居下节，而上节不法，霸水重浇，以致本里经年无水，荒旱杀禾等语控此豪强欺弱甚为可恨，合并饬知。为此，仰县官吏照碑事理即便，镌石立碑昭垂永久矣，刊立完日，即印刷墨文，送道查考，仍严布各里，上中下节使水，务期照分均平，倘有强梁截阻，以致下节受害者，解道依律重究不贷。"② 话虽如此，因下游不可能总是告官，因此很难禁绝霸水行为的再次发生。

　　位居渠道上游的村庄，往往较下游有更多的用水特权，在南霍渠的三分水中，为方便赵城上四村用水，规定道觉村有使用"七厘水"的特权，且不在正常水程之内，至今该村仍有"七厘斗"的说法。正常轮水时道觉村还有

---

① 光绪二十五年（1899）《重修十八夫碑记》，碑存广胜寺镇北秦村村南秦建义家门外。
② 碑存水神庙山门舞台后场东侧。

"四不浇"的特权,即刮风、下雨、黑夜不浇,以及轮到道觉村水程,没有工夫也可以不浇,何时想浇何时浇。相比之下,洪洞下九村则须按照水程自下而上挨次浇地,一月零六日一轮,周而复始,水程一过,渠则干涸。下游为了保证正常用水,常常讨好上游,南霍渠过去长期流传着每年二月一开沟祭时下九村集体赴道觉村向该村三十夫头"乞水"的仪式。这种不同县份之间、上下游之间权力不对等的现象,在民国时期依然存在,洪洞县令孙奂仑无奈地指出:

> 南北霍向系三七分水,洪三赵七久有定案。然三分之水,赵城上游五村已分去少半,则所谓洪三者,已名不副实。又以一渠流经两县,各不相属,上游截水,势所难免。水之及于洪境者微乎微矣。向来毗连赵境之曹生、马头、南秦诸村,收水较近,灌溉尚易。至下游冯堡等村之地,则往往不易得水,几成旱田者已数百顷矣。闻北霍之地,则年有增加,即南霍距泉左近支渠之水,亦有偷灌滩地者。下游明知之,而无如何。盖以上把下,各渠通例,而该渠以管辖不一之故,此弊尤甚。一有抵牾,更生恶感,辗转兴讼,受害已多。故不若隐忍迁就之,为愈主客异形,上下异势,盖有不得不然者矣。①

这种"主客异形,上下异势"之不得已,使得争水成为泉域社会发展中一个经久不变的音符。

六、结论

从外部形态来看,泉域社会在大的空间范围内呈明显的点状分布。具体到特定泉域,则大致呈现出以渠系为基础的扇形分布特征。这与江南水乡圩

---

① 孙奂仑:《洪洞县水利志补》,郑东风、张青标注,太原:山西人民出版社,1992年,第60页。

田区呈圆形或方形面状格局的水利社会差别甚大。国内学者王建革在考察河北平原水利社会时,曾指出过华北水利社会的三种类型,一是类似于滏阳河上游的以防旱为主的旱地水利类型;二是类似于大清河下游涝洼丰水区以共同防涝为主的围田水利模式;三是类似于天津小站的集防涝与防旱为一体的国家水利集权模式。其中,第一种是以地主土地私有制为基础的,后两者因位于丰水区,与江南圩田区相类似,国家参与的色彩要更重一些,最初都建立在国家控制的土地公有制基础上。① 国外人类学家格尔兹(Clifford Geertz)很早就注意到旱区与涝区的差别。他在以水源丰富区的印尼巴厘人的灌溉系统与Morrcco旱地条件下的灌溉社会对比时发现了二者的差异,认为丰水区水利社会的特点表现为集体防御洪涝灾害基础上的共同责任,焦点在于争地而非争水。旱地水利社会的特点则表现为水权的形成与分配,其水权具有可分性,焦点在于争水。② 学者们对丰水区的研究,对于认识泉域社会的特点和内涵具有启发意义。

　　泉域社会应当属于王建革所言旱地水利灌溉模式,也与格尔兹所论Morrcco旱地条件下的灌溉社会相仿佛。但是,在他们的研究中,因更着重于考察水利组织、管理、水权、水利纠纷等社会运行中存在的问题,并在此基础上进行简单比较,缺乏针对某一类型社会全方位的审视,比如意识形态、社会实际运行状态以及社会各方面要素之间的相互联系性,缺乏社会史的视觉,因而存在不足之处。本文对于泉域社会的研究克服了这一不足,力图对泉域社会做出全面透彻的分析,展现泉域社会的基本特征,希望在此基础上进行更有成效的区域比较和学术对话。

　　从历史的角度看,泉域社会在发展中有其特有的节奏。这种节奏或与王朝的政治同步,或不存在太大的联系。就广胜寺泉域社会的特点来看,其大

---

① 王建革:《河北平原水利与社会分析(1368—1949)》,《中国农史》2000年第2期。
② Clifford Geertz, The Wet and Dry: Traditional Irrigation in Bali and Morocco, *Human Ecology*, Vol. 1, 1972, pp. 23-39。

发展的时期应该是唐宋时代，而唐宋时代恰恰是国家对农田水利非常重视的时期。在这一点上，二者的节奏是相应的。也正是在这一时期，泉域社会的用水格局初步确立，分水制度、水利技术和组织管理体系也日益完备。但是，这一良好发展态势，却因1303年洪洞大地震而突然改变。大地震打乱了泉域社会稳步发展的节奏，也使得长期以来泉域社会运行中存在的很多问题被隐藏了下来，未得以有效解决。比如三七分水制度，原是在唐宋水利大发展时期，国家以洪赵二县灌溉土地数字为基础制定的相对公平的分水制度。金元以来随着土地的盈缩和渠道的变化，这一分水制度与现实社会间已显示出很强的不适应性，表现为争水现象不断，亟待变革。但是，1303年的洪洞大地震，使变革分水制度的要求被搁置和忽视。地震导致泉域社会发生了沧海桑田般的变化，渠道长度、受益村庄和灌溉面积大为缩减，然而这一变化竟未受到官府和地方社会的重视，在1303年以后逐渐恢复起来的广胜寺水利系统中，三七分水制度依然被不折不扣地实行下来，尽管明清时代民众因此抗争不断，却终究未变。直至1949年以后，泉域社会的发展节奏才又跟上国家的节奏，进行了彻底的改革，三七分水制度始告终结。对此历史现象，若仅仅从具体的历史事实入手进行解释恐怕是难以讲清楚，若要回答为什么，则还需要对泉域社会发展中形成的传统、观念、习俗和文化加以考察，这也恰是以往水利社会史研究中较为缺乏的。

有鉴于此，本文从泉域社会水环境入手，分别从水资源与水经济、水组织与水政治、水争端与水权利、水信仰与水习俗四个方面对泉域社会做了全面分析，认为分水问题是泉域社会发展过程的一条主线。围绕这一主线，泉域社会形成了具有悠久历史的文化传统、风俗习惯（包括陋习）和行为规范，笔者统称为水文化。文化源自于社会实践本身，其一旦形成就具有很大的惰性，很难轻易改变。泉域社会的水文化在分水问题上起着关键的作用。进一步而言，对于任何一个地方来说，水原本都是一样的。不一样的则是附加在水这种公共资源上的各种社会组织、关系、制度、行政、观念和习俗，最后才形成了我们所统称的叫作文化的东西。正因如此，才构成了泉域社会的个性和基本特征。

　　此外,尽管泉域社会同河北平原的滏阳河上游一样,均属于旱地水利社会的类型,但二者还是具有很大差异的,其差异的表现就在于文化本身。再者,就中国北方旱地水利社会模式而言,也并非这两种类型,应该还有其他多种多样的类型。为此,笔者以往在山西水利社会史研究中,曾提出过流域社会、淤灌社会、泉域社会、湖域社会四种类型。[1] 国内学者钱杭则在浙江萧山湘湖水利研究基础上,提出了"库域社会"的类型。[2] 这些社会都是以抗旱为首要任务的。因此,在今后的水利社会史研究中,仍需进一步提炼出各种类型的旱地水利社会模式的个性和基本特征,以此丰富和深化中国水利社会史研究,进而提出具有高度解释力的社会史研究理论框架。

---

[1] 张俊峰:《介休水案与地方社会:对水利社会的一项类型学分析》,《史林》2005年第3期。
[2] 钱杭:《共同体理论视野下的湘湖水利集团:兼论"库域型"水利社会》,《中国社会科学》2008年第2期。

关系千万重：明代以降吕梁山东麓三城的洪水灾害与城市水环境

李 嘎*

一、引言

乾隆《孝义县志》收有明人所撰《邑侯孟公生祠碑》一文，内载汹涌洪水对孝义城关的巨大威胁，文曰：

> 孝义城之西南数百余武有胜水焉，逶迤环绕，其形若带。发源于城西百里许之狐岐山，云其间千山森耸，万壑经亘，缕缕不可指数，大约有南、北两川之分，延之六壁而下，交汇为一区。暑雨稍稍骤集，其泛涨之势直从西下，冲城门而入焉，民间庐舍半为洿池，而民之不为鱼鳖者什之六七。噫！亦苦矣，每当盛夏时，百姓辄作啼号声，惧淹没之无日。①

就易旱之区的黄土高原地带而言，像孝义县这样存在洪水冲击城池现象的例子实际并不鲜见，对历史时期黄土高原的城市洪灾进行研究实为不容忽视的重要课题。

---

* 李嘎，山西大学中国社会史研究中心教授。
① ［明］矫九高：《邑侯孟公生祠碑》，载［清］邓必安修、邓常纂乾隆《孝义县志·艺文参考卷二》，乾隆三十五年刻本。

不过，目前学界对城市洪灾史的研究并无丰富积累，成果主要集中于对古代都城及大城市的考察上，①学者们在有意无意之间，忽略了对中小城市洪灾问题的探讨，对此类城市的洪灾及相关问题，我们几乎处于一无所知的状态。②吴庆洲新著《中国古城防洪研究》，以 120 万字的篇幅对我国先秦古城、秦汉至明清历代京都、各大河流域及沿海地带典型城市的防洪问题做了较全面的考察，贡献是显而易见的，但同样难以顾及数以千计的中小城市的洪灾问题。③

从目前的成果看，城市洪灾史的研究模式大致如下：洪灾破坏——防洪措施——洪灾成因。在"洪水"与"城市"二者之间，洪灾及应对的问题往往被充分地强调，而城市本体的情形却重视不够。我们有理由追问：对具有一定占地规模的城市来说，洪水对城市内部环境的影响究竟如何？或主动或被动的防洪举措在城市内部又造成了怎样的环境效应？深刻回答这些追问，无疑是深化城市洪灾史研究的需要，也是开展城市环境史研究的重要一环。

基于以上分析，笔者选取位处山西吕梁山东麓的清源④、交城、孝义三城

---

① 代表性成果有：武玉栋：《黄河水患与徐州古城的历史变迁》，《中国古都研究》（第十七辑），西安：三秦出版社，2001 年，第 160—165 页；李亚：《历史时期濒水城市水灾问题初探——以北宋开封为例》，《华中科技大学学报》（社会科学版）2003 年第 5 期；周亚：《宋代以来太原城的水患及其防治》，《建设特色文化名城——理论探讨与实证研究》，太原：北岳文艺出版社，2008 年，第 95—103 页。

② 近年来，虽然有部分学者开始关注中小城市的洪灾问题，但成果极少。笔者管见所及仅有陈隆文的三篇论文：《黄河水患与历代商丘城址的变迁》（牛玉国主编：《河南与黄河论坛：黄河文化专题研讨会文集》，郑州：黄河水利出版社，2009 年，第 132—144 页）、《水患与黄河流域古代城市的变迁研究——以河南氾水县城为研究对象》（《河南大学学报》（社会科学版）2009 年第 5 期）、《水患与西江流域古代城市——以梧州城址选择为对象的研究》（《三门峡职业技术学院学报》2011 年第 1 期）。

③ 吴庆洲：《中国古城防洪研究》，北京：中国建筑工业出版社，2010 年。

④ 清源城，即今天的清徐县城，该城自隋开皇十六年（596）始为清源县治所，大业二年（606）县废，唐武德元年（618）复置，清乾隆二十八年（1763）省入徐沟县，降为清源乡，1912 年复置清源县，1915 年再度并入徐沟，1917 年复为清源县，1952 年与徐沟合并为清徐县，为清徐县治至今。因该城在历史上的大部时段为清源县治所，故以清源城相称，特此说明。

为研究对象，对明代以来的洪水灾害与城市水环境问题加以探讨。之所以将清源、交城、孝义三城确定为考察对象，一是因为它们在明代以降均属洪水灾害严重之区；二则在于其城市水环境的形成与变迁在山西乃至黄土高原地带具有一定的典型意义。①

二、城市洪灾的产生

自明代以降，清源、交城、孝义三城的洪水灾害便多次发生，其频率在山西一省属于最为严重之列，对城关一带社会经济的影响是巨大的，现以表格形式将洪灾的相关情况列出：

表 2　明代以降清源、交城、孝义三城洪水灾害一览

城市	时间	洪水灾情	资料来源
清源城	1541 年	大水，城西门坏	顺治《清源县志》卷上《灾异》
	1553 年	白石水、汾水并溢，平地深丈余	顺治《清源县志》卷上《灾异》
	1660 年	大水，冲北城门，楼券突倾，城官梁名宪被殒	顺治《清源县志》卷上《灾异》
	1708 年	大水，南关城西门毁	光绪《清源乡志》卷 16《祥异》
	1752 年	岁壬申，水入西门，县令引过自责	光绪《清源乡志》卷 17 上《艺文》
	1754 年	白石沟水陡发，入西关；汾河水涨，溢入东湖	《清代黄河流域洪涝档案史料》，第 202 页
	1844 年	汾水由东门入城，东街房屋损塌甚多	光绪《清源乡志》卷 16《祥异》
	1855 年	白石河破西关堰，啮西门，水不没闸板者寸许	光绪《清源乡志》卷 4《城池》
	1968 年	白石北河决口，县城水灾	清徐县档案馆，水利档 46-1-30-2
	1969 年	大雨，白石水涨，淹没县城	清徐县档案馆，水利档 46-1-18-2

---

① 笔者在清徐、孝义的部分田野调查曾得到山西大学中国社会史研究中心张俊峰教授、研究生李志强同学的帮助，谨致谢忱。

续表

城市	时间	洪水灾情	资料来源
交城城	1381年	河水冲坏城垣	康熙《交城县志》卷1《祥异》
	1412年	步浑水、塔莎水泛涨，冲圮城垣	康熙《交城县志》卷1《祥异》
	1553年	河水冲坏东门桥并东城垣，城内水深三尺	康熙《交城县志》卷1《祥异》
	1663年	磁瓦二河交涨，城中水深二尺，北门圮裂	康熙《交城县志》卷1《祥异》
	1696年	（卧虹）堤坏水涨，城垣复圮	康熙《交城县志》卷3《山水》
	1707年	大水，直冲城内东南两关，坏庐舍田畴无数	康熙《交城县志》卷3《山水》
	1969年	磁瓦二水猛涨，白漳河水入城，南半城深1米	新修《交城县志·大事记》，第30页
孝义城	1481年	大水，漂没南关及乡村室庐三千区	雍正《孝义县志》卷1《祥异》
	1595年	大水自东门入城，坏庐舍无数	新修《孝义县志·水利水保》，第206页
	1604年	河水泛滥入城	新修《孝义县志·水利水保》，第206页
	1605年	孝河泛涨，自东门入城，官民房舍塌毁无数	雍正《孝义县志》卷1《祥异》
	1687年	大雨如注，河水入城，淹没民舍	雍正《孝义县志》卷1《祥异》
	1693年	大雨，河水入城，淹没民舍	雍正《孝义县志》卷1《祥异》
	1697年	南北河水相激，城内外漂没，死伤甚众	雍正《孝义县志》卷1《祥异》
	1725年	霖雨十余日，山水涨漫，冲决西城隅八丈	雍正《孝义县志》卷1《祥异》
	1829年	兴隆渠水至北关	光绪《孝义县续志·河道渠堰》
	1840年	水漫城关	光绪《孝义县续志·祥异》
	1868年	水漫城关	光绪《孝义县续志·祥异》
	1871年	柳堰决口，漫城关尤甚，坏房屋无数	光绪《孝义县续志·祥异》

资料说明：顺治《清源县志》：[清]和羹修、王灏儒纂，王保玉点校，载清徐县地方志办公室整理《清徐县古方志五种》（内部资料），1998年印；光绪《清源乡志》：[清]王勋祥修、王效尊纂，光绪八年刻本；《清代黄河流域洪涝档案史料》：中华书局1993年版；康熙《交城县志》：[清]洪璟纂修，康熙四十八年刻本；新修《交城县志》：山西古籍出版社1994年版；雍正《孝义县志》：[清]方士模纂修，1982年据雍正四年刻本新抄；新修《孝义县志》：海潮出版社1992年版；光绪《孝义县续志》：[清]孔广熙修、何之煌纂，光绪六年刻本。

必须指出，虽然笔者自信对文献的搜集、甄选是细致全面的，但明代以降清源等三城的洪灾频率绝非表中所展示的29次，而必定远远高于此一数字。这从相关记载即可轻易做出判断，如清源城，"每遇淫雨，水辄泛滥，冲突城池，为害甚巨"①；交城城，"吾邑有瓦窑沟水，数百年为民害，每夏秋水涨，辄摇撼其城郭，漂没其田庐"②；孝义城，"邑之西北，蜿蜒屈曲，高下皆山，一值春霖夏潦，万山之派悉东注焉。城中之水无所泄，城外之水无所蓄，两相距而冲决激荡，汇为巨浸，岁岁为城垣民舍患"③。

至此我们可以进一步分析三城的致灾原因，笔者以为，以下两方面因素不容忽视。其一，三城依山傍水的地理特征是洪灾产生的客观因素。大致呈北南走向的吕梁山脉横亘于三城西侧，东侧则没入一望无际的太原盆地平原区。清源城西北侧濒临白石河，交城城的东、西两侧分傍磁窑河与瓦窑河，孝义城南侧则有孝河蜿蜒而过。这些河川均属山溪性河流，河道短促，但河道比降却十分可观：白石河长20公里，比降在30‰以上；④磁窑河亦称塔莎水，分东、西两沟，东沟长15.68公里，比降为42.63‰，西沟长15.76公里，比降为41.93‰；⑤瓦窑河亦名步浑水，沟谷长25.59公里，比降为37.46‰⑥；孝河全长56.5公里，比降8.14‰。⑦这决定了在短时强降雨条件下，河川的产流、汇流速度极快，迅速聚集的洪流顷刻即会对坐落于河流出山口附近的三座城市造成巨大冲击。从表2"洪水灾情"一栏中可以发现，

---

① ［清］和羹修、王灏儒纂：顺治《清源县志》卷上《渠堰》，王保玉点校，载清徐县地方志办公室整理《清徐县古方志五种》（内部资料），1998年印，第12页。
② ［清］邹士璁：《卦山书院记》，载［清］洪璟纂修康熙《交城县志》卷17《艺文》，康熙四十八年刻本。
③ ［明］佚名：《孝邑浚濠筑堤记》，载乾隆《孝义县志·艺文参考卷一》。
④ 清徐县水利局：《清徐县白石河石匣子水库初步设计任务书》，1972年11月6日，清徐县档案馆藏，水利档46-1-18-2。
⑤ 新修《交城县志》第二章《地貌·沟谷》，太原：山西古籍出版社，1994年，第59—60页。
⑥ 同上注，第59页。
⑦ 李英明、潘军峰主编《山西河流》"孝河"条，北京：科学出版社，2004年，第104页。

对三城冲击最大的正是白石河、磁窑河、瓦窑河、孝河所产生的暴雨洪水，"白石沟水陡发""磁瓦二水猛涨""孝河泛涨"就是对此类山溪性河流洪水特征的形象描述。

其二，明代以降濒城诸河上游的山地开发持续不断，致使水土流失日益严重，加大了洪水致灾的可能性。虽然明代以降清源、交城、孝义三地的人口数量出现过数次波动，但总体趋势却是在不断地增加着，百姓为谋生之需而开发山林就成为当然之事，时段内濒城诸河上游聚落数量的增加就反映了流域开发的事实。清顺治年间清源县白石河上游凡有聚落14处，① 至光绪年间则增加至24处。② 交城县磁窑河最上游地带的郑井、偏交、光足、安则、冯家塔、窑底、竖石佛、卯上、东雷庄、西雷庄、马庄等村均是晚至清代方才成聚；瓦窑河流域的杨家底、林泉村、沙坡村、洪水村等聚落均是明代由瓦窑村王姓迁居建村。③ 就孝义县而言，乾隆《孝义县志》载"旧志统计三百三十村，鼎革时存者甚少，国朝渐次招集，今只去五十六村，又增出一百二十六村，乾隆二十四年以前村数尤多"④，孝义县山地丘陵区占全县总面积的近七成，上述新增百余聚落无疑大部分地处山区。

山区聚落增加，毁林垦山必然紧随而至。光绪年间清源马名山"在城西十五里。……及其巅，有范宇寺，寺外松柏成林，……然多拳曲不成材，故斧斤常不及"⑤，马名山林木的幸运适恰反证了其他区域林毁山秃的遭遇；白

---

① 即前窑、青阳沟、大屋、寺沟、水谷、圪台头、柏平、西窑、武家崖、迎南峰、程家沟、王家、安家沟、麦地掌14村。参见顺治《清源县志》卷上《都分》，载《清徐县古方志五种》，第6页。
② 即李家庄、迎南峰、碾地、寺沟、涧沟、吴家门前、后窑、东西石窟、武家崖、成家坪、程家沟、安家沟、武家窑、顾庄头、刘家山、麦地掌、张家山、四家坪、圪台头、水峪、石当沟、西沟、桃园、李家沟24村。参见〔清〕王勳祥修、王效尊纂：光绪《清源乡志》卷9《都甲》，光绪八年刻本。
③ 交城县诸聚落的形成时间参考自田瑞编著：《交城县地名辞典》相关辞条，太原：山西教育出版社，1994年。
④ 乾隆《孝义县志·里甲村庄卷二》。
⑤ 光绪《清源乡志》卷3《山川》"马名山"条。

石河流域的白石山在明代即因松柏苍翠而以"白石云松"列为清源八景之一，但在康熙年间清源知县储方庆的诗词中却反映出清初白石山林木消失的事实，诗文称"白石岩前几度过，乔松不见可如何"①。林木覆盖率的降低对于蕴水保土是大为不利的，储方庆称"清源之害莫大于白石山水，每夏秋淋潦，水发如黄河"②，可见清初白石河的含沙量已经相当严重；史料又载："查得本县（即清源县——笔者注）城垣外旧有城壕，颇为深阔，因城西三里有白石山口，每年秋雨汹涌，未筑石堰之先，将四面城壕水冲石沙尽行淤平"③，日积月累造成沙砾填淤城壕，由此导致城壕的蓄水排水功能降低，城市洪灾的发生几率遂大大增加。清源如此，交城、孝义两县亦不乐观。以孝义为例，史载该县民众"大抵夏秋力南亩，春冬地冻则入深山砍木掏煤"④，伐木谋生正是孝义山林逐步消失的驱动力。虽然史料中不乏孝义"西山多虎，七十里外虽通衢不敢夜行"⑤、"白家庄诸村之山，城西南一百二十余里……林密峦复，村庄稀少"⑥、"柏山在城西四十里，孝河之南，其山多香柏木，茂密深黛"⑦等反映植被良好的记载，但这并不足以推翻孝义山区林木覆盖日渐下降的事实，乾隆年间孝河流域已呈现出"两岸山坡又皆浮土"⑧的严重景况，由此一来，"大雨时行，土随水落，填淤河内"⑨。大量泥沙在河流出山之后迅速淤积，必然影响到河道的正常行水，史料记载在孝义城附

---

① ［清］储方庆：《八景诗》，顺治《清源县志》卷下《艺文》，载《清徐县古方志五种》，第43页。按，储方庆于康熙年间方任清源知县，其诗文不可能出现于顺治年间，据《中国地方志总目提要·山西省》（金恩辉主编，台湾汉美图书有限公司1996年印行，第14—15页）载，该诗系康熙十六年储方庆在任时补入顺治《清源县志》。
② ［清］储方庆：《白龙庙记》，载光绪《清源乡志》卷17上《艺文》。
③ ［明］邵莅：《修城记》，载光绪《清源乡志》卷17上《艺文》。
④ 乾隆《孝义县志·物产民俗》。
⑤ 同上。
⑥ 乾隆《孝义县志·山川渠堰卷一》。
⑦ 乾隆《孝义县志·胜迹》。
⑧ 乾隆《孝义县志·山川渠堰卷一》。
⑨ 同上。

近"孝河时时北徙近（护城）堤,仍间岁役四里九村及六坊厢民浚河,南归故道"①,这正是孝河高含沙量导致河流改道进而影响到城池安全的典型写照;又载"历年既久,池尽壅塞,山水泛涨,城多倾圮"②,亦是因沙壅护城河导致洪水冲击城池的集中反映。

三、洪水影响下的城市水体景观

来自吕梁山脉的汹涌洪水裹挟着大量泥沙淤城壕、冲城门、毁城墙,在城内低洼地带长期壅滞积蓄,逐渐形成了规模不一、类型多样的水体景观,从而大大改变了城市既有的自然景观格局。

（一）清源城

今天的清源城内有一水域面积颇为可观的"东湖",关于东湖的形成时间,我们首先可以从康熙年间清源知县储方庆的记述中寻找根据:

> 湖居邑东偏,计城市广狭,湖有其二焉。父老为予言,县故无湖,湖所占者悉平壤,曩时白石水涨,不以时疏导,悉归城东低下处。外障以垣墙,而内益泉水,故水日增月盛。汪洋浩瀚而积成巨浸者,数十年于兹矣。③

按,光绪《清源乡志》卷七《名宦祠》记载,储方庆于康熙十四年（1675）始任清源知县,再从"数十年于兹矣"的引文来推断,可知东湖形成于明末清初无疑,另,明末邑人王象极曾撰《清湖十景诗》,④则东湖形成

---

① 乾隆《孝义县志·城池疆域》。
② [清]方士模纂修:雍正《孝义县志》卷4《建置·城池》,1982年据雍正四年刻本新抄。
③ [清]储方庆:《东湖记》,载光绪《清源乡志》卷17上《艺文》。
④ [明]王象极:《清湖十景诗》,载光绪《清源乡志》卷17下《艺文》。

时间可进一步精确为明代后期。关于东湖的形成原因，上引文明确揭示出其与循白石河而下的山洪密切相关；在清源民间广泛流传的"淹西关，带北关，城里头灌了个湖滩滩"①的民谣，亦可佐证白石河洪水对东湖形成所发挥的决定性作用。进一步而言，东湖水体自形成之后，规模呈现出不断扩大的趋势。康熙年间方是"计城市广狭，湖有其二"，即规模大体占清源城面积的20%，至光绪年间已是"广居城之半"的庞大水体了，②清代后期寿阳人祁寯藻在诗文中称"东湖浩淼城东隅，城十里湖五里余"③，亦可得见水体规模不断扩大的事实。虽然这其中有西城墙下芹馥泉水源源不断灌注东湖的因素，④不过城外洪水的影响是丝毫不容忽视的。⑤

东湖水体的形成与扩张，深刻影响着清源城内民众的日常生活，光绪《清源乡志》曰：

> 东湖，在东城内，广居城之半。凡城内芹馥诸泉，靡不灌注其中，故四时不涸，蓄久汇深，鱼鳖孳息焉，乡人藉以渔利。若雨潦盛涨，城中受害亦无底，赖东城外灌稼渠以泄之，而水势稍杀。⑥

此则史料揭示出东湖对城内百姓利害并存的"双刃"效应。东湖水深体大，为水生动植物提供了良好的生存环境，东湖中广布藕、蒲笋、蒲等水生植物，也是盛产鲤、鲫、黄白鳝、石鳞鱼、鲇鱼、梭鱼、黄鲊、泥鳅、小紫鱼等鱼类的宝地。⑦不过城内诸多建筑也因濒水下湿而多有塌损，如察院"因

---

① 转引自杨拴保主编《清源古城》，太原：北岳文艺出版社，2008年，第24页。
② 光绪《清源乡志》卷3《山川》"东湖"条。
③ [清]祁寯藻：《清源东湖》，光绪《清源乡志》卷17下《艺文》。
④ 光绪《清源乡志》卷3《山川》"芹馥泉"条载："芹馥泉在西城根仓廒左。一潭清水，芹藻常青，严冬无冰，流经学宫前，东注东湖。"
⑤ 可参见表2清源城1752年、1754年、1844年"洪水灾情"栏。
⑥ 光绪《清源乡志》卷3《山川》"东湖"条。
⑦ 光绪《清源乡志》卷10《物产》。

近水为患，顺治十六、十七年知县和羹重修二次"①，至光绪年间，该建筑已彻底废弃了；②又如清源文庙"在县治西南，金泰和三年知县张德元创建，……后卤湿圮坏，鞠为茂草，国朝顺治十七年，知县和羹因旧址而恢拓之"③；清源东关一带亦因濒临东湖，地势洼下而民居寥落。④不过，在地方官员、文人墨客看来，东湖区域一碧渟泓、鱼游鸟翔、草树依依，不失为北方旱区难得的风景佳胜，一时成为众人的游观之所。明代清源"八景"中本无东湖名目，顺治年间知县和羹新增"八景"，"东湖夜月"首次名列其中，至光绪年间官府纂修《清源乡志》时，将旧志"十六景"重新删为"八景"，"东湖夜月"仍旧存续。历代吟咏东湖诗文不下数十篇，其中当以明末邑人王象极《清湖十景诗》最为知名，其将东湖之胜凝练为湖山、湖月、湖舟、湖楼、湖雨、湖城、湖树、湖草、湖鸟、湖鱼十景，分别赋诗表之，现撷取两首如下：

湖月：停杯搔首问婵娟，几度清光几度圆。影落湖中深见底，人于舟上俯观天。玉壶春满烟波冷，桂子香飘衣带鲜，三五佳期休错过，会须畅饮月明前。

湖城：城居何必羡幽栖，亦有林泉亦有溪。万顷鳞波皆断岸，四围雉堞是长堤。爨烟暮起多飞北，陴日朝穿半落西。最喜夜游奇绝处，巡锣击柝不曾迷。⑤

直至今日，东湖胜景仍旧吸引着远近游客纷至沓来。

---

① 顺治《清源县志》卷上《公署》"察院"条，载《清徐县古方志五种》，第8页。
② 光绪《清源乡志》卷6《公署》载："按察司，在布政司右，废。"
③ 顺治《清源县志》卷上《学校》，载《清徐县古方志五种》，第8页。
④ 光绪《清源乡志》卷4《城池》载："东关有门，而湖水阻隔，车不能行，地洼下，屡遭水厄，故葺屋寥寥。"
⑤ ［明］王象极：《清湖十景诗》，载光绪《清源乡志》卷17下《艺文》。

除东湖之外，清源城内尚存在数处名为"莲花池"的水体景观。其正式形成时间当晚于东湖，因为在顺治《清源县志》中尚无关于莲花池的任何记载，光绪时期方见诸志书，光绪《清源乡志》曰：

> 布政司在（旧县）署东，废。按察司在布政司右，废。府馆在布政司南，废。上三处今汇为莲花池。①

从民国清源城市地图来看，降至民国时期城内莲花池多至七处，面积十分可观。（见图2）在笔者看来，莲花池的形成与来自西山的洪水亦有着必然的因果关系。笔者在实地考察中发现，清源城内至今尚存大型莲花池三处，文庙东北侧一处，现职工幼儿园东北侧两处，另在东湖西侧亦有三处小型的水体遗存，数处陂池自西向东大致呈带状分布，直达东湖；而自文庙西行不远为西城墙遗址，城外即名为"菜市坡"的西关区域，从地势来看，西关"菜市坡"与城内垂直高差十分明显，这在大雨时行、洪水暴发的条件下，洪流必然首先是在莲花池一带暂为停蓄，最后再达至东湖。当地学者的论述给笔者的判断提供了佐证："（民国时）莲池与莲池之间互为流通，若遇街巷时由石桥贯通。莲池余水最后汇总于县衙水桥街缓缓注入东湖"②。莲花池盛产莲花，长期以来是百姓农副产品的收入之一，民国时期的莲池各有其主，属主均有契约，③"夏间花开满城，清雅可爱"④。

民国时期清源县知事续思文吟咏清源城曰："城外青山城内湖，荷花万朵柳千株。太汾风景少颜色，惟有清源入画图。"⑤清源城内的潋滟湖光、荷

---

① 光绪《清源乡志》卷6《公署》。
② 万青云：《池塘·湖泊》，载杨拴保主编《清源古城》，第61页。
③ 同上。
④ 光绪《清源乡志》卷10《物产》。
⑤ 续思文：《清源风景诗二首》之一，载新修《清徐县志·丛录》，太原：山西古籍出版社，1999年，第1019页。

香花影、啾啾禽鸣令人神往，须知，滚滚洪涛正是塑造这派水乡泽国图景的主角。

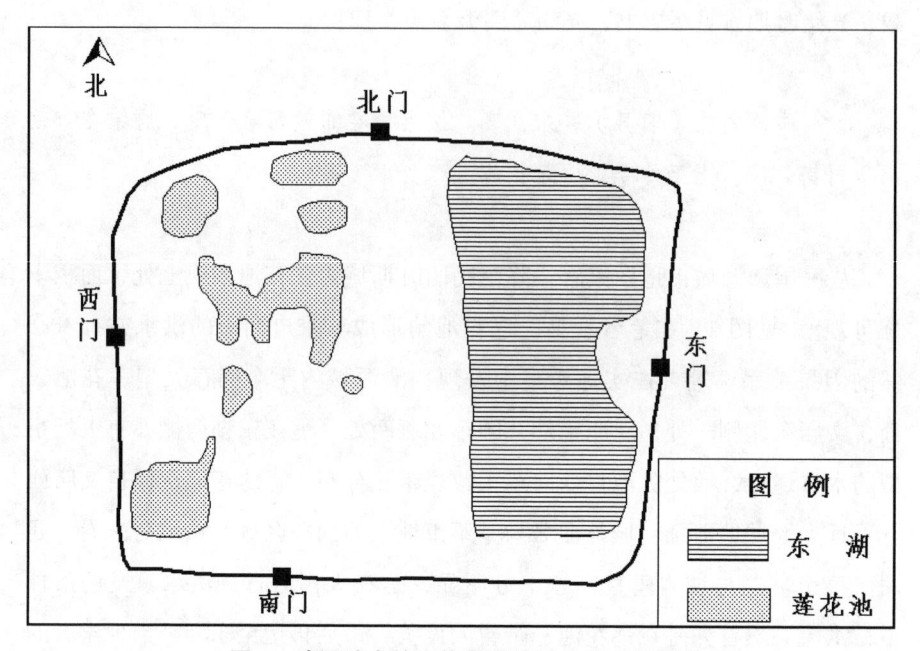

图 2　清源城内的水体景观格局（民国时期）

说明：底图采自民国《清源县形势全图·清源县城图》，载山西省图书馆编《山西老地图》，太原：三晋出版社，2010年，第 193 页。

（二）交城城与孝义城

与清源城相似，明清民国时期交城县城之内也存在一处水体景观，名曰"却波湖"，或称"月波湖""却月湖"，康熙《交城县志》载：

> 月波湖，一名却月湖，在县城中东南隅，周围约二里许。[1]

对周回仅 5 里余的交城县城来说，周围 2 里许的规模已是颇为可观了。

---

[1] 康熙《交城县志》卷 3《山水》"月波湖"条。

相关史料虽未明言却波湖的形成时间与原因，但还是可以考索一番的。在笔者看来，该水体的形成时期当不晚于清初，康熙初期交城知县赵吉士在《卢川书院记》中说："卢川书院，都人士创建于康熙十一年七月二十五日，成于十一月初十日，……其后临水，即予新浚却波湖者是也"①，康熙初年赵吉士曾经疏浚却波湖，则彼时该湖必定已颇有时日。该水体的形成原因亦与暴雨洪水脱不了干系。笔者经实地考察发现，交城县城的西、北两侧紧临高山，地势高亢，城内东南隅向来是地势最为低洼之区，西、北两山一旦暴发洪水，必定顺流至城内东南隅，外受制于城墙阻隔，洪流停蓄于此自是当然之事，却波湖由此形成。史志资料对洪灾的记载可以佐证笔者的判断，如明洪武十四年（1381）"夏，大雨，河水冲坏城垣。城外东北新建圣母庙，木架已具，漂入城内东南隅，乡人遂建庙于此，名曰下庙"②，再如清康熙四十六年（1707）"夏，雨骤水发，直冲城内东、南两关，居民坏庐舍田畴无数"③，可见两次洪灾均是冲击了城池东南部。

却波湖在交城百姓的城市生活中扮演着多方面的重要角色。历史上交城县毛皮产业极盛，却波湖曾是地方人士沤制皮革的所在，一时水体污染颇为严重，据卦山天宁寺康熙十二年（1673）《古罕碑》记载："吾邑山多水少，止东城却波一水，旧为旗弁贩洗皮革，奸商挟之为利，腥秽填壅。"④后经赵吉士疏浚告禁，水质方才改观。康熙年间是却波湖水体的鼎盛时期，在山多水少的交城县，当时的却波湖自然成为邑中胜景，康熙后期交城知县洪璟记载说：

> 大抵交称多山少水，若城北卦山，其最高者也，而水不多见，独城东南隅有湖名月波，周围二里许，面平如镜，四面楼台掩映，草树参

---

① ［清］赵吉士：《卢川书院记》，康熙《交城县志》卷16《艺文》。
② 康熙《交城县志》卷1《祥异》。
③ 康熙《交城县志》卷3《山水》"瓦窑河"条。
④ 岳子权、张思聪：《交城毛皮业之兴衰》，《交城文史资料》第七辑（内部资料），1988年印，第70页。

差,望之如图画,遂为邑中最胜。①

"却月晴波"即为交城十景之一。官绅士人在此颇下了一番借湖造景的功夫。赵吉士在修浚却波湖之后,于湖侧修建湖东别墅,"地僻,四面皆水,最幽静,可以洗心,岚气湖光常在"②;地方人士于康熙十一年(1672)也在湖边建起卢川书院③;赵吉士离任之后,乡人又于却波湖上设立赵公祠,"赵公祠,在城东隅月波湖上,祀知县赵吉士"④;康熙四十六年(1707)知县洪璟复在却波湖东侧修建月波草堂,"月波草堂,堂三楹,周以围廊,在月波湖之东,四面环水,北倚赵公祠,康熙四十六年知县洪璟建,为诸生月课之所"⑤。此外,每届中秋,交城百姓有月波湖泛舟赏月之俗,"八月十五,仲秋节,月波湖泛舟赏月,为一时之胜云"⑥。湖舟、楼阁、垂杨、鱼鸟,触动着风雅士子的创作灵感,康熙时期咏湖诗文比比皆是,诸如《月波湖二律》《泛月波湖》《月波湖泛舟》《游月波湖》(诗六首)等,多至十首,其中的《月波湖二律》云:

> 交城城内小西湖,装就风流作画图。寺界北于三□□,波光涵得两峰孤。红楼窗里调鹦鹉,白纻箫中□鹧鸪。父老儿童随岸赏,欢传此景自来无。
>
> 大雨时行大暑初,画船风细纳凉疏。偷闲适意惬何苦,乞巧无心拙自如。校尉空悬庭下袴,参军枉晒揽中书。停桡欲问穿针事,曲岸垂杨暎女闾。⑦

---

① [清]洪璟:《月波草堂记》,载康熙《交城县志》卷17《艺文》。
② [清]赵吉士:《湖东别墅记》,载康熙《交城县志》卷16《艺文》。
③ [清]赵吉士:《卢川书院记》,载康熙《交城县志》卷16《艺文》。
④ 康熙《交城县志》卷7《祠祀》。
⑤ 康熙《交城县志》卷6《学宫》"月波草堂"条。
⑥ 康熙《交城县志》卷9《风俗》。
⑦ [清]佚名:《月波湖二律》,康熙《交城县志》卷18《诗》。按,是书为刻本,作者姓名漫漶不清,故以"佚名"称之。

在诗人笔下，却波湖犹如杭州西湖，波光树影、画船清风，令人心旷神怡。今日却波湖早已彻底消失，县城内的"却波街"可算是它的流风余韵了。

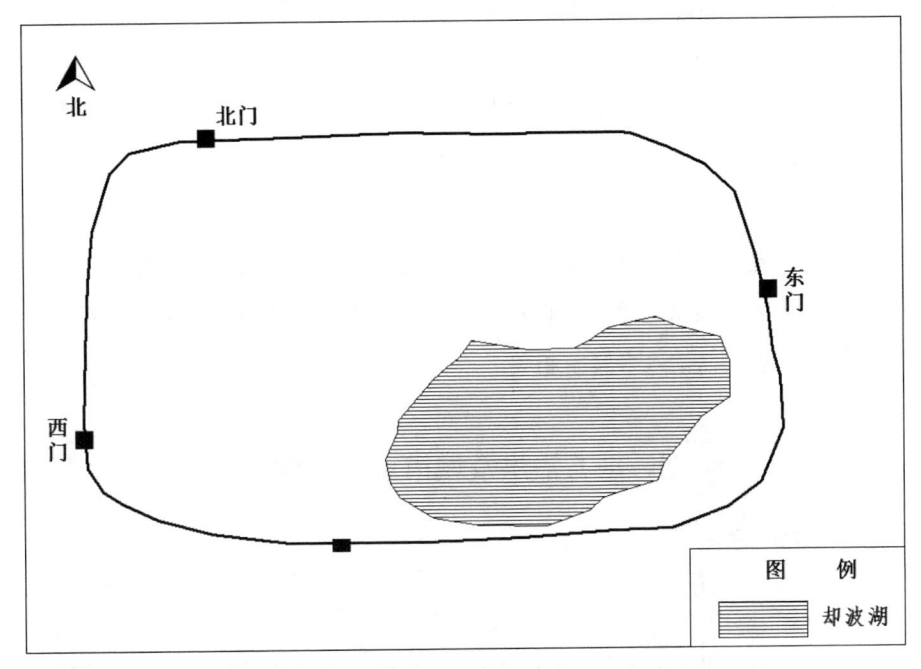

图 3　交城县城内的水体景观格局（清前期）

说明：底图采自新修《交城县志》之"1954年县城图"，山西古籍出版社1994年版，第402页。按，20世纪50年代的却波湖水体已大为萎缩，笔者系按照该底图所标湖体的地理坐落并参照康熙年间城周5里、湖周2里的记载描绘而成。

相比清源与交城二城，孝义城的水体景观并不十分典型，但亦有自身特征，其中以城内盐池广布最具特色，道光年间孝义知县张崚记述说：

> 城内地势低洼，并无出水之路，兼以空隙处盐池众多，墙土堆积，每于大雨后泥泞壅阻，街道半为潴泽。①

---

① ［清］张崚：《重建城隍庙龙王庙补修土地祠老君观碑记》，载［清］孔广熙修、何之煌纂光绪《孝义县续志》卷下《艺文参考》，光绪六年刻本。

显然，由于城内地势低洼，又无排水设施，暴雨洪水产生之后，难以迅即排出城外，最终造就了"盐池众多"的城市水体景观。之所以名之为"盐池"，实际与孝义城内百姓的土盐熬制有关，志书载称：

> （孝义）城东南之土皆有盐，而工多获少，故皆买食平遥之盐，无有煎煮，惟城内居民取近地旷土熬之。①

挖土熬盐，日积月累，地势渐趋低洼，雨洪时行，蓄积成塘，"盐池"之名由此而来。潴水之处甚多也对城内建筑造成了不利影响，张峻认为城隍庙日渐倾圮就与盐池众多紧密相关。②

四、地方治洪及城市水环境效应

（一）地方治洪

就吕梁山东麓三城而言，城市水体景观来自洪水等自然因素的长时段塑造，但由于山区洪水具有陡涨陡落的突发特性，故而从瞬时性来看，其对整个城市的破坏力是主要的，且是十分严重的，这从表2中即可管窥一二。为预防洪水、减少灾情，地方治洪行为便由此展开。

在明清传统社会，筑堤防水是普遍采取的治洪措施，吕梁山东麓三城亦不例外。清源城洪水主要来自白石河，防洪举措全部围绕该河展开。早在明洪武二十四年（1391），清源主簿杨克俭就曾奉准发动本县、徐沟、交城三县夫役协力修筑白石堰，堰东西长二里，阔二丈五尺，高一丈五尺，弘治以后历任知县均有修葺，后废，城中频受水患。③ 白石堰的地理坐落，知县储

---

① 乾隆《孝义县志·物产民俗》。
② 张峻称："盐池众多，……街道半为潴泽，无怪兹庙之日就颓残也"。见氏撰：《重建城隍庙龙王庙补修土地祠老君观碑记》，载光绪《孝义县续志》卷下《艺文参考》。
③ 顺治《清源县志》卷上《渠堰》"白石堰"条，载《清徐县古方志五种》，第12页。

方庆在《白龙庙记》中说"予即日就道，抵山口里许，下马行乱石间，既望见堰"①，可见其位处城西里许的白石河出山口，堰址选择是颇为科学合理的。清顺治十八年（1661）时，知县和蠸于城外西北吊桥街一带新筑土堰一道，"长二百八十丈，遇河涨，城关派夫堵筑"②；西关一带也修筑挡水石坝，"西关旧城，……西近白石河，防以石坝，遇水涨即下木板堵之"③，培修事务则由"西关独任之"④。不过，修堰筑坝并未消弭白石河洪水对城池的冲击，乾隆十七年（1752）就发生过水入西门的事件（见表2），由此乾隆十八年（1753）知县高登陛进一步在清源城西、北两门修筑瓮城，"西瓮城长十七丈，北瓮城十二丈，壬防白石水患"⑤。

交城县城防洪堤堰全系针对瓦窑、磁窑二河，集中修造于清代前期。康熙七年（1668），知县赵吉士在县城西北五里的瓦窑河出山口处修筑卧虹堤，以阻瓦窑河水东南入城，复于堤上植柳为固，"步浑水（即瓦窑河——笔者注）时泛涨侵城，急筑堤，石坚其外，柳护其内，引水南下"⑥。此后堤坏水涨，康熙四十七年（1708）知县洪璟兴工重筑，"越三月告成，计长八十余丈，高二丈余，中实灰石，使极坚致"⑦。乾隆十九年（1754）知县祁肃复于磁窑河出山口处修筑静澜堤，以阻磁窑河洪水西南入城。⑧

孝义城地处山尽水汇之区，孝河实际上由北川、中川、南川三条河川汇流而成，三河出山后在孝义城以西仅数里的尉家庄合而为一，河道长度远远

---

① ［清］储方庆：《白龙庙记》，载光绪《清源乡志》卷17上《艺文》。
② 光绪《清源乡志》卷3《桥堰》"白石堰"条。
③ 光绪《清源乡志》卷4《城池》。
④ 光绪《清源乡志》卷3《桥堰》"白石堰"条。
⑤ 光绪《清源乡志》卷4《城池》。
⑥ ［清］丁世淳：《赵公筑堤平路记》，载［清］王轩等纂修光绪《山西通志》卷66《水利略一》，师道刚、马玉山点校，北京：中华书局，1990年，第4740页。
⑦ 康熙《交城县志》卷3《山水》"瓦窑河"条。
⑧ 田瑞编著：《交城县地名辞典》"静澜堤遗址"辞条，第433页；又见新修《交城县志》卷22《文物胜迹·水利遗址》，第690页。

超过白石、瓦窑、磁窑三河，加之流域内无名水沟甚多，因而洪水对孝义城的冲击程度要明显严重于清源、交城二城，这使得防御孝河的护城堤防规模也相应超过其他二城。孝义护城堤堰凡有三道，南堰、西堰、北堰。因孝河自城南而过，故南堰最为紧要，规模亦最大，"起（孝义城）正西，绕城南而东，亘七里许，高厚丈余不等"①，修筑于明万历三十九年（1611），由知县孟道溥主持完成，②修筑原因无疑与万历二十三年（1595）、三十二年（1604）、三十三年（1605）三次城关大水紧密相关（见表2）。孟氏卸任不久，新任知县曾重修南堰，并于堰上"树柳数千株，使牢固其根址，保使无啮蚀"③，由此，南堰亦得"柳堰"之称。此后数百年中，官民两方对于培护南堰始终十分重视。西堰位处县城西门外，何时修筑已不得而知，乾隆年间即已存在，"西郭门外有横堰，不知所始，障水北行，使不为城害"④，光绪年间复大为兴筑，令城关村社分修，视为常制，"因令六坊厢分修三十六丈，九村分修四十五丈，西关社首加长独修六十余丈，是为西堰，仍令每年皆加高培厚"⑤。北堰修筑于清道光年间，但此前城北曾有北边老堰一条，东西长一里许，以防患义河，道光九年（1829）因兴隆渠洪水冲击城北，方新修北堰，"从北门东边城根筑起，驾城濠而北，又东绕北关东门，往北过北岳庙，至东西之老堰而止"，加高培厚之事由北关承担，"斯堰虽护北关，其实仍护城耳"⑥。

中华人民共和国成立之后，在全国上下大兴水利的背景之下，三城的防洪举措表现出与明清传统社会截然不同的新特征，于河流上游兴修水库成为此一时期的重要手段。清徐县于1972年年底在白石河上游的碾底村与圪台

---

① 乾隆《孝义县志·城池疆域》。
② 参见（明）矫九高：《邑侯孟公生祠碑》，载乾隆《孝义县志·艺文参考卷二》。
③ ［明］佚名：《孝邑浚濠筑堤记》，载乾隆《孝义县志·艺文参考卷一》。
④ 乾隆《孝义县志·城池疆域》。
⑤ 光绪《孝义县续志》卷上《河道渠堰》"西堰"条。
⑥ 光绪《孝义县续志》卷上《河道渠堰》"北堰"条。

头村之间修建小型水库一座,名石匣子水库,从工程设计任务书来看,修建该水库的一个重要目的,就是通过拦蓄白石河,彻底消除洪水对县城的威胁,"每到汛期,白石河洪水顺坡而下,致使下游泛滥成灾,一九六九年七月廿七日一次大雨,河水出山后漫堤而过,淹没了清徐县城就是一个最好的例证"①。交城县亦分别在磁窑河、瓦窑河上游修建三座小型水库。1972年12月在磁窑西沟的石家庄附近修建石家庄水库,总库容40万立方米,坝高22米,防洪标准可达20年一遇;1974年12月于磁窑东沟的岭底村以北修建磁窑河水库,总库容90万立方米,坝高27.5米,防洪标准为20年一遇;1977年12月在瓦窑河上修建瓦窑河水库,总库容190万立方米,坝高35.5米,防洪标准可达50年一遇。②孝义县于1959年即在县城附近的孝河上开始修建张家庄水库,按照百年一遇洪水设计,坝高18.4米,总库容为3336万立方米,远达中型水库的规模,1959年11月动工,1961年拦洪蓄水,1964年最终完成土坝工程。③棋布于诸河上游的中小型水库,在防洪和灌溉方面发挥了巨大效益,此后边山洪水为害城市的现象基本消除了。

(二)治洪引起的城市水环境效应

水利建设的环境效应问题在学术界早有研究,但关注的往往是大型水利工程所引发的环境变化,④实际上中小型水利工程的环境效应问题也是不容忽视的。明代以降吕梁山东麓三城的治洪举措就引发了城市水环境的明显变化,进而影响到城市民众的日常生活。这其中尤以交城县城与孝义县城最为典型。

---

① 清徐县水利局:《清徐县白石河石匣子水库初步设计任务书》,1972年11月6日,清徐县档案馆藏,水利档46-1-18-2。
② 李英明、潘军峰主编《山西河流》"磁窑河"条之"表2.15:磁窑河流域水库现状表",第93页。
③ 新修《孝义县志》卷9《水利水保·张家庄水库》,北京:海潮出版社,1992年,第212页。
④ 如吴文涛:《历史上永定河筑堤的环境效应初探》,《中国历史地理论丛》2007年第4辑;《清代永定河筑堤对北京水环境的影响》,《北京社会科学》2008年第1期。

就交城县城而言，集中于清代前期的治洪行为直接导致了城内却波湖水体的萎缩。上文已述，交城县城内的却波湖在清代前期是其鼎盛时期，周围达至二里，这实际与洪水灾害集中在明代至清前期有关，特别是清代前期交城频受洪水侵袭，在康熙二年（1663）、康熙三十五年（1696）、康熙四十六年（1707）县城先后三次遭受磁窑、瓦窑二河的冲击，洪水冲入城内，损失惨重（见表2），这无疑直接造成了却波湖水体的扩大。相应的，康熙七年（1668）、康熙四十七年（1708）、乾隆十九年（1754）卧虹堤与静澜堤先后在瓦窑、磁窑河上建成，防洪效果明显。时人记载洪璟复筑卧虹堤之事时说："自吾父母来，而相度地形，为之筑长堤八十余丈，所费不赀，而不扰民间丝粟，昼夜督率以期于成，于是数百年大患一日永绝"①，洪璟也不无自豪地夸耀卧虹堤的防洪效果，其在《新筑卧虹堤成山水骤至》一诗中说："鞍山万峰巅，抱珠蛟龙藏，风雨战中宵，洪水流汤汤，长堤如偃虹，讵畏舞商羊。"②在光绪《交城县志·祥异》中，清中后期交城县曾发生过数次洪水灾害，但并未有波及城池的记载。表2也显示，自1707至1969年的263年间并无关于交城城市洪灾的任何记载，即便1969年磁窑、瓦窑二河猛涨，但冲击城市的却是另一条不知名的"白漳河"。凡此种种均说明清代前期治洪举措的明显效果。

交城与清源二城虽然均处于山地与平原的交接地带，地下水埋藏较浅，但交城却没有清源城幸运，城内并无像芹馥泉那样出水量可观的泉眼源源不断地灌注却波湖，在大堤高筑、长期无城外洪水接济的情形下，却波湖必然难免日渐萎缩的命运。在康熙《交城县志》中，专门吟咏却波湖的诗文十分丰富，达十首之多，这在上文即已提及；但在光绪《交城县志》中，咏湖诗文大大减少，仅剩下陆庆臻的《泛月波湖》一首，还是抄录自康熙《交城县志》，这恰恰说明时至清代后期却波湖已非水域广大的名胜之地了。因此我

---

① ［清］邹士璁：《卦山书院记》，载康熙《交城县志》卷17《艺文》。
② ［清］洪璟：《卢川杂吟·新筑卧虹堤成山水骤至》，载光绪《交城县志》卷10《艺文门·诗》。

们从新修《交城县志》的"1954年县城图"中所看到的，已然是一处局促于城内东南隅很小区域的"池塘"景观了。

与交城县城相比，孝义城治洪所引起的城市水环境效应更为明显且严重，这主要体现在中华人民共和国成立后张家庄水库的兴建上。张家庄水库坐落于城关西南2公里处的张家庄村一带，当初兴建的主要目的即在于防洪和灌溉。孝义城关一带处于山麓地带的区位特征，决定了地下水位埋藏较浅，且由于城周耕地长期洪灌淤埋，造成城关相对低洼，"城区比城南和城西地面低10米以上，比城东和城北地面低5—7米"[①]，张家庄附近地势本来明显高于下游，在1961年水库拦洪蓄水之后，张家庄与城关之间的水位高差骤然加大，如此一来，水库存水迅速对城关一带的地下水形成挤压效应，导致城区地下水位急剧上升，城区附近10余平方公里的地面水向城关洼地汇积，积水逐渐增加。1962年春，地面积水只涨不降，情况日益严峻。1965年春进一步恶化，该年4月9日孝义县委在给山西省委的城关水患报告中详细描述了当时令人触目惊心的一幕：

> 四月五日据我县城镇管理委员会调查报告，从去冬至今，我县境内虽然少雪缺雨，旱象普遍露头，但是，在城关地区则是除城内西正街、南正街和桥南、西关正街的街面外，都已被长年不退之积水及入春以来溢出地面之地下水漫灌成灾。城关地区复又象往年夏秋雨季时一样，造成了四水围城和很多户院内甚至屋内积水的局面。仅城西北部一处的积水即达二千九百平方米，一般水深在一米以上，最深处竟达三米以上。过去几年，城关积水虽然已经长年不退，但水位上涨只是在夏秋雨季时才发生，而且积水由西、由南向东、向北流而聚之。今年的情况发生了突变，现在距夏秋雨季尚早，城关地区的积水已激剧上涨。而且，城区西、南两面之积水与城区东、北两面之积水已经持平，并有向西、向南倒流的趋

---

① 新修《孝义县志》卷9《水利水保·排水渠道》，第207页。

势。……面对这种情况,不难预料,如果遇有一次一次性降雨量在三十公厘时,整个孝义城就有被漫灌的危险。……因此我们担心,到今年夏秋雨季时,城区人民群众的生命财产安全可能会遭到前所未有的威胁。①

1965年,在本应旱象环生、异常缺水的春季,孝义城却是一派汪洋泽国之象。笔者于2009年7月下旬在孝义市旧城做田野考察时,看到大量老旧建筑的墙基下部普遍存在砖体严重损坏的情况,询及当地百姓,均言系由城关地面盐碱下湿所致。这正是20世纪60年代城关严重积水之患的现实写照。

1965年5月5日,时任山西省副省长刘开基来县视察灾情,做出实施孝义县城关排水工程的决定。但排水工作推进缓慢,至1969年秋方最终告竣。②从1963年开始,为躲避城关积水,孝义县城的部分仓库和企业陆续迁至孝午公路及介西铁路两侧,并兴建了一批公共事业设施,1965年副省长刘开基视察灾情时,正式做出县城避水搬迁的决定。③1975年7月4日,经山西省革命委员会批准,孝义县治正式迁至城关西北4公里处的新城。④孝义城避水而迁是中华人民共和国成立后山西城市变迁中的大事。

五、结语

英国史学家斯莫特认为,研究人与自然的关系史,就是要"认识人类如何受自然影响,又如何影响自然,以及影响的结果"⑤。就本文所考察的时空

---

① 孝义县人民委员会:《关于目前我县城关地区水位激剧上涨威胁居民生命财产安全的报告》,1965年4月9日,孝义市档案馆藏,水利档,无档案号。
② 新修《孝义县志》卷9《水利水保·排水渠道》,第208页。
③ 新修《孝义县志》卷1《建置·县城·迁徙》,第15页。
④ 新修《孝义县志》卷36《大事记》,第889页。
⑤ 梅雪芹:《阿·德芒戎的人文地理学思想与环境史学的关联》,《世界历史》2004年第3期,第19页。

范围而言，人为的山地开发加大了城市洪灾的产生几率；洪水在冲击城池的同时，却塑造了多样的城市水环境，城市民众生活随之而有所改变；人类的治洪举措虽有效遏止了洪灾对城市的破坏，而防洪工程却以另外的方式改变着城市的水环境。黄仁宇先生曾用"关系千万重"一语作为其随笔文集的题名，意指书中各篇无不涉及历史的场面与层次；① 在并不广为人知的吕梁山东麓三城中，我们也分明看到了城市洪灾背景下人与环境之间多重的复杂关联。

当前要进一步推动城市洪灾史研究，就有必要突破"洪灾破坏——社会应对"这一固有的研究路径，而应以更为宽广的学术视野"跳出洪灾看洪灾"，诸如"洪灾的环境塑造"和"治洪的环境效应"等问题均是值得追问的所在。在这个问题上，相邻学科的成果应引起我们足够的重视。近年来地理学、城市规划学的一些学者就非常关注对城市水域景观问题的探讨，② 虽然其初衷并不在于考察洪水灾害与城市水环境之间的多元关联，但对于城市洪灾史研究的启发意义却是不言而喻的。达乎此，不仅城市洪灾史研究大有可为，对于城市史、环境史等学科向纵深发展同样意义重大。

---

① 黄仁宇：《关系千万重》，北京：生活·读书·新知三联书店，2001年。
② 主要成果有：丁圣彦、曹新向：《清末以来开封市水域景观格局变化》，《地理学报》第59卷（2004年）第6期；俞孔坚、张蕾：《黄泛平原古城镇洪涝经验及其适应性景观》，《城市规划学刊》2007年第5期；俞孔坚、张蕾：《黄泛平原区适应性"水城"景观及其保护和建设途径》，《水利学报》第39卷（2008年）第6期；陈曦：《河南商丘地区古城洪涝适应性景观研究》，北京大学硕士学位论文，2008年。

区域社会经济史

边缘的底层：
明代北边守墩军士的生涯与待遇

邱仲麟*

一、引言

烽墩的起源甚早，至晚在秦代已经成为军事预警的一个设施，特别是在长城沿线。其后，历代亦多仿行，明代亦不例外。明朝立国之初，烽堠归属兵部职方部管辖。如洪武十三年（1380）三月，重定六部官制，兵部职方部"掌天下地图及城隍、镇戍、烽堠之数，关防、路引、火禁之设，四夷归化之类"①。洪武二十六年（1393）成书之《诸司职掌》也记载："凡边防去处，合设烟墩并看守堠夫，务必时加提调整点，须要广积秆草，昼夜轮流看望。遇有警急，昼则举烟，夜则举火，接递通报，毋致损坏，有误军情声息。"②

墩台作为明代边防体系的一环，守瞭与传烽是墩军的主要职责。景泰三年（1452）三月，叶盛出任山西布政使司右参政，分督大同、宣府二镇边储，③在《西巡杂诗》第二首中曾经提到："野狐岭外月苍苍，万里城西路渺茫。行

---

* 邱仲麟，台湾"中央研究院"历史语言研究所研究员。
① ［明］李景隆等撰：《明太祖实录》，卷130，洪武十三年三月戊申条，台北："中央研究院"历史语言研究所，1966年，第2070页。
② ［明］明太祖敕撰：《诸司职掌》，《兵部·职方部·烽堠》，台北："国立"中央图书馆，1981年，第167—168页。
③ ［明］陈文等撰：《明英宗实录》，卷214，景泰三年闰九月戊戌条，台北："中央研究院"历史语言研究所，1966年，第4601页。

过墩台听人说,草头昨夜有微霜。"① 同年十月,他以山西布政使司右参政协赞独石等处军务,② 在景泰四年(1453)所写的《观风竹枝》第六首中说:"高莫高似总高墩,眼里滦河清又浑。添土筑墩高百尺,得见阿嬢朝倚门。"③ 诗中传达出墩军对亲人的思念,读来令人心酸。

正如明人所言:"边军之苦,莫甚于墩军。"④ 墩军与夜不收军并称为两大苦役,⑤ 而这两种兵役都部署在国防最前线,生命安危悬于一线。前此,学者针对墩台与墩军已有许多研究,大约可以分为以下方面,其一为关于墩军碑的考释;⑥ 其二为针对墩台或烽燧的考察;⑦ 其三则是墩台或墩军的制度性研

---

① [明]叶盛:《菉竹堂稿》,卷1,《西巡杂诗》,台南:庄严文化事业有限公司,1997年,第172页。"听人说"原作"德人说",语意不通,径改。

② [明]陈文等撰:《明英宗实录》,卷222,景泰三年十月丁巳条,第4814页。

③ [明]叶盛:《菉竹堂稿》,卷1,《观风竹枝》,第173页。

④ [明]李东阳等撰:《明孝宗实录》,卷184,弘治十五年二月戊午条,台北:"中央研究院"历史语言研究所,1966年,第3395—3396页。

⑤ 关于夜不收的研究,参见:林为楷:《明代侦防体制中的夜不收军》,《明史研究专刊》2002年第13期,第1—37页。祁美琴:《明清之际"夜不收""捉生"现象探析》,《清史研究》2005年第4期,第19—28页。邢玲玲:《"夜不收"释疑》,《安康学院学报》2008年第2期,第80—82页;《论明代北边报警系统中的情报人员》,《安康学院学报》2008年第5期,第73—77页。柏桦:《明代蓟镇的夜不收军》,载南炳文、商传主编《明代蓟镇文化学术研讨会论文集》,昆明:云南人民出版社,2011年,第78—92页。

⑥ 何士骥:《十里店新发现之墩军碑》,《和平日报》,1947年9月8日。赵俪生:《释万历墩军碑》,《东岳论丛》1982年第5期,第87—88页。李怀顺:《明万历〈深沟儿墩碑〉考释》,《华夏考古》2005年第2期,第103—107页。于春雷:《陕西榆林明长城新发现:"阳圳墩石碑"考》,《文博》2008年第3期,第92—96页。

⑦ 张珑、自刚:《山丹明代烽燧的调查与研究》,《西北史地》1989年第3期,第65—74、92页。杨致民:《浅说瓦房店境内的烽火台》,《瓦房店文史资料》1992年第1期,第14—21页。于秀坤、林春树:《鲅鱼圈明代烽火台》,《辽宁大学学报》1993年第1期,第113页。钟有江:《明代金州烽火台考略》,《大连文物》1993年第1期,第31—33页。鲁杰、李子春:《长城防卫的哨所——烽火台》,《文物春秋》1998年第2期,第40—42、46页。郭思俊:《榆次的烽火台》,《文史月刊》2003年第6期,第50页。闫璘:《大通县境内明代烽火台考》,《青海社会科学》2009年第3期,第114—117、135页;《平安县境内的明代烽火台考释》,《青海民族大学学报》(教育科学版)2010年第2期,第45—48页。高鸿宾:《张家口长城烽燧燃放点(转下页)

究。①另有学者谈及罪犯发配守墩。②以上著作对于笔者进一步研究这一主题多有裨益。本文考察的主要对象为墩军,而采取的观察脉络则是制度史的面向,兼及生活史与社会史的视野,借此探析墩军的生活、工作、生计、待遇及其社会处境,其中特别关注制度设计与实际施行之间所存在的裂隙,及后续的制度调整与军中弊端,要呈现的是动态的制度史与制度的社会史。以下将分几个方面,探讨明代墩军的生计与待遇,包括值勤空间、换班制度、月粮廪俸、冬衣配给等问题。

二、烟墩的生活面貌

墩军防守边境历尽风霜,除必须提防来自敌人的威胁外,有时还会遭遇另类的袭击。而由于墩台所处位置空旷,且多半在山坡或高岗之上,即使是在平原之地,墩身标高数丈,也都高于附近的建筑物,故遭受闪电雷击的机会相对较高。叶盛在《水东日记》中就记载这类情况,而且有细致的描述:

> 霹雳于边墩高处,岁恒有之,震死者或不见其人。其击屋柱、桅杆之类,常见其破处有痕似铁线路,或云蛰龙所藏,或云龙变化而起,又或云毒虫被击,皆不可知。又云雷神极巧,如人被击,火或烧其着体衣一层无遗,其外衣仍存。若一伞,或竹骨皆化,惟盖柄则皆如故。如击

(接上页)调查研究——兼谈"五连墩""一烽五燧"的称谓失当》,《文物春秋》2012年第5期,第43—49页。孙国阳:《明朝山东海防烽火台探究》,《湖北函授大学学报》2014年第2期,第183—184、194页。刘俊勇:《明代辽东烽火台考察——以金州卫、复州卫为中心》,《大连大学学报》2014年第5期,第32—38页。

① 韦占彬:《明代边防预警机制探略》,《石家庄学院学报》2007年第5期,第56—58页。邢玲玲:《明代北部边防预警系统研究》,陕西师范大学硕士学位论文,2008年,第10—23页。张姗姗:《明代蓟镇长城预警系统研究》,内蒙古大学硕士学位论文,2013年,第14—20、30—33页。

② 刘少华:《明代哨犯初探》,《明史研究》第13辑(2013年),第174—185页。

塔庙，数佛并坐，其一粉碎，其傍诸佛俨然，亦有移置他处者，此类甚多。惟击发之时，雨辄骤，辄有火，有硫黄气，此则皆然也。①

这一记载具有某程度的科学性价值，足证叶盛对于雷击的实况有其认知，亦体现当时人对此一现象的文化性解释。另外，《明实录》载有若干具体的事例，如明孝宗弘治九年（1496）六月四日，宣府镇南口墩，"骤雨火发，龙起于刀鞘内"；十二日，天气"复阴雾，雷雨大作，震倾墩台三面，军士有被伤者"。②弘治十六年（1503）五月五日，陕西榆林大风雨，"雷雹折木，撒城楼瓦，毁子城垣，移垣洞于其南五十步，震死墩军一家三人"③。六月十日，大同中路海东山墩，"有火飞如龙，起自旗竿，守墩卒有焚死者"④。明武宗在位期间也有一些记载，如正德五年（1510）六月十二日，雷震万全卫柴沟堡，墩军被打死四人。⑤正德六年（1511）六月九日，雷震大同后卫石泉墩，击死墩军三名。⑥正德十年（1515）闰四月二十七日，蓟州赚狗崖东墩及新开岭关雷火，震伤三十余人。⑦晚明的例子，如万历十二年（1584）正月二十七日，蓟镇喜峰路大风且骤雨，"迅雷冲倒墩台"⑧。万历十九年（1591）五月十日，雷击太平路喜峰口墩台，"折伤官军"⑨。万历四十二年（1614）五月十九日午时，永平辖境内之石火墩台，天雷从东门飞

---

① ［明］叶盛撰，魏中平校点:《水东日记》，卷3，《霹雳》，北京：中华书局，1980年，第35页。
② ［明］李东阳等撰:《明孝宗实录》，卷114，弘治九年六月庚辰条，第2060页。
③ ［明］李东阳等撰:《明孝宗实录》，卷199，弘治十六年五月辛卯条，第3694页。
④ ［明］李东阳等撰:《明孝宗实录》，卷200，弘治十六年六月乙巳条，第3709页。
⑤ ［明］费宏等撰:《明武宗实录》，卷64，正德五年六月丙申条，台北："中央研究院"历史语言研究所，1966年，第1404页。
⑥ ［明］费宏等撰:《明武宗实录》，卷76，正德六年六月丁亥条，第1668页。
⑦ ［明］费宏等撰:《明武宗实录》，卷124，正德十年闰四月甲申条，第2496页。
⑧ ［明］顾秉谦等撰:《明神宗实录》，卷145，万历十二年正月乙巳条，台北："中央研究院"历史语言研究所，1966年，第2712页。
⑨ ［明］顾秉谦等撰:《明神宗实录》，卷236，万历十九年五月甲戌条，第4378页。

入，击死南兵一名，击伤北军二名，台房及四周垛口火器尽毁。①

（一）用水与柴薪

墩台作为守墩军士的生活单元，其硬件的设计与配置，主要浮现于永乐年间的记载。如永乐十一年（1413）十月，江阴侯吴高奏报修筑山西沿边烟墩，东路自天城卫至榆林口，直抵西朔州卫煖会口；西路自忙牛岭直抵东胜路，至黄河西对岸灰沟村，皆设立墩台。墩台高五丈有奇，四周围墙高一丈，外开壕堑，架设吊桥，门道上置水柜，"暖月盛水，寒月积冰"。每墩置官军三十一人守瞭，以绳梯上下。《明太宗实录》的编纂者说，这些都是永乐皇帝亲自规划。②永乐十三年（1415）五月，明太宗又命辽东都司修筑沿边备倭烟墩，"务令高厚，积薪粮可足五月之用。仍置药弩于上，凿井于旁，以严守备"③。

墩军的生活用水可以"暖月盛水，寒月积冰"，而边区燃料取得不易，朝廷虽有积薪五月之令，但这仅是一句空话。考虑到墩军生活燃料不足，陕西右参议柴重在正统五年（1440）三月曾经上奏，建议将庄浪各卫粮仓不堪使用的垫席，"计斤均给了墩军士家小烧用"。明英宗随后批准这项建议。④这些废弃的垫席成为墩军家庭的福利品，在这之后未再见于相关记载，或许仅是昙花一现。而边军为了生活燃料出境樵采，甚至被掳的记载并不少见，⑤其中应该包括墩军在内。

景泰三年（1452）四月十日，提督独石等处都督同知孙安上奏："墩军言永乐年来，每墩有预备余粮二石，柴水一月，遇警食用，乞如例。"金濂

---

① ［明］顾秉谦等撰：《明神宗实录》，卷520，万历四十二年五月庚午条，第9808页。
② ［明］杨士奇等撰：《明太宗实录》，卷144，永乐十一年十月己酉条，台北："中央研究院"历史语言研究所，1966年，第1709页。
③ ［明］杨士奇等撰：《明太宗实录》，卷164，永乐十三年五月丙午条，第1849页。
④ ［明］陈文等撰：《明英宗实录》，卷65，正统五年三月戊申条，第1241页。
⑤ 邱仲麟：《明代长城线外的森林砍伐》，《成大历史学报》第41期（2011年），第33—102页。

时为户部尚书,以未能确定有无此一事例,移文宣府镇守官员备查,宣府镇守官员亦云查无现行事例。当时,叶盛任山西布政司右参政。后来,他查阅到充纂修的旧册,内有永乐十年(1412)七月十二日明太宗敕命宣府总兵官武安侯郑亨的内容:"各处烟墩务要增筑高厚,于烟墩上收贮五个月粮食、柴薪,并置药弩于上。就于烟墩傍边开井,井外包围烟墩相平,使外面望之只是一个烟墩,不知其中有井,务要坚厚,勿致坍塌。"叶盛在记载此事时说:"墩傍开井一事本难行,至今无能行之者,不知当时武安曾覆请否?"①

天顺二年(1458)七月,吏部尚书兼翰林院学士李贤等奏言:"沿边墩台全不得法,一遇贼来,多不能守,以致深入抢掠。访得右通政刘文备知此弊,宜令巡视整理。"明英宗于是敕命刘文前往边境巡视。刘文至该处后,设悬楼、礌木、塌窖、赚坑等,守瞭者便之。②实际上,刘文所做处置,乃是重申永乐年间的墩台旧制。据方志记载,天顺二年,朝廷申明守瞭官军之禁:

> 凡边方山川、城堡疏远空阔处,俱筑烟墩。高五丈有奇,四围城高一丈五尺。上设悬楼、垒木,下设壕堑、钓桥,外设塌窖、赚坑。门道上置水柜,暖月盛水,寒月盛冰。墩置官军守瞭,以绳梯上下,如永乐中所颁法制。守瞭官军,镇巡不时稽察,有违禁者重罪。③

众所周知,北方边塞地区生活用水取得困难,而蒙古人就掐住这一大弱点。成化八年(1472)二月,宁夏总兵官修武伯沈煜等奏言:"虏众数犯边境,且以粪土湮塞各墩井泉,渴我士马,不可不虑。"④另外,墩军为了采薪

---

① [明]叶盛撰,魏中平校点:《水东日记》,卷27,《烟墩收贮粮食柴水》,第265—266页。
② [明]陈文等撰:《明英宗实录》,卷293,天顺二年七月庚戌条,第6267—6268页。
③ [明]孙世芳、栾尚约修纂:嘉靖《宣府镇志》,卷19,《法令考》,台北:成文出版社,1970年,第202页。[清]李钟俾、穆元肇修纂:乾隆《延庆县志》,卷8,《边防·法令附》,台北:台湾学生书局,1967年,第495—496页。
④ [明]刘吉等撰:《明宪宗实录》,卷101,成化八年二月乙亥条,台北:"中央研究院"历史语言研究所,1966年,第1960页。

或取水，亦有被杀掳者。如大同镇沿边墩台，"虏伺守墩军下取水，辄肆戕害"。成化十三年（1477）正月，李敏奉敕巡抚大同兼理军务，莅任之后，"设伏擒之，自是虏不敢犯"。①

弘治七年（1494）十一月，兵部奏言："比来各边虏数入寇，每得厚利，皆由墩台疏阔，烽火不接，及守墩军士困惫所致。"建请命各边镇守官员处置，经明孝宗批准施行，其中提到："其守墩军，必简精壮者，分为二班，每月一更。若无水之处，则修水窖一所，冬蓄冰，夏藏水。每墩预采半月柴薪于内给用，免致汲水、采薪，为贼所掠。"②这里提到的预采柴薪半个月，是比较合理的要求。讽刺的是，十二月间，蒙古骑兵入侵宣府镇独石之马营、野鸡山等墩，又掳走了汲水军士。③墩军取水被掳的例子甚多，如嘉靖十二年（1533）八月二十六日，宣府巡抚韩邦奇在奏疏中提到："墩军下墩取水及走报声息，往往为三、五零贼即行擒去。"④

正如前面叶盛所提到的，墩台旁凿井极为困难，但还是有少数案例。嘉靖三十五年（1556）三月，总督宣府、大同等处兵部侍郎江东奏言："怀来南山隘口逼近京师，请修筑墩台御虏，添设守备一员于岔道城，而以口北道参议张镐升兵备副使，无事则屯隆庆，防秋则移驻岔道，提调守备官军。"兵部覆奏，报可。张镐在怀隆兵备道任上，修岔道堡为城，"易土以石，崇其陴堞，高其闉闳"。迤西抵龙爬山，迤东至四海冶，"皆联墩山立"，计筑墩四百六十七座，"亘高垣墩，垣内外长壕限隔，品窖从横"。又考虑到怀来守墩垣者，"逼于山麓，艰得井泉"，于是凿井五口，"皆穿至二三百尺，水

---

① ［明］张良知：《资政大夫户部尚书赠太子少保谥恭靖李公敏传》，载［明］焦竑编，《焦太史编辑国朝献征录》，卷28，《户部一·尚书一》，台南：庄严文化事业有限公司，1996年，第433页。
② ［明］李东阳等撰：《明孝宗实录》，卷94，弘治七年十一月甲寅条，第1735—1736页。
③ ［明］李东阳等撰：《明孝宗实录》，卷95，弘治七年十二月乙丑条，第1741—1742页。
④ ［明］韩邦奇：《苑洛集》，卷13，《墩军大缺盔甲器械不便了报防守事》，台北：故宫博物院藏明嘉靖三十一年原刊本，第12b页。

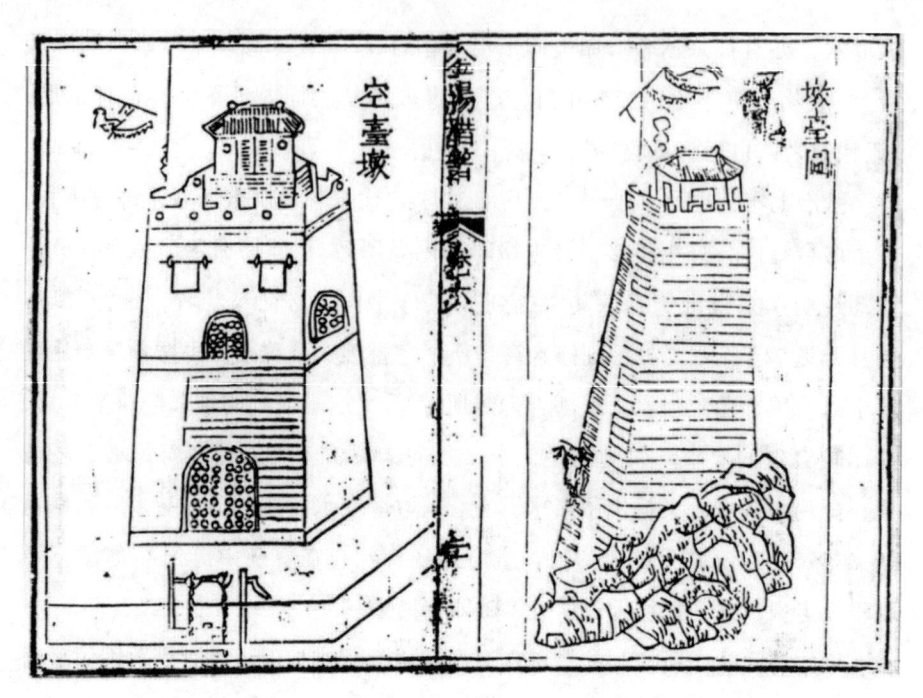

图 4　明代墩台与空心墩台

图版来源：[明]李盘增订，《金汤借箸十二筹》，卷6，《筹方·设墩台》，北京：北京出版社，2000年，第141页。

潆出，戍者居者咸赖之"。①

明朝末年，仍有官员提到墩台储水之事。天启五年（1625）二月，巡按陕西御史蒋允仪上筹边八事，其中仍然建议"将被虏残毁墩台及原无墩台，查明修筑，令墩军有所栖止哨望。又各挑修水舍一处，预为积水，以免墩军取水被掳之患"②。另外，宣府镇也有官员曾规划凿井。崇祯十年（1637）五

---

① [明]张居正等撰：《明世宗实录》，卷433，嘉靖三十五年三月乙丑条，台北："中央研究院"历史语言研究所，1966年，第7464页。[明]张镐，《怀隆兵备道题名记》，载[清]李钟俾、穆元肇修纂，乾隆《延庆县志》，卷9，《艺文》，第495—496页。

② [明]温体仁等撰：《明熹宗实录》，卷56，天启五年二月甲申条，台北："中央研究院"历史语言研究所，1966年，第2561页。

月二十三日，宣大总督卢象升奏请在南山修筑墩台数十座，而"凿井供军，亦是目前急务。每墩台三座，用井一眼，约需井十五、六眼，差足供诸军取汲焉。但山原高燥，募夫濬凿，深至三十余丈，始见水泉，每眼约费三、四十金"[1]。这是他的规划，后续不知是否真的凿到如此多的水井。

（二）墩台的配备

在墩台上，除数名军士彼此照应之外，还有动物相伴（即鸡、犬或猫），组成一个负有军事任务的小团体。明代若干资料对于墩台上的生活空间与内容，有许多细致的记载，其中以嘉靖年间徐充《暖姝由笔》所记最为有趣：

> 边墙里墩台，四面壁立，高三丈五尺。每台守军五人，报事夜不收一人，炊爨一人。台上层有重屋，置四窗，四人各守一窗注望，虽饮食亦不暂离。鸡一，司晨。猫一，取眼以定时辰。狗一，警夜。皆有口粮。天明，先悬软梯，纵狗从梯而下，周视无虏，则人然后下汲。闲无事，俱习结网巾，双线劳密，价有直一、二钱者。置台相度地形，相去一里以至三五里。边墙外濠二重，设栈坑，即所谓陷人坑也。鹿间有投其中，军人闻鸦鹊噪，出墙钓得之。台边齐插荆条。楼土甚细，虑虏或入打，细作过之处，可验脚迹，以凭查究。在两台之中，则两台俱罪。近一台，则量地，罪所近之台。盖军士护刺之迹，平底；靼子皮袜之迹，当应有路，彼用两皮相合，中缝嵌线，乃山桃木皮也，黄色，俨如金线然，无可推免。[2]

这一记载极具史料价值，生动地呈现守墩军士的值勤空间与生活形态。

---

[1] ［明］卢象升：《卢象升疏牍》，卷8，《南山修筑墩台疏》，杭州：浙江古籍出版社，1984年，第210页。

[2] ［明］李如一编：《藏说小萃·暖姝由笔》，卷3，北京：书目文献出版社，1988年，第141页。

七个人与三只动物，各司其职。这三只动物，还配有固定口粮。天一亮，先放绳梯，让狗下去巡视，确定没有敌兵埋伏，军士才下去挑水。白天站在窗口瞭望，即使用饭也不得擅离。没轮到值勤，就织网巾，织得好的，可以卖到银子一二钱。边墙外有"品"字坑，有时鹿跑到墙边，陷入"品"字坑，墩军听到乌鸦鼓噪，出墙把鹿钓进墙内，大家可以打打牙祭。至于探查是否有蒙古细作经过，则看墩旁细土上的鞋底印，因为蒙古兵的鞋子缝合线在底，与汉人鞋子是平底的不同。若有，则要量鞋印靠近哪一墩来论罪。可惜《暖姝由笔》未述明所在位置，不清楚是哪一个镇的墩台建置。

另外，嘉靖二十五年（1546）至三十一年（1552），杨博出任甘肃巡抚，曾在肃州等处创立屯庄墩，每墩周围底宽十二丈，顶宽八丈，高二丈四尺。台上裙墙，墙体高七尺，底宽一尺五寸，顶宽八寸。墩台顶上加盖鸡窝、天棚二层，共高一丈六尺，墩台总高度四丈。① 可见鸡也是墩台成员之一。

除了动物之外，墩台上的设备不一。嘉靖十八年（1539），兵部尚书毛伯温、大同巡抚史道与大同总兵梁震等，在大同镇城以北边境议修筑五堡。并于五堡以北挖壕，沿壕外面每隔二里许，筑立墩台一座。每墩起盖房屋二间，合为一间。其各墩应有锅瓮、器皿、旗帜、号带、弓箭、盔甲、枪刀、火器，各都置办齐全，逐一安放。每墩各选官军六员，令其轮流哨守，"一遇有警，一面酌量贼数多寡，张挂青、黄、白色号带，传示诸路瞭望之人，依照传报"②。隆庆年间，蓟镇总兵戚继光在《练兵实纪》中记载每座墩台的设备如下：

> 小房一间，隔为二半间，向边外半间，墩军住；向内半间，百总住。炕各一座，米一石，锅灶各一口，水缸一个，碗五个，碟五个，种

---

① ［明］李德魁纂：万历《肃镇华夷志》，卷3，《兵防志·烽堠》，南京：凤凰出版社，2008年，第89页。
② ［明］史道：《创立五堡以严边防事》，载［明］万表《皇明经济文录》，卷36，《大同》，北京：北京出版社，2000年，第460页。

火牛马粪五担,盐菜之类不拘。以上墩军备之,空心台系充墩者亦备一分。

大铳五个,盏口、直口、碗口、缨子皆可。三眼铳一把,白旗三面。灯笼三盏,白纸糊,务粗,径一尺五寸,长三尺。以上俱官给。

大木梆二架,每架长五尺,内空六寸,深一尺。要性响体坚之木,不合式者即行改造。每擂梆必双,庶声合而可远。该路采木造与。

旗杆三根,好绳三副。发火草六十个,用房一间覆之,毋令雨湿。火池三座,连草苫盖听用。火绳五条,火镰火石一副。旗杆三根,每根长一丈八尺,要直,每根相去五丈。扯旗绳副,务要新粗,每半年一换。火池每座,方五尺,张口,庶草多火亮。以上俱军采办。①

明末许多兵书也都提到墩台的相关配备,如崇祯年间《慎守要录》记载:每墩以五人居之,红旗五竿,火器、木、石、钩、刀、枪、弩备具,墩上多积狼粪、火种;"其米粮等物,皆限以一月"。②另外,《金汤借箸》与《金汤借箸十二筹》中亦记载:墩台高三、四丈,上下不用阶梯,皆用软梯。每一墩,小房一间,床板二扇,锅灶各一,水缸一。碗碟各五,油烛盐米藏足一个月。种火一盆。以军士五名守之。给铳十门。青、红、白、黑四色大旗各一面。红灯五盏,径二尺,长三尺,煅羊角,染红色为之,上用油盖防雨,下加坠石防风。长竿一根,辘轳车绳全备。③

---

① [明]戚继光撰,邱心田校释:《练兵实纪》,《练兵实纪杂集》卷6,《车步骑营阵解·烽堠解》,北京:中华书局,2001年,第328—329页。
② [明]韩霖:《慎守要录》,卷6,《申令篇上·设烟墩》,台北:新文丰出版有限公司,1985年,第696页。
③ [明]周鉴辑著:《金汤借箸》,卷8,《方略部·墩台制》,台南:庄严文化出版事业有限公司,1995年,第263页。[明]李盘增订:《金汤借箸十二筹》,卷6,《筹方·设墩台》,北京:北京出版社,2000年,第140页。

(三)眷属与养赡田

嘉靖以前,守墩军兵是否有养赡田,现存史料记载不明,难以臆断。嘉靖二十七年(1548)三月,总督宣大都御史翁万达奏言,其中提到:"大同大边、二边远墩及墙内烟墩,不系紧要者当革。宣府、山西墙外墩台,低薄者当修。其临墙旧墩,宜悉减撤,移墩军驻墙上敌台哨望。仍修瓮城房室,量给荒田,令其携家住种。"① 从此以后,大同墩军在俸粮之外,拥有自己的养赡田亩,稍可补充家计。

万历元年(1573)八月,阅视陕西三边侍郎王遴条陈六事,其中建议仿效先前巡抚余子俊之设计,"每墩置墩院,令墩军随带妻小,不但守边,兼亦自防其家,杜脱逃旷离之弊"。此议获得朝廷批准。② 或许因为这一圣旨,后来出现相关的墩军碑石。民国三十六年(1947)八月,西北师范学院教授何士骥发现的《深沟儿墩碑》,其碑文如下:

> 墩军伍名。
> 口:丁口妻王氏,丁海妻刘氏,李良妻陶氏,刘通妻董氏,马名妻石氏。
> 火器:钩头炮一个,线枪一杆,火药、火线全。
> 器械:军每人弓一张,刀一把,箭三十支,军旗一面,梆铃各一副,软梯一架,柴堆伍座,烟皂(灶)伍座,擂石二十堆。
> 家具:锅伍口,缸伍只,碗十个,箸十双。鸡、犬、狼粪全。
> 万历十年二月日立。③

---

① [明]张居正等撰:《明世宗实录》,卷334,嘉靖二十七年三月乙酉条,第6120页。
② [明]顾秉谦等撰:《明神宗实录》,卷16,万历元年八月壬子条,第472页。
③ 嘉峪关市文物管理所:《嘉峪关及其附近的长城》,载文物编辑委员会编《中国长城遗迹调查报告集》,北京:文物出版社,1981年,第117页。

深沟儿位于现今高台县内，这道碑文所记载的对象，乃是明代甘肃镇高台所辖下的墩台。① 赵俪生认为将军士、火器、器械和家具刻在石碑上，在于防止士兵脱逃及器物短损，"凭石点验，以作考核"。将墩军之妻刻在碑上，可能系五名守军乃是垜集勾补，起解同时也"金妻"同往。② 由碑文上可知，其配备简单而"原始"。传烽之物，仅有旗一面，没有灯笼，主体上使用烟灶与火塘。2007年5月在陕西府谷县阳圪村发现的《阳圪墩石碑》，记载的内容与上一块碑文类似：

> 神木兵备□为申严墩守□奉抚院明文，仰各墩军□此碑常川在墩□挂，□□防□，不许私离□地，□回城堡，□失器□。如违，□以军法重治。若军有事故，即禀守□□□备木瓜园堡操守王济、坐堡李锐。下本守二十墩，西去永宁二十一墩一里零三十七步。
>
> 计开：常川守瞭墩军五名。一名刘奉妻□氏，一名赵□□妻□□，一名李生妻郭氏，一名杨文斌妻金氏，一名王宗妻蒋氏。
>
> 器物：黄旗一面，锅五口，瓮八口，梆二个。盔五顶，甲五付，弓箭三副，刀三把，□□十根。生铁□尾炮一位，百胜铳三□，三眼炮一杆，小铁炮一个，铅子四十个。火草一个，火线五十条。
>
> 东路兵备道提边委官绥德实授百户仵勋
> 白水县石匠曹登云男曹□儿造碑
> 万历四年三月□□日□中□千□□坐□□□③

碑中所载兵力均为五名，而且也将妻子姓氏勒于碑上，但火器等配备却相当不同，延绥镇显然比甘肃镇好得多。如同20世纪发现的甘肃深沟儿墩

---

① 闫璘：《大通县境内明代烽火台考》，第117页；《平安县境内的明代烽火台考释》，第48页。
② 赵俪生：《释万历墩军碑》，第88页。李怀顺：《明万历〈深沟儿墩碑〉考释》，第105页。
③ 于春雷：《陕西榆林明长城新发现"阳圪墩石碑"》考》，第92页。按：碑文稍有订正，原文无句读，标点为笔者所加。

碑，其立碑时间、所属军镇虽不同，但同处于陕西三边的地域内，显见墩军"随带妻小"守墩的制度化。

实际上，自隆庆以来，蓟镇守墩台的南兵，已经以台为家。正因为南兵以墩为家，故其执勤特别认真。万历末年，抽调南兵支援辽西，论者以为不可。万历四十六年（1618）二月，直隶巡按潘汝祯奉命巡关，在奏疏上提到："沿边烽台，夷房无日不窥伺，而所惮者，南兵捍御之勇。即南兵渐有妻子之属，视其台如故业，亦日夜慎守焉。倘调选以去，一时岂能补额？即补额矣，一时人地岂能相习？烽台何地，而可若此。"[①] 同年七月，兵部尚书薛三才覆奏指出："蓟门瞭望，全资南兵。每台不过四、五名，何堪复有摘发？"又言："南兵以台为家，妻孥俱栖止其上，故其守瞭最勤，而其食粮亦最厚。"[②] 其后，因财政问题，改募北兵，于是旧法无存。故天启三年（1623）十一月，兵部尚书赵彦建议："蓟镇台兵，始于戚继光创设，皆义乌壮丁，虏慑服而不敢动。今因粮饷之厚，改募北人，成法尽废，守望无人，非白马关之警，数十里烽燧不传，亦可鉴已。今当仍募南兵哨守，庶有备而窥伺不生。"[③] 后续发展尚待追查。

崇祯四年（1631），陈仁锡在《洛游·太行道中纪闻·纪缓边急边》中提到：山西一镇，边分两截，势有缓急。自寇家梁起，至盘道梁、阳方、八角地、椒茆一带，以外有宣府、大同两大镇为其屏障，称为缓边。自地椒茆起，历老营、水泉、偏关、河曲、保德一带，以水泉营邻两哨，河曲、保德邻河套，称为急边。而他的设想是：五里一墩，一墩五军，"一军有地五、

---

① ［明］潘汝祯：《谨题为条陈蓟镇事宜仰祈裁议举行以重秋防事》，载［明］程开祜辑《筹辽硕画》，卷7，台北：台联国风出版社，1968年，第922—924页。

② ［明］薛三才：《薛恭敏公奏疏》，卷12，《覆议蓟镇事宜疏》，台北：伟文图书出版社，1977年，第641、645页。顾秉谦等撰，《明神宗实录》，卷572，万历四十六年七月丁酉条，第10800页。

③ ［明］温体仁等撰：《明熹宗实录》，卷41，天启三年十一月丙子条，第2136—2137页。

六亩,室庐耕耘其下",如此才能形成所谓的"肉铁边"。① 他在《洛游·太行道中纪闻·纪墩烽》中又提到:

> 自水泉以至省城,及各分路墩台,倾圮废坠,不闻柝声。……是必于墩下置田造屋,召人耕住,每墩约得夫四名,每名约得地二十五亩,草屋数间,使其父母、妻子俱生于斯、聚于斯、葬于斯,一切歌诀烽事,童而习之,丝毫无差,一旦闻警,照歌分传,庶不误事。盖余在山海城上,见南兵守城者长子孙,因叹戚将军有法以贻后人哉!②

他的设想是:在这些内地的墩台旁,盖房屋、设田亩,招募民夫守墩,每名墩夫分给屯地五六亩甚至二十五亩,使其以家为守。这是颇为理想的设计,但未能实现。而直至明末,大同墩军仍有份额地。崇祯八年(1635)三月初八日,兵部右侍郎兼右佥都御史总督宣、大、山西军务杨嗣昌在《西阅大同情形第七事疏》中指出:"窃计守边军士,莫要于墩台。查墩军一名,旧有随墩地一分,而今有无多寡不能尽同,当为逐墩清理。附近之地,照军查给,使其更番瞭望,就便耕垦。则墩与地不相离者,军亦与墩不相离,而墩军皆得其所,是藉墩清屯之一法也。"③但一分与五六亩相去甚远,更不用说是二十五亩。

三、兵力编制与换班轮值

明代北部沿边,地形起伏不一,在防守上常有死角,是否设立墩台,实

---

① [明]陈仁锡:《陈太史无梦园初集》,《海集》卷3,《山海纪闻三·洛游太行道中纪闻·纪缓边急边》,北京:北京出版社,2000年,第311页。
② 同上注,第309页。
③ [明]杨嗣昌著,梁颂成辑校:《杨嗣昌集》,卷8,《西阅大同情形第七事疏》,长沙:岳麓书社,2005年,第172页。

有天壤之别。如宁夏前卫的马圈儿，"沙堆高丈余者，百十联络，虏骑潜匿，樵牧之人往往被掳"。正德七年（1512），巡抚都御史冯清筑马圈儿墩，自筑墩后，"一望无际，虏不能潜"。另外，在邵纲堡唐渠之西的罗家洼，"两冈相夹一沟，虏伏沟中，俟堡孳畜出牧，虏逾渠掳掠，追逐常不及"。正德七年（1512），冯清筑墩于北冈上，"瞭至山脚，狐兔皆见，遂息其患"。① 由此可见，墩台士兵居高临下，视野相对较为宽阔，足以观察附近敌军的动态，提前发布预警讯号，军民可以事先做好准备，免于受到攻击或抢掠。

（一）边民与充军囚犯守瞭

但看守墩台者，不全然来自卫所。如山海关、隆庆卫等处，自洪武年间起，曾役民夫帮守。宣德五年（1430）十一月，监察御史刘敬上奏："山海、隆庆缘山关口，皆置官军防守，而所在烟墩，又令有司添设民夫守瞭，或七八人，或五六人，实劳民力，乞革去为便。"明宣宗谕行在兵部尚书张本等说："凡军以卫民，民以给军，各有常职，何得虚劳民力，以妨农功？即令罢遣民夫，一委军士守瞭。"但军方对于罢去民夫颇有意见。闰十二月，镇守山海等处都督佥事陈敬上奏："腹里烟墩，用民夫守瞭，乃洪武间所设，昨皆放遣归农，请如旧制为便。"明宣宗告诉尚书张本："旧时未置兵守，故用民。今朕已有处分，敬敢妄言，其移文责之。"② 在此情况下，将领不敢再坚持己见。

甘肃镇若干地方，因为兵力不足，抽调百姓协守，甚至妇女亦上墩守望。据明末《肃州志》记载：临水站墩，由临水堡居民"沿门出人，轮流瞭望。或家无人者，妇女上墩瞭高"。嘉靖二十四年（1545），甘州副总兵冯大伦于临水设伏，仰头望见有妇人于墩上站哨，询问后深为怜悯，于是拨军士

---

① ［明］杨守礼、管律修纂，嘉靖《宁夏新志》，卷1，《前卫》，上海：上海古籍出版社，1997年，第79页。
② ［明］杨士奇等撰：《明宣宗实录》，卷72，宣德五年十一月戊午条，台北："中央研究院"历史语言研究所，1966年，第1689—1690页；卷74，宣德五年闰十二月壬寅条，第1721—1722页。

瞭望，本堡百姓永远不必再出人力。另位于肃州镇城东北一百一十里边墙上的野猪沟墩，则没有这么幸运，一直都由堡内居民挨家出人守望，"冬则男子瞭高，夏则妇人应数"①。

此外，余丁犯罪也是发配守墩的成员之一。如永乐十八年（1420）二月，明太宗敕甘肃总兵官都督费瓛："今后陕西行都司所属军余人等，有犯笞、杖、徒、流、迁徙罪者，就发本地极边处了守烟墩。其为事官以下，犯死罪者送京师。"②这是余丁充军看守墩台之缘起。

另因墩军颇多逃躲，明帝国对此有更严格的规定。景泰二年（1451）二月，巡按陕西监察御史甘泽上奏："沿边卫所寨堡墩台守瞭官军，往往逃躲。合照佥都御史卢睿所奏：凡逃躲者提问明白，俱发极边墩堡立功，哨瞭一年，满日还职着役。"此议经景泰帝批准施行。③墩军逃避任务的惩罚，是发往更前线的墩台瞭望一年，再回到原来防区值勤。

而为了增加瞭望的人力，边卫将领希望以一般的充军囚犯作为"救火队"。天顺八年（1464），因巡抚宣府都御史上奏沿边墩台缺人守瞭，朝廷命三法司计议。五月，三法司会奏，申明囚徒守瞭之法："死罪、五年流、四年徒，照律条年限。每月仍以粮三斗给之。着为令。"④在这一命令的背后，其实有一个故事。天顺七年（1463）初，宣府镇开平卫收到上司明文："仰将沿边腹里守墩官军，各随地方，从长定夺，或三、五个月，或半年，或一年，轮流替换守瞭。"后经该卫左千户等呈言：守墩官军"眠霜卧雪，冒雨冲风，衣食失时，难苦尤甚"。开平卫所辖墩台七十四座，应守瞭旗军三百七十三名，但全卫军士扣除各项任务与差役，仅剩九十二名可以差遣上墩，其中不乏老弱不堪守瞭走报之人。为此，镇守独石、马营等处奉御张铨

---

① ［清］黄文炜纂修：乾隆《重修肃州新志》，册11，《肃州·烽堠》引明旧志，台北：台湾学生书局，1967年，第488、491页。
② ［明］杨士奇等撰：《明太宗实录》，卷222，永乐十八年二月己未条，第2194—2195页。
③ ［明］陈文等撰：《明英宗实录》，卷201，景泰二年二月癸酉条，第4277页。
④ ［明］刘吉等撰：《明宪宗实录》，卷5，天顺八年五月辛未条，第130页。

会同镇守右参将都指挥佥事黄瑄等上奏:"开平卫系是独石极边卫分,该用守墩旗军数多,见在数少,不敷更替,万一有警,缺人防守,诚恐误事。乞将法司为事充军人犯,编发本卫,以实边备。"四月初七日,兵部议拟获准,行文移刑部、都察院知会:"今后遇有该问充军囚犯,不分南北之人,先行拟发云州、龙门卫等处缺军卫所充军"。然而,圣旨允准后一年多,却未见法司编发一人到开平卫来。在此情况下,镇守独石、马营等处奉御进保又会同参将黄瑄等再次奏请。成化元年(1465)三月十八日,兵部等于奉天门钦奉圣旨:"兵部知道。钦此。"二十四日,兵部尚书王竑覆议:"合无准其所奏,行移刑部、都察院,今后遇该问发充军囚犯,不分南北之人,先行拟发开平并云州、龙门等处卫所。"奉圣旨:"是!钦此。"①

而卫所之军丁犯罪,亦以发墩台守瞭为优先量刑。如成化十一年(1475)十月,刑部奏准:"边军犯杂犯死罪、徒、流、笞、杖罪者,例免工役,悉发墩台哨瞭",其地点如忠义中卫、兴州前屯、山海卫、营州中右二屯卫、宽河守御千户所,白洋、沿河等关口,紫荆、倒马等关,与永平、抚宁、卢龙、蓟州、镇朔、遵化、开平中屯、密云中后、东胜左右等卫,这些卫都濒临边境,都有墩台,"自今旗军、舍余人等,犯罪宜如前例拟断"。②以上所属卫所,主要系位于直隶一带。至成化十六年(1480)十二月,巡抚陕西右副都御史阮勤及镇守中官欧贤等奏准:"自后陕西诸司,凡问过平、庆二府卫所属应徒以上囚犯不能赎罪者,宜从诣兵备副使,令相兼哨望。"③此后陕西所属卫所,犯徒刑以上之囚犯未能赎罪者,亦充军守墩瞭望。

(二)正军、余丁与夜不收

自明初以来,墩台有大小之别,故守军亦有多寡之数。如永乐二十一年

---

① [明]佚名:《大明九卿事例案例》,《充军囚犯拨发开平云龙州等处充军例》,台北:"中央研究院"历史语言研究所傅斯年图书馆藏抄本,第23b—26b页。
② [明]刘吉等撰:《明宪宗实录》,卷146,成化十一年十月丁亥条,第2685页。
③ [明]刘吉等撰:《明宪宗实录》,卷210,成化十六年十二月庚申条,第3660页。

（1423）八月，敕令怀来、隆庆二卫将士增守黑峪、车坊等处，大烟墩军士十人，小烟墩五人。①

早在明朝初年，沿边守墩的兵力就不足，其中的原因之一，是常被调遣他用。宣德八年（1433）正月，甘肃总兵官都督佥事刘广奏："陕西甘州诸卫所俱临极边，通置烟墩四百三十余处，先尝发兵哨备，比因调遣及屯田，见在军士不足，请取甘州左等十一卫屯军三千六百人还卫，更番守备。"明宣宗批可。②

明英宗在位期间，腹里卫所曾经裁减守墩人数。正统二年（1437）十月，监察御史张鹏奏言：宣府蔚州等卫系内地，旧设烟墩七十七座，每墩守瞭军士五人。永宁卫抵怀来卫系边境，每墩旧设旗军二十二人。现今军士调用不足，其五人者应去其二，二十二人者应去其半。事下行在兵部，该衙门覆议，建请如其所言，朝廷批准。③隆庆卫就属于腹里卫所，其守墩军数略少于常额。据嘉靖《隆庆志》记载烽燧引旧志云："山嵯峨可以瞭望者，各置烟墩墩口，各拨军三名、夜不一名，专一守瞭。"④

陕西河州管辖的烽堠，计有二十一处，天顺二年（1458）设立，"每一处军五名常守"⑤。辽东方面，守墩亦多为五名，如成化元年（1465）五月，巡抚辽东副都御史滕昭奏言：抚顺西南抵沈阳九十里间，宜增置墩台三座；西北抵蒲河七十里，该增置墩台一座；至奉集堡十余里，应增置墩台三座。每墩拨军五名哨瞭。兵部覆议，明宪宗批准。⑥

弘治七年（1494）十一月，兵部奏准命各边镇守等官员，勘察地形，修

---

① ［明］杨士奇等撰：《明太宗实录》，卷262，永乐二十一年八月辛酉条，第2395页。
② ［明］杨士奇等撰：《明宣宗实录》，卷98，宣德八年正月辛巳条，第2216页。
③ ［明］陈文等撰：《明英宗实录》，卷35，正统二年十月甲子条，第679—680页。
④ ［明］苏乾续纂：嘉靖《隆庆志》，卷6，《武备·烽燧》，上海：上海古籍书店，1962年，第10a页。
⑤ ［明］吴祯、刘卓修纂：嘉靖《河州志》，卷1，《地理志》，北京：北京图书馆出版社，2007年，第73页。
⑥ ［明］刘吉等撰：《明宪宗实录》，卷17，成化元年五月乙卯条，第359—360页。

理墩堠。沿边每十里或七八里筑一大墩,五里、四里筑一小台,大墩守军十人,小台五人。自边墙至城,每十里或八里,只用大墩,"筑墙围之,环以壕堑,留一小门,拨夜不收五人戍守,遇警接递传报"①。这段话显示,横向的大墩与小台派军士,纵向的大墩则用夜不收军。

有些边镇则依据墩台所在位置,区分为沿边、腹里,或冲要、险固,其防守兵力各有差别。如正德《宣府镇志》中记载:"沿边墩台,每墩一座,设立军人五名、夜不收二名,军人专管瞭望,夜不收专管走报声息。每数墩设立管墩百户一员,每十余墩设立提调指挥一员。腹里接火墩,冲要处所,照依边墩,每墩七名;险固处所,止用军人三名,夜不收二名。"②

一般而言,守墩士卒多半为卫所正军。但正军不足,则抽调余丁。正德八年(1513),兵部题准:"各卫新增墩台,务要摘拨相应卫所正军前去了守。如无军,就佥余丁充守,一例与正军关支粮赏。"③这条法令为的是保障余丁的权益。

太行山的情况最为特殊,部分墩台以民人守瞭。嘉靖二十四年(1545),直隶巡按御史黄洪毗条陈紫荆关等处防守事宜,其中提到自保安堡以至马水口等处,自蔚州以至浮图峪等处,自山西以至故关等处,原都没有墩台。乞请降敕兵部,咨文宣、大、山西巡抚衙门,委派官员勘查各路,筑设墩台。有军人驻扎处,每墩拨军士五名居住,其下架炮传烽火。无军人驻扎处,佥居民五名,免其差役,有警时给以口粮,一体传报。其墩必须高广,上盖平房二间,周围筑女墙,设置军器、炮药。真定、保定等府也一起施行。④ 在施行之后,则略有调整。依据嘉靖《西关志》记载,居庸关、紫荆关、倒马

---

① [明]李东阳等撰:《明孝宗实录》,卷94,弘治七年十一月甲寅条,第1735—1736页。
② [明]王崇献纂修:正德《宣府镇志》,卷5,《武备·瞭报》,北京:线装书局,2003年,第142a页。
③ [明]申时行等编纂:万历《大明会典》,卷132,《兵部·职方清吏司·镇戍七·各镇通例·烽堠》,台北:国风出版社,1963年,第1869页。
④ [明]黄洪毗:《周边防以御房患疏》,载[明]王士翘嘉靖《西关志》,《紫荆关》卷6,《章疏》,北京:北京古籍出版社,1990年,第371—372页。

关、故关这四关，各墩所在位置有冲要、僻静之别，距离关城亦有远近之异，守墩所用兵种也有不同。以居庸关而言，主体为夜不收军，除关城附近为六到九名，中路长峪城四墩皆为十名，西路横岭口附近夜不收四到六名（无军守墩之七墩亦在此处）、镇边城及西路外口七墩为正军四名之外，其余多为一到二名。紫荆关主体为正军二到四名。倒马关主体二到四名，不足之处抽调余丁守瞭。故关位置偏南，正军的比例较低，新城口一带主要为秋防时征调窑夫五名加正军一名，三关子口附近墩台则超过一半以余丁守瞭，中路鹞子崖附近则佥民壮协守。①（见表3）

表3 嘉靖《西关志》所载四关墩台及其守墩人数

种类	守墩人数（名）	居庸关（座）	紫荆关（座）	倒马关（座）	故关（座）
夜不收	1	52			
	2	23			
	4	6			
	5	10			
	6	5			
	7	7			
	8	4			
	9	3			
	10	4			
	无军	7			
正军	1	1			
	2		52	22	4
	3		65	31	46

---

① ［明］王士翘：嘉靖《西关志》，《居庸关》卷2，《墩台》，第32—37页；《紫荆关》卷2，《墩台》，第295—298页；《倒马关》卷1，《墩台》，第426—430页；《故关》卷2，《墩台》，第532—536页。

续表

种类	守墩人数（名）	居庸关（座）	紫荆关（座）	倒马关（座）	故关（座）
正军	4	7		6	27
	5		3	24	
	6			2	
	7	1			
	8			1	
	10			4	
	13			1	
	无军		1		
	新墩未拨			2	
余丁	3			10	17
	5			14	
	新墩未拨			5	
民壮	3				8
	4				4
防秋窑夫5名加军1名					28
墩数总计		129	122	122	134

嘉靖年间，辽东镇所属的边墩，每墩编制军丁多半在五人上下，腹里墩台则每墩的编制兵力少一些。嘉靖十六年（1537）重修之《辽东志》，与嘉靖四十四年（1565）重修之《全辽志》，所记载墩台守军数，可为佐证。①（见表4、表5）而嘉靖《全辽志》又记载路台云："每台上盖更楼一座，黄旗一面，器械俱全。台下有圈。设军夫五名，常川瞭望，以便趋避。"②《辽东

① ［明］任洛等重修：嘉靖《辽东志》，卷3，《兵食志·武备》，沈阳：辽沈书社，1985年，第391a—410b页。［明］李辅等修：嘉靖《全辽志》，卷2，《边防志·墩台》，沈阳：辽沈书社，1985年，第553a—565b页。

② ［明］李辅等修：嘉靖《全辽志》，卷2，《边防志·路台》，第565b页。

志》与《全辽志》所谓的军丁，应系正军与余丁，而《全辽志》所载路台设军夫，乃是指军丁和徒刑之夫。

表4 嘉靖《辽东志》所载墩台及守瞭军丁数

路别	城堡	边墩（座）	军丁（名）	腹里接火墩（座）	军丁（名）
南路	前屯	107	555	20	103
	宁远	157	791	25	81
	锦州	92	473	37	161
	义州	117	590	35	142
中路	广宁	89	510	36	161
东路	海州	57	319	15	111
	辽阳	144	724	77	291
	瀋阳	53	291	47	233
	抚顺	19	102	12	55
	沈阳	29	151	17	85
	蒲河	15	76	7	29
北路	懿路	18	128	5	10
	汛河	12	90	3	12
	铁岭	37	211	22	69
	中固	27	137	21	60
	开原	113	670	70	212
沿边墩台合计		1086	5818	449	1815
沿海	金州	73	435		
	复州	16	44		
	盖州	25	118		
沿海墩架合计		114	597		

根据明代辽东残档记载，盖州、复州、金州三卫，自耀州迤南迷针山台起，至金州旅顺口止，计四百八十余里。沿海陆路原设墩台约一百四十余座，俱在山峰之上，"每台设余丁五名并各衙门问发徒夫，常川瞭望"①。这三个卫所所在位置，距离北部边境较远，主要任务为防守辽东湾，故其墩台系由余丁和充军囚犯守瞭。

表5 嘉靖《全辽志》所载墩台及守瞭军丁数

	将领辖区	城堡	边台（座）	军丁（名）	腹里接火台（座）	军丁（名）
全镇沿边墩台	宁前参将	前屯城堡	104	520	27	124
		宁远城堡	155	775	26	75
	锦义参将	锦州城堡	94	470	39	133
		义州城堡	105	525	38	182
	广宁地方	镇静等堡	79	395	37	115
	镇武堡游击	镇武等堡	53	120		
	海州参将	海州等处	31	155	17	50
	辽阳城副总兵	长安堡等处	51	205		
		长勇堡等处	41	210	7	30
		抚顺所城堡	22	110		
		清河堡等处	66	330	15	75
		沈阳卫城堡	31	155	5	20
		蒲河所城堡	14	70	8	40
	开原参将	懿路城堡	21	105	5	20
		汛河城堡	16	80		
		铁岭城堡	35	165	22	69
		中固城堡	29	145	21	60
		开原城堡	115	575	70	212

---

① 刘俊勇：《明代辽东烽火台考察——以金州卫、复州卫为中心》，第37页。

续表

将领辖区		城堡	边台（座）	军丁（名）	腹里接火台（座）	军丁（名）
全镇沿边墩台	险山参将	险山等处	74	370	49	245
	沿边城堡墩台合计		1136	5480	386	1450
沿海城堡墩架	金复守备	金州等处	95	306		
		复州城堡	29	145		
		盖州卫城堡	8	40		
		右屯卫	4	20	5	25
	沿海城堡墩架合计		136	511	5	25

万历四年（1576）修成之《四镇三关志》，记载蓟镇各路墩台，每墩均为守军五名；① 辽东镇之烽燧，"各边外总括要路，列置敌台，设兵专守，每台人役，缓者三名，冲者五名，遇警传报"②。而昌平镇因系腹里，每墩仅二名。③ 真保镇同样系腹里，"地去宣、大尚远，紫荆等关俱设有墩台，遇警举火传号，因各墩缓急，设人数多寡，冲者三四名或六七名，缓者一二名。山势峙立，视他镇隘口数倍，而各口下亦设军戍守，接连传号"④。

必须指出的是，前面表格所载的墩军数，仅是编制上的数字，并非实际情况。实际上，墩军缺额普遍存在于沿边各镇。辽东方面，万历十七年（1589），张萱在《西园辽东图说》中提到：

> 按辽军之苦，无如守台者，以其粮与众同，而瞭望独苦。且一台之中，仅三、四人，其间或有逃亡者，或为虏掳去者，不为勾补，致一台

---

① [明]刘效祖：万历《四镇三关志》，卷6，《经略考·蓟镇经略·今制·烽燧·墩堠》，北京：北京出版社，2000年，第179—180页。
② 同上注，第213页。
③ [明]刘效祖：万历《四镇三关志》，卷6，《经略考·昌镇经略·今制·烽燧》，第202页。
④ [明]刘效祖：万历《四镇三关志》，卷6，《经略考·真保镇经略·今制·烽燧》，第207—208页。

仅存一、二人。其台之高者,在山之巅,而薪、水之苦,必竟日乃得一往还,则其人已倦于薪、水,岂有精神为之哨守乎?①

张萱这一段话,除述及墩军缺额之外,也指出墩军生活燃料与用水之难。明朝末年,原本颇为精实的蓟镇,缺额也相当严重。崇祯初年,陈仁锡在《牐轩纪闻·纪边防》中评论蓟镇墩台:"夫墩军所以严烽堠也,额设军兵七人,妇人一人,鸡一只,犬一只,旗号、梆铃,顷刻可达九边。"后因封贡互市,加以裁减,一墩而二名者有之,三名者有之。现今当东夷、东虏交相扰乱之际,应该赶紧恢复墩台旧规:

> 蓟镇沿边台上,每台南兵三名、北军二名,共知五更,台上梆鼓、烽上鸣锣。今以挑选为名,台上止存南兵三名,初更、二更,梆鼓之声绝然不闻,至三更时方击梆几下,无论烽号人声绝唱,即梆鼓锣声几不闻矣。又每台火器火门皆已锈没,火药经霉,历年已久,惟存炭灰,而硝皆流走,铅子有减无增。路协衙门又无备积火器,如此可谓有备乎?火箭,戚少保定价五分一枝,纸张用花椒、白矾膏过,箭羽又用漆胶,又用丝缚,至今存者,尚是可用。今之火箭,八厘一枝,四厘扣为各衙门使用,实则四厘一枝,一经霉天,羽落无用。差官查墩者,不问火箭之何如,惟计扣存之多寡。至于每墩皆有糇粮,或九石,或十二、三石不等,此戚少保之遗制也。每年以新易旧。今糇粮无备,即有皆如灰尘矣。②

由此可见明末墩台守瞭之败坏。而自隆庆末年以降,大同边境长期无战事,山西镇除偏关一带靠近边境,防务稍微戒慎恐惧之外,腹里的墩台更是

---

① [明]张萱:《西园闻见录》,卷53,《外编兵部二·边防前下·辽东镇·附〈西园辽东图说〉》,台北:华文书局,1968年,第4207页。
② [明]陈仁锡:《陈太史无梦园初集·漫集》,卷2,《牐轩纪闻·纪边防》,第452—453页。

边警罔闻，烽火未传，以致守瞭每况愈下。崇祯初年，陈仁锡在《洛游·太行道中纪闻·纪墩烽》中就提到：

> 三关墩烽，除水泉一带墙上之墩足观矣。而墙下之墩，自水泉以至省城，及各分路墩台，倾圮废坠，不闻析声。间有一、二墩军，鹑衣鬼面，诘之则曰："每墩例设一军，例该平、潞、汾三卫军壮前来贴墩。"①

恒山边墙以南的纵向各路墩台，在晚明的编制仅剩下一名，主要是由平阳、潞安、汾州三卫贴军戍守，但至崇祯初年甚至无人访守。这种情况，亦见之于恒山的墩台。崇祯八年（1635），多尔衮率军进攻大同镇，前锋越过宁武关附近的阳方口南下，"直走忻州，意图太原"。山西巡抚吴牲北上移驻忻州，"率民死守，飞调三营将士，檄村民归并堡寨，用火器击贼"②。吴牲并亲自巡视中路、东路防务，抵达应州南边的小石口时，见各山之上墩台甚多，特地派人查阅，却无人守墩，诘问守备赵可久，回答说是兵少。③应州境内小石口墩台无人看守，或许仅是恒山防线懈怠的冰山一角罢了。

（三）换班不公的问题

守墩人力多寡虽颇关键，更重要的却是换班制度。唯有正常合理换班，墩军才有精神值勤。宣德四年（1429）八月，阳武侯薛禄奏言："口外架炮旗军，有自陈五年不代，不胜其劳者。"事下行在兵部议奏。行在兵部覆议言："自今边境架炮、守墩旗军，宜令或一、二月，或三、四月，皆选精壮

---

① ［明］陈仁锡：《陈太史无梦园初集·海集》，卷3，《山海纪闻三·洛游太行道中纪闻·纪墩烽》，第309页。
② ［明］吴牲著，秦晖点校：《柴庵疏集》，卷13，《虏贼幸已出口微臣席藁待罪疏》，杭州：浙江古籍出版社，1989年，第269—270页。
③ ［明］吴牲著，秦晖点校：《柴庵疏集》，卷14，《巡察中东两路设备情形疏》，第295—296页。

者更代。仍籍记姓名，庶有稽考。仍从总兵官选官提调，不许徇私，违者治罪。"明宣宗批准此议。①

其实，守墩士兵未能合理轮替的问题一直存在。正统元年（1436）初，万全都司署都指挥佥事张孟喆奏称："沿边守墩旗军，年久未得更代。今各边俱有巡哨官军，可以分拨守堡。其原守堡步军及无马官军，经年在堡闲住，虚费行粮，乞尽退回各卫，轮流守墩。"明英宗命总兵官左都督谭广等会议奏闻。三月，谭广等回奏："西洋河口等堡，俱系紧要地方，恐达贼犯边，急难堤备，都指挥朱谦等所领拣选官军，专一沿边哨备策应，难以分拨守堡。今照指挥文弘广等所领官军，与柴沟堡及新开口、大白杨等堡相近，合将数堡官军退回，轮班守墩，半年一换。"明英宗随即批准。②正统八年（1443）十一月，因宣府总兵官永宁伯谭广等奏言：守瞭旗军，每墩八人，遇冬天风雪寒冷，不胜艰苦，朝廷批准其所建议，将军士增至十二人，分为两班，一月一更，下班之日，不得差遣。③

一般情况下，军兵执勤之事，系总兵官的职掌，订定更班周期亦然。但有时文武镇守官员之间看法会相左，如天顺三年（1459）三月初一，大同巡抚李秉被罢为民，罪状之一是：总兵官议将守墩军士二月一更替，李秉觉得太频繁，"欲令守墩台军士六月一代"④。李秉之所以会被罢职，其中或许事有蹊跷，但他要墩军半年才一轮替，确实太过苛刻。

充军到边卫的因犯，情况最为凄惨，常年无法轮休。正统四年（1439）十月，甘肃总兵官定西伯蒋贵等奏："沿边一带墩台，守瞭旗军，每季更番，已有定例。惟坐事谪发者，经年瞭守，不得休息，无人供给，饥寒困苦，窃恐有误边情，乞如常例更番为便。"明英宗批可。⑤但管墩军官是否就此即让

---

① [明]杨士奇等撰：《明宣宗实录》，卷57，宣德四年八月庚子条，第1369页。
② [明]陈文等撰：《明英宗实录》，卷15，正统元年三月丁丑条，第282—283页。
③ [明]陈文等撰：《明英宗实录》，卷110，正统八年十一月丁丑条，第2226页。
④ [明]陈文等撰：《明英宗实录》，卷301，天顺三年三月癸未条，第6381—6382页。
⑤ [明]陈文等撰：《明英宗实录》，卷60，正统四年十月癸未条，第1144—1145页。

充军守瞭者三月一休？希望是。

明代北边各镇，墩军分班更代的时间长短不一。如弘治《宁夏新志》中记载：守瞭每年分为四季，每季用步军九百四十四名，派往各墩守瞭。① 而据档案记载：弘治四年辽东镇复州守瞭官军，分为两班轮流，半年一换。② 正德《宣府镇志》记载墩军，则是每年两班，一班二月初一日起，至七月底止；下班八月初一日起，至次年正月底止。③

按照规制，卫所旗军应该轮流守墩，但事实未必如此。正德十一年（1516）八月初四日，兵部尚书王琼覆议陕西巡按御史常在所奏关于兵部六事，其一为处墩军以均劳逸。王琼的建议是："军士之苦，莫过于边军，边军之苦，莫甚于哨守。今御史常在要将各边老家马步军人编定班次，轮流守墩，亦均劳逸以悯人穷之意。合无本部移咨陕西各边巡抚都御史，查议无碍，从宜施行。"④ 常在奏请将"各边老家马步军人编定班次，轮流守墩"，虽经兵部覆议认可，但边区军官是否确实执行又是另一回事，或许有些卫所也仅是表面应付罢了。

军士缺额与墩军不得轮替也有一定关联。嘉靖初年，桂萼论甘肃边事曾经提到：因兵士被蒙古所杀及逃亡，名为一万者剩下三五千，名为三千者不满一二千，"其各墩台哨守之人，有经年不得更换者"⑤。实际上，这个问题长期存在，不只在军事倥偬之际。

另一方面，隆庆以后，蓟镇墩军以台为家。万历以后，陕西三边墩军也因陕西三边总督王遴条陈，随带妻小，以墩院为家，从此守墩变成专职，更不可能得到替换。

---

① ［明］王珣、胡汝砺修纂：弘治《宁夏新志》，卷1，《宁夏总镇·差役·守瞭》，上海：上海书店，1990年，第203—204页。
② 刘俊勇：《明代辽东烽火台考察——以金州卫、复州卫为中心》，第37页。
③ ［明］王崇献纂修：正德《宣府镇志》，卷5，《武备·瞭报》，第142a页。
④ ［明］王琼：《晋溪本兵敷奏》，卷4，《陕西延宁类上·为慎选擢以重民兵事》，上海：上海古籍出版社，1997年，第684页。
⑤ ［明］桂萼：《甘肃边事》，载［明］万表编《皇明经济文录》，卷40，《甘肃》，第571页。

（四）私役、卖放等弊端

在边区的卫所社会，充斥各种违法乱纪之事，官长以上凌下，墩军被勒索、欺压亦时有所闻。成化六年（1470）六月，户部郎中万翼奏言：各边营堡守瞭官军，其身躯羸壮与家计贫富各有不同，守备等军官或包办月钱，或占为匠役，或令其耕田取税、中盐取利，"故有力者偷安自逸，贫弱者久守墩台"。他建议专遣御史一员来回点视，而令守墩官军每季一更替。兵部尚书白圭等覆议："今各边有警，专人巡视，恐致烦扰。宜移文巡抚官严加禁约，务使差役均平，违者听巡抚、巡按官奏治。"①

万翼所指摘"有力者偷安自逸"的背后，乃是卖放的弊端。成化十九年（1483）五月，巡抚大同右佥都御史郭镗等奏言："虏入大同双山墩，把总指挥郭荣、守墩千户高鉴卖放墩军，乏人瞭望守备。"②由于墩军出钱买闲，以致墩上无人看守，这就是一个大问题。

正德末年，延绥巡抚姚镆《巡抚事宜》中也提到墩军私役的问题："访得东西二路营堡墩军，虽有额拨守瞭之名，亦多被权豪势要及把总坐堡官，私役种田、采草等项，守墩者十无一二，以致失误瞭探，任贼往来，肆行抢杀。其被杀被掳之人，亦俱各隐匿不报。似此弊端，所在有之。"③

另一个问题是雇人顶替。嘉靖六年（1527）六月，兵部覆议山西巡按御史穆相所奏边务时提到："合行各边镇巡衙门清查，该管地方墩台某处应该添设，某处应该修补，选拨精壮墩军，令其昼夜加谨瞭望，遇警即刻传报。不许积年墩军雇倩怠玩，致贼入境抢掠。"④由其所谓"积年墩军雇倩怠玩"

---

① ［明］刘吉等撰：《明宪宗实录》，卷80，成化六年六月乙亥条，第1570页。
② ［明］刘吉等撰：《明宪宗实录》，卷240，成化十九年五月癸巳条，第4062页。
③ ［明］姚镆：《东泉文集》，卷8，《巡抚事宜》，台南：庄严文化事业有限公司，1997年，第729页。
④ ［明］李承勋：《少保李康惠公奏草》，卷10，《题覆六·防御大同事宜疏》，台北："中央研究院"历史语言研究所傅斯年图书馆藏明嘉靖刊本，第12a—12b页。

看来，似乎雇人守墩存在已久。

在某些卫所，贫穷的墩军往往沦为边缘人。嘉靖七年（1528）春，翟鹏升右佥都御史奉敕巡抚宁夏。在此之前，"军士欲偷安者，率习匠艺，占役于镇守各将领私宅。其差守墩者，类皆贫寒老稚，甲去乙来，频年不歇，甚至夫拨守墩，妻为坐铺"。他到任后，"尽将前项占役查出，共得二千二百七十六人，定为番上之法，昔常守者遂得八月安闲"。① 此外，宁夏镇墩台亦存在雇人代替之事。据嘉靖《宁夏新志》记载：

> 守瞭之弊，亦多端矣。即其大者言之，溽暑祁寒之日，风雨晦冥之时，军法少缓，则偷安误事，贻害匪细，况许顾代乎！顾代之人，关系匪重，幸其无事则已，有失则即遁焉。烽火不明之弊，实由于此。既禁之后，当执守弗变，不使再误可也。总兵官潘浩能谨□（墩？）堠，迄今人以"潘长城"称之。②

这段话指出两个层次的弊端，其一为懈怠偷安，其严重性较小；其二为找民人顶替，受雇之人，无责任心，出事即逃。记载之时，已经下令禁革。引文中提到的潘浩，正德八年（1513）九月至正德十年（1515）六月任宁夏总兵官。

墩军被勒索，心生怨怼，常造成执勤不力。嘉靖二十三年（1544），兵部尚书戴金在条奏上提到："山、陕、宣、大各边墩军，月粮加倍，人亦乐从。顾未能供役称食，又由于提墩官多方需索，且三月更番，需索愈频。人相猫鼠，而事焉以济？此虽职役之小，而寔机括之源也。"③ 嘉靖中叶，兵部

---

① [明] 王道中：《兵部尚书兼都察院右副都御史联峯翟公行状》，载《焦太史编辑国朝献征录》，卷57，《都察院四·总镇尚书》，第108页。
② [明] 杨守礼、管律修纂：嘉靖《宁夏新志》，卷1，《五卫·宁夏卫》，上海：上海古籍出版社，1997年，第74—75页。
③ [明] 戴金：《戴兵部奏疏》，《题为及时修武攘夷安夏以光圣治事》，北京：线装书局，2010年，第39页。

职方郎中褚宝认为，守备军官必须为守瞭失事负责，原因在于墩军固然有罪，而守备官舞弊犯法才是祸源："使或两番上墩，而有常例之说。一时下堡，而有采办之说。或潜行请托，以市近便之墩。或公行纳赂，以杜点闸之责。"既然拿了墩军的钱，守备官员"逐纵其所如，不敢谁何。以身相殉之地，不过信宿止歇而已"。①

卖放之弊，所在多有，包括一起守瞭墩台的正军也都涉入其中，如嘉靖二十五年（1546），充军铁岭卫的军犯张子良、高文翠，被派到铁岭卫偏东的抚安堡老虎川空台哨守。两人因畏惧瞭哨，想到行贿收买的手段，张子良准备银二钱，高文翠准备布二匹，于四月十二日送给在台甲军于堂。于堂收了之后，将两人当即卖放离去，并于次日谎称两人夜间逃跑。②

直至晚明，军官还是常将墩军私下调离，从事一些杂差。如万历三十七年（1609）二月，辽东巡按熊廷弼在奏疏中提到：修筑边墙与墩台、城堡之时，"所为远加哨望，便于军夫进止者，全赖墩军以为耳目"。辽东东昌备御李维德却将每墩墩军私撤二名，命其出境捕鱼，"止以妇人、小儿登台瞭视"。熊廷弼起初不敢相信，即而至东昌堡时当面质问，李维德自知难以隐瞒，回答说："三岔河有船二只，旧规每墩拨军一名巡河，非二军也。"③

四、粮饷配给与军官克扣

如同以往各个朝代，明代固定给予军士月粮。洪武三年（1370）十二月，明太祖并下令军人月粮，于每月月初发给，着为令。④而且，对沿边军士特别照顾。洪武二十五年（1392），明太祖又令各处极边军士，不拘家口数多

---

① ［明］孙世芳、栾尚约修纂：嘉靖《宣府镇志》，卷10，《亭障考·墩台》，第85页。
② 刘少华：《明代哨犯初探》，第185页。
③ ［明］熊廷弼，李红权点校：《熊廷弼集》，卷4，《巡按奏疏四·修边举劾疏》，北京：学苑出版社，2011年，第178页。
④ ［明］李景隆等撰：《明太祖实录》，卷59，洪武三年十二月辛酉条，第1149页。

寡，每月支粮一石。永乐五年（1407），明太宗令陕西临边卫分守城、征哨旗军，俱全支米。① 后来，边军待遇有所降低。如洪熙元年（1425），令大同、宣府操备官军，每月支粮四斗。②

众所周知，守边是极为辛苦的兵役。明英宗即位后，镇守官员建议给予加薪。以大同为例，旧制边军月粮，有妻小者六斗，无者五斗，其他各卫调至大同操备者给行粮四斗。宣德十年（1435）七月，明英宗以总兵官都督方政上言，认为守边军士备极艰辛，命户部酌量增加，于是给有妻小者八斗，无者六斗，调至大同操备者五斗。③ 八月，户部又上奏：大同军士既增月粮，宣府亦应一例加给，明英宗命如大同之数增给。④

（一）本薪：月粮

墩军所赖以维生者，主要系官方所给的月粮，但俸给太低，生活艰难。宣德十年（1435）九月，兵科给事中朱纯奉命前往万全都司查理军伍，还京后奏上便宜六事，其中谈到："沿边夜不收及守墩军士，无分寒暑，昼夜瞭望，比之守备，勤劳特甚。其中贫难居多，妻子无从仰给，乞量加粮赏，以恤其私。"明英宗命该部详议以闻。⑤ 后续情况不明。

河西走廊的情况更是严峻。正统二年（1437）八月，都察院右佥都御史曹翼奏言："肃州卫境外烟墩，守瞭官军俱三月一替。其官无家人者，俸粮亦令赴甘州仓关支。旗军月粮虽在本卫，止得米五斗，赴墩食用，家小在

---

① ［明］李东阳等编纂：正德《大明会典》，卷27，《户部十二·经费二·月粮》，东京：汲古书院，1989年，第303页。
② ［明］李东阳等编纂：正德《大明会典》，卷27，《户部十二·经费二·月粮》，第304页。
③ ［明］陈文等撰：《明英宗实录》，卷7，宣德十年七月丁亥条，第140页。《会典》所载内容稍有异：宣德十年"令山西行都司卫所旗军，有家小者月支粮八斗，无家小六斗；调来操备者五斗，有家小者八斗"。参见［明］李东阳等编纂：正德《大明会典》，卷27，《户部十二·经费二·月粮》，第304页。
④ ［明］陈文等撰：《明英宗实录》，卷8，宣德十年八月丁未条，第153页。
⑤ ［明］陈文等撰：《明英宗实录》，卷9，宣德十年九月壬辰条，第179页。

营，用度不敷，以致失节失所者多，风俗浇漓，不可胜道。"明英宗以境外守瞭官军艰难，官俸听于本处支给，军粮月给八斗，待有粮时，更为处置。①

稍后，宁夏镇也有调整。正统三年（1438），户部奏准，宁夏等四卫守墩军士月粮，有家小者，本色八斗、折色二斗；无家小者，本色四斗八升、折色一斗二升。②

辽东方面，军士无家属在卫者，只给口粮三斗，及其差往守墩，不再增给。正统四年（1439），巡抚辽东副都御史李濬建言："此等军士，别无家属供给，遇差宜增给口粮二斗，庶不失所，比其回卫，仍旧支给。"此议获得朝廷批准。③

正统五年（1440）五月，明英宗又命增给山海、紫荆关诸处守把、哨瞭旗军月粮米，有家小者八斗，无者六斗，其余如例折支。④

另由于发配边卫守瞭的囚徒无口粮，以致常有逃亡。正统八年（1443）七月，镇守甘肃太监李贵上奏："西安等卫所府州县军民谪发极边守墩瞭哨者，只身缺食，累次逃窜，宜给与口粮，每月三斗。"同样获得批准。⑤

土木之变后，随住内地也多修筑墩台，有官员认为在口粮上应该有所区别。景泰三年（1452），总督边储参赞军务右佥都御史李秉奏言："旧例各边瞭望官军，去城四十里之外者方给口粮。近因达贼犯边，创立墩台多在腹里，守瞭官军较之沿边昼夜不得休息者劳逸不同，而口粮一体支给，亦为虚费，乞令住给。"明景帝批可。⑥

南宫复辟之后，守瞭囚徒的月粮三斗成为定例。天顺元年（1457），明英宗令各边军人，不分马步，俱支米一石。天顺二年（1458），又令守瞭囚

---

① ［明］陈文等撰：《明英宗实录》，卷33，正统二年八月丙戌条，第651页。［明］李东阳等编纂：正德《大明会典》，卷27，《户部十二·经费二·月粮》，第305页。
② ［明］李东阳等编纂：正德《大明会典》，卷27，《户部十二·经费二·月粮》，第305页。
③ ［明］陈文等撰：《明英宗实录》，卷58，正统四年八月庚寅条，第1115页。
④ ［明］陈文等撰：《明英宗实录》，卷75，正统六年正月甲子条，第1475页。
⑤ ［明］陈文等撰：《明英宗实录》，卷106，正统八年七月辛酉条，第2152页。
⑥ ［明］陈文等撰：《明英宗实录》，卷219，景泰三年八月乙丑条，第4727页。

徒，月支粮三斗。① 天顺八年（1464），因巡抚宣府都御史奏言沿边墩台缺人守瞭，请命法司计议，申明囚徒守瞭之法。其后，三法司奏准："死罪五年，流四年，徒照律条年限，每月仍以粮三斗给之。着为令。"②

事隔多年，可能因为囚徒守沿边墩台都还有月粮三斗，而腹内的墩台守军无口粮，故成化十七年（1481）三月，明宪宗命令大同、宣府、延绥、宁夏、甘凉、辽东边内守墩官军，每人每月给米三斗。③

后来，守瞭囚徒的月粮不知何时又调为四斗。至成化二十二年（1486）三月，巡抚宁夏佥都御史崔让奏言：沿边墩台守瞭囚徒，多系盗贼问罪发配之人，旧例每名月支口粮四斗，后因太监汪直上奏，增至一石，现今各边仓廪空虚，难以支应，建请改回原制。户部覆议亦认为宜从旧例，将各边守瞭及为事问发各边墩台囚徒，月支米一石者，减为四斗；经明宪宗批可，永为定例。④

弘治元年（1488）九月，监察御史吴裕巡按陕西还京，奏陈边方事宜，其中提到："各边守墩军，昼夜瞭望，劳苦特甚，而衣粮不异于众人；及夜不收远探贼情，十死一生，而死者不录其功。乞于月粮冬衣常例外，量为加给。其夜不收死事者，与阵亡者同录其后。"兵部覆议，"加给墩军衣廪，乞下所司议处"。明孝宗批准。⑤ 但直到正德初年，墩军待遇才又获得提升。正德五年（1510），户部议准：延绥镇墩军，除月粮一石之外，比照夜不收事例，每日给米一升，或给与折银。如不在墩值勤，则免给。⑥

---

① ［明］李东阳等编纂：正德《大明会典》，卷27，《户部十二·经费二·月粮》，第307页。
② ［明］刘吉等撰：《明宪宗实录》，卷5，天顺八年五月辛未条，第130页。
③ ［明］刘吉等撰：《明宪宗实录》，卷213，成化十七年三月庚子条，第3710页。［明］李东阳等编纂：正德《大明会典》，卷27，《户部十二·经费二·月粮》，第308页。
④ ［明］刘吉等撰：《明宪宗实录》，卷276，成化二十二年三月丁未条，第4643页。［明］李东阳等编纂：正德《大明会典》，卷27，《户部十二·经费二·月粮》，第308页。［明］申时行等编纂：万历《大明会典》，卷41，《户部·经费二·杂支》，第762页。
⑤ ［明］李东阳等撰：《明孝宗实录》，卷18，弘治元年九月乙酉条，第440页。
⑥ ［明］申时行等编纂：万历《大明会典》，卷41，《户部·经费二·月粮》，第751页。

不过，除延绥镇加薪外，并非所有各镇都一并增加。正德十年（1515）十二月，兵科给事中毛宪奏言："沿边守墩瞭报及夜不收等军，昼夜不休，常被杀死，劳苦万状，衣粮犒赏，尤宜加厚。阵亡官军孤儿寡妇，尤为可悯，仍需倍加优给，则生者激励军前，死者感恩地下，而军心固矣。"明武宗发下户部处理。户部覆议，认为应给墩军犒赏优恤，经明武宗批准。① 但是如何犒赏优恤，则不清楚。

其后，宣府、大同及陕西三镇的墩军口粮获准提高，而蓟镇却未沾光。嘉靖九年（1530）三月，御史王道奏言：边墩军士，昼夜瞭望，不得休息。宣、大、陕西墩军于月粮之外，加口粮一石。黄花镇、密云、马兰谷、太平寨等处未加，食不能饱。乞请比照宣、大等之例，酌量给予口粮二、三斗。世宗发下兵部处置，兵部覆议："各边墩军口粮有无，各有旧规，当令所在守臣酌处。"明世宗从兵部之议。② 但各镇总兵、巡抚的覆议，笔者尚未获见。

嘉靖十五年（1536）正月，户科都给事中常序又奏言："守墩、出哨军士，特为艰苦，宜于额给粮饷外，优加犒赍，着为定制，庶可得其死力。"章下户部，覆议赞同，明世宗亦批准。③ 但这次似乎仅加了夜不收的口粮，墩军并未获得恩惠。嘉靖二十一年（1542），整饬蓟州边备兼巡抚顺天都察院右副都御史侯纶于《钦奉圣谕御边疏》中指出：

> 夜不收月粮之外，每月加米二斗。惟墩军辛苦百倍，实亦不减于夜不收，而其月粮止与操军相同。则是劳逸不分，惠泽罔均，而欲出力效死，退无怨言，不肯逃避，不可得也。臣访闻各边墩军，月粮不等，俱加益于常操之军。今本镇大约会计，四路墩军共八千余名，合无照依夜

---

① ［明］毛宪：《谏垣奏草》，卷2，《言备边患》，北京：北京出版社，2005年，第483页。
　　［明］费宏等撰：《明武宗实录》，卷132，正德十年十二月癸丑条，第2619页。
② ［明］张居正等撰：《明世宗实录》，卷111，嘉靖九年三月癸卯条，第2635—2636页。
③ ［明］张居正等撰：《明世宗实录》，卷183，嘉靖十五年正月甲戌条，第3892页。

不收事例，每名月加米二斗，每年该米一万九千三百余石。①

侯纶的建议，似乎还是没有结果。因此，嘉靖二十九年（1550）九月，南京户科给事中李万实言及蓟镇防务仍提到："闻墩军缺少，多者不过数十人，少者仅得三四人。其所支月粮，又与在卫者无异，人怀携贰，莫肯固守。"必须"多增墩军，厚益粮饷，查照二边，与之相等"。每墩仍添敏锐夜不收十余名，"厚给衣粮，远事哨探，务令烟火不绝，声息早闻"。②为此，户部题准：马兰谷、太平寨、燕河营、密云四路墩军，于正粮外，各添二斗。马兰谷等三路夜不收，照密云例，再添一斗。③

在以上调薪的事例中，均未涉及辽东镇。隆庆元年（1567）八月，吏科给事中郑大经奉命赏赐蓟辽军士还京，条奏十事，一事提到辽东墩军、夜不收劳苦特甚，乞略仿蓟镇之例，在本色之外，加五斗折色，一概给银五钱。事经户部覆议加给，惟哨探月粮只许增加本色，夜不收五斗，墩军三斗。穆宗批准。④

而随着赋役的纳银化，军士月粮亦改为发银。万历年间，辽东墩军的月粮又有增加。万历十四年（1586）前后，辽东巡抚顾养谦在《全镇图说》中记载："墩军、夜不收，处极冲者，每名月支饷银五钱；次冲者，每名月支饷银四钱。岁俱领赏银九钱。今止议概加银一钱，极冲者六钱，次冲者五钱。"⑤

---

① ［明］侯纶：《钦奉圣谕御边疏》，载［明］孙旬辑《皇明疏钞》，卷57，《边防四》，北京：北京出版社，2005年，第419页。
② ［明］李万实：《崇质堂集》，卷18，《房犯京畿条陈事宜并论劾团营太监大臣疏》，台南：庄严文化事业有限公司，1997年，第280—281页。
③ ［明］申时行等编纂：万历《大明会典》，卷41，《户部·经费二·月粮》，第753页。
④ ［明］张居正等撰：《明穆宗实录》，卷11，隆庆元年八月庚子条，台北："中央研究院"历史语言研究所，1966年，第311页。［明］申时行等编纂：万历《大明会典》，卷41，《户部·经费二·月粮》，第756页。
⑤ ［明］顾养谦：《冲庵顾先生抚辽奏议》，卷6，《全镇图说·饷薄》，台南：庄严文化事业有限公司，1996年，第482页。

万历三十五年（1607）十二月，陕西巡按御史余懋衡奏陈边防要务，其中谈到："边外墩军甚苦，沿边墩军甚劳，内地墩军稍逸，宜食粮丰约以别之，更番戍哨以均之。"①这一段话认为三种墩军的辛苦程度不一，在月粮上应有所区别，而轮番制度也必须公平。这是他的期望，而实际管理的军官在处置上未必一致。

至崇祯初年，蓟镇经己巳之变后，善后有墩军加饷之议。崇祯三年（1630）八月，提督蓟镇边工御马监太监王应朝题请增给蓟镇烽军及台正、台副月饷，崇祯皇帝圣旨："月饷台粮应否画一增补，该部即与酌覆。"随后，边工御史张茂梧题陈善后事宜，其内粮糈宜议一款称："台兵之劳苦，哨兵之入冗，在承平之日，尚可望仰给俯资，当抢攘之秋，何堪此桂薪珠米，倘不议加其月给，将见走利如骛，招之自见其难，畏险如敌，散之日见其易也。"户部移文蓟镇督抚酌议。十月，蓟辽总督张凤翼、蓟州巡抚刘可训回覆户部。户部接到督抚咨文后商议，尚书毕自严于崇祯三年十月二十五日覆奏：

> 塞上之台有二，一曰楼台，每台设兵，或四五名，或六七名不等，酌冲缓为多寡，每名月粮一两五钱，百总春秋两防共八个月，各加三钱。其潘家口设居境外，每月百总、台兵各加行粮米四斗五升，此系召募浙人，所谓南兵者也。一曰烽台，每台额军五名，每名月粮，上半年七钱，下半年四钱五分，此系金发祖军，专管传烽者也。又楼台上仍有台正、副二名，亦系祖军，其粮与烽军等。大都台兵粮厚，无可议加。烽军瞭望支更，最为艰辛。而台正、副尤与台兵共患难同甘苦者，乃饷不及台兵之半，安得不望泽而希恩也。中协残破之后，杀掠无遗，勾补既难，地当危险，人不乐就，此所以有台兵加粮之说，而非为台兵起见者也。

---

① ［明］余懋衡：《敬陈边防要务疏》，载［明］陈子龙等编《明经世文编》，卷471，《余太宰疏稿》，北京：中华书局，1987年，第5174页。

查蓟镇饷司册内烽军，俱上半年大月每军折银七钱，下半年小月每军□银四钱五分，春防、秋防各两月，每日加口粮米一升。今议烽军月饷，以折色一两为率，大月加三钱，小月加五钱五分，较之台兵可当三分之二，春防秋防加给口粮，悉仍其旧。其台兵正、副，闻近亦以南人充之，其饷似当比于台兵。以上加粮军丁，俱须遴选精壮，而毋以老弱者充之，则饷与人适相当矣。其加增月饷，姑于节旷内通融给发，如果不敷，臣部另行找补，此则蓟、密、永三镇所当一体增益，以重边防，而别镇不得援以为例者也。

十月二十七日奉圣旨："这烽军既属募补，并楼台正、副，各准如数增饷，着于节旷银内通融支发。蓟、密、永三镇一体，他镇不得援例。"① 由此可见，天启以后蓟镇墩军（烽军），以卫所正军为主，其薪饷比不上敌台之南兵。经过此番加薪，墩军月粮不分大小月，均给银一两，勉强抵得上台兵薪水的三分之二。

（二）兼支行粮（口粮）

除月粮之外，墩军另有行粮，其事起于永乐皇帝即位之后。洪武三十五年（1402），令大同守边军士出哨巡边、守墩瞭高等项公差，验日计程，关给行粮。② 正统二年（1437）六月，明英宗从刑部尚书魏源奏请，给予大同内地守墩军士行粮。③ 至正统六年（1441）正月，巡抚大同佥都御史罗亨信等认为：先前守墩不分内外远近，均发给行粮，并不合理。因此酌议将在内地与离城不及百里者裁去。后经户部议准：大同境外冲要守墩官军，及离城

---

① ［明］毕自严：《度支奏议》，《边饷司》卷4，《题覆边工太监议烽军台正副增饷疏》，上海：上海古籍出版社，2008年，第179—181页。
② ［明］李东阳等编纂：正德《大明会典》，卷31，《户部十六·廪禄三·行粮马草》，第336页。
③ ［明］陈文等撰：《明英宗实录》，卷31，正统二年六月庚辰条，第621页。

百里之上者，给行粮；其内地不及百里者，不给。①

行粮独厚大同的情况，不久有所改变。正统六年（1441）二月，朝廷又增给辽东沿边城堡操备、巡边鞍马、守墩哨瞭官军行粮，每人每月给米四斗五升。②接着，宣府镇也跟着调整。正统八年（1443）户部题准：宣府旗军，在卫月粮一石；内有家小者，月支本色六斗、折钞四斗。夜不收并守墩军，再关行粮本色三斗，共米一石三斗。③景泰四年（1453），提督宣府军务右佥都御史李秉上奏："正统十四年鞑贼犯边，瞭守军因食不敷，多有弃墩而逃者。今后宜令每墩预给各军两月行粮口粮，预备急用。"明景帝亦批准。④

明孝宗在位时，又提高大同墩军的待遇。弘治十年（1497）六月，经巡抚大同都御史刘璟奏准，给予守大边墩台官军月行粮一石，守二边墩台者五斗，守腹里墩台者三斗。⑤嘉靖年间，其他各镇的墩军行粮稍有增加，但还是比不上大同镇。嘉靖二十九年（1550）七月，户部题准蓟镇所属密云、马兰谷、太平寨、燕河营四路墩军，每年防秋自七月起至十月止，计四个月，每月加给行粮二斗。⑥嘉靖四十一年（1562）五月，朝廷也加给辽东沿边墩军及各营出哨夜不收本色行粮，每月各二斗。⑦

行粮系发给编制上的墩军，与真正在墩的值勤数未必相符。嘉靖四十四年（1565），巡按宣大御史胡惟新上《际圣世竭愚忠以裨边政疏》，其中第八

---

① ［明］陈文等撰：《明英宗实录》，卷75，正统六年正月甲子条，第1475页。［明］李东阳等编纂：正德《大明会典》，卷31，《户部十六·廪禄三·行粮马草》，第337页。
② ［明］陈文等撰：《明英宗实录》，卷76，正统六年二月乙未条，第1509页。［明］李东阳等编纂：正德《大明会典》，卷31，《户部十六·廪禄三·行粮马草》，第337页。
③ ［明］申时行等编纂：万历《大明会典》，卷41，《户部·经费二·月粮》，第746页。
④ ［明］陈文等撰：《明英宗实录》，卷229，景泰四年五月甲子条，第5004—5005页。
⑤ ［明］李东阳等撰：《明孝宗实录》，卷126，弘治十年六月乙酉条，第2245页。
⑥ ［明］张居正等撰：《明世宗实录》，卷363，嘉靖二十九年七月丙辰条，第6473页。［明］申时行等编纂：万历《大明会典》，卷39，《户部·廪禄二·行粮马草》，第732页。
⑦ ［明］张居正等撰：《明世宗实录》，卷509，嘉靖四十一年五月丁未条，第8392页。会典系此事于嘉靖四十四年，见［明］申时行等编纂：万历《大明会典》，卷39，《户部·廪禄二·行粮马草》，第733页。

事"均戍卒以节劳逸"条言及行粮之弊，其中谈及夏冬无警也支给行粮，而管墩军官卖放墩役，以致守墩无人、虚冒钱粮：

> 查得南山自四海冶镇南墩起，至保安卫所管铁洞口止，共墩台、隘口四百六十八处，把总、提调官共四十四员，每员日支行粮三升，军二千九百三十八名，每名日支行粮一升五合。倚墩以为耳目，据墙以为屏翰。……但前项官军，不分警报之有无，即如夏冬之闲空，除彼月粮之外，更有行粮之支，计一日支粮近五十石，计一年费粮近二万石，十年近二十万石，纵使原额皆在，计经费已不赀。况其虚名徒存，顾边防之何益？缘联墩戍卒，多系宣府在城之军，必无安居固守之志。每墩虽设七名，其在墩者不过一、二名，甚不过三、四墩止一、二名看守火器者有之，其行粮则固一日一人之不少在墩在家之兼支也。
>
> 夫落落晨星，相望者几何？陈陈廪粟，冒支者曷极！上之人知而弗问，下之人习以为常。更加以总领者之卖放，稽查者之怠弛，日复一日，损之又损，即如近日墩官张勋卖放军人，致无一人在墩，见为总兵马芳之究发者，已可类推矣。臣不知先年联墩之设，戍卒之守，意果如此否也？合无今后总督镇巡酌量冲缓，通融议处，如防春防秋，声息紧急，全班俱在可也。他日夏冬无警之时，各营兵马彻散之后，其军或一墩留一二人，或一墩分两三班，在墩者兼支，下班者停止。其守墩把总等官，亦应量减数人。若夫卖放冒支之弊，更当严究。①

三月，兵部尚书杨博覆议"均戍卒以节劳逸"条建议："合无依其所拟，备行宣府总督、镇巡等官，将南山四海冶等处守墩军人，春秋有警之时，各要严加稽查，全班摆守。其余夏深冬残，远为哨探，如果实无北虏住牧踪迹，

---

① ［明］胡惟新：《际圣世竭愚忠以裨边政疏》，载［明］顾尔行辑《皇明两朝疏抄》，卷10，台南：庄严文化事业有限公司，1996年，第298—299页。

酌量冲缓，或令分班，或令半支，并管墩把总官员，应否量减数员，径自施行。平时如敢公行卖放，临期如敢故行冒支，悉听管粮衙门查究处治。"①

嘉靖以后，墩军行粮未见增加。万历中叶，王士琦《三云筹俎考》中记载了大同镇墩军行粮例："大边哨备守墩军夜，月支一石。二边哨备守墩军夜，月支五斗。腹里守墩军夜，月支三斗。以上俱支折色。"②可见自弘治以来未再添给。

（三）军官克扣与勒索

朝廷虽有月粮之赐，但官吏等却未必善待军士。宣德元年（1426）正月，阳武侯薛禄上奏：天城卫军士守边者，月粮折绢，每人一匹。千户潘海每匹只给二丈，其余都入私囊。③另外，军士所得粮米常掺有糠秕等杂物。宣德四年（1429）十月，肃王府伴读刘准奏言：

> 自陕西临洮府兰县迤西，止有军卫镇守城池，而无州县管属人民。近见户部榜示客商纳粟中盐，兰县官吏仓攒不体朝廷立法备边之意，通同盐商与揽纳者，凡上仓之粟，糠秕半之，每粟一石，筛米不及五斗。守边之士，荷戈执戟，眠霜卧雪，辛苦万端，所得月粮不及其半，致使妻子啼饥号寒，何以坚其守戍之志？④

而军官克扣粮米，在宣德年间也大量出现记载，如宣德八年（1433），尚书蹇义等奏云：在外都司多贪婪无状，"每假巡城视屯，整点兵马，按行卫所，

---

① ［明］杨博：《杨襄毅公本兵疏议》，卷15，《覆宣大巡按御史胡维新条陈边务疏》，台南：庄严文化事业有限公司，1996年，第605页。
② ［明］王士琦：《三云筹俎考》，卷4，《军实考·主饷岁额·墩军行粮例》，台北：台湾华文书局，1968年，第515页。
③ ［明］杨士奇等撰：《明宣宗实录》，卷13，宣德元年正月甲寅条，第358页。
④ ［明］杨士奇等撰：《明宣宗实录》，卷59，宣德四年十月庚子条，第1408页。

骚扰需索，非止一端。其下官吏，附权畏势，非敛军钱，即尅军粮，以奉承之"①。宣德九年（1434），行在兵部右侍郎王骥上奏也提到："中外都司卫所官罔体圣心，惟欲肥己，征差则卖富差贫，征办则以一科十，或占纳月钱，或私役买卖，或以科需扣其月粮，或指操备减其布絮。"②实际上，受到这些弊端影响的底层士兵，应该包括墩军在内，只是记载上很少直接点出。

弘治十一年（1498）十二月，刑科给事中吴世忠公差回京，在奏疏上讲道："臣到大同，时将十月，棉衣肉食，犹不胜寒。而军士奔走于风霜之中，面色惨黧，甲衣无褐。其妻子所居，泥屋一间，半无烟火。七、八岁男女，犹有裸体而向日者。"他看到后为之心伤，于是停马询问，这些底层的士兵都说：

> 一人之身，既以当军，又以应役。一石之米，既以养家，又以奉将。凶荒年益一年，征求日甚一日，何能及于温饱，何暇及于妻子哉？③

这几句话，确实是边军心坎上的剧痛。既是国家的军人，又系军将之私役。一石的月粮，既要养妻子儿女，又要被将领勒索抽取。自然的灾害年凶一年，人为的勒索日甚一日，本身都难以温饱，哪里顾得上妻子儿女？季秋时节，脸色黧黑，神情哀伤，甲胄之内未衬棉衣，风霜之下来回奔走。弘治十四年（1501）九月，锦衣卫千户牟斌自宁夏核查军务回京，在奏报上提到一件事："盐池北边墩墙颓败，至揭破裙为旗，重损军威，贻笑虏寇，宜急为修制。"④"至揭破裙为旗"的背后，可能隐含着许多墩军辛酸的故事。

更糟糕的是，月粮未按时发给。正德十六年（1521）五月，直隶巡按杨

---

① ［明］杨士奇等撰：《明宣宗实录》，卷100，宣德八年三月庚辰条，第2252—2253页。
② ［明］杨士奇等撰：《明宣宗实录》，卷108，宣德九年二月壬申条，第2431页。
③ ［明］吴世忠：《重刻西沱吴先生蠹遇录》，卷4，《修边备疏》，北京：北京出版社，2005年，第390页。［明］李东阳等撰：《明孝宗实录》，卷145，弘治十一年十二月壬寅条，第2534页。
④ ［明］李东阳等撰：《明孝宗实录》，卷179，弘治十四年九月甲申条，第3298页。

秉中提到："宣府官军月粮，旧例每岁支本色、折色各六月，近者边储称匮，本色多有逋欠，而折色亦支散不时。至于墩台、哨探军人，缺粮尤多，死亡几尽。"①墩军与夜不收军因为远离卫所所在的粮仓，领取粮米麻烦，在此情况下常被"遗漏"或"遗忘"。

明代史料直接提到墩军月粮遭到克扣，已经在明朝后期。嘉靖六年（1527）十二月，太子少保刑部尚书李承勋条陈足兵足食八事，其中提到："戍边之卒，烽火斥堠，终岁不休，锋镝死亡，朝夕不保，比之京辅之军，劳逸安危，何啻百倍"；可怜的是，"将领剥削日甚"。他认为应令户部查议粮饷，按月支给，不许将领克减。②前面谈到，墩军月粮确有增长，但加薪越多，勒索更频。嘉靖二十三年（1544），兵部尚书戴金在条奏上提到："山、陕、宣、大各边墩军，月粮加倍，人亦乐从。顾未能供役称食，又由于提墩官多方需索，且三月更番，需索愈频。人相猫鼠，而事焉以济？此虽职役之小，而实机括之源也。"③嘉靖二十五年（1546）九月，工科给事中杨宗气条陈边防弊政所当厘革者，明世宗诏命诸司议奏，继而兵部覆议其谨烽火一事云："守瞭之设，边徼先务，宜增筑墩台，多储水谷，申严号令，禁彼私交，戒戢科索，安彼身役，而后责其瞭望，有失误者治以重罪。"④然而，兵部所谓"戒戢科索，安彼身役"，在朝堂上说得冠冕堂皇，而在军中或许仅是一句口号。

嘉靖末年，宣府士人岳鲁曾说："今之长哨及守墩诸人，朝则瞭望，暮则伺察，有警则飞报，真一方耳目也。故月廪既倍于他军，而复有衣履之给，是养其身正以责其报耳。"可惜的是，"日月循玩，弊蔓愈滋，需索肆行，号令寝阁，而瞭望伺察之规坏矣"。现今当务之急，应该"禁辑科索，申严

---

① ［明］张居正等撰：《明世宗实录》，卷2，正德十六年五月戊午条，第82页。
② ［明］李承勋：《少保李康惠公奏草》，卷3，《建白三·条陈弊政疏》，第4a—4b页。［明］张居正等撰：《明世宗实录》，卷83，嘉靖六年十二月庚条，第1864页。
③ ［明］戴金：《戴兵部奏疏》，《题为及时修武攘夷安夏以光圣治事》，第39页。
④ ［明］张居正等撰：《明世宗实录》，卷315，嘉靖二十五年九月壬申条，第5891页。

号令"。①关于这一弊端,总督蓟辽、保定军务兵部侍郎刘焘在《边防议·哨报》中所述最为详细:

> 墩军之弊,难以悉举。何也?上受其贿而下买其闲也。墩军月粮二石,其优恤者不为不至矣。但军无入家之粮,是以墩无可守之军。自其科敛之弊言之,有曰火把钱,有曰坐月钱,有曰空闲钱,有曰节礼钱。各项名色,计出千般,此钱一缺,则查点行焉;查点不到,则捆打行焉。是故,军用朝廷之钱粮,给前项之科敛,办纳不缺,虽不上墩亦可也。办纳不全,虽在墩犹罚焉。军士借官粮以逸其身,下官假公事以遂其欲。是以每墩或七人,或五人,虽有食粮之数,实无在墩之军,而全墩俱无者亦多矣。②

这类案例甚多,如隆庆二年(1568)十二月二十六日,谭纶在《秋防举劾疏》中曾经弹劾蓟镇大安口提调某某,"受夜不收百八十名之赂,每名日计三分;索守墩军七十余座之布,每台月各二匹。秽迹愈彰,怨声载道"。曹家寨提调某某,先前署理游击将军事,也曾"滥收墩、炮军常例之银"。③万历后期,类似弊端并未消失。万历三十七年(1609)五月十三日,延绥巡抚涂宗濬在《甄别练兵官员疏》中,指斥威武堡守备王琚"赃私狼藉,淫虐肆行,所当革任回卫",其罪行之一是:"管理边墩,夜不收二十名,各有加添小粮,每月扣勒银八两,共计银三百六十余两,众军怨恨。"④

万历末年,陕西墩军的口粮还遭到裁减。万历《新修安定县志》修纂者

---

① [明]孙世芳、栾尚约修纂:嘉靖《宣府镇志》,卷10,《亭障考·墩台》,第85页。
② [明]刘焘:《刘带川公遗集》,卷1,《边防议·哨报》,香港:天马图书有限公司,2006年,第11页。
③ [明]谭纶:《谭襄敏公奏议》,卷6,《秋防举劾疏》,台北:"中央研究院"历史语言研究所藏明万历原刻本,第11b、12a页。
④ [明]涂宗濬:《抚延疏草》,卷4,《甄别练兵官员疏》,台北:"中央研究院"历史语言研究所傅斯年图书馆藏明刊本,第77b页。

在评论烽墩时云:"论曰:家不以无盗而忘犬,室不以无鼠而忘猫。边城烽火,缓急是赖,前人以和国而革墩卒之食,岂其无猫犬之虑乎?"① 安定为固原镇辖区,位置较为内地,竟将墩军之粮革除。万历四十年(1612),陕西巡按御史毕懋康奉勅阅视延绥、固原二镇后条陈十事,其中亦提到:

> 自纳款以来,夜役不行远哨,惟守墩瞭望,而各堡官亦以墩军安闲,又有番人交易之利,将加增口粮减扣不给,或跟伴役使,或差拨扛抬。各墩军夜,徒有虚名,贼至不知,已出方觉。②

毕懋康这段内容,道出管理墩台军官的想法是,反正墩军可以与外族部民私下交易,生活还是过得去,月粮减扣一些无所谓。天启五年(1625)二月,巡按陕西御史蒋允仪上筹边八事,最后一事提到墩军月粮遭到克扣、本职受到杂差役使,管墩官卖放墩军,以及月粮裁减之事:

> 军中耳目,尽在墩夜,荒边贫苦,恤之不可不周,核之不可不尽。但各墩军皆操守坐堡统之,将领不得过而问焉。或扣小数以充囊,或假杂差以役使。是墩军皆操堡所使之军也,非老弱则卖放,杳然无人者有之,间有一、二人者有之。此权虽在操堡,而墩军亦不能无议。有虏入避不举炮传烽,虏出方虚张声势以掩耳目者,如前延安入犯时,烽火未传至镇,而声息已闻遍省,有速于传火者乎?每每迟之,是皆因守墩原无人,猝然之顷,手足忙乱,此时即绳之以法,亦无及矣。是在平日戒严各路将领与该道不时差人稽查之,倘虚悬役使,点查不到,并失传炮火,军按以法,操堡即行究革。失事者,将领一体论罪。

---

① [明]恽应翼、张嘉孚修纂:万历《新修安定县志》,卷1,《地理志·烽墩》,兰州:兰州古籍书店,1990年,第17页。
② [明]胡博文:《毕司徒东郊先生年谱》,万历四十年壬子条,北京:北京图书馆出版社,1998年,第135—136页。

既核之矣，不知所以恤之，尤恐军有苦而我不知，与不核同。知之而不议恤，与不知同。查军粮一石，又小粮三斗，所以优恤之意也。今因虏欵，扣一斗以充抚赏之不足，是何异割肉医疮也。所在见告，皆鹄面鸠形之人，而冀其远窥近望之能得邪？则别项或可裁，而此粮决不可扣。抚赏原自有抚赏之银，何独于苦墩军而夺之食乎？如前规已定，或量墩之冲而酌为扣留，如太冲者尽还小粮，不冲者扣除亦不为过。墩下有荒地可耕者，量给牛种，尽力开垦，永不起科。其小粮尽扣作牛种，丰岁即复并还官。如此，在戍军无地可耕者，有粮可食；有地可耕者，有资而食。扣其有余，以补不足，谁不趋宿饱以传烽燧哉？即谓恤之，即所以核之可也。

奏疏送进后，明熹宗命兵部议奏。兵部覆奏如蒋允仪所议，明熹宗随后批准。① 与毕懋康一样，蒋允仪同样看到墩军被扣粮、役使，至于扣粮的理由之一，是补充抚赏蒙古部落的费用。然而，虽然他极力陈言，强调墩军月粮绝不可扣，但明蒙封贡以后，边境稍安，武备松弛，种种弊端，如克扣、占役、卖放等，积习已久，要马上导正，恐怕不容易。至于减墩军月粮以充抚赏之费，即使朝廷下令禁止，卫所军官私底下可能还是暗扣。故延绥墩军之苦，是难以苏缓。崇祯初年，陈仁锡仍旧谈到延绥墩军被勒索之事："秦东北与山西界连，自黄甫川而起，西至临、巩。边墙有砖墩、有土墩，每墩设军五名。有属守备管理者，有属操守管理者，一索常例，遂为弛备，每墩止有一人守者，甚至以妇人守者。"②

更为严重的是，到了明末，因为财政困难，军中缺饷颇为严重。崇祯初年，陈仁锡《纪蓟门拨哨》中提到："尖夜置身于险，烽军昼夜瞭望，缺饷至

---

① ［明］沈国元：《两朝从信录》，卷25，乙丑二月条，北京：北京出版社，2000年，第535页。［明］温体仁等撰：《明熹宗实录》，卷56，天启五年二月甲申条，第2560—2562页。
② ［明］陈仁锡：《陈太史无梦园初集·漫集》，卷2，《輶轩纪闻·纪三秦流贼》，第437页。

半年余，不哗则不给，哗者皆新旧主客之营兵。而出哨、守烽之卒，给则食，不给则忍饥以待救死不暇，安望其宿饱，用之以侦探，用之于斥堠乎？"①墩军由于势孤，无法形成集体力量，在缺饷讨饷上也是最边缘的一群人。

五、皮袄、胖袄与裤鞋之赐

众所皆知，明帝国北部边塞气候寒冷。明中叶，周金曾说：边镇之寒，辽东第一，大同次之，"真有堕指裂肤之惨"②。苏祐《逌旟璅言》则提到："大同地极高寒，秋月恒雨雪，冬月唾至地已成冰。"③张瀚《松窗梦语》亦云：晋地"天气极寒，非重袭不能御冬。出郊外，北风猛烈，令人不能前。举手攘臂，直令堕指裂肤"④。有时七八月就已下大雪，如正统八年（1443）七月，大同官军巡警至沙沟，风雪骤至，裂肤、断指者二百余人。⑤嘉靖二十四年（1545），宣府巡抚孙锦奏言："摆边军士，穷日夜防守，方秋八月，士已有僵尸雪中者。"⑥万历十六年（1588）八月，宁夏大雪，雪深达尺余，军士多有冻伤者。⑦孟冬的边区，若遇上暴风雪，面对的可能就是潘元凯《贺兰山九歌》中所描述的景况："十月严寒雪花堕，空中片片如掌大。"⑧而且，孟夏仍可能降下大雪，如成化十三年（1477）四月，辽东开原大风、雨雪，天气大寒，牲畜多冻死。⑨万历四十六年（1618）四月二十二日，固原镇大雪，

---

① ［明］陈仁锡：《陈太史无梦园初集·海集》，卷1，《山海关外纪闻·纪蓟门拨哨》，第269页。
② ［明］李诩撰，魏连科点校：《戒庵老人漫笔》，卷3，《周尚书谈边境》，北京：中华书局，1982年，第99页。
③ ［明］苏祐：《逌旟璅言》，卷上，台南：庄严文化事业有限公司，1997年，第2页。
④ ［明］张瀚著，盛冬铃点校：《松窗梦语》，卷2，《西游纪》，北京：中华书局，1985年，第45页。
⑤ ［明］陈文等撰：《明英宗实录》，卷106，正统八年七月辛未条，第2156页。
⑥ ［明］张居正等撰：《明世宗实录》，卷304，嘉靖二十四年十月己亥条，第5758页。
⑦ ［明］顾秉谦等撰：《明神宗实录》，卷206，万历十六年十二月乙未条，第3854页。
⑧ ［明］王珣、胡汝砺修纂：弘治《宁夏新志》，卷8，《杂咏》，第592页。
⑨ ［明］刘吉等撰：《明宪宗实录》，卷165，成化十三年四月壬戌条，第2993页。

冻死牧场的营马骡驼共一千九百九十九头。① 以上例子虽系极端气候，但墩军同样经历，甚至殒命于其中。

（一）明初至成化年间

由于边地气候远较内地恶劣，而墩军守瞭又多在旷野，秋冬至春季霜雪风寒，值勤特别辛苦。因此，自洪武以降，守瞭军士除冬衣布花和胖袄、裤鞋之外，特别拨给皮袄、狐帽御寒（非一般士兵所能有）。但使用年久，多半破败不堪。洪熙元年（1425）闰七月，征西将军参将保定伯梁铭上奏："宁夏等卫缘边守瞭旗军，旧给皮袄、皮帽，年久破坏，请再给。"明宣宗谕命行在工部尚书吴中："境边苦寒，守备军士昼夜劳苦，速令陕西都司、布政司制造给付，不可后时。其长安岭等处守瞭官军，尔工部亦制造给之。"② 但工部并未拨给长安岭墩军，故至九月间，守长安岭指挥阎贵等奏请赐给守关军士皮裘、狐帽。明宣宗又告诉工部："口北苦寒，未冬先雪，士卒守关瞭望，昼夜勤苦，使无衣御寒，其何以堪？皮裘、狐帽，速遣人运往给之。开平、大同诸边卫，皆循此例。"③ 宣德四年（1429）十二月，直隶怀来卫奏言："洗马林等处守瞭军士三百七十七人，旧给毛袄、狐帽，经久皆敝。"明宣宗谕尚书吴中说："今苦寒之际，宜速给之，不可缓。他处应给者，皆速给之。"④ 后来，工部决定口内卫所不额外发给。宣德八年（1433）十一月，备御永宁等处都指挥韩镇等上奏："本卫军士于各隘口瞭望者，所给皮裘、狐帽，久皆敝坏。近工部以本卫为口内不给，军士无以御寒，乞如旧例。"明宣宗谕命行在工部："永宁近边，瞭望士卒，不给皮裘，甚无谓。今天正寒，其速运往给之。"⑤

---

① ［明］顾秉谦等撰：《明神宗实录》，卷571，万历四十六年六月乙丑条，第10767页。
② ［明］杨士奇等撰：《明宣宗实录》，卷5，洪熙元年闰七月庚子条，第128—129页。
③ ［明］杨士奇等撰：《明宣宗实录》，卷9，洪熙元年九月乙卯条，第246页。
④ ［明］杨士奇等撰：《明宣宗实录》，卷60，宣德四年十二月乙亥条，第1426页。
⑤ ［明］杨士奇等撰：《明宣宗实录》，卷103，宣德八年十一月丙申条，第2389页。

相较于直隶、宣府镇墩军每人一领，大同镇墩军的待遇就没这么好。宣德二年（1427）七月，大同总兵官武安侯郑亨上奏："缘边烟墩七十有六，各置旗军十五人，昼夜守瞭。边地苦寒，其中有衣服单薄者，乞每墩给皮裘五领，使更番瞭望，得以御寒。"明宣宗命工部如数发给。① 由此可知，大同镇墩军是轮流使用皮袄，上班穿上，下班脱下。

明英宗即位后不久，宣德十年（1435）八月，辽东总兵官都督同知巫凯言边情八事，其中建请："军士御寒，仍如口北例，给毛袄赐之。"② 正统三年（1438）九月，行在兵部尚书兼大理寺卿王骥奏言时提到：

> 甘肃一带乃极边苦寒之地，军士仰给赏赐，别无生计。而守瞭者艰苦尤甚，盖墩台俱孤悬境外，山高风猛，衣服单薄，手足皲瘃。今闻行都司广盈库旧贮衣袄等物五千九百余件，岁久浥烂，更三数年化为尘土，乞将给散守瞭军士，使其补缀，以为御寒之具。

明英宗从其所言，命相关衙门依此施行。③ 正统三年（1438）十一月，因镇守密云等处都指挥佥事陈亨上奏："严冬各关军士，多无衣御寒，甚至有伤生者。"朝廷又赐给密云中后卫及营州左屯等卫守墩夜不收、旗军一千七百七十余人毛袄。④ 然而，即使朝廷不断拨给御寒衣鞋，墩军仍然未能每人一件。至正统十二年（1447）四月，户部照磨张瑾奏言八事，其中一事仍提到："沿边墩台守瞭军士，乞人赐皮袄一，以御冻寒。"事经礼部尚书胡濙等覆议，认为军士皮袄宜关给，明英宗亦表示赞同。⑤

土木堡事件以后，中央财政日渐困难，拨发冬衣渐不正常，而墩军等士

---

① ［明］杨士奇等撰：《明宣宗实录》，卷29，宣德二年七月辛亥条，第771页。
② ［明］陈文等撰：《明英宗实录》，卷8，宣德十年八月己酉条，第154页。
③ ［明］陈文等撰：《明英宗实录》，卷46，正统三年九月己酉条，第902页。
④ ［明］陈文等撰：《明英宗实录》，卷48，正统三年十一月丙申条，第932页。
⑤ ［明］陈文等撰：《明英宗实录》，卷152，正统十二年四月甲辰条，第2981页。

兵只能忍寒受冻。天顺二年（1458）十二月，巡关监察御史孙珂奏言："山海抵居庸一带关口夜不收、守关、守墩、架炮军士，披坚执锐，登高涉险，较之京军劳逸不同；况天气凝寒，多乏棉衣。乞给赐胖袄、袴鞋。"事下工部议奏，工部议言："各边官军动有万数，在库衣鞋已乏，若准给一方，则起比例纷纷之求矣。珂言难允。"明英宗依从工部意见，不准赐给。① 有些边镇地方，毛袄甚至十余年未拨。明宪宗即位后不久，宣府镇独石、马营等八个城堡队官、旗军等联名向守备把总状告，八城堡守备把总等呈文镇守右参将黄瑄，黄瑄以此咨文总兵官颜彪等，内云：

（队官、旗军等）俱系原选领养官马神枪铳炮在边操守，及守瞭沿边并腹里墩堡夜不收等项身役，昼夜在墩瞭望，但有声息烟火，不避风雪，星驰走报。……因是此处天气严寒，正统年间荷蒙圣恩怜悯，每三年一次，给与官军毛袄或胖袄裤鞋，御寒穿用，俱各破碎无存。自景泰二年至今一十三年，未蒙关给。切思本处山高风猛，寒冷至极，每遇隆冬时月，堕指裂肤，寒苦尤甚。

继而镇守右参将李刚亦续有咨文呈到，所述与前面所言类同，巡抚宣府等处都察院左佥都御史叶盛为此会同总兵商议，于天顺八年（1464）十月初三日向朝廷题请：

宣府等处操守备御等项官军数多，诚恐袄裤等件不敷，臣等不敢一概请给，会议得惟有极边墩台守哨官军，切近虏境，迎风冒雪，设伏瞭望，寒苦尤甚，先蒙给赐毛袄等件，已经年远无存，实是艰难。今旗军赵杰等所告，情词恳切，伏望圣恩怜悯，乞将沿边墩台哨守官军，每名给与胖袄、裤、鞋或毛袄各一件，照例运送宣府等处，唱名给散穿用。

---

① ［明］陈文等撰：《明英宗实录》，卷298，天顺二年十二月乙亥条，第6340页。

若有事故，即扣还官，明白支销，实为便益。①

约略同时，大同镇官员亦向朝廷奏请。天顺八年（1464）十月，赐宣府独石诸城堡官军三千七百四十余人、大同守墩官军一千五百七十余人毛袄。明宪宗批示："穷边沍寒，兵士尤苦，故于常例外赐以毛衣，其他边障不得援以为例。"②

另有官员建议，每两年赏给延绥镇墩军皮袄一件。成化六年（1470），户部郎中万翼奏言："榆林东西二路在墩官军并逻卒，劳苦特甚，欲间岁给白金一两、皮袄一件，着为定例。"六月，兵部尚书白圭等覆议，谓此项恩典应请皇上圣裁。明宪宗原则上同意："榆林守墩官军并逻卒，见在御寇效力，命镇守巡抚官察其勤苦者，特与赏劳，不为常例。"③结果只是择要赏给，未成定例。

（二）弘治以后的调整

弘治以后，赐给守墩士兵皮袄渐少，而多改为发给胖袄。明中叶的胖袄规格，原订于宣德十年（1435），每件长四尺六寸，装棉花绒二斤。袴装棉花绒半斤。韝鞋各长九寸五分至一尺，或一尺二分。④而在弘治二年（1489），工部奏准：给散守墩、架炮、夜不收人等胖袄，每三年一次。⑤长期以来，胖袄以发给实物为主。弘治年间最大的变革，乃是改为发给银两。事缘于弘治四年（1491）三月，巡按直隶监察御史张琏等奏言：

---

① ［明］叶盛：《叶文庄公奏议》，《上谷奏草》，卷1，上海：上海古籍出版社，1997年，第507—508页。
② ［明］刘吉等撰：《明宪宗实录》，卷10，天顺八年十月癸巳条，第218—219页。
③ ［明］刘吉等撰：《明宪宗实录》，卷80，成化六年六月乙亥条，第1571页。
④ ［明］李东阳等编纂：正德《大明会典》，卷156，《工部十·军器军装》，第342页。
⑤ 同上注，第343页。

朝廷念大同、宣府边军之苦，每三年一赐衣鞋，但民间所制，长短阔狭，不能各称其身。况贮库日久，易于敞坏。请令江南州县量征价银，以待给赐，听其自制，庶边军得蒙实惠，而民间亦免转输之费。

明孝宗将其发下工部，工部覆议，建议行文浙江等布政司及南北直隶府州，自弘治五年至九年（1492—1496），每衣袄一副，征银一两五钱，以便发银给赏。辽东、永平、山海等边区亦按照此例，惟甘凉、宁夏、榆林三边，例由陕西布政司岁办，并抽分皮张承造，则仍按照旧制不改。明孝宗随即批准施行。① 由于这一变革，发给墩军的袄鞋也改为折银，每人银一两五钱。（见表6 D6至D9各条）

弘治十六年（1503），户科左给事中任良弼奏言六事，第一件事为清理积朽，工部奏请派官查盘内府各库，工部侍郎张达奉命会同科道官清查各库土贡后上奏清查结果，其中鞹鞋比胖袄之数多出七倍，认为应该停征。十月，工部覆奏亦建议："各边三年一次关领衣鞋，每副例该给银一两五钱，今后止给与一两四钱，搭与鞹鞋一双，候放支将尽，仍旧全给。"此一建议获得批准。② 因此，直至正德初年，发给墩军等士兵的衣鞋银是一两四钱。（见表6 E1条）而在发放时，按理应同时发给一双鞹鞋。

比较奇怪的是，前面谈到的三年一给皮袄或胖袄之例，并非各镇都适用，甘肃镇就被排除在外。正德十三年（1518），巡按陕西御史赵春奏言：甘肃边地寒冷，军士贫穷甚于延绥、宁夏，而岁赐胖袄、皮袄独不及甘肃，建请均赐给。明武宗命甘肃巡抚李昆查处，李昆议奏："甘肃见操马步军及守哨夜不收、墩军共二万八千余人，似难概给，惟夜不收及墩军寒暑探望，艰苦可悯。"十一月，工部议请如宣府、大同、辽东三岁一给之定例，以西

---

① ［明］李东阳等撰：《明孝宗实录》，卷49，弘治四年三月己卯条，第984页。
② ［明］李东阳等撰：《明孝宗实录》，卷197，弘治十六年三月己巳条，第3631—3632页；卷204，弘治十六年十月丙辰条，第3803—3804页。

安等府岁办之胖袄、皮袄，除延绥、宁夏二镇领取外，酌量赐给甘肃夜不收、墩军，若仍不够，则折银一两五钱发给。正德皇帝批可。①

表6　明初以降赐给边军御寒衣袄举例

A1	宣德二年十月	给龙门等口及诸台墩守备军士胖袄、裤、鞋。②
A2	宣德五年十二月	给长安岭并独石等处守关口墩台军士胖袄、裤、鞋。③
A3	宣德八年九月	给开平诸卫夜不收并各处关口台墩哨探、守瞭军士七千九百余人皮袄、狐帽。④
A4	宣德九年二月	给守御龙门等墩口戍卒二千余人毛袄、狐帽。⑤
A5	宣德九年八月	给大同所辖烟墩、营堡瞭望军士毛袄。⑥
B1	正统元年九月	给开平等卫缘边瞭哨、烧荒官军狐帽，袢袄裤各二千四百八十有余，鞋倍之。永宁等卫哨备夜不收旗军狐帽、毛袄，各三千四百八十有余。从都指挥杨洪等奏请也。⑦
C1	成化元年十月	赐山海、古北口等处边关夜不收及守墩官军四千四百余人胖袄、裤、鞋。⑧
C2	成化九年十一月	给赐大同守墩、夜巡军士四千九百九十一人胖袄、裤、鞋。⑨
C3	成化十年十月	给赐居庸关墩军百六十四人御冬衣鞋。⑩
C4	成化十年十二月	给山海、喜峰口等关守墩架炮夜不收军士三千六百七十七人胖袄、裤、鞋。⑪
C5	成化十二年十月	给赐天城、阳和守墩及夜巡军士四千九百九十一人胖袄、裤、鞋。⑫

---

① ［明］费宏等撰：《明武宗实录》，卷168，正德十三年十一月癸亥条，第3261—3262页。
② ［明］杨士奇等撰：《明宣宗实录》，卷32，宣德二年十月丁卯条，第822页。
③ ［明］杨士奇等撰：《明宣宗实录》，卷73，宣德五年十二月庚午条，第1697页。
④ ［明］杨士奇等撰：《明宣宗实录》，卷106，宣德八年九月癸未条，第2357页。
⑤ ［明］杨士奇等撰：《明宣宗实录》，卷108，宣德九年二月壬戌条，第2426页。
⑥ ［明］杨士奇等撰：《明宣宗实录》，卷112，宣德九年八月庚申条，第2517页。
⑦ ［明］陈文等撰：《明英宗实录》，卷22，正统元年九月辛亥条，第442页。
⑧ ［明］刘吉等撰：《明宪宗实录》，卷22，成化元年十月乙亥条，第429页。
⑨ ［明］刘吉等撰：《明宪宗实录》，卷122，成化九年十一月己亥条，第2350页。
⑩ ［明］刘吉等撰：《明宪宗实录》，卷134，成化十年十月辛卯条，第2518页。
⑪ ［明］刘吉等撰：《明宪宗实录》，卷136，成化十年十二月癸卯条，第2561页。
⑫ ［明］刘吉等撰：《明宪宗实录》，卷158，成化十二年十月辛未条，第2885页。

续表

C6	成化十三年九月	给居庸关守墩、夜巡官军一百六十四人衣鞋。①
C7	成化十三年十月	给赐榆林城守墩、夜哨军士六千九百八十四人衣鞋。②
C8	成化十三年十一月	给大喜峰口等处关寨守墩、夜巡军士三千七百四十七人衣鞋。③
C9	成化十四年九月	给雁门、偏头、宁武三关守墩、夜巡官军七百五十九人衣鞋。④
C10	成化十六年十月	给赐居庸关沿边守墩、夜哨军士百六十三人衣鞋。⑤
C11	成化十六年十二月	赐宣府诸城旧守瞭、夜巡官军六千四百七十五人衣鞋。⑥
C12	成化十九年九月	给赐密云、古北口诸边守墩、夜哨军士九百六十五人衣鞋。⑦
C13	成化十九年十一月	给赐宣府各墩旧守墩、夜不收官军六千五百三人衣鞋。⑧
C14	成化二十年九月	给赐偏头、雁门、宁武三关及代州东西隘口守墩、夜哨官军九百五十六人衣鞋。⑨
C15	成化二十二年九月	赐蓟州、永平、山海诸处守墩、夜哨官军民舍四千二百四十三人衣鞋。⑩
C16	成化二十二年九月	给居庸关花园等墩夜哨军士一百六十二人衣鞋。⑪
D1	弘治二年九月	给蓟州、永平、山海各边守瞭官军衣鞋四千二百八十五副。⑫
D2	弘治二年九月	给居庸关沿边守瞭官军衣鞋一百六十四副。⑬
D3	弘治三年九月	给辽东地方守墩并夜不收官军衣鞋一万一千六十六副。⑭

---

① [明]刘吉等撰:《明宪宗实录》,卷170,成化十三年九月己巳条,第3074页。
② [明]刘吉等撰:《明宪宗实录》,卷171,成化十三年十月丙申条,第3093页。
③ [明]刘吉等撰:《明宪宗实录》,卷172,成化十三年十一月乙亥条,第3108页。
④ [明]刘吉等撰:《明宪宗实录》,卷182,成化十四年九月癸酉条,第3288页。
⑤ [明]刘吉等撰:《明宪宗实录》,卷208,成化十六年十月癸亥条,第3627页。
⑥ [明]刘吉等撰:《明宪宗实录》,卷210,成化十六年十二月丁未条,第3654页。
⑦ [明]刘吉等撰:《明宪宗实录》,卷244,成化十九年九月癸丑条,第4143页。
⑧ [明]刘吉等撰:《明宪宗实录》,卷246,成化十九年十一月丙辰条,第4173页。
⑨ [明]刘吉等撰:《明宪宗实录》,卷256,成化二十年九月丁酉条,第4329页。
⑩ [明]刘吉等撰:《明宪宗实录》,卷282,成化二十二年九月戊申条,第4756页。
⑪ [明]刘吉等撰:《明宪宗实录》,卷282,成化二十二年九月丁卯条,第4782页。
⑫ [明]李东阳等撰:《明孝宗实录》,卷30,弘治二年九月癸亥条,第672页。
⑬ [明]李东阳等撰:《明孝宗实录》,卷30,弘治二年九月己卯条,第678页。
⑭ [明]李东阳等撰:《明孝宗实录》,卷42,弘治三年九月乙卯条,第868页。

续表

D4	弘治三年闰九月	给甘肃地方守瞭官军皮袄三千一百六十件。①
D5	弘治四年九月	给赐宣府各路守瞭并操哨夜不收官军九千四百七十二员名衣鞋各一副。②
D6	弘治六年十月	命辽东守墩并夜不收官军该支衣鞋者七百六十三人,人折给银一两五钱。③
D7	弘治七年十一月	给宣府各路瞭哨官军九千九百三十余人衣鞋价银,各一两五钱,共一万四千九百两有奇。④
D8	弘治十四年九月	给南海口等关守瞭官军五千一百人衣鞋之直,共银七千六百五十两。⑤
D9	弘治十四年十二月	给居庸关守瞭官军衣鞋之直,各银壹两伍钱。⑥
E1	正德元年十月	给赐宣府沿边墩堡守瞭官军、夜不收人等一万二千三百一十七人折寒衣银两,每袄袴一副,折银一两四钱,凡给银一万七千二百四十八两。⑦
E2	正德二年九月	给蓟州并居庸关等处守墩、架炮夜不收官军民舍衣鞋,凡五千七百七十八名。⑧
E3	正德四年九月	给宣府各墩堡夜不收官军一万二千三百四十二名衣鞋银,凡一万七千二百两有奇。⑨

弘治至正德年间,发给墩军等胖袄一度改为发衣鞋银,明世宗即位后又恢复发给实物。如嘉靖二年（1523）九月,给密云地方官军二千二百六十七员名,各胖袄、袴、鞋一副。⑩ 十月,给辽东官军一万二千五百六十五员名,

---

① [明]李东阳等撰:《明孝宗实录》,卷43,弘治三年闰九月丁未条,第887页。
② [明]李东阳等撰:《明孝宗实录》,卷55,弘治四年九月壬寅条,第1078页。
③ [明]李东阳等撰:《明孝宗实录》,卷81,弘治六年十月乙酉条,第1544页。
④ [明]李东阳等撰:《明孝宗实录》,卷94,弘治七年十一月乙未条,第1725页。
⑤ [明]李东阳等撰:《明孝宗实录》,卷179,弘治十四年九月丙戌条,第3301页。
⑥ [明]李东阳等撰:《明孝宗实录》,卷182,弘治十四年十二月戊辰条,第3362页。
⑦ [明]费宏等撰:《明武宗实录》,卷18,正德元年十月戊申条,第534页。
⑧ [明]费宏等撰:《明武宗实录》,卷30,正德二年九月丙寅条,第762页。
⑨ [明]费宏等撰:《明武宗实录》,卷54,正德四年九月丙申条,第1215页。
⑩ [明]张居正等撰:《明世宗实录》,卷31,嘉靖二年九月己丑条,第825页。

各胖袄、裤、鞋一副。①

明穆宗在位时，有官员提到拖欠毛袄之事。隆庆二年（1568）四月，兵部覆议巡抚甘肃都御史石茂华条陈边事，其中提到："各墩夜不收，例给毛袄，取价于陕西布政司。今墩台哨卒皆已增多，愈不能给，宜令所司加派，仍督发累岁之逋者。"明穆宗批准兵部所议。②

辽东军士的胖袄，嘉靖以来多发给实物，一直到万历初年亦然，如万历三年（1575）三月，给辽东官军胖袄、裤、鞋一万三千一百零十副。③万历十二年（1584）九月，蓟辽总督张佳胤言蓟事之当慎、辽事之当行八议，最后一议为"辽东胖袄不可不议"。兵部覆请，神宗批可。④此事笔者未见相关细节，不清楚具体内容如何。万历十九年（1591）十月，户部议覆辽东阅视督抚等官会议国计军需等事，其中一议为支布花，内言："辽左孤寒，布花难减，又有应领胖袄，准改折色，给军自置布袄，更为利便。"⑤由此看来，布花未便折色，而胖袄则改为发银，由墩军等自制。

晚明关于胖袄的记载，主要与辽东军兴相关。如天启二年（1622）三月，工部开列自万历四十六年起至天启元年止发过援辽军需之总数骤闻，其中包括新棉花二千七百斤，旧棉花二万三百斤，胖袄、胖裤四万副。⑥崇祯五年（1632）十月，因工部拨发胖袄一再拖延，崇祯皇帝说："天气寒冷，东征将卒棉衣屡奉旨催办，经管官日久不见回奏，深轸朕怀。即着乙字库再发胖袄、裤各五千件，星解军前，与彼处所置，一同酌量给散。"⑦由此看来，工部似已无法支应这一开支。然而，内府乙字库所贮存的胖袄也有库存不足的

---

① ［明］张居正等撰：《明世宗实录》，卷32，嘉靖二年十月己酉条，第839页。
② ［明］张居正等撰：《明穆宗实录》，卷19，隆庆二年四月甲午条，第530页。
③ ［明］顾秉谦等撰：《明神宗实录》，卷36，万历三年三月乙卯条，第845页。
④ ［明］顾秉谦等撰：《明神宗实录》，卷153，万历十二年九月癸未条，第2834页。
⑤ ［明］顾秉谦等撰：《明神宗实录》，卷241，万历十九年十月甲午条，第4480页。
⑥ ［明］温体仁等撰：《明熹宗实录》，卷20，天启二年三月庚戌条，第1016页。
⑦ ［清］佚名：《史语所藏钞本崇祯长编》，卷64，崇祯五年十月乙亥条，台北："中央研究院"历史语言研究所，1966年，第3711页。

问题。崇祯六年（1633）十一月，乙字库掌库事御马监太监金镕等上《库贮胖衣极匮省直拖欠甚多恳乞圣明严勒工部作速严督催解来京以济军需以应钦赏事》，二十三日奉圣旨："胖衣系官军御寒急需，据奏各省直积欠至十一万有余，以致库贮匮乏，贫军何赖？该管各官好生玩误，着该抚按严行督催，已解的星押前来，未完的刻期起解。仍详查经管职名，参奏议处，不许徇延，还立限去。该部知道，钦此。"①

（三）恩赏之疵：劣品与奇货

就如前面所举，叶盛等巡抚官员体恤墩军劳苦，曾奏请皮袄等御寒衣物。这样的例子，还包括殷谦。成化九年（1473），殷谦改任巡抚宣府，在任上曾以"极边守瞭军寒，给皮袄帽以煜之"②。但并非所有人都有慈悲之心。成化十三年（1477）七月，明宪宗以边备多弛，命兵部会议防边事宜。兵部左侍郎滕昭等与总兵官英国公张懋等详议，条列奏闻，其中一条指出："各边军士及守墩、巡哨官军，中多贫苦，管军头目不为存恤，冬衣布花，多不支给。请敕各边巡抚等官严核所部官军，今后给赏，务臻实惠，其巡守墩台者，人给衣鞋，以优恤之。"③

更夸张的是，正德元年（1506），刘瑾专权，竟有官员为了讨好，将甘肃军士冬衣、布花，运给西安淡氏（刘瑾原姓）私用，"军士嗷嗷，怨声载道"。甘肃鹅头山上有墩台，守墩军士无冬衣御寒，故陶谐有诗句云："衣布殊恩怜戍卒，年来何事继肥轻。鹅头迢递风霜苦，却使无衣探虏情。"④而且，例行性的拨赐似乎也并未落实。嘉靖二十二年（1543），山西三关兵备道胡

---

① [明]祁彪佳：《宜焚全稿》，卷11，上海：上海古籍出版社，1997年，第584页。
② [明]张升：《荣禄大夫太子少保户部尚书涿鹿殷公谦墓志铭》，载[明]焦竑编《焦太史编辑国朝献征录》，卷28，《户部一·尚书一》，第430页。
③ [明]刘吉等撰：《明宪宗实录》，卷168，成化十三年七月癸酉条，第3041页。
④ [明]陶谐：《陶庄敏公文集》，卷6，《己巳岁甘肃军士冬衣布花尽输西安淡氏家私用军士嗷嗷怨声载道因纪以二韵》，台南：庄严文化事业有限公司，1997年，第393页。

松在回覆宣大、山西总督翟鹏的信上，曾建议翟鹏向朝廷奏请，孟冬即赏给墩军皮衣、暖耳、靴袜各一具：

> 然余又闻烽火耳目，全恃墩卒。闻墩卒之苦，日与死比。即在三时，尚自可遣，至如冬月，则鞁瘵堕裂之惨，所不忍言。而况又有攻围杀害之祸，是以人皆惮为之，而数每不足。谓宜补足其人，墩修治坚厚。仍疏请优恤，每及冬初，别给皮衣、暖耳、靴袜各一具，使之昼夜瞭望，时其燧烽。①

由此看来，墩军冬天的日子应该不好过。事后翟鹏是否采纳胡松的建议，特别向朝廷请求赏赐皮衣等御寒衣物，现在亦不得而知。其实，墩军领到的胖袄常常质量欠佳。嘉靖三十一年（1552）至三十五年（1556），吴遵担任监察御史，在所著之《初仕录》中提到："近见包揽之徒，多收里甲银两，而制造极为粗恶，胖袄枲中贯沙，久则腐烂。"②嘉靖末年，李豫亨《国计三议》之《措置议》中也述及此事："边军胖袄，率自苏松成造，每领计官价贰两，又增扛解赴部交纳，几及参两矣。然此项银两，多以支猾胥干没，奸役侵费，实用不过七、八钱，藏贮年久，迨至输边，十九浥烂，军士未得实济。"③

另外，嘉靖四十四年（1565），李开先《塞上曲》一百首中有一诗咏道："边穷战士多无裤，良将闻之心独忧。冰月减衣同受冷，堪嗟债帅御重裘。"④军士冬天无棉裤，可能是拖欠未发，将军少穿衣服也不是办法。而即使拨发下来，却可能成为上官勒索的工具。隆庆四年（1570）十二月，戚继光在

---

① ［明］胡松：《胡庄肃公文集》，卷5，《答翟中丞边事对》，台南：庄严文化事业有限公司，1997年，第193页。
② ［明］吴遵：《初仕录》，《兵属·重军需》，合肥：黄山书社，1997年，第31页。
③ ［明］李豫亨：《国计三议》，《措置议》，台北："中央研究院"历史语言研究所傅斯年图书馆藏明嘉靖间刊本，第9b—10a页。
④ ［明］李开先：《李开先集》，《闲居集》卷4，《塞上曲》，北京：中华书局，1959年，第254页。

《题禁给领胖袄科敛疏》中提到：

> 窃惟臣子仰服天恩，虽一缕之赐，曷胜荣耀！圣明慎重惠典，即敝袴之微，亦待有功。且胖袄出自御库，下及行伍戍卒，诚解衣之至惠，挟纩之洪恩也。夫何行久弊生，乃将极旷之典，遂为侵敛之门。每遇关领胖袄之日，各路另会小委官一员，指称打点费用，科敛军士，集计不止数百余金，以致军士有"宁免科敛而不愿领胖袄"之谣。甚至委官即将胖袄就便京师侵卖，及至领到之数，又为各边委官先行拣出好袄，每件索银不等，方与关领。无银者给与下等；或私扣其饷，必用一袄之值，方得一袄到军。是朝廷以挟纩之恩，而为边关垄断之术矣。照得所属沿边关口守墩、架炮、夜不收官军，旧例三年一次关给胖袄、袴、鞋，以御冬月，国恩甚优渥也。访得委官每于该领之人，各索盘费银一钱。至于应给之日，委官又不即到，且将衣、鞋分为三等。索银一钱五分者领上等，一钱者领中等，五分者领下等。是以国家旷典为贪官奇货也。相应严禁，以便军情。除革去常例外，议别处盘费银二、三十金，足为入京使费。其各路小委官，尽经裁革。仍通行禁约，以绝科敛之弊。以后凡遇关领胖袄岁期，除臣委武官一员，复会行巡抚委文官一员，赍本同去赴领。如有各路踵袭故弊，仍前科敛盘费及打点使费等弊，即便访拏重究。伏乞皇上俯怜边军万分艰苦，早赐照数给发，付与委官，领运到边，容臣会同巡抚，亲诣各路，照令拟定，实是传烽墩军，实是差入虏营尖哨，实是架炮夜不收，当官唱名，对手领着，断不使敛费分文。事完，请设香案，宣谕皇上旷荡之恩，即令望阙谢恩，俾知恩所自出。庶边军感奋，而矢心用命以御虏矣。①

---

① ［明］戚继光撰，张德信校释：《戚少保奏议》，补遗卷1，《题禁给领胖袄科敛疏》，第169—170页。

军中是一个阶级社会，后勤官员借拨给胖袄等进行勒索，为外人所难以想象。底层兵士未蒙实惠，或许已存在相当长的时间。因此，戚继光改变关领胖袄的现行做法，革除各路小委官，由他（总兵）委派一名武官，会同巡抚所委派的一名文官，携带文书前往领取胖袄；拨给之时，由总兵会同巡抚，亲自前往各路，点名发给，以便传烽墩军、差入敌营尖哨、架炮夜不收这三类苦差能得到国家的恩赐。

万历年间，辽东仍有类似的案例。万历十九年（1591），辽东巡按侯先春在奏疏中谈到：" 夫边军所以备征战也，迩来私役百端，科索万状"，朝廷拨下的弓矢、衣物、鞍辔、皮张等军需品，强迫军士来领而从中获取厚利，" 皮袄一则，索银七钱，或五、六钱。皮裤一则，索银四钱，或三钱五分。披肩段一块，长不满尺，阔不及半，则索银一钱"。① 这些冬衣，在辽东依然是军官用以玩弄权力的一种"战利品"！

嘉靖以来，朝廷收到的胖袄质量不佳，屡被指摘。前面戚继光提到，舞弊军官将衣鞋分为三等，上等索银一钱五分，中等索银一钱，下等索银五分。而其所以有上中下之别，原因在于地方所造好坏差距甚大。后来，工部另有新规定。根据万历《大明会典》记载：

> 今例：造胖袄、裤，用细密阔白棉布，染青红绿三色，俱要身袖宽长，实以真正棉花绒。翰鞋亦要密衲坚完。衣里开写提调辨验官吏、缝造匠作姓名，并价直、宽长尺寸、斤重、裙幅数目，用印钤盖。限每年七月以前解到。②

然而，规定是规定，现实是现实，粗制滥造的问题一直未能根除。万

---

① ［明］侯先春：《谏草》，卷上，《安边二十四议疏》，台北："中央研究院"历史语言研究所傅斯年图书馆藏清光绪六年侯晟重刊本，第64b—65a页。
② ［明］申时行等编纂：万历《大明会典》，卷193，《工部·虞衡清吏司·军器军装二·军装·今例》，第2626页。

四十年前后，虞衡清吏司管验试厅主事楼一堂、工科给事中何士晋曾经共同订立验试厅条议，其中一条为"关防解进胖衣"，内容谈到：

> 胖袄、布裤、韈鞋之设，原以优恤军寒，故九边有三年一给之例，京师有五年一给之例，甚盛典也。但曰三年、五年，必其所给衣鞋新旧可以更替，而布花细厚历年不至速朽，故颁不违制，领不后时，岂不亦轸边养士之长虑哉。奈何迩来懈弛，各省直解进胖衣，粗布、黑花、稀针疏缝。兼以管解非人，揽头为祟，假染练之旧物，夹杂而试于一投，持补缀之虫余，钻求而期于必中，挟犷之惠罔闻，堕指之悲空切。若不严禁，长此安穷？

为此在条议中规定：今后各省所解胖衣等物，须要以细布、净花，在本地按规格制造，正官验过后才能起解。并依照解黄生绢事例，上面勒写年份、省份与督造、管解员役姓名。其制法用淡黄砑光细布或厚绢，"四围尺许，团圈密缝"，于胖衣里面背缝中间，勒写前面规定的四项，中边骑缝，钤盖官印，以便稽查。如无勒写、钤印，即便驳回，"如此则不惟刁解无所售其欺，而揽头亦无所射其利"。① 而即使将相关人等的名字都写上，地方制造的胖袄还是有瑕疵品。工部在查验时，验不胜验，查不胜查，总有漏网之鱼。天启二年（1622）八月，王在晋在题请山海关军士衣袄银两时就提到："胖袄系各省额解，佐领等官钻谋管造，内俱黄棉败絮，不能当风。"② 而这个问题，应该直到明亡仍然存在于各地。

---

① ［明］何士晋：《工部厂库须知》，卷7，《验试厅·条议》，北京：书目文献出版社，1988年，第525—526页。

② ［明］王在晋：《三朝辽事实录》，卷10，台北：台联国风出版社，1970年，第1148页。

六、结论

从洪武年间起，明帝国北部边塞大地上，浮现了一个又一个的墩台。这些立体的军事设施，植入了底层的军士。通常每墩五名守瞭，但沿边大墩兵力更多一些，位置僻静或位处内地的墩台则人数递减。在兵力充足之处，以正军或夜不收戍守为主，不足之处抽调余丁或民壮协守，或以充军的徒犯守瞭，在甘肃甚至有妇女上墩之例。这些士兵冒着危险，伫立在边地高处，承受风吹雨淋，忍着霜雪寒冻，一日又一日，一年又一年。所幸还有鸡猫犬相伴，闲暇时光亦可织织网巾卖钱。

墩军之苦，根源来自内外，而内甚于外。在外部方面，虽然其面对敌人的威胁，却非长年累月、分分秒秒。内部因素则不然。按照制度，守墩与守堡、守边墙等任务的士兵必须数月轮番一次，但在明中叶，墩军未得轮替已成常态。封闭性的军中社会，本就容易有上官欺凌下属之事，墩军自然无法逃脱这样的困境。最常见的是从事杂差，或被私人役使。有手艺的士兵，可以被安排至将领或权贵家中，免去上墩的麻烦。有钱财的士兵，可以花钱贿赂，买到近些及不危险的腹里或边内墩台，甚至不用上墩、不用查点，在家休息睡觉。这种所谓"卖放"的陋规，在军中不知存在多久，至成化年间才被揭露出来，即使有官员要求严禁，但直至明末还是潜藏在各个卫所之中。而没钱的士兵，只能自认倒霉，长年累月在墩台上站岗，正是"已过瓜期不放班，天寒路远泪潸潸"[①]。这样的一种军役，是众人望之却步的苦差事，最后沦为最贫穷弱势的士兵才被迫承接的"专职"。没有休息换班，没有升职的机会，日子遥遥漫长，就这样，老病过去。

墩军与一般的士兵相同，每月可以获得朝廷发给的月粮。永乐以后，负责守墩这一特殊任务，还可以兼支行粮。有鉴于守墩瞭望较其他任务艰苦，

---

① ［明］李开先：《李开先集·闲居集》，卷4，《塞上曲》，第248页。

从明英宗即位后即不断有官员建议增给月粮。其后，某些军镇的墩军月粮有所增加，但直至嘉靖年间，仍有许多官员提到，应该比照夜不收军再给予加薪。至于行粮方面，在明中叶确实亦有提升。然而，制度上不断增给，墩军却未必受惠，关键在于管墩军官等以各种名目（如火把钱、坐月钱、空闲钱、节礼钱）克扣月粮，以至实质所得无几。而且，在万历末年，延绥与固原等镇的墩军月粮还被裁减，而在明末缺饷的请愿事件中，墩军常常是缺席且被遗忘的一群。

在帝国的边疆，层峦起伏的高岗上，沙丘广布的荒漠边，孤寂的守墩军士，注视着空茫的前方，凝听着遥远的蹄声。朔风急，霜雪降，身心的冷，需要的是毛袄、狐帽、胖袄、胖裤及鞿鞋御寒。从洪武以降，拨赐来的这些冬衣，成为值勤时最大的慰藉。而袄裤穿久破了，赶上制度调整，朝廷的温暖到不了，身体觉得特别的寒。透过若干将领和巡抚的奏请，偶尔会有格外恩赏，然而当一切回归制度，三年一次的循环汰换，往往赶不上破损的速度，原因在于这些军需品的质量不佳。有些残忍的军官，甚至将朝廷赐给的御寒衣物当作勒索的工具。而这群被边缘化的军人，不太敢去领他们最需要的胖袄与裤鞋，因为没钱没势，交不出那笔"可恨"的钱。

略论明代山陕地域共同体的形成

——基于边防、区域经济以及灾荒应对的分析

安介生*

笔者收藏有一通《泽被邻封碑》拓片，碑文内容对于解析明清时期的山陕关系有一定的启示作用。该碑镌立于清康熙五十八年（1719），由刘大成撰文，而碑底落款为"山右沐恩商民"董金、卢其缙等十二人。不难看出，这是一通表彰长安县令冯景夏功德的颂恩碑，碑文相当生动地记录了一个发生于清朝初年的、颇有戏剧意味的商人故事。故事的主角是卢其缙等一群山西商人。康熙五十七年（1718），这群山西商人在河南睢州（今河南睢县）经商时，误与一位奸人合伙经营，结果导致大量物品与银两被盗，损失惨重，"共二千余金"，以致同伙商贾数人濒于破产，陷于困境。有人甚至忧愤而死，有的人因不能偿债而被投入监狱。卢其缙等人全力追踪奸人，最终在陕西长安县衙附近遇到了奸人。县令冯景夏秉公执法，很快做出公正判决，并在一个多月之后就追回了赃物，卢其缙等晋商才得以脱离困境，平安返乡。为了答谢冯景夏的恩德，他们特地请刘大成撰文，并镂碑以志谢意。

表面看来，这通碑文所记属于个案，但其反映的历史地理背景却是耐人寻味的。很多"山右沐恩商民"得到了陕西官员的大力保护，已是不争之事实，而这种保护对于山右商人及商业的发展是相当关键的。更应当指出的是，"泽被邻封"应该是相互的，也应该是有普遍意义的，即陕西与山西两地人

---

* 安介生，复旦大学历史地理研究中心教授。

民之间久已形成了互助互利的密切关系。① 已有学者指出：明代是山陕商人关系形成的关键时期。② 可以说，对于山陕共同体形成过程而言，明代是一个最为关键的发展或成熟时期。而据笔者查证，"山陕"一词的约定俗成以及大量涌现，也正发生于明代，无疑是"山陕地域共同体"形成的最突出的表征之一。而自清代以来，山陕会馆在全国范围内的大量出现，又是"山陕地域共同体"关系后续效应的极好佐证。③ 那么，在有明一代，山西、陕西两地在全国政治、经济地理结构中的作用与影响到底如何？是什么促进因素或驱动力将山西、陕西两地更加紧密地结合在一起，形成令人称道的密切关系？而所谓"山陕地域共同体"的特殊关系，对于山西、陕西两地经济与社会发展又起到了什么样的作用与影响？诸如此类都是需要研究者深入思考的问题。

近些年来，对明清时期山陕商人的研究引起了学术界的极大兴趣，相关研究成果已相当丰富。④ 然而，对于山陕地缘关系以及地域共同体的研究迄

---

① 关于"山陕共同体"，或"秦晋共同体"的前期研究，参见拙文：《略论先秦至北宋秦晋地域共同体的形成及其"饺合"机制》，《人文杂志》2010年第1期。

② 参见〔日〕藤井宏：《明代盐商的考察——边商、内商、水商的研究》，载刘淼辑译《徽州社会经济史译文集》，合肥：黄山书社，1987年；田培栋：《山陕商人的合作问题》，载李希曾主编《晋商史料与研究》，太原：山西人民出版社，1996年等。

③ 近年来，明清时期山陕会馆研究成果十分丰富，参见李刚、宋伦：《论明清工商会馆在整合市场秩序中的作用——以山陕会馆为例》，《西北大学学报》2002年第4期；宋伦：《明清时期山陕会馆研究》，西北大学博士学位论文，2008年（未刊）；宋伦：《明清陕西山陕会馆的特点及其市场化因素》，《西北大学学报》2006年第5期；王俊霞、李刚：《从会馆分布看明清山陕商人的经营活动》，《中国国情国力》2010年第3期等。

④ 在这方面较为重要的论著有：田培栋：《山陕商人的合作问题》，载李希曾编《晋商史料与研究》，太原：山西人民出版社，1996年；王兴亚：《明清时期的河南山陕商人》，《郑州大学学报》1996年第2期；刘文峰：《明清山陕商人与儒家文化》，《山西师大学报》2003年第4期；许檀：《清代河南的北舞渡镇——以山陕会馆碑刻资料为中心》，《清史研究》2004年第1期；宋伦：《论明清山陕会馆的创立及其特点——以工商会馆为例》，《晋阳学刊》2004年第1期；李刚、袁娜：《明清时期山陕商人对西部开发的历史贡献及其启迪》，《新疆社科论坛》2007年第1期；王俊霞：《明清时期山陕商人相互关系研究》，西北大学博士学位论文，2010年；王俊霞、张琳：《明清时期山陕商人研究综述》，《生产力研究》2009年第24期；马静：《明代山陕商人在西北边镇的商业活动及影响》，《延安大学学报》（社科版）2011年第3期等。

今仍然尚显薄弱。在本文中，笔者试图结合山陕地缘政治、经济及社会发展的客观历史地理背景，对于明代山陕地域共同体的形成及演变过程做出较为系统而全面的分析与说明，或许会给解答上述问题提供一些线索。

一、西北边塞供给需求与山陕地缘共同体的形成

在山西商人研究成果中，日本学者寺田隆信所著的《山西商人研究》显得相当独特。该书对于山西商人本体活动的论列并不多，却十分细致而详尽地探讨了"九边"与山西、陕西两地的问题。笔者以为这种处理方式无疑是一种富有洞察力的明智之举。因为如果没有彻底而深刻地认识山西在明代政治版图中的特殊区位及特定的军事地理环境，就商论商，很难解释山西商人在明清时代崛起的缘由。寺田隆信指出："对于山西商人的发展，北部边塞军事地区的存在，是一个重要的前提。"[①] 同时，寺田隆信论著中另一个值得肯定的独到观点是，在山西商人的研究中，一开始就将普通山西百姓与山西商人截然分开，其实是不客观的臆测，也是不可能做到的。

正如日本学者藤井宏等人很早就指出的那样，明代"九边"防御体系建立之后，大批军士戍守边塞地区，形成了一个巨大的边镇消费地带，如何满足边镇军士的物质需求，便成为摆在明朝官府面前的一个重大任务。[②] 出于地缘关系，山陕两地百姓不可避免地承受起了边镇粮饷的重任。《山西商人研究》一书对于明代的边饷与民运问题进行了相当细致的阐释与说明，其中特别提到了山西百姓的负担问题。但是，在今天的学者看来，寺田隆信所做的统计、处理及说明工作，均较为简略，并不全面，往往仅以宣府、大同、延绥三镇为例。其中，最突出的不足是，寺田隆信在书中并没有明确说明：对于供给各边粮饷的负担，各省并不是均摊的，由于地缘关系，山西、陕西两省的责

---

① 〔日〕寺田隆信：《山西商人研究》，张正明等译，太原：山西人民出版社，1988年，第10页。
② 同上注，第14页。

任最为沉重。而这却是笔者在本文中想要特别强调的一点。

出于行政区划的时代特征，明代的"山陕"覆盖的面积相当广大，事实上成为明朝疆域内"西北地区"的代名词，与今天山西、陕西两省的行政辖区范围及地域概念有很大的差异。如据笔者考证，"山西"地区直到元明时期才逐步完成了完整意义上的省域整合。① 而我们能够看到，由于受到长期认知习惯的影响，在明朝人士心目中，以大同为核心的雁北地区与山西中南部地区之间的差异还是相当突出的。明代北方各地行政辖区与军事卫所辖区相重合，相交织，山、陕两省也不例外。明朝山西布政使司下辖太原、平阳、大同、潞安四府，以及泽、汾、沁、辽四州。而山西都指挥使司下领太原左、太原右、太原前、振武、平阳、潞州、镇西等七个卫，以及保德州、宁化、沁州、汾州四个所。但与此同时，山西北部又置山西行都指挥使司，下辖大同前、大同后、大同左、大同右、天城、阳和、镇虏、玉林、高山、云川、朔州、威远、安东、中屯等十四卫，以及山阴、马邑二所。②

笔者在这里特别强调的是，明代的"陕西"地域十分广大，包括陕西布政使司与陕西行都司的辖区，大致包括了今天陕西、甘肃、宁夏二省一区的大部分地区以及青海省的部分地区，与今天陕西省的范围有很大的差异。如同据《明一统志》记载，明朝在西安城（今陕西西安市）设置陕西等处承宣布政使司，下辖西安、凤翔、平凉、庆阳、延安、巩昌、临洮、汉中八府，又设置陕西都指挥使司，领西安左、西安前、西安后、固原、平凉、庆阳、延安、绥德、榆林、巩昌、临洮、汉中、秦州、兰州、洮州、岷州、河州、宁夏、宁夏中、宁夏前、宁夏后、宁夏左屯、宁夏右屯、宁夏中屯、宁羌等二十五卫，以及凤翔、金州、灵州、镇羌四个千户所。与此同时，又在甘州城（今甘肃张掖市）设置陕西行都指挥使司，领甘州左、甘州右、甘州中、

---

① 参见拙文：《"山西"源流新探——兼考辽金时期山西路》，《晋阳学刊》1997年第2期。
② [明]李贤等：《明一统志》卷一九，清文渊阁"四库全书"本。不同版本的《大明一统志》记载有所不同。

甘州前、甘州后、肃州、山丹、永昌、凉州、镇番、庄浪、西宁等十二卫，以及镇夷、古浪二千户所。

明代"山陕"不仅所辖地域广大，而且在全国边防体系中的地位极为重要。清代万斯同在其所撰《明史·地理志》中对于山西的地理价值高度推崇："山西居京师之上游，藩篱完固，则堂奥可以无虑。大同斗绝，边陲三面皆险，与宣府互为唇齿，故防维最切。而太原以三关为固，套骑充斥，逾河以东，飞越之途，所在多有。三关不守，而汾晋之间皆战场矣，故太原之防，与大同相埒，而为京师保障，则大同尤首冲矣。"同时，他也在《明史·地理志》中高度评价陕西的山川形势与区位价值："陕西，山川四塞，盖中原之喉吭而天下之肩脊也……据崤、函而拥岍、陇，类可以并吞八荒，鞭捶六合，而西北两边扰我耕牧，户牖之虑，尤炱炱焉。"①笔者以为：万斯同的评价，不仅是史家之回顾与评述，而且可以被视为明代人士对于山陕两地区位价值认知的一个概括性总结。

其实，山西、陕西两地的重要战略地位，主要体现在明代"九边"防御体系之中。"九边"之中，山、陕诸镇实居其大半，举足轻重。综观明代边防历史，"九边"之设置与调整，也经历了一个相当漫长的过程。"初设辽东、宣府、大同、延绥四镇，继设宁夏、甘肃、蓟州三镇。专命文武大臣镇守、提督之（镇守皆武职大臣，提督皆文职大臣）。又以山西镇巡统驭偏头三关，陕西镇巡统驭固原，亦称二镇，遂为九边。弘治间，设总制于固原（今宁夏固原市），联属陕西诸镇。嘉靖间，设总督于偏头（今山西偏关县），联属山西诸镇。又设总督于蓟州，联属辽东镇戍，益严密焉。"②因此，在所谓"九边"（即九大重镇）之中，山、陕两省实占"六边"之地，即拥有大同、延绥、宁夏、甘肃、山西、固原六个重镇，如加上宣府，这就构成了明代文献中经常提及的"西北七镇"。

---

① 《明史》卷八十一，清抄本。
② ［明］许论：《九边总论》，《明经世文编》卷二百三十二，明崇祯平露堂刻本。

"西北七镇"地脉相通，相互倚重，在相当长的时间里，承担了最为严酷的防御重任。如长期奉命驻守陕西边镇的杨一清曾经评述陕西边防形势云："陕西各边，延绥（初在今陕西绥德县，后徙至今榆林市）据险，宁夏（今宁夏银川市）、甘肃（今甘肃张掖市）扼河山，惟花马池（今宁夏盐池县）至灵州（今宁夏灵武市）地宽延，城堡复疏。寇毁墙入，则固原、庆阳、平凉、巩昌皆受患……臣久官陕西，颇谙形势。寇动称数万，往来倏忽。未至征兵多扰费，既至召援辄后时。欲战则彼不来，持久则我师坐老……唐张仁愿筑三受降城（今内蒙古包头市等地），置烽堠千八百所，突厥不敢逾山牧马……国初，舍受降而卫东胜（今内蒙古托克托县），已失一面之险。其后，又辍东胜以就延绥，则以一面而遮千余里之冲，遂使河套沃壤为寇巢穴。深山大河，势乃在彼，而宁夏外险反南备河。此边患所以相寻而不可解也。"① 而大同镇（今山西大同市）因突入塞外，防御形势可谓最为凶险。"山西起保德州黄河岸，历偏头，抵老营，二百五十四里。大同西路起丫角山，历中、北二路，东抵东阳河镇口台，六百四十七里。宣府（今河北宣化市）起西阳河，历中、北二路，东抵永宁四海冶，千二十三里。凡千九百二十四里，皆逼巨寇，险在外，所谓极边也。山西老营堡转南而东，历宁武、雁门至平刑关，八百里。又转南而东，历龙泉、倒马、紫荆之吴王口、插箭岭、浮图峪，至沿河口，千七十余里。又东北，历高崖、白羊，至居庸关，一百八十余里。凡二千五十余里，皆峻山层冈，险在内，所谓次边也。外边，大同最难守，次宣府，次山西之偏、老。大同最难守者，北路；宣府最难守者，西路。山西偏关以西百五十里，恃河为险；偏关以东百有四里，略与大同西路等。内边，紫荆、宁武、雁门为要，次则居庸、倒马、龙泉、平刑。迩年寇犯山西，必自大同；犯紫荆，必自宣府。"② 关于当时的明代北方的"边地"范围，还有一种"六十一州县（处）"的说法。嘉靖年间，大臣

---

① ［清］张廷玉等：《明史》卷一九八《杨一清传》，北京：中华书局，1997年。
② 《明史》卷一九八《翁万达传》。

高拱在《议处边方有司以固疆圉疏》中特别指出：

> 臣惟蓟、辽、山、陕沿边有司，虽是牧民之官，实有疆场之责……臣等查得蓟辽则昌平、顺义、密云、怀柔、蓟州、玉田、丰润、遵化、平谷、迁安、抚宁、昌黎、乐亭、延庆、永宁、保安、自在、安乐等州县；山西则河曲、临县、忻州、崞县、代州、五台、繁峙、定襄、永宁、宁乡、岢岚、岚县、兴县、静乐、保德、大同、怀仁、浑源、应州、山阴、朔州、马邑、蔚州、广灵、广昌、灵丘等州县；陕西则固原、静宁、隆德、安定、会宁、兰州、环县、安塞、安定、保安、清涧、绥德、米脂、葭州、吴堡、神木、府谷等州县，此六十一处，乃是边方，前项事宜惟当行之于此，其他虽是蓟、辽、山、陕所属，不得概以边称。①

在上述六十一处"边地"中，山西与陕西便占了四十三处，约占总数的70%。可见，"山陕诸镇，乃四夷之防"，已成为明代朝野之公论，即明代边疆地区抵御所谓"四夷"的最重要任务，是由山、陕诸镇所承担的。②明朝大臣杨廷和甚至提出："西北七镇，尽天下地方之半。""西北一半天下。"③显然是就"西北七镇"在明朝防御体系中所占地位而言，而不是严格按其面积而论。

当然，就军饷及粮食供给而言，西北七镇的需求量也相当惊人。正如明人所言："西北之边，自大同、偏关，以及宁（夏）、固（原），无处不苦，河套增戍縻饷，国家物力大耗于此矣。"④然而，更应该看到的是，身处边塞

---

① ［明］高拱：《高文襄公集》卷八"掌铨题稿"，明万历刻本。又见徐日久：《鹭言》卷十"经制"，明崇祯刻本。
② 明代孙懋之语，见《戒巡幸以安人心惩循默以服公议疏》，《孙毅庵奏议》卷上，明刻本。
③ ［明］杨廷和：《杨文忠三录》卷三，清文渊阁"四库全书"本。
④ ［清］孙承泽：《春明梦余录》卷四三"河套"条，清文渊阁"四库全书"本。

之地，山西与陕西两省百姓不仅身当兵锋，频遭外来侵袭之苦，同时又因地缘关系，在很大程度上承担了供给西北边镇粮饷的重任。这一点在明朝初年已显露无遗。如洪武九年（1376）三月己卯，朱元璋在"免山西、陕右二省夏秋租税诏"中指出：

> 山西、陕右，地居西北，山河壮丽。昔我中国，历代圣君皆都此，而号召万邦。曩因元主华夏，民无的主，已经百年矣。朕自丁未年，复我中土，继我圣人之位，建都炎方，于今九年矣。其间西征敦煌，北讨沙漠，军需甲仗，民人备之。外有转运艰辛，内有秦、晋二府宫殿之役，愈繁益甚，自平定以来，民劳未息，今始方宁，正当与民同享太平之福。朕于今年三月二十五日敕中书度仓库军有余粮，特将山西、陕西二省民间夏秋租税尽行蠲免，以醒吾民……①

在这份诏书中，朱元璋特别强调了"比年西征敦煌，北伐沙漠，军需甲仗，皆资山、陕"，十分典型地道出了山陕两地在明代西北地区防御体系建设中的突出位置与贡献。"山、陕供亿军兴"，长城南北的战争，给山陕民众带来了沉重的负担，长期以来也成为朝臣关注的焦点问题之一。② 由山陕百姓承担的"民运"，是供给北方边镇物资的最主要方式之一，其作用举足轻重。如明臣庞尚鹏指出："盖九边额供之数，以各省民运为主，屯粮次之，此十例也。而盐粮乃补其不足，亦千百十一耳。"③ 崇祯元年（1628），毕自严在《旧饷告匮疏》中也指出："国初，九边主客兵饷，俱有各省民运，以资供亿，后来间发京帑，不过一时权宜之计……"④ 而明朝大臣的奏疏都反复证明，在给边镇的"民运"份额之中，山陕两地占有相当大的比重。又如弘

---

① ［明］朱元璋：《明太祖文集》卷一，清文渊阁"四库全书"本。
② 吏部尚书林瀚之言，见《明史》卷七八《食货志》。
③ ［明］陈子龙辑：《皇明经世文编》卷三五七"清理盐法疏"。
④ 《御选明臣奏议》卷三九，清武英殿聚珍版丛书本。

治十五年（1502），韩文在《会计天下钱粮奏》中指出："然洪武年间，供给南京止于湖广、江西、浙江、应天、宁国、太平、及苏、松、常、镇等处而已，供给各边止于山西、陕西，及河南、山东、北直隶等处而已。"①

明代著名学者章潢曾在《屯田盐法总论》中十分生动形象地描述山陕百姓在供给边地所付出的巨大牺牲：

> ……山、陕之民僦牛车，具徒伍，奔走颠踣于风雪山谷之中，而无救于待哺之期会。平时岁丰，室家不相保；一有兵荒之警，上廑宵旰之忧，亟发内帑以济之，乃至无从得粟，则知实边贵豫，济变贵急……②

明代朝臣突出反映山陕边民疾苦的奏章还有不少。如弘治八年（1495），马文升在《陈灾异疏》中指出："山、陕二西人民供给各边粮料，终岁劳苦，尤甚他方。及佥派天下各王府校尉、厨役、斋郎、礼生，每当一名，不数年，必致倾家荡产。且洪武年间，封建诸王，惟秦、晋等十府，规模宏大壮丽，将以慑服人心，以固藩篱，其余诸王府，俱各差减，盖恐费民财而劳民力也。"③又"……加以湖广征蛮，山、陕防边，供馈饷给军旅者，又不知凡几，赋重役繁，未有甚于此时者也"④。又如马文升在《题会集廷臣计议御虏才略以绝大患事》中强调："照得顺天及直隶保定八府，实畿内近地，陕西、山西极临边境，河南、山东俱近京师，凡各边有警，其粮草马匹，一应军需，俱藉四省八府之民，攒运供给，必须生养休息，存恤抚摩，使其财力不匮，缓急之际，方克有赖。"⑤地跨边疆之地，又近邻京畿地区，既受外虏之患，又遭边运之苦，山陕两省百姓的处境可谓苦不堪言。

---

① 《御选明臣奏议》卷十。
② 《图书编》卷九一，清文渊阁"四库全书"本。
③ 《御选明臣奏议》卷八。
④ 《明史》卷一八二《马文升传》。
⑤ ［明］陈九德：《皇明名臣经济录》卷十五"兵部二"，明嘉靖二十八年刻本。

表 7　北边各镇民运粮食供给简表（嘉靖十八年 [1539]）①

边镇名称	粮饷数额	供给布政司
辽东镇	粮布折银共 123000 两	山东布政司
蓟州镇	粮食 274588 石	山东、河南、北直隶
宣府镇	粮食 547481 石；马草 700000 束	山东、山西、河南、北直隶
大同镇	粮布折银 473475 两；马草 2444850 束	山西
山西镇	粮食 225449 石（折银 167.396 两），马草 283236 束	山西
延绥镇	粮食 291385 石，马草 556086 束（另有河南折银 33000 两）	陕西、河南
宁夏镇	粮食 143805 石，马草 161240 束	陕西
甘肃镇	粮食 3178805 石	陕西
固原镇	粮食 225449 石，马草 283236 束	陕西

关于山西、陕西两省的民运困境，明代毕自严曾在《申饬民运考成疏》中特别提到："……如山西一省，原派宣府、大同、山西三镇民运，本色粮三万一千七百八十余石，折色银一百七万六千九百四十余两，节年相沿，俱隔四五年后，方行查参。案查天启五年十二月内，总督冯嘉会会同山西巡抚柯口、山西巡按安伸方始查参天启元年分欠粮官员，大率仅完及八分。嗣是迄今三年，通未举行。其天启二年后，民运通未查参，至宣大抚臣且绝未与

---

① 明代边镇物资供给，是一个极为复杂的系统工程，此表据赖建诚：《边镇粮饷：明代中后期的边防经费与国家财政危机（1531—1602）》一书第 127—132 页摘录而成，杭州：浙江大学出版社，2010 年。

闻矣。如此虽谓之不参可也。陕西一省原派延、宁、甘、固四镇民运，本折粮银九十七万七百三十二石两零，内除减等参罚疲敝烟县粮银外，实该征解粮银八十一万七千七百七十四石两零。案查天启七年正月内，总督王之采会同延宁甘固四抚，并参天启二三四年民运未完钱粮（阙）为一疏，崇祯元年二月内总督史永安会同延、宁、甘、固四抚，查参天启五年分民运未完钱粮，大率已完七分以上，未完二分以上，连疲敝扣减通算，则所完仅五六分数耳。边饷逋负，未有甚于陕西者也。查参虽总督出名，其实止准陕西抚院咨及据陕西布政司册，而延、宁、甘肃三抚，直挂空衔耳。山、陕二省并无京运内供钱粮，原令以该省全力注之各边，以抒外卫，内而查参之法既疏，民运之逋滋甚，大非祖制，就近输将之意矣……至民运莫多于山、陕，亦莫欠于山、陕，而查参所不及之地，亦莫甚于山陕，诚不得不变而通之。"① 可以看出，山西、陕西两地百姓，需要负担及承运"西北七镇"的粮饷，而民运负担极重，以致造成逋负严重，"民运莫多于山、陕，亦莫欠于山、陕"，可谓"一语中的"。对于山陕百姓而言，边镇的民运已成为不堪承受的巨大包袱了。长期拖欠，势必成为常态。

为了保证北方边镇的供给，明朝官府也进行了一系列的调整与改革，但是，边镇供给问题却始终成为山陕百姓无法摆脱的沉重负担。如《明史·李敏传》载云：成化年间，"（李敏）寻召拜户部尚书。先是，敏在大同，见山东、河南转饷至者，道远耗费，乃会计岁支外，悉令输银，民轻赍易达，而将士得以其赢治军装，交便之。至是，并请畿辅、山西、陕西州县岁输粮各边者，每粮一石征银一两，以十九输边，依时值折军饷，有余则召籴，以备军兴。帝从之。自是，北方二税皆折银，由敏始也"。即使是在这种状况下，九边缺饷的问题依然十分严重。如时至万历年间，工科给事中王元翰在上疏中指出："……九边岁饷，缺至八十余万，平居冻馁，脱巾可虞，有事怨愤，

---

① ［明］毕自严：《度支奏议》堂稿卷二，明崇祯刻本。

死绥无望,塞北之患未可知也……"① 也就是说,"折银"也好,"本色"也罢,只要边镇所需粮饷的总额没有改变(甚至会逐年增加),山陕百姓的负担也不会有实质上的减轻。

边政持续,边镇的粮饷需求是难以改变的,然而,必须看到,山西与陕西两地自然条件并不十分优越,甚至不少地方灾荒频发,故有"十年九旱"的说法。山陕地区的农业及粮食生产会受到各种主客观因素的影响,如一旦发生严重灾荒及饥馑,山陕百姓自身尚无法得到温饱,又如何有余力去供给边镇?最后恐怕不可避免地造成"内外双困"的局面。对此,明代康海曾经明确指出:"……况今边境之扰,未甚妥帖,前日榆林、大同之役,马死食匮,所费不知几千万,而无用之兵,又坐食于边,山、陕之民,丁运之法,无不备举,老幼妇子,流离移析,外患未除,而内地已困,宁不为可惧邪?"② 康海又在《送别少司徒张公督饷北还图诗序》中同样痛切地指出:"……则天下之饷,莫不仰之河南、山、陕,自戊子至今,频经岁凶,方旱而水,室庐倾覆,禾稼漂没,流移之民,蔽山盈谷,捐弃老稚,哭声遍野,巨村名聚,萧然空堵,廑九重之虑,竭司农之财,匍匐拯救,小得大遗,幸未枕籍郊原而死,如甲辰尔,又能供赋税给边邪?!"③ 毋庸置疑,如果脱离北方民众生存与生活史的实际情况,仅仅从数字上分析与考定明代边镇粮饷供给问题,就根本无法体会到明代山陕百姓为供给边镇地区所付出的巨大牺牲。

可见,"九边"的历史,从某种角度来看,实则是明代北方沿边地区的民众负担史。④ 关于明代边镇人民的负担与痛楚,我们从明臣何乔新所撰《大同停征税粮疏》一文中看得相当真切:"臣愚不能远举古昔,且如成化年

---

① 《明史》卷二三六《王元翰传》。
② [明]康海:《对山集》卷一,明万历十年潘允哲刻本。
③ [明]康海:《对山集》卷二十八序,明万历十年潘允哲刻本。
④ 参见梁淼泰:《明代"九边"的饷数并估银》,《中国社会经济史研究》1994年第4期;《明代"九边"饷中的折银与粮草市场》,《中国社会经济史研究》1996年第3期。

间，山西、陕西之饥，比时，朝廷亦发太仓银数十万两出赈，臣愚不知彼时银之时，各处地方在官者，岂皆在在赢余邪？亦为当时在官者已竭而后之银，又未知当时各处地方赈之而仍征税粮与否也……大同之饥，实与之同，而又过之，赈济既已不得，求免税粮又所不允，是大同之民既不得与往日山西、陕西之民比，又不得与今日山东、直隶之民比也。夫边民之苦，较之腹里特为异甚。腹里每亩征草二束，而大同乃每亩四束；腹里税粮，每有轻折，而大同存留之外，皆供王府禄米。此其苦一也。地寒霜早，耕获不得其时，或有虏患，人畜俱亡，此其苦二也。军储缺乏，每每有动调人马，辄搜民间。名虽和买，其实害不可言，此其苦三也。商贩不通，无贸易之利，此其苦四也。州县长吏，举人者少，进士者绝无，惟知科索，不知抚字，而各卫所首领官员，及分守守备内臣，比肩而立，皆须供亿，民少官多。此其苦五也。是以数十年来，村邑萧条，版籍凋落，其视成化、弘治以前，十去六七，此而不恤，必至无民。若苟无民，岂有大同？既无大同，岂复有京师？夫边民者，所以捍御腹里，朝廷恩泽，宜特加优渥。今乃有腹里所无之苦，无腹里所有之恩，何也？"①关于"边民之苦"，大同镇的情况，应该是"西北七镇"之中具有代表性的。"有腹里所无之苦，无腹里所有之恩。"山陕民运在西北边镇物资供给中占据着举足轻重的地位，却没有得到什么优惠与体恤。山陕百姓为了保障供给边镇，付出了巨大牺牲，却没有得到明朝官府的任何认同与赋税上的优免。当然，从另一方面看，笔者以为：这种漫长苦痛的历史，却会极大地拉近两地百姓之间的情感以及彼此的认同。

二、西北边境贸易发展与"山陕边商"群体

从历史上看，山陕两地人民从供给边地以盈利的做法，从秦汉时期已经开始了。如《史记·货殖列传》载云："及秦文、孝、缪居雍隙，陇、蜀之

---

① ［明］万表《皇明经济文录》卷三十六"大同"，明嘉靖刻本。

货物而多贾，献孝公徙栎邑，栎邑北却戎翟，东通三晋，亦多大贾……杨、平阳、陈西贾秦翟，北贾钟代，钟代，石北也。地边胡，数被寇，人民矜懻忮，好气任侠为奸，不事农商，然迫近北夷，师旅亟往，中国委输，时有奇羡。"可见，早在先秦时期，出于地缘关系，秦晋或山陕两地处在了一个十分紧密且特殊的经贸网络关系体系之中。这种经贸关系体系主要体现在两个方面或两种路径：一是秦、晋均地近边界，均有供应边防需要之责任以及与边外民族开展商贸往来之便利；一是秦晋两省之间因地缘关系贸易交流同样十分频繁，无论是"东通三晋"，还是"西贾秦翟"，秦晋两地都将对方视为区间贸易、交通的首选目标。

而边塞盐粮贸易，同样是促进明代山陕商人势力大发展的主动力之一。《明会典·盐法》称："国朝盐课，专以供给边方粮饷。或水旱凶荒，亦藉以赈济，其利甚博。"[1] 即利用食盐专卖权，来解决边塞驻军的粮饷供给，是明代最重要的经济制度之一。

出于地域毗连的关系，山、陕百姓同样在边境盐粮贸易中发挥着主导作用。如位于晋西南地区的河东盐池是明朝盐业供给的一大基地，明朝特设河东都转运盐使司，河东盐的行销地主要集中于陕西、河南、山西三省之地。根据《明会典》，河东盐运司岁办盐的数量达到6080万斤。又河东盐运司每岁办盐四十二万引，存积盐一十二万六千引，常股盐二十九万四千引。[2] 河东盐的行销地主要有：西安、汉中、延安、凤翔、归德、怀庆、河南、汝宁、南阳、平阳、潞安十一府，汝州、泽州、沁州、辽州四州。也就是说，河东盐行销地包括了陕西布政司的大半地区与河南布政司部分地区及山西布政司的南部地区。[3]

我们看到，尽管山陕两地百姓付出了巨大的努力与牺牲，但是，边镇粮

---

[1] 《明会典》卷三五，清文渊阁"四库全书"本。
[2] 《明会典》卷三五《户部二十》。
[3] 《万历会典》卷三二至三四《课程》"盐法条"，转引自《山西商人研究》，第93—94页。

饷的供给问题依然难以顺利解决，召商中盐成为解决边镇粮饷问题的一种重要方式。如大臣杨一清在题本中指出："查得山陕各镇，自来处置边储，不过曰挖运，曰召商，曰籴买，三者而已。弘治十三年间，大虏在套，动调京军，差大臣督理军储，挖运腹里州县粮草，累民陪补，至于破产鬻儿，今日断不可行，况腹里空虚，亦自无粮可挖，惟有召商、籴买二事可行。……揆今事，不得不然，惟有召商、报中似为得策。客商射利，虽小必趋，官府储粮，小费何吝。故在客商增一分之价，则官司有一分之益。"①

开中制度是明朝官府召商解决边地粮饷问题的最主要方式之一，而开中制度正是从山西等地开始的。洪武三年（1370）六月辛巳，"立开中盐法，从山西行省请，诏商输米而与之盐，谓之开中。其后各行省多召商中盐，以实边储，自五石至一石有差"②。《明史·食货志》对此进行了详细的解析："有明盐法，莫善于开中。洪武三年，山西行省言：大同粮储，令陵县运至太和岭，路远费烦。请令商人于大同仓入米一石，太原仓入米一石三斗，给淮盐一小引，商人鬻毕，即以原给引目赴所在官司缴之，如此则转运费省，而边储充。帝从之。召商输粮，而与之盐，谓之开中。其后各行省边境，多召商中盐，以为军储，盐法、边计，相辅而行。"明臣庞尚鹏在《清理盐法疏》中指出："窃惟国家经费，莫大于边储，两淮煮海为盐，岁课甲天下，九边之供亿，实赖之。先年边计常盈，公私兼利……"③利用盐引之利，来吸引商贾向边镇地区贩运粮食，是开中制度的核心，也是这一制度的高明之处。

不过，明代的开中制度经历了一个相当复杂的变化过程，"善法"并没有得到善终。④如应该承认，在相当长的时期，开中制度得到了广大商人的响应，获利甚厚。如明代学者章潢也在《屯盐总论》一文中详细描述了当

---

① ［明］万表辑：《皇明经济文录》卷三十二"九边"，明嘉靖刻本。
② 《明史》卷二《太祖纪二》。
③ 《庞中丞摘稿》，《明经世文编》卷三五七，明崇祯平露堂刻本。
④ 关于开中法的演变过程，参见张丽剑：《明代的开中制》，《盐业史研究》1998年第2期；孙晋浩：《开中法与明代盐制的演变》，《盐业史研究》2006年第4期等。

时的情形："盖国初供边而以盐利，其制盐利也，盐一引，输边粟二斗五升，故富商大贾，悉于三边，自出财力，自招游民，自垦边地，自艺谷粟，自立堡伍。所以边兵亦藉商财，春耕借为牛种之费，秋成即为售还之资。千里荆榛，尽成沃壤。成化初年，甘肃、宁夏粟一石易银二钱，边方粟无甚贵之时，以其储蓄之富也。"①"石粟易银二钱"，一时成为边塞地区经济富庶的典型体现之一。又如王德完《救荒无奇及时讲求以延民命疏》指出："边塞转运甚难，率三十钟而致一石。惟召商中盐纳粟，谓之飞挽，言无转输之劳，而有刍粟之利也。国朝洪武、永乐时，边商引盐一引，止输粟二斗五升，小米不过四斗，商利甚巨。故耕种甚勤，边地大垦，仓廪自实……"②同样出于地缘的便利，山陕商人积极参加"中盐"的行列，从而成为当时"边商"中的骨干力量，为保障西北边镇的供给发挥了至关重要的作用。如涂宗浚在《边盐壅滞饷匮可虞疏》中所云："延镇兵马云屯，惟赖召商买引，接济军需，岁有常额。往时，召集山西商人承认淮、浙二盐，输粮于各堡仓，给引前去江南投司，领盐发卖，盐法疏通，边商获利，二百年来，未闻壅滞。"③延绥镇的例子，明白无误地证明了山西商人对于西北边镇供给所做出的重大贡献。

然而，随着时间的推移，从弘治年间开始，开中制度在调整过程中逐渐遭到了废弃，在很大程度上影响了边镇地区的粮食供给与盐粮贸易。其转折点就是颇有争议的所谓"叶淇变法"。《明史·食货志·盐法篇》释云："明初，各边开中，商人招民垦种，筑台堡自相保聚，边方菽粟无甚贵之时，成化间，始有折纳银者，然未尝著为令也。弘治五年（1492），商人困守支。户部尚书叶淇请召商纳银运司，类解太仓，分给各边。每引输银三、四钱有差，视国初中米直加倍，而商无守支之苦。一时太仓银至百余万两。然赴边开中之法废，商屯撤业，菽粟翔贵，边储日虚矣。"《明史·兵志·边防篇》

---

① 《图书编》卷九一，文渊阁"四库全书"本。
② 《王都谏奏疏》，载［明］陈子龙辑《明经世文编》卷三百五十七。
③ ［清］谭吉璁：康熙《延绥镇志》卷六"艺文志"，清康熙刻乾隆增补本。

又云："初，太祖时以边军屯田不足，召商输边粟而与之盐。富商大贾悉自出财力，募民垦田塞下，故边储不匮。弘治时，户部尚书叶淇始变法，令商纳银太仓，分给各边，商皆撤业归，边地荒芜，米粟踊贵，边军遂日困。"叶淇变法，导致"开中法"废弛，对于北方边镇的影响是无法否认的。变法之后，发卖盐引之权收归官府，位于北京的"太仓"成为盐引交易的中心。这样一来，商人只须用银两赴京购买盐引即可，再无远赴塞上转运粮饷的麻烦了。但是，以盐引专卖来解决边地粮食短缺为主要目的的开中制度，至此开始进入了名存实亡的阶段。

"叶淇变法"不仅导致了边地形势的巨大变化，还直接导致了北方边镇粮食供给的匮乏。明朝官员对此的批评意见相当多，集中反映了人们对此的痛惜之情。弘治十一年（1498），胡世宁在《陈言时政边备疏》中指出："……今山、陕富民，多为中盐，徙居淮、浙，边塞空虚……"这里的所谓"中盐"，已经不是明初的所谓"开中制度"的概念了。胡世宁对此进行了深入的考察："臣查得淮浙灶丁每盐一引，折纳价银六钱，或四钱。又闻客商中盐边储，每大引不过价银三二钱，是盐课收银比之收盐待中，得利倍也。"[①]商贾趋利，势所必然，既然内地盐引交易获利远高于中盐边储，又有谁愿意舍近求远，远赴塞外呢？对于这种变化及其严重后果，更多的官员与学者也进行了相当深入的思考与反思。如《明史·食货志》又称："明初，募盐商于各边开中，谓之商屯。追弘治中，叶淇变法，而开中始坏，诸淮商悉撤业归，西北商亦多徙家于淮，边地为墟，米石直银五两，而边储枵然矣。"如明代吴甡在《盐粮关系匪细疏》中云："看得盐政，边计最相关切者也。考永乐中，商自输边，每引止上粟二斗五升。当时，内地大贾，赴边垦田，塞粟充盈，盐法通彻，随中随支，价平而息倍，商人乐趋之。自改折之议行，而大商南徙，边储遂匮。不得已招此土著之边商，每引令照时估，纳粟边仓，取偿海上。后因盐法渐壅，边商苦于守支，势不得不卖引于内商，为息

[①] ［明］胡世宁：《胡端敏奏议》卷一，清文渊阁"四库全书"本。

渐薄，而边商病，开中者寥寥。至万历三十二年，始定为减四纳六之例，以诱其来，迄于今，相沿日久……"①如果仅将盐引交易作为政府利用专卖权来进行营利逐利的一种方式，那么，富商大贾们趋利图便，移居江淮产盐之地，就近进行盐引的购销活动，省去了边地屯粮及运粮的种种麻烦。但是，由此一来，边地被遗弃与被淡忘，就是自然而然的事了。虽然官府与商贾们都通过盐引专卖收到了丰厚的回报，但是，"开中法"所想解决的主要矛盾，即边粮供给难的问题，却被抛在了一边。②

但是，边粮供给问题却是不容长期"悬而不决"的，是离不开广大商贾的贸易活动的。因此，"叶淇变法"后所产生的另一个结果，是"边商"与"内商"的分野。万历年间，毕自严在《题遵奉圣谕议修盐政疏》中也对开中问题进行了较全面的分析，同样高度评价明朝前期开中制度的贡献。其中，他特别提到了各镇边商的问题："国初，开中盐引，令商轮粟塞下，名曰飞挽。然以二百斤之官盐，而易商人二斗五升之粟米，官征至薄，商获甚厚，是以富商大贾争趋开垦，塞微殷阜，职此其繇。嗣是，淮引定价五钱，边商赍至，鬻于内商，仅得其本，商无厚利，谁肯输边？盐臣张养深晰其故，议谓商非本色，不许开中；引非边中，不许行盐，稍减余盐之价，少增边引之值，诚足以鼓舞边商，而使之向往矣。臣等窃谓时诎举赢，或不能遽如此议，惟得复设库价，少拯边商之苦，亦足以示招徕之意。查得各镇边商，皆系土著小民，原无两副资本，必卖得本年引价，始纳得次年盐粮……"③可以说，开中法实施之初，由于利润丰厚，全国各地的富商大贾纷至沓来，因此，并没有"边商"与"内商"之分。"当其时，商未尝有边商、

---

① ［明］吴甡：《柴庵疏集》卷十六"抚晋"，清初刻本。
② 与明代官员及传统学者的观点有较大不同，现代研究者们对于"叶淇变法"的评价则偏向于支持与赞同，参见刘淼：《明代势要占窝与边方纳粮制的解体》，《学术研究》1993年第3期；高春平：《论明中期边方纳粮制的解体》，《学术研究》1996年第9期；孙晋浩：《开中法与明代盐制的演变》，《盐业史研究》2006年第4期；王国伟：《论明代开中盐法的转变——以叶淇盐法改革为例》，《内蒙古农业大学学报》（社会科学版）2010年第1期等。
③ ［明］毕自严：《度支奏议》堂稿卷十五，明崇祯刻本。

内商之分，内商皆边商也；课未尝有盐课、余盐之分，余盐皆盐课也，而盐亦未尝有河盐、堆盐之分，河盐皆堆盐也。"① 如明代吴易也认为开中制度废弛，始于弘治年间，而大"边商"的出现，则始于嘉靖年间。他指出："商屯行于洪（武）、永（乐），改折于弘治，其中遂废。虽嘉靖间，山、陕各边多拘土民纳盐粮，号曰边商，然所纳者不多易粮粟，与官揽兑支，无复有垦因之事。"② 与开中制度的变化直接相关，商人群体出现了明显的地域性分化。在大批商人包括山陕及淮商大量内迁至江淮之后，又出现了一批活跃在边塞地区的山陕商人，留在边区进行从事贸易活动，他们也被称为"边商"，实际上大多原为山陕"土著小民"。

正是在这种状况下，当时的商人群体才逐渐出现了"边商""内商""水商"不同称谓的区分，即原来的大批从事边贸的商人向江淮地区迁徙，专门从事盐业贸易，是为"内商"。而为了满足边塞物质需求，明朝官府又强迫许多山陕沿边百姓从事盐粮贸易，也就是所谓的"边商"了。不过，总体而言，山陕商人在全国商贸领域中的重要地位并没有得到改变。无论是"边商""内商"，还是"水商"，山陕商人都发挥着生力军的作用。

> ……于是商遂分而为三，曰边商，曰内商，曰水商。边商多沿边土著，专输纳米，里草东中盐中己，所在出给仓钞，填勘合以赍投运司，给盐引，官为平引，价听受于内商而卖之，内商多徽、歙及山、陕之寓籍淮扬者，专买边引，下场支盐。过桥瀼上堆掣，亦官为定盐价，以转卖于水商。水商系内商，自解捆者什一，余皆江湖行商，以内商不能自致，为买引盐，代行官为。总其盐数船数，给水程于行盐地而贩鬻焉。③

---

① 见［清］储大文所撰《开中盐法》一文，《存研楼文集》卷九，清文渊阁"四库全书"本。
② 《客问》，清抄本。
③ ［明］汪砢玉：《古今鹾略》卷五，清抄本。

万历年间，曾经担任过山西按察使的郭子章对盐政及屯田问题有着相当深刻而独到的见解，其所作的《屯田盐法议》，也是明代大臣中论述此类问题最为翔实的篇章之一，为我们极其生动地展示出明代北方边境经济活动及贸易形势的时代变迁。郭子章本人对于明代边疆地区政策的建议也是相当独特的，他极力呼吁恢复弘治以前之盐法政策与屯田制度。① 首先，他痛切地指出："今国家制用理财之法，常赋正供之外，利莫大于盐法、屯田，弊亦莫大于盐法、屯田，弊尤莫大于沿边之盐法、屯田。盖弘治以前，沿边二法合而为一，嘉靖以后，沿边二法分而为二。盖尝熟历雁门诸边，睹二法而流涕，长太息久矣。"在郭子章看来，边疆地区经济开发与粮食供给，与盐法及屯田制度直接相关，如果无法处理好盐法与屯田制度的关系，会直接影响到边疆的物资供应与稳定。以弘治年间为限，明朝政府前后采取了两种不同的取向，即弘治以前，开中措施与屯田活动合二为一，而在弘治以后，盐法与屯田活动分而为二。这种变化甚至成为阻碍边疆地区经济发展的根本原因。

  弘治以前，边外屯田原属荒沙，朝廷视之，全不甚惜，捐而给边将养廉者，又捐而为军士之屯种者。原未履亩定赋，特曰：给此不毛之产优边帅边卒耳！但以种地得石则官之石也，得亩则官之亩也。边外人所驻牧帅臣养廉之地，必整队出边而耕。如总兵则率四千兵以耕，参、游则率三千人以耕，守备则率千人以耕。而各边军之屯田，因藉大众出边，通力竭作，弓马器械，无日不戒。遇敌零骑，则以屯田之众而歼之，敌众至，则纠屯田之众而歼之。敌大至，则纠各屯田众而斗之，而边商遂籍出边兵帅耕作之期，亦纠边民备军器、农器依附，以耕屯田之所不及，恣其耕作，官不问之，而夏秋所获，兵师得之以养生，边商得之以种盐，以故千里莽苍之场，尽成禾黍；万众夏秋之入，尽为粮饷，官富商裕，士饱马腾，遂使石粟，止直一钱，即可种盐二引，买窝

---

① 郭子章事迹，参见万斯同所撰《明史》卷三三三《郭子章传》，清抄本。

卖窝，禁之不止，上粟易引，拒之益至。时则有六便焉：边将富足，号召黑虎，一便；兵有余粟，无待月粮，二便；以边之食，养边之军，三便；户部绝无发银之劳，止操盐引之柄，四便；军士、盐商，出边耕作，屯可为农，阵可为战，即耕作为操练，即力稽为防边，五便；商以荒地之粟，遂获盐引之利，养军之饷，不可胜食，支盐之益，不可胜用，六便；此不可募民，而塞下自充，实不必发银，而边卒自富强。祖宗御敌之法度，越前代万万者，此也。

较之南方地区，西北地区自然条件较为恶劣，边镇土地沙化严重，耕作困难。弘治之前，为了解决边镇粮饷问题，明朝对于边地屯种采取相当开放的态度，以"养廉"之名，对于官兵开垦土地不收任何税赋，激发起广大官兵从事耕种活动的热情。不仅边地官兵大规模从事耕种活动，大批商人也积极参与屯田活动，即所谓"商屯"。而且，官兵屯田与商屯活动所得来的粮食都可以换取盐引，利益丰厚，"官富商裕"，郭子章强调：这种"藏富于民"的策略，正是明代前期边镇地区富强，超越前代的成功经验之一。

然而，时至正德、嘉靖之间，情况发生了根本性改变。一方面，明朝官府垄断盐引发放，以银买引，以银给饷，官府稳操利权；另一方面，不准边官拥有"养廉"地亩，同时加收边外屯田赋税，大大打击了官兵从事屯种的热情。结果导致边地粮价高涨，官府发来的大宗饷银仍无法满足边镇的粮食供给所需。

正、嘉之际，戴御史者（戴金）忿边商以贱粟，而得贵引，遂定输银之制。若曰天下盐引可坐而得银百万，大司农岂不坐得岁百万称富哉，奈何以惠奸商？粟一石得盐二引，此二引者在户部可得一两之利，在奸商不过二钱之费，徒滋买窝、卖窝之扰。以故大司农银益盈，而边将士之粟日缩，而命愈蹙，粟日益贵，甚至发边之银一两，止易粟数斗，何者？养廉、屯田之利废，而大司农岁发边饷二百万，曾不足易百万之粟,而仅足以养十万之兵。朝廷虽有发边之惠,边众殊无养生之资也。寒心矣!不可言矣!而往年,屯田御史不知边外屯田与腹里屯田不同,徒查出荒沙为寔田,加报虚科为子粒。今日清边帅养廉之亩,明日给边军占种之田,而造册报命以为功,不知养廉清矣,孰与耕之?占种出矣,孰敢领之?何者?边帅不勒众出边耕作,边卒独驱牛负耒出边,则零敌肉耳。此二法分而二之之弊也。

与大多数学者归咎于"叶淇变法"有所不同,郭子章所针对的人物是所谓的"戴御史"①。在郭子章看来,明代盐法与屯田制度在弘治年间前后有着巨大的差异。弘治之前,明朝朝廷将沿边荒地之耕种权与所获利益均交与沿边官吏与商民,沿边官民与商贾出其力,得其利,边境之地兵强马壮,官富商裕,一片繁盛之象。而在弘治年间之后,戴金等人不思边境官民守边之苦,御寇之险,而只想与之争利,力主由官府来垄断盐法之利,结果导致商民屯田活动无利可图,畏葸不前,结果边地粮价飞涨,边防军队粮食供应吃紧。最后,郭子章提出"合二为一"的建议:

今宜破拘挛之见,祛近日之害。断自万历十五年,大司农恢复二法于屯田,仍广养廉之土,开占种之禁。如系边外漠地,许令边帅恣意开垦,驱卒出耕,亡有禁令,永不起科则,永不征子粒。于盐法尽复上粟买引之制,严边商纳银之禁,递减户部发边之例。边卒、商人合为一家,屯田、盐法通为一体,如此而户部仍苦发边,边卒仍苦乏食,盐商仍苦贵引。是弘治以前之利当革,而嘉靖以后之弊当因矣。而其几在大司农替一年百万之盐银发边而后可,何则?盖一年救弊,二年兴利,边商边卒,出边耕作,必一年而后,修此,朝廷之入即损一年百万之费,

---

① 据笔者查证,此戴御史应为戴金。关于戴金的事迹,参见李剑雄:《戴金事迹小述》,《史林》1987年第3期。

而可以利边卒,利边商,足边修,建万世之长策,何利不为而坐受困,独奈,何不寒心哉?此边说也。故边人有言曰:论盐法于弘治以前,唯恐其买窝;论盐法于嘉靖以后,惟恐其不买窝;论屯田于腹里,唯恐其占种;论屯田于沿边,唯恐其不占种。诚有所激而振长策,善二法者也。司计者试流涕借箸焉。①

郭子章建议的主要依据之一,便是边疆与内地情况相差悬殊,开发边疆经济不应该完全沿用内地所采用的政策与方法。郭子章的解析是相当全面而富有说服力的,而"边卒、商人合为一家,屯田、盐法通为一体"的主张更是旗帜鲜明,事理通达,令人钦佩。而明代著名学者章潢对于盐法田屯田问题的意见与郭子章相同,并对明朝后期的政策趋向进行了更为深刻而尖锐的批评:"善经国者,不与民争利;不与民争利,则藏富于国,即藏富于民也。善养兵者,能以兵自养,能以兵自养,则足食于边,即强兵于边也……"②可以说,对于极度复杂的明朝边镇供应问题而言,简单的经济学原理或者经济及政治手段是无法解析或彻底解决的。而深切领悟到"藏富于国即藏富于民"的道理,是十分重要的。而很明显,绝大多数的明代上层统治者是缺乏如此的智慧与胸襟的。

因此,令人遗憾的是,也许因为与许多朝臣的见解不同,郭子章的建议并没有得到应有的重视,时至明朝末年,明朝边塞盐法制度与屯田政策并没有根本性的改观,积弊日甚一日。上层统治集团唯利是图,大肆搜刮,导致内商与边商交困,边疆供给陷于困顿。如毕自严在《复议屯田疏》中指出:"近闻秦晋各边多拘土民,以纳盐粮,号曰边商,如蹈汤火,而边商困矣。淮扬之间,又以浮课横行,官盐壅滞,年来大工搜括,正供逓至百万,而内商困矣。边商既困于徼外,内商复困于水次,此盐法之所以愈坏,而边供之

---

① 郭子章奏疏内容,参见〔清〕黄宗羲编:《明文海》卷七八,清涵芬楼抄本。
② 《图书编》卷九一"屯粮总论"。

所以愈亏也。"① 他又在《覆宁（夏）镇条议见给边商引价并清厘盐法疏》中强调云："宁镇数万军马之饷刍，除京、民二运外，强半仰给于盐、粮，而地处绝塞，原无富商大贾，不过就山陕客民强派而应盐商，此辈惟利是视，有利则蚁聚，无利则免脱，情势然也。或即无甚大利，而亦不至偏受大害，犹可笼络上纳，而数万盐独不到无着落耳。今信如各商所控称，则利独专于囤户，害偏归于边商。谁为孝子顺孙，谁肯倾家荡产，以徇国事，见今报逃亡告消乏者，月无虚日，而盐粮又难缺额，不得已间，听各商扳报，土著务农稍足之家，以协纳，此辈积蓄几何，安能堪？"② 边饷运输已至于无利可图，而所谓的"边商"又都是强征来的"山陕客民"，依靠这些客民在无利可图的状况下支撑明代的边防供给，其前景必然是脆弱与充满变数的。简单指责这些"山陕边商"唯利是图既无济于事，更不合情理，也难怪让毕自严等人为此忧心忡忡。

综上所述，有明一代，西北边疆形势发生了极其错综复杂的变化。这种变化与明朝官府的政策直接相关。明代初年，最高统治者们能够考虑到边地形势的凶险程度，因此采取相当宽松的经济及赋税政策，调动起边地官兵与商人们的积极性。我们在明人的奏疏中清楚地看到，开中制度实施之初，政策由于利润丰厚，受到全国商人（当然也包括山、陕本地商人）们的热烈响应，纷纷来到边地，建筑屯堡，从事农业垦殖活动。然而，以叶淇为代表的明朝官员以"利归朝廷"为宗旨，强制改变"开中"制度。结果，"利归朝廷"之后，却换来了边塞空虚、粮饷不足的恶果。随着开中制度的废止，盐粮交易由边塞转入内地。于是，大批原来在边地从事商贸及耕垦活动的商人开始内迁，离开了边塞之地，专门从事盐业生产与贸易。而在这种状况下，为了保障边镇的供给，边镇官员又强制边塞地区的居民，

---

① ［明］毕自严：《石隐园藏稿》卷六"疏二"，清文渊阁"四库全书"补配清文津阁"四库全书"本。

② ［明］毕自严：《度支奏议》山东司卷六，明崇祯刻本。

即"山陕客民",继续从事边地粮食的运输及贸易活动,成为一代新崛起的"边商"。

无论如何,我们可以看出,从明朝初年"开中法"的实施开始,"山陕商人"就开始大批地参与到边镇地区的经贸活动之中。明朝后期,又是大量"山陕客民",主动地或者是被迫地充当"边商",依旧在西北边地从事盐粮贸易。可以说,山陕商人群体的命运与西北边地的命运是无法分割的,而山陕商人群体在明代的崛起,业已成为古今学者们的一个公论。[①] 可以肯定的是,无论是以往的"盐商"群体,还是后来新增的"边商"群体,生活在边塞邻近地区的山陕两地居民都充当着商贾储备军与经贸主力军的角色。有明一代,这些前仆后继的"山陕客民"与"山陕边商",都是后来驰名天下的"山陕商帮"群体的真正渊源。

三、山陕"灾荒共同体"的形成:从"山陕流民"到"秦晋流寇"

山西、陕西两地一衣带水,紧密的地缘关系所形成的相同及相似之处,很真切地反映在社会生活的方方面面,这很早就引起了人们的浓厚兴趣。明朝人士对于山陕两地的相近及相似之处有着不少生动描述。如谢肇淛的《五杂俎》卷四记云:"仕宦谚云:命运低,得三西。三西谓山西、陕西、江西也。此皆论地之肥硗,为饱囊计耳。"此处"三西"之论,恐怕着眼于经济发展与社会富庶程度而言,以及由此带来的政治治理方面的问题。

山陕两地同处黄土高原,不仅自然条件颇多相近之处,同时在应对自然灾害方面也有极强的相似性与共同性。例如,不难发现,山陕两地在自然灾害发生的共时性特征就相当突出。明清两代是历史上的一个灾难高发期,今人称之为"明清宇宙期",山陕两地同为多灾区域,尤以水、旱灾害最为酷

[①] 相关论述参见〔日〕寺田隆信:《山西商人研究》;张正明:《晋商兴衰史》,太原:山西古籍出版社,1995年;黄鉴晖:《明清山西商人研究》,太原:山西经济出版社,2002年等。

烈。如山陕两地同时受灾的记载，见于《明史·五行志》者就有①：

洪武四年（1371年），陕西、河南、山西及直隶常州、临濠、北平、河间、永平旱。

宣德二年（1427年），南畿、湖广、山东、山西、陕西、河南旱。

正统四年（1439年），直隶、陕西、河南，及太原、平阳春夏旱。

景泰六年（1455年），南畿及山东、山西、河南、陕西、江西、湖广府三十三，州卫十五皆旱。

成化十八年（1482年），两京、湖广、河南、陕西府十五、州二旱，山西大旱。

成化二十年（1484年），京畿、山东、湖广、陕西、河南、山西俱大旱。

弘治三年（1490年），两京、陕西、山东、山西、湖广、贵州及开封旱。

弘治七年（1494年），福建、四川、山西、陕西、辽东旱。

弘治八年（1495年），京畿、陕西、山西、湖广、江西大旱。

弘治十年（1497年），顺天、淮安、太原、平阳、西安、延安、庆阳旱。

正德十六年（1521年），两京、山东、河南、山西、陕西自正月不雨至于六月。

嘉靖七年（1528年），北畿、湖广、河南、山东、山西、陕西大旱。

嘉靖八年（1529年），山西及临洮、巩昌旱。

嘉靖十年（1531年），陕西、山西大旱。

嘉靖二十四年（1545年），南北畿、山东、山西、陕西、浙江、江西、湖广、河南俱旱。

---

① 参见［清］张廷玉等：《明史》卷三十六。

嘉靖二十九年（1550年），北畿、山西、陕西旱。

嘉靖三十四年（1555年），陕西五府及太原旱。

嘉靖三十九年（1560年），太原、延安、庆阳、西安旱。

万历三十七年（1609年），楚、蜀、河南、山东、山西、陕西皆旱。

崇祯十一年（1638年），两京及山东、山西、陕西旱。

上述记载尽管十分简略，但我们依然可以看到山陕两地灾荒问题的严重性与同步性，因为两地独自受灾或与其他区域同时受灾的记载可谓不可胜数。与上述灾荒记录相对应，不少大臣在上疏中反复强调山陕地区灾荒所造成的恶劣后果与苦难情形。如早在永乐十九年（1421），朝臣邹缉就上言道："今山东、河南、山西、陕西水旱相仍，民至剥树皮掘草根以食，老幼流移，颠踣道路，卖妻鬻子，以求苟活。"① 时至弘治、成化年间，山陕地区的灾荒问题已产生了全国性的影响，引起了朝臣们的强烈关注。

外逃趁食，是传统社会平民抵御灾荒最常见的形式之一。文献中的"逃民"或"流民"，正是这种形式的记录，笔者称之为"灾荒性移民"。笔者在以往的研究中指出："可以说，至明朝中叶，'山西地瘠民贫，遇灾即逃'，已成为朝野上下的共识。② 严重自然灾害的记载，也就成为山西各地百姓大量逃亡的标识。"③

明代陕西地区灾荒性移民的状况与山西大致相仿。同样以正统与成化年间为例，陕西地区也是灾荒连绵，同样引发了大规模的灾荒性移民潮。如正统九年（1444）八月庚戌，镇守陕西右都御史陈镒在上奏中称："陕西州县，

---

① 见《奉天殿灾疏》，载陈子龙《明经世文编》卷二十一。
② 见《明宪宗实录》卷二四四，成化十九年九月户部会官议奏所言，台北"中研院"史语所整理本，第4147页。
③ 参见拙文：《明代北方灾荒性移民研究》，载曹树基主编《田祖有神——明清以来的自然灾害及其社会应对机制》，上海交通大学出版社2007年版。

数月不雨，麦禾俱伤。民之弱者鬻男女，强者肆劫掠。"① 同年十二月甲戌，陈镒又上奏称："西安等府，华州等州，高陵等县，今年亢旱，人民缺食，流徙死亡，道路相继，甚至将男女鬻卖，以给日用。"② 至正统十年（1445）八月壬戌，陈镒又在上疏中奏报灾荒情况："陕西安、凤翔、乾州、扶风、咸阳、临潼等府州县旱伤，人民饥窘，携妻挈子出湖广、河南各处趁食，动以万计。"③

在迁入地的选择中，"地缘便利"原则发挥了主导性作用。如河南地区为山西移民首选之地，京师一带则颇受河北、山东移民的青睐，而汉中地区常常聚集了大批来自陕西其他地区的移民。如《明史·于谦传》载：正统年间，"山陕流民就食河南者二十余万，请以河南、怀庆二府积粟廪给之"④。成化年间，林俊在《扶植国本疏》中又指出："……陕西、山西、河南连年饥荒，陕西尤甚。人民流徙别郡及荆襄等处，日数万计，甚者阖县无人可者，十去七八。仓廪悬磬，拯救无法，树皮草根，食取已竭。饥荒填路，恶气薰天，道路闻之，莫不流涕。"⑤ 然而，天灾人祸并没有停止的迹象。如林可成在万历十五年（1587）八月所上《水旱异常乞赐轸救疏》中又着重提到了山陕等地相当可怖的灾荒景象："臣又闻山、陕、河南等处连年大旱，今岁益烈。虽山西雨泽近报沾足，而陕西、河南至六月尚未得。灾以继灾，岁复一岁，家室真如罄悬，草树亦已削尽，米珠薪桂，何足以喻！"⑥ 时至明朝末年，我们从大臣奏疏中已经明白无误地看到大厦将倾、人心思乱的惨象：

……齐谚有之：不忧年俭，但忧连俭。数年以来，灾儆荐至，秦

---

① 《明英宗实录》卷一二〇，第 2421 页。
② 《明英宗实录》卷一二四，第 2490 页。
③ 《明英宗实录》卷一三二，第 2630 页。
④ ［清］万斯同：《明史》卷二百十四 "列传六十五"，清抄本。
⑤ ［明］黄训辑：《名臣经济录》卷五保治（成化），清文渊阁 "四库全书" 本。
⑥ ［明］朱吾弼辑：《皇明留台奏议》卷十二 "民隐类"，明万历三十三年刻本。

晋先被之，民食土矣。河洛继之，民食雁粪矣。齐鲁继之，吴越荆楚又继之，三辅又继之。老弱填委沟壑，壮者展转就食，东西顾而不知所往……今闾阎空矣，山泽空矣，郡县空矣，部帑空矣，国之空虚如秋禾之脉液，将干遇风则速落，民之穷困，如衰人之血气已竭，遇病则难支。以如此事势而值大旱为灾，赈济无策，河流梗塞，边饷匮乏，是岂可不为长虑哉？民既穷矣，既怨矣，亦有穷极怨极而不思乱者否？①

可以理解，遭受灾荒最为酷烈的山陕百姓显示出了更强的反抗精神，明朝末年，"秦晋流寇"之名传遍天下。逼迫山陕百姓揭竿而起的首要原因，无疑就是严酷的自然灾害，以及明朝廷对于赈灾工作的完全放弃。

一日不食饥，三日不食死。坚壁而清野，上策无过此。
贼岂生而然，本来皆百姓。必有不得已，一旦逆天命。

明代余绍祉曾为此诗加按语云："流贼起关中，由阉党乔应甲巡抚陕西，朱童蒙巡抚延绥，贪黩不恤民。又连岁大祲，故王二、王左挂等并起，而饥民及三边饥军皆响应。帝又从给事中刘懋议裁驿站冗卒，山陕游民仰驿精者，无所得食，皆从贼。"②"山陕流民"与"秦晋流寇"的出现，正是明朝灾荒应对失败的必然产物，实质是暴力化抗灾形式的表达，这种状况在崇祯年间已至无以复加的地步。如崇祯十三年（1640），"是年，山、陕、河南大旱，蝗起。冬，大饥，人相食，草木俱尽，土寇并起气"③。而对于"秦晋流寇"产生的渊源，明代陈仁锡的说法相当公允：

---

① 见《为灾旱异常备陈民间疾苦，恳乞圣明亟图拯救，以收人心以答天戒疏》，载［明］陈子龙辑《明经世文编》卷四百四十。
② ［明］余绍祉：《晚闻堂集》卷九，清道光十七年单士修刻本。
③ ［明］文秉：《烈皇小识》卷七，清抄明季野史汇编前编本。

秦晋流寇，原系饥军饿卒，使九边钱粮皆按月给发，有赏之不窃者，谁肯甘心为盗哉？盗起于饥寒，何如早以军饷还军饷，生灵还生灵，御夷弭寇，悉以足食为本，不大为更张，将来有不忍言者……

《纪秦晋流寇》

流贼之为毒于秦、晋间也，窃闻其垂二十年于兹矣，而猖獗则自二三年。顾其人先以逃兵惧法，不敢归营，继以饥民逋赋，无从得食，避罪避役，纷纷攘攘，煌惑牵引，蜂屯蚁集，要之，诛之不可胜诛，而又旋灭而旋起，倏集而倏散，集之则为贼，散之则为民，其灭也，既已千百而起也，仍有千百微闻贼之所在，人尽贼也，即被劫者亦半为贼也，驱之者贼也，即驱之而使杀贼者，半又贼也。

《流贼》①

"秦晋流寇"应该是山陕流民运动，即灾荒性移民潮的一种变异，也是山陕地区百姓抵御生存危机的一种极端表现。而山陕百姓的"抱团"与联合也是不可避免的。清代松滋山人所编的《铁冠图全传》第三十二回中有这样的说法："李闯是陕西人，如今流贼尽是山、陕两省之人，乡亲护乡亲，岂在不顺流贼之理？"②可以说，在山陕百姓看来，"顺贼"之举虽不合法，但是合乎情理。

熟语云："成也萧何败也萧何。"的确，正如明代乔祺所云："夫天下大势，在东南，浙江为财赋之区；在西北，山、陕为藩篱之地。近年以来，东南民力，罄竭无余；西北兵威，困惫不振，譬之人身，元气索然，强自支持，其不仆者无几。"③如果结合山陕两地在明朝军事防御中所占据的重要地位，我们就更容易理解"山陕流寇"兴起及山陕百姓的反抗精神对于明王

---

① 《无梦园初集》漫集二，明崇祯六年刻本。
② 《铁冠图全传》，清光绪十年刊本。
③ 《收可成命以防后患疏》，载[明]贾三近《皇明两朝疏抄》卷四，明万历刻本。

朝稳定的威胁了。"九边"之建设，成为捍卫明王朝疆域安全的坚实后盾，但是，没有山陕两地人民供给各大边镇粮饷，各大边镇也不可能长久维持的。然而，问题的症结在于，山陕两地农业生产条件并不优越，且受到"土瘠""民贫""役重"等重重压力，再加之天灾频仍，抵御能力极其欠缺。种种情况甚至造成了山陕两地百姓的生存危机，这种生存危机早在明代前期已暴露无遗，其主要表征之一便是大量灾荒性移民的出现。外来威胁理应全力防范，而边镇粮饷负担，最终成为山陕两地人民不能承受之重，久而久之，这种情况形成恶性循环，其结果是区域之败落，民生之凋敝，而这种后果又直接影响到整个王朝之生存。为摆脱这不堪承受的压力与困境，山陕百姓最终走上武力反抗的道路，明王朝因此而遭到颠覆，这也许是以农立国的传统封建王朝无法避免的历史宿命。

四、余论

地域共同体研究的本质，是地域相邻关系问题，因此，"地理学第一定律"（或译为"托夫勒地理学第一法则"）对于我们理解历史时期地域共同体的形成是有很大帮助的，或者可以说，"地理学第一定律"为历史时期地域共同体形成问题提供了相当有力的理论支撑，即"任何事物都与其他事物相联系，但邻近的事物比较远的事物联系更为紧密"①。当然，较之理论阐释，实际地理环境中的"相邻关系"更为丰富而坚实，意味着相同的气候条件、相似的土壤与水文特征，以及相近的社会风土人情等。然而，对于地域共同体形成而言，仅有相邻关系是远远不够的，毗连区域之间的分与合，都是相对而言。相邻地域能否形成幅员更为广大的地域共同体，更取决于时间的维度，即由共同的政治、经济与社会演化过程所产生的趋向与趋同，而人们的

---

① 关于"地理学第一定律"的基本内容及相关问题，参见孙俊等：《地理学第一定律之争及其对地理学理论建设的启示》，《地理研究》第31卷第10期（2012年10月）。

心理认同，在很大程度上取决于这种趋向与趋同的长期累积。

历史事实证明：明代的山陕两省关系，即"秦晋"或"山陕"地域共同体，并非只是"想象之共同体（imagined community）"①，而是结成了真实而难以分割的地域共同体（regional community）。所谓"共同体"，其核心在于两者之间具有高度的同质性与整合性，而"所谓整合性，不外乎是指多种因素彼此相连，休戚与共"②。"地域共同体"的基础，正是生活在相近或毗邻地域的人们在政治、经济及社会生活上的关联度与依存度。③

明代的"山陕"之地，实则涵盖了今天西北部的大片地区。"山陕地域共同体"在大明王朝历史演变中所占据的地位以及发挥的作用，首先是一个需要特别关注的政治地理问题。山、陕两地在全国政治地理中的地位与作用，在明代人心目中有着明确的定位，正如明臣杨廷和所云："西北七镇，尽天下地方之半。"又"西北一半天下"。④而著名学者顾祖禹引述夏氏之论断同样振聋发聩："夫建都燕京，则不得不重山、陕，山、陕，天下之项背，而京师之头目也。山陕有事，其应之也，当甚于救焚拯溺，一或不备，而祸

---

① "想象的共同体"一词，出自美国学者本尼迪克特·安德森所著《想象的共同体：民族主义的起源与散布》一书（吴叡人译，上海人民出版社，2005年）。安德森的论述存在相当明显的缺陷，即仅局限于字面上的论证。事实上，如果没有长期的共同地域的生活经历，如果没有人们在长期共同生活中所凝聚的情感认同，以及彼此之间文化上的共源共生，相互依存，也就不可能出现同一民族或族群的"想象"，更不可能取得其他人的认可。

② 〔德〕格奥尔格·西美尔（或译为齐美尔）：《宗教社会学》，曹卫东译，上海：上海人民出版社，2003年，第116页。

③ 从地理学或地域结构的角度对"地域共同体"或"地缘共同体"问题的理论探索尚不完善。德国著名社会学家斐迪南·滕尼斯在《共同体与社会——纯粹社会学的基本概念》一书中指出："地缘共同体直接表现为居住在一起……地缘共同体可以理解为动物生活的相互关系，犹如精神共同体可以被理解为心灵的生活相互关系一样。"（北京：北京大学出版社，2010年，第53页）而这里所云"动物生活的相互关系"，如果置于具体的人类历史环境之中，就应该被更确切地理解为政治、经济、社会、文化等诸种关系的总和。而笔者所谓的"地域共同体"，则建立在一种更为广袤的历史地理学视野之上。

④ 〔明〕杨廷和：《杨文忠三录》卷三，清文渊阁"四库全书"本。

不可挽矣！"这番言论，显然是针对明代的国势而言。①这种无与伦比的重要地位，不仅既意味着明朝政治发展对于山陕地区的高度依赖，也有效提升了明代山陕地区的研究价值。

地域或地缘关系，最终还要反映在区域人群关系之上，即人们共同体。因此，就地域共同体形成过程而言，人为因素的影响则是更为关键的。有明一代，山西、陕西两地人民可谓休戚与共，具有太多的、难以类比的地域共同性与相关性。这些共同性与相关性包括：山陕两地共同的外来威胁，两地共同防御外寇的责任，共同的赋役负担，共同的商贸机遇等。其中，尤以特殊的地域结构，以及共同的经济生活的影响及作用最为显著。再加之共同面对的自然灾难、共同的逃离迁徙以及共同的反抗经历，山陕两地人民由此融而为一。密切而难以分割的地缘关系、相近的经济生活环境、共同经历过的苦难历史，促成了明代山陕两地之间难以剥离的紧密联系，换言之，即形成了高度"整合性"。可以说，明代山陕地域共同体的实质，是"边防共同体""商贸共同体""灾荒共同体"的混合体，是真正意义上的"命运共同体"。在这种状况下，作为天下最知名的"命运共同体"之一，"山陕"合称并通晓于天下，山陕地域共同体的出现乃至定型，也就成为自然且必然的趋势了。②

中国历史悠久，地域广大，区域关系的演变错综复杂，因此，地域共同体的研究，对于中国历史地理研究而言，具有很大的普遍意义。历史时期秦晋或山陕地域共同体的研究，或许可为其他省域关系以及地域分合的研究提供一些启示。

---

① 《读史方舆纪要》卷九，北京：中华书局，2005 年，第 397 页。
② 由"秦晋地域共同体"到"山陕地域共同体"，这种名称变化的背景还涉及更大范围的地理结构的变化。其中最突出的就是政治地理结构的发化：即从先前以长安（今陕西西安市）为核心的政治地理格局，转为以北京（今北京市）为核心的政治地理格局。这种政治地理格局的重大变化正是在元明时期开始的。这种政治地理格局变化所产生的影响是相当深刻与广泛的。地域关系认知上的变化同样反映出这种影响。

流动的土地与固化的地权

——清代至民国关中东部地册研究

胡英泽*

一、鱼鳞册地权研究与"关中模式"

鱼鳞图册简称鱼鳞册,是一种经过实地测绘的地籍图,是明清时期的一项基本土地制度,又有地册、地亩册、丈量清册等名称。官府通过编制鱼鳞图册进行地籍管理,据以征粮征银。民间亦有小规模的修造鱼鳞图册、地册之举,用于村庄、宗族、家户的土地清丈、管理、赋税征收。鱼鳞图册保存了田块形态、土地面积、土地占有、租佃关系等丰富内容,为社会经济史研究提供了不可多得的资料。

国内外有关鱼鳞册的研究,基本经历了从制度史角度的平面型介绍、考证,到充分利用鱼鳞册本身所记载的各项史料进行统计与分析的多维度研究的发展过程。学界已有鱼鳞册研究成果的述评,[①]兹不赘述,仅重点检讨鱼鳞册与地权研究方面。

---

* 胡英泽,山西大学中国社会史研究中心教授。

① 笔者所见有:栾成显:《鹤见尚弘关于清代鱼鳞图册的研究》,《中国史研究动态》1983年第3期;栾成显:《日本所藏鱼鳞图册及其研究》,《中国史研究动态》1989年第2期;梁敬明:《鱼鳞图册研究综述——兼评兰溪鱼鳞图册的重要价值》,《中国经济史研究》2004年第1期;胡英泽:《营田庄黄河滩地鱼鳞册及相关地册浅析——一个生态史的视角》,《中国史研究》2007年第1期。

20世纪80年代以来,学界日益注重利用鱼鳞图册、地册等资料进行社会经济史研究,尤其通过地权研究讨论不同历史时期的土地制度,体现了鱼鳞图册研究的深化、细化。首先,散见于南北各地明、清、民国残存下来的地籍册档得到重视和利用。学界利用较多的有直隶获鹿县康熙四十五年(1706)至乾隆三十六年(1771)的编审册,①安徽休宁县保留下来从清顺治四年(1647)至民国时期的鱼鳞图册,②浙江兰溪清代鱼鳞册,③中国社会科学院经济研究所收藏的安徽休宁县、江苏长洲等地的鱼鳞图册。上述这些鱼鳞图册多为官府管理地籍、征收赋税之用,而一些民间修造的鱼鳞图册也被研究者发现和利用,如清代至民国时期关中东部的地册,主要是陕西省黄河沿岸华阴、朝邑、韩城3县一些村庄的地册。④其次,借鉴经济学洛伦兹曲线、吉尼系数的分析工具,⑤通过对鱼鳞图册的定量、定性分析,进行土地占有、买卖、租佃等方面的地权研究。第三,通过鱼鳞图册的地权研究,形成对相关历史时期土地制度的新认识。如章有义先生认为地主所有制支配下地权不断集中的必然性,在长洲鱼鳞簿所载的地权状况中没有得到证实,而小土地所有一直占有相当大的比重,乃是中国封建土地制度的一个特色。⑥赵冈教授在对南北各地不同时期的鱼鳞册、租谷簿、地籍档案等资料进行统计

---

① 潘喆、唐长孺:《获鹿县编审册初步研究》,《清史研究集》(第3辑),成都:四川人民出版社,1984年。
② 周绍泉:《徽州文书与徽学》,《历史研究》2000年第1期。
③ 梁敬明:《鱼鳞图册研究综述——兼评兰溪鱼鳞图册的重要价值》,《中国经济史研究》2004年第1期。
④ 秦晖、苏文:《田园诗与狂想曲——关中模式与前近代社会的再认识》,北京:中央编译出版社,1996年。
⑤ 洛伦兹曲线,是美国统计学家洛伦兹提出的,是用以反映国民收入分配平均程度的一种曲线;吉尼系数是意大利统计学家吉尼根据洛伦兹曲线提出的一个衡量分配不平等程度的指标。关于地权研究如何运用洛伦兹曲线、吉尼系数,可参见赵冈:《中国传统农村的地权分配》,北京:新星出版社,2006年,第59—60页。
⑥ 章有义:《康熙初年江苏长洲三册鱼鳞簿所见》,《中国经济史研究》1988年第4期。

分析的基础上，发表了系列论著，①提出中国传统社会非"地主经济"的观点。章有义和赵冈比较一致的立场，是对主流派学者所谓的地权"不断集中论"或"无限集中论"提出了质疑。但二人对地权分配的长期趋势持有不同观点，章有义先生认为，"在长期上、整体上，形成地权的阶级分配的某种常态，即地主和农民占地的比率大体稳定"②，而赵冈教授则主张，清代至民国的地权分配不断改善，到民国时期，全国各地的吉尼系数普遍降到很低水平。③

秦晖教授在 20 世纪 90 年代利用关中地区的土改资料，对土改前（20 世纪 40 年代后期）关中农村经济社会进行研究，提出封建社会的"关中模式"。此后，他又运用"最有力的证据"即原始的关中地籍文书，发表了《"关中模式"的社会历史渊源：清初至民国——关中农村经济与社会史研析之二》（以下简称《"关中模式"的社会历史渊源》）一文，认为清初至民国较长时期内关中地区的经济社会状况和土改前一致，即"关中无地主""关中无租佃""关中有封建"。④

"关中模式"提出以后，在学界影响较大，这里暂且不论其理论的类型学意义，仅从资料角度而言，"关中模式"依据清初至民国关中东部地籍文书计算的地权分配吉尼系数多次被研究者引用，支撑了一些重要的学术观点，甚至一些相互对立的观点。过去就一直质疑"地主经济"论的美国学者赵冈教授，在其著作中引述了《"关中模式"的社会历史渊源》地权分配数据来为中国传统农业非地主经济论做补充说明。⑤他运用关中地权分配数据

---

① 赵冈：《历史上的土地制度与地权分配》，北京：中国农业出版社，2003 年；赵冈、陈钟毅：《中国土地制度史》，北京：新星出版社，2006 年；赵冈：《中国传统农村的地权分配》。
② 章有义：《本世纪二三十年代我国地权分配的再估计》，《中国社会经济史研究》1988 年第 2 期，第 9 页。
③ 赵冈：《中国传统农村的地权分配》，第 149—150 页。
④ 秦晖：《"关中模式"的社会历史渊源：清初至民国——关中农村经济与社会史研析之二》，《中国经济史研究》1995 年第 1 期。论文后来收入秦晖、苏文著《田园诗与狂想曲——关中模式与前近代社会的再认识》。
⑤ 赵冈：《历史上的土地制度与地权分配》《中国传统农村的地权分配》。

是要说明中国没有地主，地权分散。李文治、江太新教授则认为中国传统封建土地关系是地主制经济，在研究中也引用关中东部地册反映的土地分配吉尼系数，作为清代地权占有分散化的区域性证据。① 其用意在于说明清代是地主经济，只是地主占地不像传统观点认为的那样多，地主占地缩小，地权呈分散趋势。

在关中地权分散观点被接受的同时，有学者对"关中模式"研究的某些方面提出了质疑。如夏明方教授对关中地区民国年间土地买卖率低下的结论表示怀疑，认为仅一本地册并不具有代表性，而且与关中其他地区民国时期的调查资料不符。② 行龙、杨念群教授在反思区域社会史研究时也指出，不仅区域内部历史状况和社会环境十分复杂，而且就某个特定研究区域而言，其边界和空间的确定仍存在争议，这就使得以某一区域命名的研究框架，其学术内涵的合理性仍有待讨论和确认，如"江南模式""关中模式"等表述，均有进一步检验的必要。③ 笔者也曾从环境史的视角对"关中模式"所用的黄河滩地资料进行过解读，认为滩地田块规则、地权平均、买卖率低，具有独特的生态与经济社会背景，在研究时要充分考虑上述背景。④

在肯定学界利用鱼鳞册推动地权研究不断深化的同时，其中存在的一些问题也值得我们注意。第一，要把鱼鳞册置放在当地的生态与社会背景中去理解。由于地域差异、土地类型不同，生态压力与社会限制可能对地权产生若干影响。若忽略这一点，单纯依据地册的统计数字进行研究就可能产生某些偏差。第二，要采取实事求是的科学态度，统计、评估、分析鱼鳞图册所

---

① 李文治、江太新：《中国地主制经济论——封建土地关系发展与变化》，北京：中国社会科学出版社，2005年，第308—310页。
② 夏明方：《近代华北农村市场发育性质新探——与江南的比较》，《中国乡村研究》第3辑，社会科学出版社，2005年。
③ 行龙、杨念群主编：《区域社会史比较研究》"导言"，北京：社会科学文献出版社，2006年，第1—2页。
④ 胡英泽：《营田庄黄河滩地鱼鳞册及相关地册浅析——一个生态史的视角》，《中国史研究》2007年第1期。

反映的地权状况。"这就要求对数据所代表的概念判断准确,对数据的完整性认识清楚,对数据资料的价值评估恰当。"① 第三,要处理好局部与整体的关系。从小处而言,有的鱼鳞图册仅仅记载了某一田块或某一类型的土地;从大处而言,有的鱼鳞图册仅局限于某一地域,从局部性的统计数据推论出整体性的结论必须慎重。

基于上述认识,本文结合新发现的地册以及田野访谈,对"关中模式"所运用过的清初至民国年间关中东部的地册进行再研究,认为从这些地册资料出发不能推导出清初至民国的"关中模式"。

二、黄河滩地册的生态与社会背景

(一)流动的土地

先从黄河小北干流说起。小北干流指龙门—潼关间河段,黄河自龙门而下,从山陕大峡谷流出,河身骤然展宽,水流速度减慢,穿行于汾渭地堑,河道宽 4 至 19 公里。两岸为高出河床 50 至 200 米的黄土阶地、台塬,黄土土质疏松,易受河水冲刷。黄河含沙量高,当水沙条件发生变化时,会引发河道的移徙,乡民把河道周期性的摆动俗称为"三十年河东,三十年河西"。

明清至民国时期,小北干流区域以河道变迁为主要特征的生态环境变化,可视为上游水土流失地区生态环境变化的延续,或者说大区域生态环境变化在小区域的流播、扩散与影响。② 王元林的研究显示,在明代小北干流各河段开始大规模决徙改道,冲蚀崩塌,游荡性增强。延至清代,河道宽、浅、散、乱状况继续发展,河道变迁仍以摆动决徙、侧蚀崩塌为主,同时河

---

① 栾成显:《中国古代农村土地制度研究述评》,http://www.cass.net.cn,2006 年 6 月 8 日。
② 史念海:《历史时期黄河中游的森林》,《河山集》(二),北京:生活·读书·新知三联书店,1981 年,第 232—305 页。

道泛溢和泥沙淤积的幅度也不断加大，各段河道均有大规模变迁。①明清至民国时期小北干流河道变迁有两个方面较为突出：一是河道游荡性显著，东西摆动，在蒲州、朝邑间河段，黄河已是"无定所，河有数十年而一迁所，有数年一迁所"②；二是不同河段的河道呈单向持续发展趋势，程度剧烈，趋势明显，持续时间长。河津、荣河、韩城间河段，虽间有摆动，但河道持续向东拓展趋势明显，崩蚀东岸村庄、房屋、田地，居民露处。蒲州、朝邑间河段河道，自隆庆四年（1570）至民国十八年（1929），长达359年的时间里，黄河河道在两岸时有东西摆动，但总体向西发展趋势明显。

河道变迁对山、陕沿河两岸土地产生了若干影响。

首先，河道变迁使沿河两岸的土地形态、土地面积发生变化。据《史记》记载，西汉时期河东滩地约有5000顷，③唐武德七年（624）河西龙门以下的滩田多达6000余顷，④这种特殊的土地资源，由于面积广阔，收益可观，引起政府重视并组织大规模的开发利用。明清时期受河道变迁影响，蒲州、朝邑间滩地面积发生变化，总的趋势是面积有所增大。明初蒲州为保城筑堤，阻河西移，"近河膏腴滩地数千顷，民藉耕牧"⑤。受河水泛溢、河道移徙影响，滩地属于一种不稳定资源，东坍西涨，此出彼没，伸缩挪移。虽然河道处于动态变化，但相对而言滩地还是有短暂、稳定的耕种期，在此意义上，滩地与常田相较是"流动的土地"。河道移徙伴随的冲崩侧蚀，导致大面积稳定的常田转化为滩田，造成常田面积减少，滩地面积增加。据光绪五年（1879）《河津县志》记载，河津县民田原额为4811顷26亩，由于黄河坍失等因素，实在成熟地减至4528顷10亩。⑥荣河县民田原额5014顷48

---

① 王元林：《清代黄河小北干流河道变迁》，《中国历史地理论丛》1997年第2期。
② 乾隆十四年《滩地碑记》，现存于山西省永济市韩阳镇独头村。
③ 《史记》卷29，"河渠书·第七"，北京：中华书局，1959年，第1410页。
④ 《新唐书》卷41，"志·地理一"，北京：中华书局，1975年，第965页。
⑤ 王崇古：《重修黄河石堤记》，载乾隆《蒲州府志》卷20，"艺文"，第29页。
⑥ 光绪《河津县志》卷4，"田赋"，第15页。

亩，自顺治四年（1647）至乾隆八年（1743），共蠲免河冲荒地1332顷24亩，土地减损面积达27%。①朝邑县原额民田8654顷31亩，至康熙五十一年（1712）实在地共7367顷47亩，面积减少了近13万亩，占全县耕地面积的15%。光绪时期，朝邑县民田又减至6283顷23亩，相对康熙五十一年又减少了1084顷24亩，和原额相比减少了2371顷8亩，可见黄河冲坍侵蚀造成了大面积常田转化为滩地。②民国年间河滩面积有所变化。民国十八年（1929），河道东移，永济、朝邑、华阴三县间广阔的黄河滩地荒草丛生，成为土匪藏身之处，狼虫出没之所。主政陕西的冯玉祥决定在黄河滩成立平民县，据统计平民县滩地面积达47万余亩。③

其次，河水泛滥、河道变迁、滩地变化，引发人口流动以及人地关系的变化。一方面，部分村庄内靠迁移，但仍临河而居；有的居民则远迁至数十里外的塬上，成为迁出性移民。在河津、荣河河段，自河津县连伯村至荣河县南寨子的20多个村庄经历了由河滩迁往崖底、由崖底迁至塬上的向内迁居过程。河津县张家崖人洪武二年（1369）居于河津县葫芦滩，"大清雍正年间，黄河渐渐东流，人民迁居崖下。又至乾隆十三年（1748），河水尽归崖下，人民不能安居，遂迁于原上，村庄田地尽为水占"④。在蒲州、朝邑间河段，陕西省朝邑县东北乡沿河一带村庄基本经历了三次迁移。雷村原系黄河岸边一个占地较广的村庄，旧与辛村、乌牛等村为邻，西距老崖下南延寿等村十余里，此间土地多属雷村祖业耕种之地，"自明万历年间，河从县属之大庆关绕西而南流，自后陆续西坍，雷村等村西迁者三次，渐与延寿等村相近，南北间处"⑤。遭受河灾后，不少村民投亲靠友，形成外迁性移民。道

---

① 民国《荣河县志》卷5，"略一·赋税"，第1页。
② 光绪《同州府续志》卷8，"田赋志"，第5页。
③ 民国《平民县志》卷1，"田赋志"，第13—16页。
④ 山西省河津县张家崖《民国六年张户滩地册》，第1页。本文所用山西省地册均为笔者收集，不再一一注明。
⑤ 陕西省朝邑县雷村《乾隆五十三年归田拨补地册》，第1页。本文所用陕西省地册，现收藏在陕西省大荔县档案馆，不再一一注明。

光年间华阴县沿河寺南里三社有千余户，因受河灾，村人四散逃亡，所留者不过三百余户。① 部分灾民外迁，使迁出地的人地关系得以缓解。另一方面，河道移徙，滩田现出，滩地资源又吸引着人口迁入。如，民国十八年（1929）平民县向全国发出招垦告示，有15省人民前来领垦，黄河滩建立了移民村庄。② 然而，人口迁入在一定程度上又加剧了迁入地人地关系的矛盾。

再次，人口流动和迁移引发以滩地资源为中心的社会冲突。一类为区域内后靠迁移村庄和原住村庄的冲突。后靠性移民由于村庄空间的位移，在动态迁移过程中形成了"滩""塬"村庄之间的空间格局，可能产生土地纠纷与村际冲突。一类为来自区域外的移民和区域内原住居民的冲突。如平民县向全国招垦，使得较多人口流入该区域，他们通过各种形式获得了占有部分滩地资源的权利。这就意味着沿河村庄利益受到减损。加上移民与土著在生产、生活上的矛盾，更加激化"主""客"冲突，使得滩地资源的纷争更为复杂。

河道移徙带来山、陕两省行政区划界线变动和土地权属的混乱不清。山、陕两省以黄河为界体现了"山川形便"的原则，然而，黄河具有一定宽幅，是一个疆域地带，所谓"秦、晋以黄河为分域，然实共之"③。省际边界线是等级最高的行政区划边界线，边界线应具有稳定品质，河道在稳定的状态下，能够满足边界线条件。当它频繁改迁，日益呈现不确定性时就丧失了界的稳定品质，打破了原有的地域关系和空间格局，对行政区划、行政管理、社会生活产生了连锁效应。④ 河道变迁，边界线、滩地资源相随而动。此外，黄河常出现汊流，一河分为二河，中间形成夹滩，"河沙

---

① 道光二十四年《黄河滩阡图》，现存陕西省碑林博物馆。
② 民国《平民县志》卷1，"建置志"，第9页。
③ 乔光烈：《鸡心滩记》，载乾隆《蒲州府志》卷21，"艺文"，第26页。
④ 胡英泽：《河道变动与界的表达——以清代至民国的山、陕滩案为中心》，载《中国社会历史评论》（第7卷），天津：天津古籍出版社，2006年。

涨淤，洲潭之生其中者，亦两县均属，在晋人固不得独有也"①。河道变迁常常引发山、陕黄河两岸滩地资源和边界之争，爆发大规模的械斗，酿成"滩案"。

滩地与常田相较，具有几个明显不同的特点。其一，受河水泛溢、河道移徙影响，耕作滩地不稳定，投机性、风险性较大。田野访谈过程中沿河居民常常说："种滩地，养老牛，老丈人门前攒体己。""滩地收了穿皮袄，滩地没了光股子（屁股）。"其二，河水泛滥、河道移徙，沙滩泥涂，四至边界难以确定，常诱发边界争执，引起社会冲突。所谓"河滨之地忽坍忽涨，坍则民受赔累之苦，涨则户食增亩之利。每遇丰年，获利甚广，而沿河居民争之者亦甚众。各据其断烂故纸，不可考信之册，影占结讼，连年不休"②。其三，滩地一般较肥沃，收益颇丰。民国《临晋县志》曾对本县田地状况加以比较，"邑地可分为平地坡地，土质粘垆，尚宜树艺，因缺水故种常田者居多（种麦者曰常田），种邪田者绝鲜（种杂粮者曰邪田），近稍种棉，然失收者十常八九，其较腴之壤，则惟河滨滩地，可以种稻，岁收渐增"③。朝邑县河滩广阔，当地乡谚形容滩地肥沃："黄河三年不涨水，给狗也要行（娶）媳妇。"其四，滩地较塬地抗旱。部分滩地受风沙、碱化影响，收益较小，多数滩地耐旱，虽遭受干旱仍有七八成收益，沿河有"旱收滩，涝收坡"之谚。其五，滩地较塬地耕作简易。滩地耕作不施肥，耕作简单却能获得和塬地相同甚至更高的收益，因而沿河乡民对滩地非常重视。

概而言之，滩地属于特殊的土地类型，面积不稳定，易于产生边界纠纷，具有现实及潜在利益，可谓"流动的土地"，为了控制资源、维护地权、管理和分配土地，村庄内部也有修造地册的需求。

---

① 乔光烈：《鸡心滩记》，载乾隆《蒲州府志》卷21，"艺文"，第26页。
② 民国《荣河县志》卷5，"略一·赋税"，第8页。
③ 民国《临晋县志》卷4，"生业略"，第2页。

（二）土地控制与滩地册修造

长期以来，关中东部黄河沿岸地区处于河水泛滥、河道游荡、滩田变易、村庄迁居的动态、混乱的环境之下，而区域社会的发展需要相对静态、稳定的秩序。区域社会在环境的动态回馈中形成了一套相对完善的土地制度，大量的黄河滩地鱼鳞册、地册及相关文献充分体现了环境与社会间"流动"与"固化"的张力。

沿河村庄十分重视滩地鱼鳞图册及地册的攒造。《荣河县志》记载："沿河一带，间有地册，原（塬）上俱不概见。"[①] 说明沿河村庄和塬上村庄对于地册攒造的重视程度不同。笔者在山、陕沿河村庄的田野考察以及发现、搜集到数量可观的黄河滩地鱼鳞册的事实表明，重视黄河滩地鱼鳞册的攒造是该区域社会的一个普遍现象。

从笔者发现、搜集的滩地鱼鳞册及地册来看，村庄修造地册的时间多在河道移徙、滩地淹没或复出之际。地册修造时间应当是沿河村庄对地域生态时间节奏的一种社会反应，滨河居民在生产实践中认识了河道东西摆动的规律，在河道移徙滩田被淹之后，对将来河水远退、滩田复出抱有期望的心理，并预先准备未来划分、耕种滩地工作，因而修造地册显得非常重要。有地册记载：

> 我庄之地而为波涛者十之五六，倘地册若失，异日复为桑田，则亩之东西、土之所属，茫然而不可考矣。继吾侪僻居山麓水涯之间，戎马□、□奔驰而亦不得不早为之计也……，……里人曾志尹详加考核，细为查究，然后畛域井井，花名罗列，令人一批阅而了然于目，虽临村侵越疆界，屡兴词讼，亦赖有是册而不失其地……，……而后我村众所有之地可以按籍分给，即河伯西来，河东无涸渚之虑，河伯东去，河西有

---

① 民国《荣河县志》卷20，"传六·方技"，第1页。

分晰之明，其东作西成，毫无争端者，实赖乎地册也。家由是而给，户由是而丰，礼仪由是而兴，地册之所系顾不重哉！①

对外而言，地册为处理村际间的地权纠纷和社会冲突提供合法依据；对内而言它是村庄内部社与社之间、家户之间田主地权明晰的重要凭证。由此看来，滩地鱼鳞册的修造不仅仅是为了厘正地亩、确定田赋，地册在控制滩地资源权属、维护清晰边界、解决村际冲突、平息内部纠纷、维持地域社会秩序等方面的功能更为突出。

为了维护地权，便于管理，沿河村庄十分重视滩地鱼鳞册的修造，主要体现在以下几个方面：

其一，修造鱼鳞册需要花费一定的人力、物力，牵涉面较广，体现出组织性，而且村庄权力人物领导、负责地册的修造，其中一些具体事项分工明确。营田庄同治五年（1866）滩地册记载，乡约、保长、社长、耆老、誊写人等共计33人参与修造。②荣河县南寨子村乾隆三十五年（1770）地册显示，有乡约、公直、首事人、书写、清算、草算等25人参与修造。③

其二，修造鱼鳞册有一些基本原则。首先是严格遵循旧规，以旧造新。其次是要不偏不倚，公正无私。永济县小樊村道光二十五年（1845），《阖村滩地簿》载："兹簿之设，非易制也，第因时移世迁，有欲讳先人之名号者，有更换他人之姓氏者，由是重立新簿以便考稽，至于前规旧制，宁敢损益只字乎！"朝邑县营田庄民国二十年（1931），因为河水冲崩，修造地册时，对于旧册所载"不敢妄改一字"，表明了制度传承的稳定性。

参加修造滩地册的成员需要秉持公正，一些村庄为保证地册修造，甚至

---

① 陕西省朝邑县同治五年《营田庄存北社地册》，第2—3页。根据地册所载判断，《营田庄存北社地册》和《营田庄垦地减名册》属于同年修造，从内容来看地册名称应为《新崩场垣、新崩滩地册》，文中仍用档案目录所标地册名称。
② 陕西省朝邑县同治五年《营田庄存北社地册》，第5—7页。
③ 山西省荣河县乾隆三十五年《南寨子村地亩官册》，第1—2页。

举行仪式，约束参与者去私意、存公心。

> 合村公议，定于梅月初一日，我等同在玄天老爷面前共为盟，愿出公无私，依旧造新。我同盟之人既盟之后，使能者坐理于内，无能者效力于外。固不得以怠惰自甘，有废事之责，尤不敢以偏倚居心遗违盟之咎。其所以小心翼翼者，虽尺寸厘毫之微，亦非有厚此薄彼之念。夫私意不存，已操无愧无怍之权；公心克尽，又立有始有终之机。是以功虽大而不见其阻滞，时虽久而止形其顺利。数月之内，大功因而告竣，闾里之中，皆心悦而诚服。①

其三，村庄修造滩地鱼鳞册之后，一般呈送官方，经官员认可用印之后具有权威性、合法性。朝邑县营田庄乾隆二十年（1755）《营田庄东西北三社地界碑记》载，该村滩地册即经"县主用印"。永济县辛营村光绪二十一年（1895）《口岸步数总册》显示，该村修造新册后，呈报官府，地册每页均盖上官印，将老册存案备查，"如或后人耕地者，免其争狡霸占而已"②。

其四，村庄对于滩地鱼鳞册的保存和管理制定了严密的制度，以保证地册完整无损、内容不得随意改动，并制定了对违反规约者的惩罚措施。田野考察中发现的地册显示，同样的地册，一式几本、分存各处、专人保管是村庄保存地册常见的方式。如永济县辛营村地册记载："造写一样三本，三街各执一本，以为后凭，将退河之日，依册分地。"③永济县大鸳鸯村地册叙述，该村"重录鱼鳞册为用，村有三角，各执一本，庙存一本"④。地册分存各处，除有保护作用外，同时兼具互为比对、彼此限制、相互监督、防止私自篡改内容的作用。朝邑县营田庄同治五年（1866）地册限定，"誊写地册，

---

① 山西省荣河县乾隆三十五年《南寨子村地亩官册》，第3—4页。
② 山西省永济县辛营村光绪二十一年《口岸步数总册》，第3页。
③ 同上注，第1页。
④ 山西省永济县大鸳鸯村民国八年《滩地鱼鳞清册》，第1页。

四社各藏一函，即有鱼鲁之差、蠹鱼之患，可取而正之，强梁者既不得肆其侵凌也。惟每岁中秋之日，集于官所，准换各册姓字，奸谲者又无所施其乖巧也"①。

村庄对于地册内容的修改有时间、程序等方面的严格限定。朝邑县营田庄规定，"每岁中秋之日，准买卖兑换者改换，五册姓名一册不换，仍归旧主。买卖兑换者需要两家同来，一家不到不改换姓字"②。

地册由专人保管，负责收藏地册者若有违规行为将受到惩处。据朝邑县营田庄同治五年（1866）地册记载，该村设有"司柜"，当是负责保管地册者之名称，同时制定了严厉的惩罚措施，"不宝藏地册，私意涂抹及失遗者重罚。遇填换姓名之日，不挟地册于官所者亦重罚"③。

游荡的河道、移易的土地、流动的人口、迁居的村庄编织了一幅"动态"的、混乱无序的图景，组织有序、制度严密的黄河滩地册攒造"地方性知识"则显示了区域社会追求"静态"的、有序的社会秩序的努力，这两者之间的张力对于理解黄河滩地地权的固化特征具有重要意义。

三、黄河滩地册及其土地制度分析

在充分认识了地册性质及其生态背景的基础上，我们进一步集中分析"关中模式"曾运用过的清代至民国关中东部地册。这些地册资料基本为黄河滩地册，涉及华阴、朝邑、韩城3县沿河的一些村庄，其中韩城张带村、华阴县寺南里各有一册，其余均为朝邑县沿河北乌牛、南乌牛、雷村、加里庄、营田庄、赵渡镇、广济村清初至民国时期的黄河滩地册，仅有步昌里八甲下鲁坡村的鱼鳞册非滩地册。④

---

① 陕西省朝邑县同治五年《营田庄存北社地册》，第3页。
② 同上注，第5页。
③ 同上。
④ 笔者从鱼鳞册所载田块零碎的现象推测，该地册可能为与滩地有密切关联的"护岸地"。

（一）耕地面积

耕地面积主要包括两方面，一为沿河村庄滩、塬土地的比例；一为滩地自身的面积。

地册所载，基本为滩地，但滩地并非沿河各村全部耕地。除滩地外，塬上土地占有一定比重。例如，据当地村民回忆，下鲁坡村民国年间的土地为7000余亩，其中塬地3000余亩，滩地3000余亩。① 另据记载，光绪十五年（1889）朝邑县对全县土地进行清丈，下鲁坡村有银地3998亩余，铁地5亩余，磁地3898亩余，滩地面积无载。② 银地、铁地、磁地系粮银田则，就土地形态而言，此处银地、铁地指塬地，磁地为滩地，下鲁坡村土地面积和田野考察相符，即村庄的土地由塬地、滩地构成，二者比例大致相当。

一些调查资料反映了土改前沿河村庄的耕地结构。1952年陕西朝邑县二区一乡包括上辛庄、下辛庄、南岐、北岐、建龙、北干6个村庄，共有土地25597.5亩（包括官田4320.12亩在内），其中塬上地12740.5亩，滩地12857亩，滩、塬土地面积比约为1∶1。③ 陕西省韩城县1952年对沿河16村农户所做的调查报告显示，相里堡、谢村、河渎村、丁家村、渔村、南周原、北周原、史代村、张代（带）村、梁代村、二化村、建农村、薛村、昝村、留芳村16个村庄共有滩地7537亩，塬地22289.96亩，滩地、塬地面积比为1∶2.95。④ 这些村庄的耕地包括黄河滩地、塬上耕地两类不同性质的土地，而黄河滩地册仅反映了滩地的面积、分配状况，较少涉及塬上耕地。

耕地性质不同，地权状况遂具有明显差异。塬上耕地家户私有比重大，

---

① 访谈对象：杨来泉，男，74岁，陕西省大荔县步昌乡下鲁坡村第2组。访谈时间：2007年8月2日。
② 光绪《朝邑县幅员地粮总说》，第16页。
③ 《朝邑县二区一乡与一区八乡土地问题处理的报告》，陕西省档案馆藏，198/3/625，第79页。
④ 《韩城县三、五区耕种滩地农民情况调查报告》，陕西省档案馆藏，198/3/624，第50—53页。

滩地则村庄所有占有一定比例，因此其地权分配、土地买卖、租佃、地权状况变化等方面存在显著区别，如果不考虑塬上常田，仅以滩地来说明这些村庄的地权状况是不全面的。另外，下文将要谈到，滩地全部或部分从清初至民国以固定的"户"平均分配，这种"户"并非人类学意义上的"户"，新立的家户和增长的人口仍然在一"户"名义下分种土地，新增人口对土地提出了需求，但滩地不许买卖的制度又限定了获得滩地的渠道，势必引起以家户私有为基础的塬上土地地权的转移。这恰恰是整体理解沿河村庄地权状况所必不可少的部分。

滩地面积不稳定，地册所载与实际面积有出入。受河道移徙、河水泛溢影响，滩田出没无常，此盈彼缩，面积处于动态变化，而非固定不变。笔者通过对一些地册资料的梳理，大致勾勒出沿河一些村庄土地面积盈缩变化的概貌（见表8）。康熙八年（1669）以前，村庄土地原额较大，因河水西侵，康熙八年豁免了部分土地，之后继续坍失地亩至康熙五十三年（1714）。雍正七年（1729），山、陕两省民众争种滩地，经政府勘界划分，大庆关西北沿河9村分得新垦滩地，各村滩地面积较大。乾隆十七、十八年（1752、1753），黄河东徙，朝邑县政府向沿河各村划拨无粮滩地，村庄滩田面积广阔。光绪十五年（1889）朝邑县对全县耕地清丈，"凡地之在外者纳粮，流水者豁免"，当时河道西侵，因此沿河部分村庄滩地面积较少。①

表8 朝邑县沿河部分村庄不同时期土地面积   （单位：亩）

村庄	康熙八年以前原额地	雍正七年河东新垦滩地	乾隆二十年拨补无粮滩地	光绪十五年清丈面积
广济				4443
下鲁坡				7902
营田庄	7497	4235	8234	3660
雷村	5713	3035	10617	3340

---

① 陕西省朝邑县民国二十年《营田庄滩地新旧崩簿》。

续表

村庄	康熙八年以前原额地	雍正七年河东新垦滩地	乾隆二十年拨补无粮滩地	光绪十五年清丈面积
加里庄	6026	3541	5645	3803
北、南乌牛	7721	1230	3263	1664
赵渡镇				2579
赵渡镇、街子村				5262

资料来源：(1) 康熙八年土地原额，见雷村《中华民国二十一年照抄雍正七年山陕定界河西、河东六转减明清册》。(2) 雍正七年河东新垦地面积、乾隆二十年无粮滩地面积，见《雷村河东减明、河西鱼鳞册》。(3) 光绪十五年清丈面积，见光绪《朝邑县幅员地粮总说》。

不同时期的土地面积有所变化。康熙、光绪时期的数据反映了村庄全部耕地面积，雍正、乾隆时期的数据则仅为滩地面积。通过康熙、光绪时期耕地面积对比，征收粮额的地亩面积减少近一半，个别村庄更甚。乾隆时期仅滩地面积就已超过或接近康熙八年前的面积。这说明沿河各村耕地面积尤其是滩地面积自康熙初年至光绪年间并不固定。

具体而言，乾隆元年（1736），朝邑县令对沿河各村滩地勘查清理的数据显示，这些村庄新垦滩地面积由两部分构成，一为在滩地，一为入水地即河水淹没的滩地。乾隆二十年（1755）营田庄河西界内计地南北阔1356步，后被黄河冲崩入水多年，至嘉庆二十一年（1816）地复滩在河东。[①] 同治五年（1866）村庄滩地"为波涛者十之五六"，受其影响村庄在分配滩地时，部分田块的面积没有定数。[②]

在这样的生态环境下，形成了独特的土地计算和分配原则。一些村庄的滩地采取东西通畛，不计东西长短，只论南北之阔，"一尺之地，种十数

---

① 陕西省朝邑县同治五年《营田庄垦地减名册》，第1页。在雷村的一些地册中，有"减明"称谓，当和"减名"意思相同。雷村《中华民国二十一年照抄雍正七年山陕定界河西、河东、六转减明清册》记载了雷村等9村的土地、粮银原额及黄河坍失的土地、豁免的粮银，"减明"在这里指减免粮银。

② 陕西省朝邑县同治五年《营田庄存北社地册》，第1页。

里"①。一些村庄滩地田块分为几区,部分田块有定数,但临河田块俱无定数。由此可见,地册所载村庄的滩地面积只是一个理想状态,实际面积与地册所记有较大出入。

此外,滩地面积数量受地方官员立场的影响,存在虚报现象。嘉庆二十五年(1820)朝邑、永济发生滩地纠纷。在勘查过程中,上下辛庄、营田庄出现地多粮少、粮地不符现象。按照相关制度,此事要报垦升科,以使粮地相符。然而陕西地方官员却利用了黄河滩地出没无常、类型复杂、垦种程度不同、田赋状况不齐的生态特征给勘丈土地面积、确定田赋等级等提供了较大的操作空间,将上下辛庄、营田庄两村多余垦种的滩地进行了弹性处理,在滩地类别方面,把可种之地捏报为不可耕种的沙丘,在滩地面积方面,把土地的长度缩短,使该村的滩地面积和原征粮额相符。县、府地方官员捏报的钱粮之数,通过行政系统层层上报,以达北京户部,成为国家征纳田赋钱粮的依据。②从地方官员虚报来看,部分村庄滩地实际面积在一定时期可能大于地册所载。

需要强调的是,滩地地册不仅未能反映村庄滩、塬土地的实情,而且有的未能反映滩地全貌,一些地册仅反映了滩田的某一地块。以营田庄为例,该村地册有10卷,包括《新崩场垣地册》《新崩滩地册》《旧崩滩地册》《一步桃园地册》《新分四百三十步地册》《河东垦地册》《简明清册》《鱼鳞册》《垦地简明册》《大粮地册》,而今天所能见到的仅有《新崩场垣地册》《垦地简明册》。③各个地块具有不同的"土地身份",仅从字面理解,《大粮地册》与其他地册在地权占有、分配原则上存在差异。雷村《乾隆五十三年归田拨补地册》也存在同样问题,该地册仅仅反映了"黄字十一号"九畛滩地分配状况。

---

① 李朴:《审编议》,载康熙《朝邑县后志》卷8,"艺文",第33页。
② 陕西省朝邑县清代《雷村河东减明、河西鱼鳞册》,第8页。该地册记载了雍正七年到道光十六年朝邑县雷村等9村的滩地事务,内容主要集中于乾隆、嘉庆时期。
③ 陕西省朝邑县同治五年《营田庄存北社地册》,第11页。

综上所述，这些地册存在塬地面积缺失、滩地面积动态变化不准确、所录滩地田块不全面等问题，据此研究沿河村庄的地权会有很大的局限。因为不同田块所造的地册及其包含的历史信息，对认识当时的经济社会及地权状况有着重要意义，若不详虑，则会导致地权统计以偏概全。

（二）地权状况

黄河滩地权状况较为复杂。根据清代官荒开垦升科的规定，滨水迁涨新开地属官地，由政府分给军、民耕种，六年起科。[①]清代律例对于一般官荒，在升科之际，"督抚委员复加履亩丈勘，果有坍塌冲涨，或成硗确者，概免升科"[②]。

黄河滩地在形态上一为滨河滩地，一为河中夹滩。乾隆年间，永济、朝邑、华阴三县滩民争种山陕两省间新涨"鸡心滩"，经两省大员会勘，认定该滩"界于两河，定为官产，就其已开者，岁征其租谷，令潼关、永乐两司马牧贮收之"[③]。嘉庆年间，荣河、韩城滨河乡民争种滩地，嘉庆十二年（1807）钦差刑部侍郎瑚素通阿履勘后，奏将河西滩地490顷作为"官地"平分给荣河、韩城乡民耕种，除去荒坡沙积，勘明可种地亩分别高下，每亩征租谷5升至3升不等。[④]这说明，国有滩地一部分经过农民开垦成熟后属于垦者所有，政府向他们征收田赋；还有一部分则只是划归附近农户耕种，农户向政府交纳地租，耕种这部分滩地的农户相当于国家的佃户。

滩地在土地形态上看似相同，其实在黄河变迁的环境中经历了动态的转化过程。山西省荣河县北屈村（现为大兴村）民国年间的地册显示，"本村村西坡下地，自龙王庙官地至小腰道，道宽一丈，是为民地。由小腰道以西至湖广大道，以为民地，道宽一丈五尺。由湖广大道以西至阡，是为晋地。

---

① 乾隆《大清会典》卷10，第11—12页。
② 乾隆《大清律例》卷9，第7页。
③ 乔光烈：《鸡心滩记》，载乾隆《蒲州府志》卷21，"艺文"，第28页。
④ 《晋政辑要》卷1，"户制·杂赋附"，第1页。

由晋地西至汾河，是为卫地。综合而言，此地因河水浸崖，年深日久，崩落成地，总名曰'护崖地'，而地主年年仍照例完纳皇粮，是以又名'大粮地'。"①由此可知，滩地并非皆为官荒地，而具有不同的"土地身份"。它显现了滩地地权在黄河侵蚀下动态转化而又复杂、混乱、交错的特点。正缘于此，形式相同的滩地具有不同的地权性质。如村庄迁移后，旧村庄的"院子地""场院地"虽变为泥滩荒涂，但地权仍属私人所有的"文书地""红契地"，即不属于官荒之地，也不属于村社公地。

通过对鱼鳞册的分析，沿河各村滩地地权可分两类，一类为村社公有，一类为家户私有。前者在雷村、营田庄、加里庄、上辛庄等村的地册中表现突出，后者则在赵渡镇、东林、广济等村的地册中反映明显。

村庄土地形态转化为滩地的过程，同时是村庄不断迁徙重建、对滩地耕作权利延伸拓展的过程。人、聚落及其周围土地是构成村庄最重要的部分，水逼人退、村庄迭次内靠重建，土地却水冲泥淤，成为河水所经之道；水退河移，出露为滩地，滩地不仅仅是土地，而成为一种家园的象征与记忆。雷村原来是黄河岸边一个占地较广的村庄，旧与辛村、乌牛等村南北为邻，西距老崖下南延寿等村十余里，此间土地多属雷村祖业耕种之地。明万历年间，黄河从朝邑县大庆关北绕西而南流，自后陆续坍塌，雷村等村经过三次西迁，渐渐与南延寿等村相近，南北间处，雷村始终维持着村庄以东滩地的耕作权。②营田庄同样如此，据同治五年（1866）地册记载，该村地册类型达 10 卷，表明河道西侵，冲蚀土地，村庄西迁，但村庄延续、维持着对于被河水侵蚀而转化为滩地的各类土地的耕作权利。从国家来看，可能大部分滩地蠲免了田赋，根据国家律例它属于国家所有的"官荒"，垦熟之后，又成为升科之地。对于村庄而言，不论入水成河还是淤出成滩，滩地是村庄土地权利自然的延伸。

---

① 山西省荣河县北屈村民国年间（年代不详）地册，第 1 页。
② 陕西省朝邑县雷村《乾隆五十三年归田拨补地册》。

生态环境与社会冲突使黄河小北干流沿岸村社共同体在滩地事务中的作用十分强大。自明代以来，由于河道大幅度移徙，山、陕黄河两岸滩地东坍西涨，此出彼没，经常发生村庄内部，以及省内、省际村庄间滩地资源、界线的争执、冲突。村庄内部滩地的冲突，据田野考察和文献资料分析有三种类型，一类为滩民之间的纠纷与冲突，村庄内部权力可解决此类冲突；一类为滩首因滩地事务与乡民发生的冲突，属于和权力运行密切相关的个体冲突；一类为村庄内部分化的较大单元如社与社之间的群体冲突，社与社之间的冲突有时体现为家族间的群体冲突。

山、陕两省的荣河、河津与韩城县，永济与朝邑、华阴县均发生过大规模的滩案，经朝廷勘界，无论河道东西变迁，双方均可过河耕种界内之地。界线划定后又会因为保守界线、耕作生产而发生冲突。维持内部秩序、协调内部纠纷、应对外部侵界等对社会组织提出了需求。如无村社组织，个体家户甚至一个宗族在滔滔黄水与潜在的强大侵界压力下顷刻间会土崩瓦解。

村庄公有滩田面积较大，环境与社会因素使得沿河滩地部分或全部为村庄共同体所有，村社在土地的占有、管理、分配中发挥着重要作用。乾隆二十年（1755），朝邑县营田庄"垦地"（滩地）有8234亩。嘉庆二十五年（1820）村中滩地有东、西两号，由村中217户平分，东号每户种地5步1尺4寸7分4厘6毫5丝，按地块长度约算，每户种地20余亩，面积达4660余亩。西号每户种地6步1尺2寸4分4厘2毫3丝，按其地块理论长度约算，每户种地30余亩（受河水西侵影响，实际未达此数）。东、西两号每户各种地一份，二者合计每户耕种滩地50余亩。①嘉庆二十五年（1820）的滩图显示，东号"垦地"面积仍保持4660余亩，西号则受河道西移影响而有所减少。②仅从滩图来看，东、西两号"垦地"为村庄全部滩地，也就是说滩地仍由217户平分。同治五年（1866），营田庄"垦地"仍维持

---

① 陕西省朝邑县同治五年《营田庄垦地减名册》，第1页。
② 陕西省朝邑县清代《雷村河东减明、河西鱼鳞册》，第13页。

东、西两号由217户平分的旧制,但受河道摆动影响,村庄历经迁居,滩田位置、面积有所变化,从划分滩田的记载可知,头百步、二百步、三百步"官地"东西长达600步,此外还有"小官地",官地至少占全村滩地一半以上。其中"六百三十步地从中截为两段,各长三百一十五步,照阖村烟户排列,余地属于村中"①。上辛庄和营田庄相邻,该村光绪年间有"垦地"277份,"垦地"当属滩地。②延至民国年间,上辛庄6社所耕滩地仍维持277份,每份40亩,称为"份子地",明确规定只能耕种,不许买卖。加之滩地定期重新分配,每个家户的份子地届时要收回村中,更无法进行买卖,但其间可以出租。③滩图显示,南、北乌牛村滩地第四、五畛为"三十六分门分地",顶河为各家之"烟甬(桶)地",若将龙王庙、观音堂之地计入,官田占全村滩地面积的一半以上。④

朝邑县雷村地权状况和营田庄、上辛庄相类,田野访谈中,乡民对土改以前滩地制度是这样讲述的:

> 我雷村滩地属于村上集体所有,土改以前,土地都不能买卖,属于村上的,有的地长期分给你不动了,有的地年年还变,抓号咧,我雷村是这,我村全部是村所有,这一户没人了,绝户,村里把地收回来。比如这一户弟兄分了家,等于报了户口,批准后,顶一户,给你一份地,一份地三四十亩地,有了这一份地,你就饿不着。⑤

南北乌牛、雷村、营田庄、上辛庄比邻而居,南北相望。各村滩田官地

---

① 陕西省朝邑县同治五年《营田庄存北社地册》,第2页。
② 光绪《朝邑县幅员地粮总说》,第20页。
③ 《朝邑县二区一乡与一区八乡土地问题处理的报告》,陕西省档案馆藏,198/3/625,第78—80页。
④ 陕西省朝邑县清代《雷村河东减明、河西鱼鳞册》,第24页。
⑤ 访谈对象:张俊峰,男,73岁,陕西省范家镇雷南村。访谈时间:2005年5月24日。

面积占有较大比重，保守估计均在一半以上。滩地官地包括庙田、祠田、村庄公田，村庄公田比重最大。村庄处置公有滩田，一是采取出租的形式，交由佃户耕种；一是以"份地"形式，长期由村庄固定家户分种，如营田庄、上辛庄有217户、277户的"份子地"。在村庄公有、家户分种"份子地"的情况下，地权平均。

营田庄自清代乾隆至民国年间始终以217户平分东、西两号垦地；上辛庄缺乏清前期的地册资料，但至少从光绪至民国年间，村庄"垦地"277份，每份40余亩滩地，由各家户耕种。笔者推测这种土地分配制度，早在村庄原住居民初始土地分配时已经确定，经久而传承不变。以固定不变的户而不是以不断滋生的人为单位分配土地，在很大程度上避免了人口增加、个体农户分家析产导致的地权分散，也没有导致土地的零细化。地册上男性户主的后代可以在共同祖先的名义下耕种一份滩地，它在村社共同体内只是一户，这样就保持了村社共同体滩地地权状况长期的稳定性。村社共同体对滩地地权的强制和约束，也使得村庄每个家户享有最基本的生存基础，防止了滩地村社公有制的解体。

地册所载村庄的"户"和现实村庄的"户"并不一致。一些地册从乾隆至民国年间始终以固定不变的"户"分配滩地，如营田庄长期以217户平分东、西两号垦地，上辛庄则为277份。这些固定不变的"户"最初可能就是村庄内部人类学意义上的"户"，但经过长期的家庭人口规模变迁后，村庄墨守成规仍然以初始之"户"分配滩地，"户"由原来人类学意义上的家户已经演化为滩地分配单位，这些"户"有可能是人类学意义上的"户"，也有可能已经由一户扩大为一个家族了。这种以固定"户"分配滩地制度在山西沿河一带也存在，如永济县上源头村雍正十二年（1734）薛、武两户滩地口岸按61户划分，①民国年间仍依61户旧制，地权表现出静态、凝固的特征。

土地村社公有、家户分耕的社会经济制度，为村庄家户提供了基本的生

---

① 山西省永济县上源头村《雍正十二年薛、武两户护岸鱼鳞册》。

产资料，也为村社组织的活动尤其是滩地事务提供了必要的费用，促进了村庄组织的发展。村社土地公有的经济社会结构，使村庄所有家户具有同等的权利和义务。它使村庄更易于在面对环境、社会等外来冲击时采取集体行动。它能够对村庄的土地进行统一的管理和分配，为村庄所有家户提供生存需要的"份地"，因而其地权表现出平均性、分散性。村社公有滩地、农户平均分获滩地具有传统的稳定性。

地方社会控制了滩地资源，滩地资源也束缚了地方社会。村庄家户"份地"耕作犹如一张精心编织的网络，长久地笼罩在流动的滩地上，而这条无形的网络也牢牢地把这些村庄的家户束缚在流动的土地上，使得村庄避免了离散和瓦解。

在讨论了滩地村社公有类型后，再看滩地家户私有类型。在研读赵渡镇《道光八年滩地册》、赵渡《滩地事务公所民国十七年东滩丈册》、民国（年代不详）《赵渡镇各姓所占地册》、赵渡镇道光二十六年（1846）《东街关帝庙南韩家畛官册》、清代（年代不详）赵渡镇《北韩家畛丈册》、民国二十一年（1932）《东林村、东王庄地亩丈册》、道光五年（1825）《广济村抄录丈簿》等地册时，家户占有滩地多寡不均，地册所载业主地块面积亩、分、厘、毫单位繁杂，这与村社公有滩地所反映的滩地面积平均、地册记载简洁等反差明显。

根据地册中的有关文字判断，这些地册所载为滩地无疑。对于滩地家户私有类型，笔者的理解是，在流动的土地和固化地权的张力下，区域社会出现了不同的实践类型。同时，滩地的家户私有也固化或附着了常田的地权状况信息，为研究者提供了推测常田地权状况的可能。那么，这些家户私有的滩地册反映的地权状况究竟如何呢？

笔者对黄河滩地鱼鳞册土地分配吉尼系数计算的结果表明（见表9），村庄滩地若为家户私有，其地权分配不平均，吉尼系数大。根据赵渡镇《道光八年滩地册》、道光二十六年（1846）《东街关帝庙南韩家畛官册》、嘉庆十年（1805）《李加才置北畛丈册》《赵渡镇各姓所占地册》《滩地事务所民国十七年东滩丈册》、民国二十一年（1932）《东林村、东王庄地亩丈册》、道光六年（1826）《广济村抄录丈簿》所计算的土地吉尼系数在0.6左右。

民国年间的常田地册和家户私有滩地册地权状况相近。民国三十四年（1945）《乌牛乡第二保田赋底册》记载了店干、南干、寨子、北结草4村，《和衷乡第一保田赋底册》记载了仓头、北吊庄等4村家户占有土地状况，其中乌牛乡二保4村既有滩地，也有常田，[①]应当说土地类型及分配的资料较为全面，据其所载计算的吉尼系数为0.637437、0.539305，和上述滩地册土地分配吉尼系数相近。参照家户滩地私有的地权分配，说明滩地地权在不受某些制度约束的情况下，地权分配不均，流动性强、土地集中趋势明显。

表9　地册所见陕西省沿河村庄土地分配吉尼系数统计

村名	年代	吉尼系数1	吉尼系数2	计算依据
赵渡	道光八年	0.60687	—	《道光八年滩地册》
赵渡	道光二十六年	0.598643	0.2366	《东街关帝庙南韩家畛官册》
赵渡	嘉庆十年	0.512918	0.4409	《李加才置北畛丈册》
赵渡	民国年间	0.634767	—	《赵渡镇各姓所占地册》
赵渡	民国十七年	0.559727	0.4763	《滩地事务公所民国十七年东滩丈册》
赵渡	年代不详	0.474540	0.3290	赵渡镇《北韩家畛丈册》
雷村	乾隆五十三年	0.282703	0.3006	《乾隆五十三年归田拔补地册》
东林村	民国二十一年	0.639243	0.3647	《东林村、东王庄地亩丈册》河西地亩
东林村	民国二十一年	0.165927	—	《东林村、东王庄地亩丈册》河东滩地
下鲁坡村	光绪十六年	0.496188	0.4809	《步昌里八甲下鲁坡村鱼鳞正册》
广济村	道光六年	0.632766	0.4029	《广济村抄录丈簿》

---

① 光绪《朝邑县幅员地粮总说》，第26—30页。

续表

村名	年代	吉尼系数1	吉尼系数2	计算依据
加里庄	乾隆二十年	0.295137	0.2892	《加里庄口岸丈册》
营田庄	同治五年	0	0.2756	《营田庄垦地减名册》
张带村	嘉庆十四年	0.385971	0.3558	《张带村黄河滩地鱼鳞册》
寺南里	道光年间	0.365033	0.3237	华阴县《寺南里滩地册》
乌牛乡第二保	民国三十四年	0.637437	—	《乌牛乡第二保田赋底册》
和衷乡第一保	民国三十四年	0.539305	—	《和衷乡第一保田赋底册》

说明:(1)吉尼系数1为笔者计算的数据,吉尼系数2为《"关中模式"的社会历史渊源》的数据。(2)表中所列吉尼系数为按家户计算,未按人口折算、修正。(3)"—"表示《"关中模式"的社会历史渊源》未计算数据。(4)民国二十一年东林村河东滩地缺乏明确的地亩数,因此吉尼系数是按照地册中所载五畛地的"分"数计算,不是按亩计算。(5)同治五年《营田庄垦地减名册》记载了部分畸零田块和217份垦地,由于有些田块面积无法计算,所以,笔者仅计算217份垦地的地权分配,每份垦地数量相同,因而土地分配吉尼系数为0。

在两类土地所有、分配、管理的不同情况下,我们再讨论滩地的买卖及地权变化。珀金斯曾提出假设,凡是自然的或人为的灾难频繁的地方或者极其贫困的地方,土地的转让就应该最大。但在华北有很多地方缺乏灌溉,黄河的泛滥又很频繁,农民常陷于饥馑状态,因此他们更可能借助于举债渡过难关,这样也就更可能丧失他们的土地,然则华北的租佃数是最少的。① 华北的事实否定了"农家负债"与"高租佃率"的线性关系,但并未否定"灾荒是土地兼并的杠杆"这一经典命题。②

沿河村庄的滩地受河水季节性泛滥、河道东西摆动影响,水冲沙淤,耕作不稳定,给黄河滩频繁转卖提供了条件,土地兼并与集中的程度很大。

---

① 〔美〕珀金斯:《中国农业的发展(1368—1968年)》,宋海文译,上海:上海译文出版社,1984年,第116—117页。

② 夏明方:《民国时期自然灾害与乡村社会》,北京:中华书局,2000年,第221页。

朝邑县部分鱼鳞册说明，黄河泛滥并未导致农民因举债而转让、买卖土地，也未形成土地兼并的局面。笔者认为，导致此种情形的原因有两方面，第一，灾害与地权转化过程中存在"土地的丰度制衡机制"①，土地投资者在购卖土地时，会考虑滩田耕作条件不稳定因素，不愿将投资付诸东流；第二，宗法关系、村社共同体的约束、凝固作用。秦晖教授针对沿河长条地畛、村庄土地分配现象曾指出其中"传统宗法共同体对土地所起的凝固和调节作用"②。在黄河小北干流沿岸，环境、社会因素对土地制度的影响远较其他因素为重。

在村社管理下，"份子地"只许耕种不能买卖，其他村庄公有滩地亦严禁买卖，限定了滩地地权转移。不唯滩地，就是与滩田有密切关联的面积较小的"上岸地""护岸地"，因其不易受河水侵蚀冲刷，是确定滩地阔尺的重要依据，为维护滩地边界，一些村庄甚而规定"上岸地"也不许买卖，俗称"舍梢不舍金（根）"。③

地册显示，有的村庄部分滩地田块是可以买卖的。营田庄地册记载：

> 从来本庄滩地买卖者，册内改换姓字无法尽美，未尽善矣。倘不限期对证，或有买地多年而不换姓字者，或换姓字而卖主不到者，失误错落，遗害非小。日后两家因地相争，与事与情，是非难辨。今合庄公议，凡我庄以及邻村买卖者，准于当年八月十五日大庙内改换姓字，若一年二年以至三年内不换者，永远不能改换。本庄法规即立，特列册首以示共知，若邻村之人改换姓字，无论亲友，每亩出钱二百文，以备每年排地劳费耳。④

---

① 夏明方：《对自然灾害与旧中国农村地权分配制度相互关系的再思考》，载《自然灾害与中国社会历史结构》，上海：复旦大学出版社，2000年。
② 秦晖、苏文：《田园诗与狂想曲——关中模式与前近代社会的再认识》，第94页。
③ 访谈对象：王龙玉，男，63岁，陕西省大荔县范家镇雷北村。访谈时间：2006年7月13日。
④ 陕西省朝邑县同治五年《营田庄存北社地册》，第7页。

翻阅该地册，确实发现有滩地买卖情况。据营田庄同治五年（1866）地册显示该村土地买卖有33例，册中田块共287份，买卖块次占田块总数的11.5%，若仔细分析，买卖滩地的田块为各家的崩落河中的场垣地，属于家户私有。场垣地田块较小，因而滩地买卖总量不大。对于村庄217户均分的东、西两号垦地，却没有一例买卖的情形，因为它属于村社公有，农户个体根本无权转让、出卖。

在滩地家户私有的村庄，地权流动则较为频繁。道光八年（1828）赵渡镇地册所载土地类型为滩地，其中记载了滩地交易情况，分析该地册有助于了解滩地地权更易状况。地册显示"贴"的地块有138例，"买卖"的地块有175例，"换"的地块有15例，"当"的地块有7例，"过"的地块有1例，地册所载地块总数为2669块，地权变易达337块次，约占地块总数的12.59%，可见在滩地允许买卖的具体场景下，地权更易还是较为频繁的。①

另外，同一地册中不同地畛的土地交易状况亦存在差异。道光八年（1828）赵渡镇地册显示，第四畛、七畛无一例地权变更，南、北韩畛仅有8例地权变易，第六畛仅有4例买卖，而头畛、二畛、三畛、五畛的土地交易频繁，买卖、贴、换、当、过的情形较多，其中头畛、二畛、三畛地权变易最为集中，这与其他地畛形成明显反差（见表10）。

考虑到当地生态、社会背景对滩地买卖的影响，第四畛、七畛滩地买卖可能受到生态环境与社会方面的限制，不受禁约的其他地畛地权变易较为频繁，如第二畛、三畛的土地买卖块数占该地畛总块数的15%左右，第三畛地权变易块次占该地畛总块数的30%以上，说明在家户私有的情况下，滩地部分田畛地权流动性较大。

---

① 陕西省朝邑县赵渡镇《道光八年滩地册》。"贴"是指用写有新业主名字的纸条把旧业主的名字遮盖，存在两种情况，一为继承祖业贴换姓名，一为业主把土地转移给另一个业主。同姓的"贴"可能是继承，异姓的"贴"可能是一种交换、买卖。"换"指业主之间交换土地，分为对等、不对等交换，不对等交换属于买卖。"当"指业主以典当的形式把土地转移至其他业主，但地权仍属原业主。"过"指土地买卖以后，卖主把地权转移到买主手中。

表 10　赵渡镇《道光八年滩地册》地权变易统计

项目	田块总数	买卖	占田块百分比	贴	占田块百分比	换	占田块百分比	当	占田块百分比	过	占田块百分比	各项占田块百分比
南、北韩畛	367	3	0.82	3	0.82	2	0.54					2.18
头畛	658	22	3.34	26	3.95	3	0.46	2	0.3	1	0.15	8.21
二畛	486	71	14.61	2	0.41	6	1.23					16.26
三畛	431	67	15.55	58	13.46	2	0.46	4	0.93			30.39
四畛	279	0		0		0						
五畛	174	7	4.02	32	18.39	2	1.15	1	0.57			24.14
六畛	119	5	4.2	17	14.29							18.49
七畛	155	0		0		0						
合计	2669	175	6.56	138	5.17	15	0.56	7	0.26	1	0.037	12.59

资料来源：朝邑县赵渡镇《道光八年滩地册》。

营田庄同治五年（1866）、赵渡镇道光八年（1828）地册均为滩地册，下鲁坡村光绪十六年（1890）地册则记载了塬上土地，其地权变易状况可与滩地参照。需要指出的是，该地册所载地亩仅有 284 亩，而全村土地达 7902 亩，所以地册反映的地权状况很不全面。对于地权变易，笔者统计的结果为"换"39 例、"贴"31 例、"买"10 例，其中同时标明"换"与"买"的 4 例，"换"与"贴"的 1 例，重复计入"换""买""贴"。笔者对于"贴"的处理方法是一人只能"贴"一次同姓之人的地块，视为继承，有 13 例；其他同姓而非同一人以及异姓之"贴"则归属买卖，计 18 例。"贴"之买卖与标明之"买"合计 28 例。

此外，对于"换"的理解关系甚大。地册明确显示所换地块等级、面积与所标之处田块面积不符的有 8 例，可归入买卖一类。那么剩余的 31 例之"换"该如何处理。笔者在田野访谈中了解到，在民国年间当地的土地买卖中，"换"也属于土地买卖，如以 10 亩差地换 3 亩好田，反之亦然。① 当然，同类等级的"换"也属土地买卖，第 874 号业主忽长龄银地 2 亩 6 分 5 厘，"换忽凤明银地一亩六分五厘"②。这样的话，严格计算下鲁坡村鱼鳞册买卖有 36 例，按乡老所言，依地册所载，排除同时标有"换"与"买"的 4 例，将 35 例"换"归入买卖，那么买卖之例则达 63 项。该地册总计 400 块地亩，买卖的田块总数严格计算达 9%，把"换"归入买卖一类，则达 15.75%。

根据道光八年（1828）赵渡镇、同治五年（1866）营田庄、光绪十六年（1890）下鲁坡村三本地册记载，在可以交易的田块，其土地买卖率分别达 15%（二畛、三畛）、11.5%、9%—15.57%，前两册所载为滩地，后一册为塬地，如果视其为常态地权流动，笔者保守估计道光、同治、光绪年间当地土地买卖率在 15% 左右。

（三）田块形状

不论是有序的长畛制，还是不规则的田块制，清代至民国年间朝邑县沿河村庄地权分散、田块组合稳固的现象令人印象深刻。

土地买卖可能影响田块形状，但并非唯一因素。马克·布洛赫对法国农田状态的研究表明，法国农村长形敞地等农田状态"形成一种由技术方法与社会组织原则组成的复杂的网络"③。黄河滩地规则长形地畛、田块组合固定不变的原因当从沿河居民的生存技术策略、村社管理滩地的社会制度等方面去理解。

在有的地方，规整的田块经过自由买卖、频繁易手会变得畸零散漫。黄河滩地则恰恰相反，黄河冲崩改变了村庄的土地状况，村庄需要对各个家户

---

① 访谈对象：杨来泉，男，74 岁，陕西省大荔县步昌乡下鲁坡村第 2 组。访谈时间：2007 年 8 月 2 日。
② 陕西省朝邑县光绪十六年《步昌里八甲下鲁坡村鱼鳞正册》，第 34 页。
③ 〔法〕马克·布洛赫：《法国农村史》，余中先、张鹏浩、车耳译，北京：商务印书馆，1997 年，第 50 页。

的土地进行调整和重新划分。滩地田块经历了从畸零散乱到整齐划一的规整化过程。家户原来的土地形态一般而言较不规则，东西南北参差不齐，还相互插花。在稳定的环境下，其边界的划分要容易得多，但受河水泛滥、河道游荡影响，村庄农户分散的田块地界时常被湮没，当洪水消退、滩地复出，常常因为家户土地畸零不整，插花散乱，造成村庄整体划分土地的障碍。为了适应环境，村庄便对各个家户零乱的土地进行重新整合、划分，以方便在河水消退、滩地出露后边界的划分和土地的重新分配，减少村庄内部的争执与冲突，简化划界的操作技术，降低划界成本。道光七年（1827）朝邑县《加里庄滩地册》记载：

> 考昔黄河未崩之先，庄东俱属良地，凡居是庄者皆有地亩，其中多寡固自不同，彼此鱼鳞相搀，迨其后黄河西侵，场垣俱为水占，良田尽为河道，所遗灾粮自明至清无不赔纳。皇清太宗登极，轸念艰难，县主罗老爷清廉爱民如子，二次蠲免，凡赔纳数十年者，始得复生矣。然其分亩未尝不显，长阔未常无数，不意至康熙二十年以后，水退地出，争夺之端起，伯〔侵〕吞之事兴，三社不合，相打相告十有余年，赖有营田庄公直党永息、党中伟、赵加佐、党中持系亲友，不忍坐视，忠告善道，冒风雪而不避，从容和解，至数月而始平，于是按蠲免之数，除租粮之实，折下剩之余，将三社鱼鳞相搀、多寡不同、长短不齐之地，照数算清，兑为一段，各占一所，永息争端，自此三社复和，誓遵界畔，永不违约。①

由此可见，在河水泛滥、河道游荡的环境下，村庄土地性质经历了由大粮地转化为滩田的过程，滩田形状也经历了由零乱细碎、长短不齐转化为形状规则的动态演变，正是环境与社会的共同作用，而非买卖率高低的经济因素，形成了滩地规则的农田状态。清代《雷村河东减明、河西鱼鳞册》所绘

---

① 陕西省朝邑县道光七年《加里庄滩地册》，第1页。

各村滩图显示，乌牛村、雷村、北延寿、南延寿、辛村、加里庄、营田庄、岐村、上辛庄9村的滩地田块形状均十分规则。

田块形式规则、地畛采用长地畛，除应对环境因素外，也使边界划分、土地分配易于操作。村庄土地在经受河灾之后发生变化，原来界址清晰、位置固定的田块，变为模糊不清、界址难考的滩地了，若要按照原来各社家户田块的分布状况来划分滩地，具体操作技术较为烦琐困难，且不便于各个家户耕种，易于引发纠纷。经过兑换、调整，村庄的滩地整齐划一，井井有条，方便了耕种，平息了冲突，减少了划分界线的难度。

并非所有的滩地都是规则的。营田庄牛王道西之地南北各犬牙相参，畛域不齐，南则有北岐村之地，北则柏林道之北有"庄廓地"一段，此地俗名"卓郭地"；北顶加里庄胥姓场院地、文书地，且长短参差不齐，东至牛王道，西连本村老岸地。滩地类型中有场院地，从民国二十年（1931）的滩册地图来看，场院地比较规则。①结合同治五年（1866）的滩册，可证场院地是一些短小的地块，最初不太规则，其间可能经过了一些调整，地块变得规则了。

采取长畛制是滩地农田状态的另一特征。土地的肥沃程度、稳定系数可能是农民最关心的，土地形式即耕种方向、田畛长短、田块形状等体现了乡民在特定环境中的经营策略。

降低风险。就土地形式而言，沿河之村庄耕种滩地，东西纵向的田畛与自北而南的黄河垂直交叉，一定程度上缓解了黄河东西摆动所形成的东西纵向的漫溢或冲蚀。地畛选择为东西方向，体现了风险均担的精神，如果采用河势平行的南北地畛，当河势变化时，近河耕种的田亩有可能完全冲没，而距河较远的家户则不受损失或损失较小。相反，采用东西地畛，河水漫溢或崩岸时，它会自东而西或自西而东整体推进，耕种之家户均遭受河灾，承担风险，而不像南北地畛耕种那样，只有近河耕种的家户遭受河灾了。

土地等级平均。地畛确定东西方向，适应了黄河滩涂碱滩、沙滩、泥滩

---

① 陕西省朝邑县民国二十年《营田庄滩地新旧崩簿》，第9页。

等壤质肥瘠不一、高低不平、复杂的土地状况，东西地畛使耕滩家户分种滩地达到肥瘠搭配，好坏调和，相对公平。① 所以，在沿河村庄耕作滩地多采用东西长畛，只讲南北之阔，不论东西之长，"一尺之地种十数里"②。

滩地耕种采用"长畛"是一个突出的特征。营田庄鱼鳞册所载地块长度较长，如同治五年垦地册中，河东垦地长973步2尺8寸，按1步为5尺折算，合计1623米，竟达1.6公里！地册载每户种地5步1尺4寸7分4厘6毫5丝，以1步5尺约算，每户分配地块合20余亩！西号垦地每户种地6步1尺2寸4分4厘2毫3丝，《营田庄垦地减名册》中没有记载其长短，但从《河东与上辛庄未兑换直地图》来看，西号垦地长度从理论上讲有1200余步之长，达2000余米！这样长的地畛在塬上是非常罕见的。③ 同样，同治五年《营田庄存北社地册》中所记，"头百步官地二十分，又排二百步官地二十分，中间余地排为三百步官地，无定分，俱长六百步"。600步折合3000尺，长达1000米！就是一步桃园地、南北桃园地，其地畛东西也长达300步，计500米。④

便于划界。选择东西长畛除趋利避害、利益均衡的原因外，还便于村庄家户划分滩地，减少东西、南北方向地畛交错相杂带来的划界困难。

规则、稳定的田块组合在确定地界、划分田块、分配土地中具有重要作用。地册在描述一个地块时，先叙述田块的名称、位置及其四至，这样就确定一个田区。在大的田块界线划分后，每个田块再根据家户占地多少划分土地。村民根据界线首先将主要的东西向、南北向大道排开，然后再依次安排各块地畛，是沿河村庄通行的做法。营田庄地册记载，"排滩地法，先将东西柏林道、吃水道排开，再将南北阳道、牛王道排开，则层次井井，可按籍

---

① 访谈对象：刘应来，男，77岁，陕西省大荔县安昌村。访谈时间：2005年5月19日。
② 李朴：《审编议》，载康熙《朝邑县后志》卷8，"艺文"，第32页。
③ 陕西省朝邑县同治五年《营田庄垦地减名册》，第1页。
④ 陕西省朝邑县同治五年《营田庄存北社地册》，第2页。

而给之"①。参照笔者搜集的其他滩地册,以东西、南北大路作为确定村庄间的界畔及村庄内部各地块的分界具有普遍性,尤其是黄河自北向南而流,东西向的大路与河势相垂直,河流东西游荡,道路虽有侵蚀,一般不会完全冲没,东西大道对于滩地划界尤显重要。

将主要道路划分清晰后,再依次划分地块。据其他地册记载,"营田庄河西滩地,自牛王道以东,自北往南,先排一步桃园地,桃园地东西长三百步,排毕完以东又排四百三十步,排毕完以东又排六百步。六百步阔内北边包加里庄租粮地四顷七十一亩四分,南北阔一百九十五步,东西长六百步(又名烟火册)。烟火册以东外再排垦地,无长,东西至黄河"②。

以此观之,滩地田块规则,土地形态采取长畛制,是技术与社会组织编织成的网络,它有利于村社统一管理滩田,来应对出没无常的滩地可能带来的划界争执,减少划界成本,降低风险,追求土地质量均衡。

四、《"关中模式"的社会历史渊源》资料运用问题

在《"关中模式"的社会历史渊源》中,秦晖教授所运用的"最有力的证据"就是本文介绍的清初至民国时期13个村庄的黄河滩地册。经过上述各项分析,笔者认为《"关中模式"的社会历史渊源》资料运用存在问题,以下逐条分析。

首先是土地类型。秦晖教授研究土改前"关中模式"运用的土地资料为常态土地,而《"关中模式"的社会历史渊源》所用资料基本为黄河滩地资料,二者可比性值得探讨。

其次是土地面积的计算。"关中模式"未注意村庄的土地构成,给读者造成的印象是地册所载即为村庄全部土地面积,其实沿河村庄耕地由滩地、

---

① 陕西省朝邑县同治五年《营田庄存北社地册》,第5页。
② 陕西省朝邑县清代《雷村河东减明、河西鱼鳞册》,第20页。

塬地构成，滩地仅为一部分。滩、塬土地性质有别，地权状况当不同。滩地村社公有占有较大比重，而塬地以业主私有为主。分析村庄的地权分配应综合考虑滩、塬两类土地，给两者以充分关照，避免偏颇。

这些地册有的并不能反映村庄滩田面积、土地分配的全貌。如营田庄据地册所载，该村地有10卷，现在所存仅为2卷。雷村《乾隆五十三年归田拨补地册》仅记载了该村"黄字十一号"九畛的田块509亩滩地，而乾隆二十年（1755）拨补该村无粮滩地达10617亩。同样，下鲁坡村光绪年间鱼鳞册所载284亩土地，根据同时期《朝邑县幅员地粮总说》记载，该村土地面积为7902亩。所以根据这些地册计算出的地权分配的吉尼系数有很大的局限。

《"关中模式"的社会历史渊源》对这些地册统计分析的结论是地权分散、吉尼系数低，并据此认为与土改前关中土地分配状况相同。这些地册确实反映了地权分散现象，但"关中模式"并未分析地权分散的原因。本研究表明，地权分散、吉尼系数低的主要原因是滩地村社公有比重较大、村庄固定家户分耕"份子地"现象较为普遍，在此基础上计算的土地分配吉尼系数较小，地权平均度高，且保持长期稳定性。"关中模式"根据滩地地册计算的吉尼系数普遍较低，个别地册相对更低，如同治五年（1866）《营田庄垦地减名册》、民国二十年（1931）《营田庄滩地新旧崩簿》、雷村《乾隆五十三年归田拨补地册》的吉尼系数分别为0.1388、0.1556、0.1448，① 三本地册计算出的吉尼系数低、地权平均度大的原因，是这些地册记载的正好是"份子地"田块，如营田庄的"垦地"由217户平均分配，上辛庄的"垦地"则分为277份。笔者在对民国二十一年（1932）东林村地册分析时发现，河东"份子地"滩地分配吉尼系数为0.165927，而河西包含滩地在内的土地分配吉尼系数为0.639243，二者差异较大。这说明村庄全部或部分滩地公有、家户耕种"份子地"导致了低吉尼系数和高平均度地权。

---

① 秦晖、苏文：《田园诗与狂想曲——关中模式与前近代社会的再认识》，第77页。

《"关中模式"的社会历史渊源》地权分配吉尼系数的计算还有一些令人不解的问题。

突出的问题之一是，有些吉尼系数与地册实际出入较大。通过表9笔者与"关中模式"所计算的两组吉尼系数对比可知，根据雷村《乾隆五十三年归田拨补地册》、光绪十六年（1890）《步昌里八甲下鲁坡村鱼鳞正册》、乾隆二十年（1755）《加里庄口岸丈册》、嘉庆十四年（1809）《张带村黄河滩地鱼鳞册》、道光年间《寺南里滩地册》计算得出的两组吉尼系数稍有出入，但误差不大。这说明二者运用相同的分析工具、研究相同的地册资料，所得出的计算结果也是基本一致的，所以本研究从分析工具、计算方法来看，似无较大问题。然而针对相同地册计算的数据有的则差别较大，如道光六年（1826）《广济村抄录丈簿》、道光二十六年（1846）赵渡镇《东街关帝庙南韩家畛官册》《北韩家畛丈册》《滩地事务公所民国十七年东滩丈册》、民国二十一年（1932）《东林村、东王庄地亩丈册》的吉尼系数则相差甚大。

突出的问题之二是，地权集中、吉尼系数高的地册在"关中模式"的研究中未加利用。如赵渡镇《道光八年滩地册》、民国年间《赵渡镇各姓所占地册》、民国三十四年（1945）《乌牛乡第二保田赋底册》土地分配吉尼系数均在0.6以上，《和衷乡第一保田赋底册》也在0.5以上，需要说明的是，民国年间《赵渡镇各姓所占地册》仅记载了村中各姓所占地亩，缺乏各家各户地亩分配信息，可以除外，其他三本地册所记包括滩地和常田，土地类型更为全面。朝邑县乌牛乡第二保有北结草、店干、南干、寨子4村，和衷乡第一保有仓头、北吊庄等5村。也许是没有看到这些地册的缘故，"关中模式"没有利用这些吉尼系数高的地册。

突出问题之三是，根据一些地册无法计算出吉尼系数。地权分配吉尼系数的计算当有耕地面积、家户占有状况，然后根据农户占有土地比重分组排列，由亩数累积百分比、户数累积百分比纵横轴间显现的洛伦兹曲线与对角线之间的空间即体现了地权分配的不均度，两线所夹空间越大，分配不平均的程度越大。① 笔者翻检了"关中模式"根据地册计算的地权分配吉尼系数，发现一些地册只是一个村庄甚至多个村庄的滩地"口岸"总丈尺，并未显示按户分配的相关信息，在缺少农户地权状况的情形下，如何计算出精确的吉尼系数，殊感疑惑。如雷村《中华民国二十一年照抄雍正七年山陕定界河西、河东六转减明清册》记载了乌牛村、北延寿、雷村、南延寿、辛村、加里庄、营田庄、岐村、上辛庄9村康熙八年前的土地原额、康熙八年（1669）豁免地、康熙八年以后续坍地、康熙五十二年（1713）以后续坍地，还有9村河西口岸地步尺、河东新垦地步尺，地册记录了9村的耕地步尺，并未显示各村内部家户的地权状况。同样，《雷村河东减明、河西鱼鳞册》记载了南北乌牛、北延寿、雷村、南延寿、辛村、加里庄、营田庄、南北岐村、上辛庄9村滩地口岸丈尺演变历史、村庄滩界纠纷、官府勘界碑文、滩地粮额、滩地口岸图等内容，其中未载农户地权分配信息。雍正七年（1729）《南北乌牛等九村地亩阔尺册》、道光十九年（1839）《南乌牛村河东口岸花名册》所载也是9村滩地口岸阔尺，没有各个农户滩地占有、分配的内容。这些地册仅从字面名称来看，似为某一村庄的地册，其实内容所载皆为沿河9村滩地口岸总体概况，对于一个村庄内部具体家户滩地占有详情只字未提。《"关中模式"的社会历史渊源》由此而计算出某个村庄的以户为单位并根据一定的参数转化为以人为单位的地权分配吉尼系数，其计算依据的户数不知从何而来。笔者推测，对于没有显示按户分配的地册，"关中模式"可能参借了该村其他年代载有家户土地占有状况的地册，年代不同，村庄的户数亦当有所变化，以此代彼，虽可计算出吉尼系数，但这些数字与实际地权状况可能出入较大，甚而不符事实。

《"关中模式"的社会历史渊源》在数据统计分析时按"户"计算土地分配状况，依据土改档案所成的《封建社会的"关中模式"》则按"人"计算，为取得一致，参照土改前以人计算的吉尼系数对清初至民国以"户"计

---

① 赵冈：《中国传统农村的地权分配》，第59—60页。

算的吉尼系数进行了修正，其计算结果值得推敲。资料显示，营田庄自乾隆至民国年间，东、西两号垦地一直由217户分种，上辛庄垦地自光绪至民国年间维持277份的分配制度，显然地册所显示的"户"其实是一个静态、固定的分配单位"户"，并非清初至民国年间农村家庭自然发展、动态变化的"户"，与村庄实际户数不符，当然经过一定参数折算的土地分配吉尼系数，也就距离地权分配状况的事实较远了。

吉尼系数低、地权平均是否就说明农户占地面积小、没有地主呢？"一个村庄有三户业主，各占地10000亩、5000亩、2500亩；而另一个村庄也有三户业主，其占有土地量分别是1000亩、500亩、250亩，算出的两个吉尼系数，应该是相同的。这时，相对的比较就掩盖了绝对量的差异。"① 道光年间华阴县寺南里各村滩地分配吉尼系数不高，但各家户所占地亩面积却大（见表11）。

表11 道光年间华阴县寺南里各村家户滩地分配统计

类别	家户	地亩	类别	家户	地亩
5亩以下	3	9.97	80—99.9	90	8184.068
5—9.9	14	105.8	100—149.9	97	11727.26
10—19.9	52	767.88	150—199.9	29	4873.138
20—29.9	82	2023.856	200—249.9	8	1801.15
30—39.9	89	3113.326	250—299.9	3	830.83
40—49.9	79	3535.985	300—399.9	2	752.4
50—59.9	81	4415.492	400亩以上	1	405.55
60—79.9	118	8182.77	合计	748	50828.475

资料来源：道光年间华阴县《寺南里滩地册》。

一些村庄也存在类似情形。上、下辛庄共277份滩地，每份40亩。营田庄东、西两号垦地各217份，每份亦在40亩以上。滩地固然是一种特殊

---

① 赵冈：《中国传统农村的地权分配》，第62页。

的土地类型，遭河水泛溢、侵崩，受沙化、碱化影响，但在相对稳定时期，其收益未必较常田差。若以各类土地粮银额折算，1亩铁地粮银额为滩地的1.46倍，仅从占地面积来看，寺南里各村家户所占滩地折算为铁地、面积在50亩以上的有258户，占总户数的60.58%，100亩以上的有50户，占总户数的6.69%，这些村庄呈现出"地权平均，地主不少"的特征。

地权吉尼系数高是否就说明地主占地比例大呢？这一问题可分为两个类型。第一种类型为地权不均，土地集中，地主占地比例较大。赵渡镇道光八年（1828）滩地册土地分配吉尼系数为0.60687，地权分配不均，据统计，地册所载1214户，其中占地1亩以下的有228户，1—5亩的281户，5—10亩的283户，10—15亩的160户，占地15亩以下的家户占总户数的78.42%，占土地总面积的35%，其余22%的家户占有65%的土地。这22%的家户再细分，其中占地15—50亩的共计216户，占总户数的17.79%，占全部土地面积的37.97%。占地50—100亩的有37户，100亩以上的有9户，50亩以上的家户占总户数的3.8%，而占土地总面积的26.8%。统计结果显示，虽然我们应该注意占地在15—50亩、17.79%的家户占有37.97%的土地这一事实，但是大多数家户占地面积较小、少数家户集中占有了较多土地是地权分配不均的根本原因，也就是说"地权不均，地主不少"。

第二种类型为"地权不均，地主很少"。民国三十四年（1945）朝邑县《和衷乡第一保田赋底册》记载4个村庄522户的常田土地占有状况，其中1亩以下的30户，1—5亩的209户，5—10亩的133户，占地面积不到10亩的家户占总户数的71.26%，占全部耕地面积的31%。占地10—30亩的家户有124户，占总户数的23.75%，占全部耕地面积的43.02%。30—50亩的16户，50—100亩的9户，100亩以上的仅1户。地权分配不均的原因是大多数家户占地面积较小。

地册资料说明，导致地权集中，土地分配吉尼系数高的原因，有可能是地主占地比例大，也有可能是大多数家户占地面积小，判断有无地主应从村庄的具体情况出发。

地权制度研究较为一致的观点是，人口增加促使土地分配趋向平均，人口增加可产生两种作用：第一，使土地市场更趋活跃；第二，使土地变得零细化。①营田庄乾隆至民国年间村社分配滩地资料则显示，在一定的场景下，上述认识需要重新检验。该时段内营田庄始终以217户平分东、西两号垦地，上辛庄缺乏清前期的地册资料，但至少从光绪至民国年间，村庄"垦地"277份，每份40余亩滩地，由各家户耕种。笔者推测这种土地分配制度，早在村庄原住居民初始分配滩地时已经确定，经久而传承不变。以固定不变的户而不是以不断滋生的人为单位分配土地，新增人口只能在祖先名义下的"户"下耕种一份滩地，而无权在村庄层面对份地进行再分割。这类似于科大卫对明代珠江三角洲宗族控产的认识，即祖先变成了控产的法人。②科大卫探讨的是宗族如何控制产权，如果把宗族转化为村庄，村庄特定家户的祖先实际上是一个个控产的法人，村庄的家户借此而实现了对村庄公有滩田的控制。在村庄公有、家户分耕的滩地制度下，滩地的产权是一种公产、私产混合的不充分产权，由于产权不充分，地权流动和转移受到限制，避免了人口增加、分家析产导致的地权分散以及地块零碎化，因而地权分配保持了长时期的稳定特征。

《"关中模式"的社会历史渊源》认为田形规整、地块组合长期保持不变，导致了当地租佃制不发达。因为传统的观点是，"自唐宋以后中国土地'自由买卖'，频繁易手，以致耕地经不断分割组合后变得'畸零散漫，不成片段'"。土地交错插花适于分散出租。据此，秦晖教授认为"关中土地的规整布局就应当是'关中无租佃'的原因之一了"③。

田形规整、地块组合固定不变和租佃制不发达没有必然的对应关系。这些村庄滩地田块经历了由畸零散乱、相互插花到整齐划一、井井有条的规整

---

① 赵冈：《中国传统农村的地权分配》，第27—28页。
② 科大卫：《国家礼仪：宋至清中叶珠江三角洲地方社会的国家认同》，《中山大学学报》1999年第5期，第71页。
③ 秦晖、苏文：《田园诗与狂想曲——关中模式与前近代社会的再认识》，第82页。

化过程，这与租佃制发达不发达缺少必然联系，而是地域社会控制、管理滩地资源的一种经营策略。

土地买卖率低是《"关中模式"的社会历史渊源》的又一结论。秦晖教授只注意到土地买卖率低，却未深究其原因。在滩地村社公有、家户分耕"份子地"的土地制度下，滩地不许买卖，在此情况下，讨论买卖率高低意义不大。当然地册所记部分田块允许买卖，如营田庄同治五年（1866）地册所载买卖的田块，形式上为滩地，其实原来为村庄各家户的场垣地，即私家文书地。赵渡镇道光八年（1828）地册部分田畛也有滩地买卖的记载。

令人不解的是，"关中模式"在计算土地分配吉尼系数时运用了营田庄、赵渡镇的地册，但在有关土地买卖的研究中却舍而不用，忽略了这两本地册部分田畛频繁的土地交易状况，而是选择了土地买卖率低的朝邑县下鲁坡村光绪十六年（1890）地册。本文对下鲁坡村鱼鳞册的统计则说明，其实下鲁坡村塬上土地买卖率并不低，而道光八年赵渡镇的地册则显示，在滩地买卖不受禁约的情况下，滩地部分田畛地权流动性较大。

在计算过程中，对于地权变化名目如"贴""换"等的理解和处理不同，导致了对土地买卖率高低看法的分歧。综合道光八年（1828）赵渡镇、同治五年（1866）营田庄、光绪十六年（1890）下鲁坡村三本地册，说明在可以交易的田块，其土地买卖率分别达15%、11.5%、9%—15.57%，前两册所载为滩地，后一册为塬地，如果视其为常态土地流动，笔者保守估计道光、同治、光绪年间当地土地买卖率最低在15%左右。虽然"从这批地籍中还可以得知，关中地区的土地买卖远远没有传统观点所设想的那么频繁"[1]，但至少不是"关中模式"认为的那样低。

理论上讲，研究农村地权状况，应该只限于农户完全私有之田地，而排除共有的族产。[2] 黄河滩地册村社公有土地比例较大，不宜与民国年间关中

---

[1] 秦晖、苏文：《田园诗与狂想曲——关中模式与前近代社会的再认识》，第82页。
[2] 赵冈：《中国传统农村的地权分配》，第75页。

地区家户私有地权相比较。章有义先生有关长州地区的研究认为当地地权集中程度较高。① 秦晖教授据此和关中地区沿河村庄的情况比较，持南北两地地权分配迥异的观点。对此，赵冈教授指出，长州地册显示族产与义庄的设立，严重高估了私有田地的集中程度，永佃制一方面高估了地主的产值，将田底权算成主业；另一方面又将享有田皮产权者列为无地之户产，严重夸大了地权分配曲线的左边尾端（无地户）。② 赵冈教授修正、推估的结果是，所谓"太湖模式"的说法并不能成立，长州与关中地区的地权分配吉尼系数相差不大。赵冈教授注意到长州地册所载土地中，族田、义庄占有较大比重，却未能对关中地册所载土地性质、村社公有滩地所占面积大的状况加以详察，顾此失彼，殊不知南北两地地册均是相对于农户"私产"的族产、村社共同体的"公产"。虽把南高北低的地权状况修正为南北同低，但对关中黄河滩地册性质仍欠深入分析，若能再进一步，也许就会发现所谓"关中模式"的社会历史渊源及其地权平均或有他因。

五、结论

本文属于"就事论事"，由历史研究的基础资料入手，从生态环境、经济社会的角度，对支撑"关中模式"最重要的地册资料进行解读，指出这些地册基本为黄河滩地册。土改前的"关中模式"的学术观点正确与否，不是笔者讨论的要点。本文主要阐明的是，清初至民国关中东部的地册，仅仅是沿河13个村庄的黄河滩地册，滩地是独特类型的土地，地册的攒造、滩地制度等是生态环境、技术选择、社会控制形成的复杂网络，规则田块、长形地畛、地权平均、买卖率低正是这复杂网络限制的反映，并非家户私有制下土地自由买卖的结果，生态与社会等"非经济"因素远比经济的因素强大，

---

① 章有义：《康熙初年江苏长洲三册鱼鳞簿所见》，《中国经济史研究》1988年第4期。

② 赵冈：《中国传统农村的地权分配》，第78页。

属于一种"非常态"地权状态。

　　研究表明，滩地地权存在两种类型，其一，村庄公有，家户分耕的"份子地"，地权平均，吉尼系数低，地权变化呈现出停滞、固化特征；其二，家户私有的田块或滩地全部家户私有，其地权不均，吉尼系数高。根据新发现的能较全面反映村庄土地状况的地册，其土地分配吉尼系数也较高，并且与滩地家户私有地权分配吉尼系数相近。这说明清初至民国，关中东部既有特殊背景的地权平均，又有家户私有的地权不均，地权分散与集中现象并存，这和"关中模式"地权分散的观点相矛盾。另外，地册所载的土地买卖率也不像"关中模式"所认为的那样低，因而从这些地册出发，不能推论出清初至民国的"关中模式"。若要论证清初至民国年间关中地区的经济社会和土改前"关中模式"一致，除河滩地资料外，需要搜集反映其他土地分配、买卖等地权状况的史料，才有充分的说服力。

清代前期山西吕梁山区的荒地问题与社会结构变动

——以石楼县为例

张 力*

　　动态来看，荒地问题一般表现在三个方面：其一，土地由熟转荒；其二，荒地无法开垦而持续存在；其三，土地由荒转熟。这三个方面可看作土地荒熟变动的一个周期，每一阶段都对地方社会产生不同影响。荒地问题的最终解决在于荒地垦复，并被重新纳入赋役体系。这也是明清赋役原额主义下国家与地方政府对待荒地的一般态度。因此，以往关于荒地的研究也主要围绕上述荒地问题的第三个方面，即垦荒政策、过程及其影响展开。[①] 在一些社会经济史和灾荒史研究中，也注意到土地荒熟变动引起的土地兼并与分散，或租佃雇佣关系的变化等问题。[②] 然而，土地的荒熟变动并非一蹴而就。

---

* 张力，山西大学中国社会史研究中心讲师。

[①] 彭雨新：《清代土地开垦史》，北京：农业出版社，1990年；郭松义：《清初封建国家垦荒政策分析》，《清史论丛》第2辑，北京：中华书局，1980年；陈锋：《清代财政政策与货币政策研究》（第2版），武汉：武汉大学出版社，2008年等。

[②] 章有义：《太平天国失败后徽州租佃关系的一个缩影——黟县佚名地主租簿剖析》，《明清徽州土地关系研究》，北京：中国社会科学出版社，1984年，第224—274页；章有义：《太平天国失败后地租剥削情况的考察》，《明清及近代农业史论集》，北京：中国农业出版社，1997年，第105—201页；夏明方：《民国时期自然灾害与乡村社会》第四章《民国时期的自然灾害与乡村经济（之二）》，北京：中华书局，2000年，第203—254页；江太新：《清代地权分配研究》，北京：中国社会科学出版社，2016年；郑磊：《民国时期关中地区生态环境与社会经济结构变迁（1928—1949）》，《中国经济史研究》2001年第3期；胡英泽：《清代关中土地问题初探》，《中国经济史研究》2014年第2期等。

在前后相继的周期变动中，新旧荒地经常交替出现，而国家与地方社会在应对荒地问题上也有很强的滞后性。由此，荒地问题具有明显的层累性和持续性特征。在土地荒熟变动频繁地区，荒地问题的出现及相应调整对区域社会产生很大影响。那么荒地问题如何形成演化，对区域社会产生何种影响，这需要我们在动态中进行把握。

在对江南地区的研究中，滨岛敦俊提出了明代中叶的商业化与土地内涵式开发之间的联系。①虽然他认为其可能并非完全对应关系，但基本逻辑是，内涵式的荒地开垦表明了土地开发的饱和，由此导致了区域商业化的发展。然而，明代中期以后的荒地问题有更为复杂的形成机制。谢湜的研究揭示了明清江南地区荒地问题与赋役改革之间的关系。他认为明代中后期江南地区的荒地主要是由赋役改革造成的人为抛荒地，开荒很大程度上也是赋役改革的结果。由此对滨岛敦俊的推论提出质疑，并进一步讨论了由荒地问题引发的赋役调整与"异乡甲"的兴废等社会变动。②关于北方地区的荒地问题，安介生通过对明代山西自然灾害和人口变动的研究，提出了"田地陷阱"的概念，以解释传统社会大量农民逃避承种土地的问题。"田地陷阱"是荒地问题形成的重要一环，显示了灾害频发、土地相对贫瘠地区荒地问题的不同特征。③李大海关于清代陕西黄龙山区匪患与垦荒的考察，揭示了垦荒进程与重建和恢复统治秩序的关系，从区域社会角度提出了与鼓励垦荒造成生态环境破坏这种"人地关系"模式不同的地方开发解释。④

---

① 〔日〕滨岛敦俊:《土地开发与客商活动——明代中期江南地主之投资活动》,《"中央研究院"第二届国际汉学会议论文集（明清与近代史组）》,台北:台湾"中央研究院",1989年;〔日〕滨岛敦俊:《农村社会——研究笔记》,载森正夫等编《明清时代史的基本问题》,北京:商务印书馆,2013年。
② 谢湜:《十五、十六世纪江南赋役改革与荒地问题》,《"中央研究院"历史语言研究所集刊》,第83本第2分,2012年。
③ 安介生:《自然灾害、制度缺失与传统农业社会中的"田地陷阱"——基于明代山西地区灾害与人口变动状况的探讨》,《陕西师范大学学报》（哲学社会科学版）2007年第3期。
④ 李大海:《山地垦荒与社会变迁:清代黄龙山区地方开发史的再考察》,《中国社会经济史研究》2010年第2期。

以上研究为我们考察荒地问题与区域社会之间的关系提供了有益的启示。然而，对于清代前期的北方地区来说，清初战乱与频繁的灾害是荒地产生的基础，其规模、形成机制与明代后期及江南地区有很大不同。尤其在土地相对贫瘠的地区，大规模的荒地出现及其后垦荒进程中形成的一系列问题，对区域社会产生了深远影响。山西吕梁山区在清初以后的恢复就经历了漫长的过程，农户逃亡异乡与充当佃佣是当地农业发展的普遍特征。[①]因此，清代前期这些地区的社会重建主要面临的是荒地无人承种、本户与佃户县际互换而形成"世佃"等问题。因而改革的重点也围绕世佃入籍与里甲合理摊派进行。[②]以上皆表明了清代前期北方土地贫瘠地区的社会结构及其变动特征。本文以山西吕梁山区石楼县为例，对其清代前期荒地问题的形成与地方社会的应对进行分析，以此考察其间产生的区域社会结构变动过程。

一、清初的荒地除豁与里甲归并

经过明末清初的战乱，山西地区产生了大量荒地。荒地的出现造成了原额的损失，但为满足军费支出，稳定财政来源，顺治初年山西虽有除豁荒地钱粮之请，但未能获准，仍主要采取荒熟并征的田赋征收政策。荒熟并征造成的结果是荒地钱粮实际上成为空额，"熟者犹完，荒者仍欠，拥此纸上之金钱无裨实济，徒滋吏胥之索求，反为混淆，是荒者不能完，而熟者又为荒累矣"[③]。尤其是在政局不稳定的情况下，荒熟并征也极易造成"穷民莫支，转而为盗、为寇，党羽辈未必不由饥困所迫而附合之也"[④]。据此，顺治四年（1647）巡抚祝世昌到任后，着手对全省荒地进行整理。

[①] 钮仲勋：《历史时期山西西部的农牧开发》，《地理集刊》1964年第7号。
[②] 韩磊《知县的努力：雍正时期袁学谟的石楼治理》一文（山西大学硕士学位论文，2013年，第23—29页）对相关过程有所描述，但主要在知县地方治理的框架下进行讨论。
[③] 祝世昌：《蠲荒疏》，载雍正《平阳府志》卷36《艺文》。
[④] 同上。

臣于九月内入境到任，民间有为逃绝、有为除荒、为蝗灾之事，环臣马首，拥臣衙门，呼泣吁告，无日无之。于是检查案籍，旧欠甚多，臣不胜骇然。当即牌行各司府州县严催速令完解，并檄确查荒地。去后随据布政司左布政使孙某册报，除节年开垦一万二千七百四十八顷三十二亩外，实在荒地七万五千七百三十四顷一十八亩……晋省如此荒地，臣匿不以闻，是以欺也。前抚臣马之先、申朝纪及臣疏请总为封疆起见，轸恤民瘼，实无他肠。恳祈大霈仁恩，敕部复核，将晋省地七万五千七百三十四顷零议请上裁，或赐蠲豁荒粮，或蒙别赐定夺，庶熟粮得以易完，赋税得以清楚，民生安而国计裕，治乱之关匪浅鲜矣。①

　　当时共上报75734余顷荒地。按照清初荒地蠲免制度，一般将荒地分为有主和无主两种，直接进行豁免的荒地主要是指无主荒地，而有主荒地主要采取停征优免政策。②因此，祝世昌并未申请对全部荒地进行豁免，而是请求或蠲豁荒粮，或采取其他方法。根据顺治十三年（1656）山西巡抚白如梅的追溯，顺治四年（1647）题请豁免的7万余顷荒地中，有主荒地32200余顷，采取免其3年以前钱粮的措施。③因此，顺治四年（1647）实际上豁免了43534余顷无主荒地。石楼县的荒地除豁即在此过程中形成。

　　石楼县地处山西西部吕梁山区，与陕西省清涧县隔黄河相望。按照雍正《石楼县志》的描述，其地"围绕皆山，既无平土，又无河渠，无田可耕，无井可凿。民间地亩尽在高岗斜坡之间，即雨旸时，若收获止得邻封之半。不然潦则直流而下，旱则如炙而稿。兼且时令太迟，他处桃李实而石始华，他处禾黍秀而石始播。刮暴风于盛夏，陨肃霜于新秋，万物向荣之候，一宵

---

① 祝世昌：《蠲荒疏》，载雍正《平阳府志》卷36《艺文》。
② 彭雨新：《清代土地开垦史》，第5—10页；陈锋：《清代财政政策与货币政策研究》（第2版），第131页。
③ 白如梅：《题为晋省荒亡有据钱粮追征无由再恳睿慈敕部酌议急施调剂之术以援残黎之厄事》，载《抚晋奏议》卷6。

露结萎靡。地薄且确，不宜禾黍，仅栽杂粟，藉此供赋租不敷粮矣"①。以上描述大致表明了石楼县面临的地势不平、旱涝频发以及地处高寒时令太迟等问题。这些自然地理条件决定了石楼县是山西最为贫苦的地区之一。

此外，地处黄河沿岸与陕西省交界的区位条件也对石楼县造成影响。例如，明末曾在此设守备把总，以防"水贼乘间窃发"②。崇祯五年（1632）李自成从石楼县东渡黄河，据城四十日，造成了人逃地荒的残破景象。③因此，明代末年起石楼县就面临着"一遇歉岁，不南走于秦豫，即北窜于边疆。丁粮无着多，至现丁代亡丁，熟地代荒地，包赔累户，俱不堪问"④。顺治二年（1645），石楼县曾"奉文踏勘"荒地，但未能准豁。⑤在顺治四年（1647）山西全省性的荒地除豁中，石楼县最终除豁无主荒地1944.595顷。石楼县原额民田共地2759.915顷，除豁以后仅有实在熟地815.32顷，除豁荒地额占土地原额的70.5%。⑥此后，顺治六年（1649）石楼县又被陕西叛将黄进禄攻陷，造成了新一轮的人逃地荒。⑦但可能因顺治四年（1647）荒地除豁力度较大，此后石楼县再无荒地上报。相较而言，其他一些与石楼县邻近地区的荒地除豁却几经波折。例如，永宁州和吉州直到顺治十三年（1656）才最终完成荒地的除豁。⑧可见，石楼县在清初荒地除豁中较为彻底与及时。

荒地除豁的目的是使"熟粮得以易完，赋税得以清楚"，但除豁的实际操作中也出现了一些弊病。清初对明末加派进行豁免，但一些地区的加派银

---

① 雍正《石楼县志》卷2《赋役》。
② 雍正《石楼县志》卷1《山川》。
③ 袁学谟:《详谭庄西吴钱粮立案文》，载雍正《石楼县志》卷7《详文》。
④ 雍正《石楼县志》卷2《户口》。
⑤ 周士章:《上伊按台条议四款》，载雍正《石楼县志》卷5《申详》。
⑥ 雍正《石楼县志》卷2《赋役》。
⑦ 周士章:《石楼营五花新垒碑记》，载雍正《石楼县志》卷4《营记》。
⑧ 白如梅:《题为疲州叠残独重荒亡未复生耕等事》，载《抚晋奏议》卷3；白如梅:《题为吉民伤亡最惨包荒粉骨难支情极吁天存活子遗事》，载《抚晋奏议》卷6。

实际上并未豁除。① 尤其是一些荒地除豁后，其加派银仍被保留。石楼县的加增银和站银两项由明代万历时加派。顺治四年（1647）荒地除豁后，钱粮虽然免除，但其加增银和站银"仍照原额荒熟起征"②。当时荒地加增银764余两，站银375余两，二者按照原额起征造成了"至有丁粮俱绝，而赔累加增驿站者比比在册，由是四年巡抚祝题免荒，荒已除而粮仍在熟"③。到顺治十四年（1657），知县周士章在处理飞洒钱粮案时，才对此进行豁除。

但整体上看，顺治四年（1647）的荒地除豁是对明代末年以来石楼县荒地问题的一次彻底调整。荒地的大量除豁促成了里甲赋役体系的变动。里甲体系的形成主要由编审户口而来，但其运行则需依靠土地和人口的结合。清初的人亡地荒造成了里甲的残破，"人丁既少，地土自荒，地土既荒，均徭自缺"④。因此，清初大规模豁免荒地亡丁之后，山西多数地区进行了里甲归并。⑤ 归并的方式主要有三种：一种是直接将里甲裁废；一种是将几个里甲合并为一；还有一种是将残破里甲并入其他里甲。通过里甲归并，地方政府重新建立起荒地亡丁大规模除豁后的赋役征收体系，作为土地和人口恢复之前的临时性调整。

石楼县主要采取第二种归并方式。早在崇祯九年（1636），面对丁逃地荒的局面，石楼知县熊时泰就曾将十二里并为三里。顺治四年（1647）除豁荒地亡丁之后，石楼县延续崇祯年间的合并里甲原则，将原六坊十二里合并为一坊三里。具体的方法是"并坊为里，并里为甲"，即将原齐礼坊、在庆坊、镇西坊、问津坊、朝阳坊等坊裁并，仅存崇文坊作为里首。然后将荒地亡丁最为严重的石羊里、谭庄里、东庄里、曹村里、交口里、西吴里、崇德

---

① 陈支平：《清代赋役制度演变新探》，厦门，厦门大学出版社，1988年，第42页。
② 周士章：《上伊按台条议四款》，载雍正《石楼县志》卷5《申详》。
③ 周士章：《申拿积蠹厘正赤历文》，载雍正《石楼县志》卷5《申详》。
④ 白如梅：《题为晋省荒亡有据钱粮追征无由再恳睿慈敕部酌议急施调剂之术以援残黎之厄事》，载《抚晋奏议》卷6。
⑤ 黄壮钊：《清代至民国山西里甲赋役制度研究》，中山大学硕士学位论文，2010年，第8—11页。

里、上辛里、义牒里和留村里等十里合并为一，称为十攒里，各里分别为十攒里内的甲。最终形成四大里，即崇文坊、君子里、上吴里和十攒里。①

里甲归并是为解决荒地亡丁造成的赋役难支问题，但此后的恢复过程中，其又是里甲之间赋役不均、代为赔累的根源。因此，最终将各里甲恢复完整，使土地和人口重新结合是社会重建的重要目标。这也是在县志中详列原来各里甲的重要原因。② 在这一逻辑下，虽然十个里作为甲合并为一里，但实际上仍保留了原来各里的独立性，此后荒地的垦复及其产生的问题便是在此基础上形成的。

二、垦荒进程与世佃问题

荒地除豁的目的是减轻钱粮征收的压力、防止包赔的产生及其可能带来的荒地进一步扩展。但除豁并非目的，在原额主义下，钱粮压力减轻之后即需对荒地进行招垦，然后以一定宽限进行升科，最终使荒地重新进入赋役体系。但在像石楼这样的贫瘠地区，荒地的报垦升科面临诸多问题：一方面是招垦的困难，以及由此形成的官员为考成而进行的捏报垦荒；另一方面是已报垦荒地与熟地之间的钱粮不均。这使垦荒进程中荒地问题不断重现。

在鼓励垦荒的政策下，石楼县的荒地报垦始于顺治九年（1652），到顺治十八年（1661）共开垦民田下等荒山地386.5868顷。此后，康熙元年（1662）至康熙三年（1664）又开垦原蠲免无主民田额内下等荒山地121.72顷。康熙十六年（1677）清出隐漏无主旧荒额内民田下等山地100.795顷。经过以上几次报垦，到雍正时期石楼县共开垦荒地609.1018顷，实在熟地1424.4218顷，但此时仍有原蠲未垦荒地1335.4932余顷，荒地复垦额仅及

---

① 雍正《石楼县志》卷2《里甲》。
② 同上。

顺治四年（1647）蠲免荒地额的三分之一。①

垦荒面临的首要问题是劳动力的缺乏。明末清初的战乱中，石楼县因地处山陕交界的军事要地，"石之父子相吊，莫不轻去其乡，以此地为畏途"②。由此造成的人口亡失在入清以后很难迅速恢复。同时，又有大量劳动力为躲避差徭而逃往其他地方，"土著之民规避差徭，逃遁他邑者比比皆是"③。山区恶劣的自然环境也缺乏对垦民的吸引力，尤其是一些原额土地实际上根本不堪耕种。清代土地原额基本以万历清丈为依据。石楼县在万历清丈中将许多实际上不可开垦的土地清丈入册，造成清初除豁的荒地中有很大一部分是明季捏报的老荒地。④从雍正时期知县袁学谟对荒地情况的分析来看，"原蠲未垦荒地一千三百三十五顷四十九亩三分二厘，俱坐落深山绝顶。周围三四十余里杳渺无村，尽是榛荆蔓草，狼虎蛇虫出入无常，以致人迹不到。即间有临涧平川，亦为乱石涌塞。此地之八十余年民当富庶，值三次报垦所以断不能垦复者，由来固已久矣"⑤。而一些土地的开垦受到自然环境变动的影响，有很大的偶然性。例如，县西三十里的团圆山附近本无水源，顺治九年（1652）五月间山半坡涌出清泉，刘家舍窠、米家岭和白家山等地藉此以灌溉，因而"三庄荒地俱熟，粮无赔累，里人记异"⑥。

由此可见荒地复垦之不易。因此在垦荒政策的压力下，石楼县出现了捏报开垦的情况。顺治十二年（1655），由于当时地方胥吏谎称地亩九熟一荒，知县杨某不得不勒报开荒地亩共计367.4815顷。对荒地实际未垦地区来说，捏报势必造成熟地的赔累。因此勒报开垦造成了恐慌，"各里愚民互相传说，

---

① 袁学谟：《详垦新荒以补无着赔粮文》，载雍正《石楼县志》卷6《详文》；雍正《石楼县志》卷2《赋役》。
② 周士章：《石楼营五花新垒碑记》，载雍正《石楼县志》卷4《营记》。
③ 周士章：《上伊按台条议四款》，载雍正《石楼县志》卷5《申详》。
④ 袁学谟：《详垦新荒以补无着赔粮文》，载雍正《石楼县志》卷6《详文》。
⑤ 同上。
⑥ 雍正《石楼县志》卷3《祥异》。

惊诧难支，人人思逃，不复安土"①。

对于已经报垦升科的荒地，升科过程中也产生了诸多弊病。例如，顺治十三年（1656）钱粮造报后，经过两个月的催征劝谕，各里甲仍输纳困难。知县周士章在该年四月到任后未接到前任移交的文册，以为该地地处山区，较为残破，故办纳不前。但在预造顺治十四年（1657）易知由单时，周士章发现"赤历所载额征钱粮总数无差，惟后填各甲细数户同地同，而纳粮折色、加增站银多寡悬绝"②。经调查，这些输纳不均是由于里书温玉成和刘成龙任意飞洒钱粮，造成各户里甲"大粮折色、加增站银，成熟开荒派编不一"③。周士章通过对比顺治六年（1649）赤历册发现，顺治七年（1650）曾有加派城工，但布政司采取的措施是以地丁合算粮石人丁进行加派，并无地粮增加。而温玉成则将成熟地亩私自改增为815.32顷，较顺治六年（1649）多开地14.605顷。顺治八年（1651）又私增粮数，较顺治六年（1649）多开1569余石。此后数年，赤历册多开地粮同前，但实际仍按照私增以前折银之数进行征收。顺治八年（1651）后，城工加派已经豁除，但里书上下其手，对"已加之粮不行豁除，入册之地不行开粮"，将钱粮任意飞洒，形成户甲钱粮不均。④此外，明末加派的加增银和站银也"仍照原额荒熟起征"⑤。

在对以上问题的调查中，垦复荒地折银与熟地存在很大差别的问题凸显出来，即所谓"熟地粮多而银少，荒地粮少而银多"⑥。按照易知由单，熟地仅折银每石六钱多，而顺治九年（1652）、顺治十年（1653）、顺治十一年（1654）开报的四十余顷荒坡地每石折银竟至一两六分。由于里书的飞洒摊

---

① 周士章：《申请宪示安地方文》，载雍正《石楼县志》卷5《申详》。
② 周士章：《申拿积蠹飞洒钱粮文》，载雍正《石楼县志》卷5《申详》。
③ 同上。
④ 同上。
⑤ 周士章：《上伊按台条议四款》，载雍正《石楼县志》卷5《申详》。
⑥ 周士章：《申拿积蠹飞洒钱粮文》，载雍正《石楼县志》卷5《申详》。

派,开垦荒地钱粮比熟地负担更重,这便阻碍了此后荒地的进一步开垦。因此知县周士章感叹道"将来荒地尚有何人开垦"①。

可见,顺治年间石楼县不仅荒地复垦有限,还产生了荒地加增站银未除、复垦荒地折银较重以及捏报开垦等问题。顺治十三年(1656)到顺治十五年(1658),周士章对此进行了调整。其采取的措施主要有:第一,对开垦荒地折银较重问题,他申请顺治十四年(1657)易知由单及赤历册仍照赋役原额改正均平。第二,周士章认为荒地夏秋粮银既已除豁,加增银和站银二项也应"相应照荒熟折算,一并除豁,其原额不敷,俟招劝开垦,荒亡额尽,而加站原额亦可复矣"②。第三,对捏报垦荒地,一方面"随传阖邑绅衿里老,委曲开导,百计招留,出示晓谕,不遗余力",然后让各里派遣本里生员,"给以脚力,前往抚劝",以消除人们的恐慌情绪,避免逃亡的发生;另一方面,经过临县知县及刑科的勘验,确定勒报开荒地亩系难以耕种的石田,实际上并未垦种,最终在顺治十五年(1658)得以豁免。③

以上诸项问题的产生与周士章进行的调整显示了顺治年间石楼地区垦荒进程的缓滞。周士章关于招集流亡的论述,表明了当时招垦的主要来源与面临的问题:

> 招集流亡,力行开垦,当有画一之法也。石邑自经残破,流亡半未归土。递年以来,土著之民规避差徭、逃遁他邑者比比皆是。节奉招劝力行开垦等事,又奸豪规避差徭,邻封互查复业等事,责成甚严,立法极善。卑职凛遵实力奉行,非不加意招劝,而开垦者寥寥,非不履行关逃,而归土者,亦仅一二,不转瞬而来,归者复逃矣。邻封之关逃亦屡屡见告,或半途而遂他匿,或回籍而又远翔。在本地曰逃亡,叠遘其

---

① 周士章:《申拿积蠹飞洒钱粮文》,载雍正《石楼县志》卷5《申详》。
② 周士章:《上伊按台条议四款》,载雍正《石楼县志》卷5《申详》。
③ 周士章:《申请宪示安地方文》,载雍正《石楼县志》卷5《申详》。

差；在他邑曰流寓，难征其役。奸民避重就轻，荒芜地亩贻累里间，诚非浅鲜。卑职因思三晋之民载在版图，可考而知也，奸民之轻去其乡皆为规避起见，逃至他邑则为寄庄，租他人之地亩，广收籽粒，不兴差徭，甚为得利。殊不知既为朝廷百姓，率土皆宜急公。卑职以为自今以往，凡有逃避之民，既隶其土，便兴其差。更祈通饬合省悉查保甲，凡系寄庄与土著一体兴差，则奸民逃至他邑与在本邑皆难规避，虽欲不归，其土不可得也。行至既久，则户口日益增加，而开垦之实效可收矣。①

垦荒的主要来源是对流亡的招抚。对于缺乏吸引力的土地贫瘠地区，招抚的目标主要是逃往相邻地区规避差徭的逃户。但既已成逃户，虽力行招劝仍是归土者寥寥，且不稳定性极高，很容易产生复逃现象。由此民户"轻去其乡"是石楼这样的吕梁山区的重要社会特征。周士章以石楼县为本位对本地地主逃亡、流寓、寄庄等现象进行了描述，据此提出严查保甲之法，希望全省通盘考虑。从"邻封互查复业等事"可以看出，民户逃亡并非单向度的发生。相反的动向也出现在相邻地区，即其他地方逃避差徭赋役的民户也在石楼县定居，形成寄庄、流寓。这些民户租种土地成为佃户，相沿数代后形成世佃，又称"迷失人氏"。雍正时期世佃已成钱粮征收一大问题。

查议得石邑之向有迷失人氏者，皆系外郡州县流寓于斯，即逃户之佃户也。盖其积祖承佃，世代遁传，坟茔叠葬，瓜葛联姻。只耕耘是赖，未经承粮，不许入籍考试，遂不肯读书上进，群呼为迷失人氏。但每年还租粒于地主，地主变租完粮。此石邑常例，总缘地薄租轻，粮重民贫，以致地主逢荒必逃。②

---

① 周士章：《上伊按台条议四款》，载雍正《石楼县志》卷5《申详》。
② 袁学谟：《议覆世佃入籍文》，载雍正《石楼县志》卷6《详文》。

根据时任知县袁学谟的调查，当时"各佃承种地亩，相传数世，结亲葬坟，均有四五辈不等"①。由此推算，雍正时大量世佃当在清初垦荒过程中迁入。其中以崇文、上吴、西吴、曹村四里世佃居多。还有一些佃户自明代末年已经迁入，相沿十世。从来源上看，石楼县世佃多来自邻近州县，尤以隰州最多。②而逃亡则远者"不南走于秦豫，即北窜于边疆"③，近者主要迁往邻近州县，如大宁、汾阳、孝义等地。④

通过周士章和袁学谟对逃户和世佃描述的对比，可以发现清代前期石楼县土地垦种的完整图景。除去明末已经形成的佃种方式，招抚流亡进行垦种过程中，地主或由于差徭负担或受灾害影响极易形成"归者复逃"，由此"佃户出租，地主纳粮"可能成为一种主要的荒地开垦模式。被称为"迷失人氏"的佃户放弃了合法占有土地和参加科考等权利，在石楼县定居。而石楼县的地主也以相同的过程在其他地方成为"迷失人氏"。借助这种方式，地主得以逃脱差徭，佃户则只纳地租。逃亡地主的钱粮一般由同里之人代管，这样虽可以租抵粮，但"同里代管逃户之粮，即代收逃户之租，其中全不致侵蚀入己，然亦不无预支挪垫之弊"⑤。可见，这种地主与佃户的分离，造成了复垦荒地极易成为赋役摊派的对象，形成了上述荒地负担较熟地为重等问题。由此循环，又可能产生佃户逃亡、土地复荒的情况。

这种现象在吕梁山区普遍发生。例如，在汾西县也出现乱后荒地由流寓租种，并产生诸多弊病。在光绪《汾西县志》中，"风俗"一条描述了这种荒地的垦种模式："汾土广人稀，乱荒后全赖流寓租种。刁诈里排故欠己粮，混推租户，拖欠勒加数倍，流寓裹足，地荒粮欠"⑥。这种县际之间互换的佃种模

---

① 袁学谟：《详佃户入籍文》，载雍正《石楼县志》卷6《详文》。
② 同上。
③ 雍正《石楼县志》卷2《户口》。
④ 袁学谟：《详世佃承丁文》，载雍正《石楼县志》卷6《详文》。
⑤ 袁学谟：《议覆世佃入籍文》，载雍正《石楼县志》卷6《详文》。
⑥ 光绪《汾西县志》卷7《风俗》。

式对旨在恢复原额的垦荒进程造成严重影响，也使里甲体系的恢复更加困难。

三、康雍时期的调整与社会结构变动

康熙年间，石楼县又面临新一轮的荒地问题。康熙十一年（1672）、康熙十二年（1673）与康熙五十九年（1720）、康熙六十年（1721）、康熙六十一年（1722），吕梁山区分别出现的两次大灾，造成了新的人逃地荒。

为了维持里甲体系，荒地产生后一般由该户同族或同里同甲进行补种，荒地钱粮也由补种者承担。若荒地无法开垦或无人承佃，赔粮则由理应补种的同族或同里甲进行代赔。同族、同甲、同里的摊派也由此形成。这种应对措施反映了清代国家应对荒地问题的一般态度，即认为抛荒土地一般易于开垦，如果放弃钱粮则易造成报垦升科的拖延，对国家财政不利。因此，一般是进行赋税减免以后，以开征促进荒地的尽快垦辟。这在清初荒地除豁中，地方官员与户部对有主荒地是否进行除豁的分歧中也有明显体现。[①] 但实际上，这些被认为易于复垦的荒地也经常无法及时补种。在此情况下，根据就近原则进行的代赔成为地方应对荒地问题的经常措施。为了防止摊派超出里甲，形成更大范围的赔累，一般禁止跨越里甲的摊派。例如，成书于康熙年间的《新编文武金镜律例指南》一书中收有《编审条约》一文，作者沈骏声曾于康熙十八年（1679）任临汾知县，为在编审过程中避免陋习，故订立条约"通晓合邑粮户并书胥人等"遵守。其中对飞荒问题严令禁止：

> 里有逃亡故绝，地土未免荒芜。丁或遇审可除，粮不可除也。若果承顶无人，难免摊赔之累，然以本里本甲之人赔，本里本甲之荒犹未甘心，乃有无端弄鬼，将老荒忽捏推收，飞入他里他甲。夫开收由有买卖也，故绝之产业又谁为之交易乎？奸诡闪烁，恶同飞噬。如有此项累

---

① 彭雨新：《清代土地开垦史》，第 7—8 页。

人，许即呈告归还严究。①

其中提到了缺失丁粮二者在编审中的差别，"丁或遇审可除，粮不可除也"。这是由于人口的亡失一般不可再查考，但由于地荒形成的缺粮却因土地仍在，不能免除。然而，在荒地数量较大地区，里甲残破根本无法负担赔累钱粮，里甲之间的摊赔遂成为地方官员应对荒地钱粮缺失的重要方式。随着荒地的垦复，摊派钱粮如何归还原里甲或进行重新分配也成为地方必须面临的问题。

康熙十一年（1672）、康熙十二年（1673）因灾歉造成土地荒芜后，为解决荒地钱粮征收问题，石楼知县任玥将十攒里六甲（原西吴里）的无着荒地钱粮100余两拨于崇文、曹村、上辛、义牒等四殷实之里分帮垫赔。为了维持里甲体系，按当时"里倒归里"成例，仅将无着钱粮分派四里，而因灾形成的荒地仍归西吴里管业，以此为权宜之计。此后，西吴里得以复业后，分帮钱粮理应拨回由西吴里继续承担，但"历任因循，该里蹉跎"，代赔钱粮仍由其他四里赔纳，造成"彼盈我缩，偏苦不均"②。康熙末年的灾害使康熙十一年（1672）、康熙十二年（1673）后形成的里甲摊派格局发生了新的变化。灾后曾代赔西吴荒地钱粮的上辛、义牒等地也有荒粮不能完纳。据此，上辛、义牒等里要求将分帮荒地钱粮拨回西吴里承办。到雍正时，袁学谟初定将西吴里有余租100两补上辛里30两，剩下70两抵补全县逃亡无着之项。但是，此时西吴虽已复业，如果将100两全部拨还西吴，又可能造成西吴里的地荒人逃。因此，经过袁学谟调剂，由上辛里拨还24两，义牒拨还16两，崇文坊拨还8两，曹村拨还2两，也就是说仅将其中50两拨还西吴，以减轻西吴里的负担。③

---

① 凌铭麟撰：《新编文武金镜律例指南》卷16，康熙二十七年刻本，载《四库全书存目丛书》史部第260册，济南：齐鲁书社，1996年，第715—716页。
② 袁学谟：《上辛里为累粮控西吴》，载雍正《石楼县志》卷7《看语》。
③ 袁学谟：《详谭庄西吴钱粮立案文》，载雍正《石楼县志》卷7《详文》。

康熙末年大灾之后的荒地问题处理有所不同。针对灾后荒地钱粮无着问题，知县梁在韩及后任麦士伟为顾及考成，将无着钱粮垫解完公。麦士伟采取的一项措施是，其他地方童生代完荒粮30两即可入籍石楼参加考试。此例一开，有24名外县童生以此方式入籍石楼应试入学，共获捐银700余两。但当时石楼县仅有8名之定额，且外县以此方式入籍者"俱系能文之手"，因此捐银之例对本地士子科考形成很大影响，可能造成本地士子的逃亡。① 通过各种挪垫，最终钱粮得以完解，但垫解完公造成的影响之一是长余民欠的产生。所谓长余民欠系"晋省康熙五十八、九、六十等年年岁欠收，州县钱粮征比不前。恐碍奏考，挪垫以足分数。后有升迁事，故民欠未及征完，致有此长余"②。后由于有所恢复，麦士伟又对稍有复业者进行征收，以补实在无着钱粮。这些措施实际上是在里甲难支的情况下"移新完旧，勉强赔补"③。由此形成钱粮"垫而征、征而赔"的弊病，到雍正初年已经无法完解。④

雍正五年（1727）以后石楼县钱粮已是"积欠累累，不下万有三千"⑤。具体来看，"累年逋欠积至一万一千余两，又加五十九、六十、六十一三年带征，继又被前任麦令报出长余民欠数千两实不能追外，又麦令私征隐匿银一千五百余两，牛种银三百两"⑥。为解决长期积欠问题，知县袁学谟采取一系列方式进行补足。雍正八年（1730）的钱粮最终由民户上缴的牛、马、骡、米、菜、豆、麦等货物折银交官完成。雍正六年（1728）共积欠银830两，袁学谟以夏秋二季养廉银共补足400两，其余430两也由民户进行抵补，

---

① 袁学谟:《为请停入籍考试之例乞定均分府学之额以鼓文风以广宪德事》，载雍正《石楼县志》卷6《详文》。
② 觉罗石麟:《山西巡抚石麟奏报檄饬各府州严查长余民欠已未完解确数折》，雍正六年二月初二日，载《雍正朝汉文朱批奏折汇编》第11册，南京：江苏古籍出版社，1991年，第558页。
③ 袁学谟:《详垦新荒以补无着赔粮文》，载雍正《石楼县志》卷6《详文》。
④ 袁学谟:《详豁免长余民欠文》，载雍正《石楼县志》卷6《详文》。
⑤ 袁学谟:《为积逋澄清等事》，载雍正《石楼县志》卷5《申详》。
⑥ 袁学谟:《开垦地亩详文》，载雍正《石楼县志》卷6《详文》。

"查看各户抵算货物细数一纸,其胪列者与前相同,更有木柜、瓦瓮、女儿未受之财礼、牲口未产之胎驹,零零星星,愈奇愈琐,要皆官估垫于前,而民指偿于后者也"。雍正七年(1729)和雍正五年(1727)钱粮内分别有无着银 800 两与 700 两,雍正七年 800 两内以春季养廉银抵赔 200 两,余下 600 两,雍正五年 700 两内以夏季养廉银抵赔 200 两,余下 500 两。① 余下的 1100 两袁学谟劝谕佃户抵补地主所欠钱粮,并鼓励已完粮者,"将次年租银多寡预支一二"②。其方法有二:

> 一则取疲户之同里同甲中有力者,随缘借助也。官蠲现银一百两为首倡,而又当堂宰羊,把酒以劝谕之,多寡不等。立券盖印,以为后偿之征据,小民如川之口,信此,其一法也;一则取本户之租户,编官簿而收官租也。颗粒正供无拖欠花销之弊,而其中粮浮于租者,租不可加,粮不可缺,则先那转庚戌(雍正八年)预支辛亥(雍正九年)之半,春夏取秋冬之全。职入石境,已风闻在耳,信此,又一法也。③

两项措施是袁学谟到任两年多后,把握地方社会特征的结果。"卑职历任两载余,深悉地方利弊。查种地之人,俱系外县佃户完租,奈租不敷粮,其土著所留花户地主寥寥无几。内有殷实者,设法完粮,其疲累者拖欠节年数百十两不等,又有将租银花费积欠,终无底止。"④ 第一项措施改变了以往硬为摊派的方式,而是鼓励劝谕,将赔粮由一部分当地有力者承担,避免摊派造成的贫户逃亡。第二项措施针对地主与租户分离造成的征收困难,以官租的方式直接向租户征收钱粮,并以预支的方式进行补齐。通过上述方式,袁学谟最终将雍正五年(1727)到雍正八年(1730)的新旧钱粮全数征解。

---

① 严遂成:《临邑令奉本府监拆石楼粮柜备陈地方情形申文》,载雍正《石楼县志》卷5《申详》。
② 袁学谟:《劝谕佃户》,载雍正《石楼县志》卷7《示谕》。
③ 严遂成:《临邑令奉本府监拆石楼粮柜备陈地方情形申文》,载雍正《石楼县志》卷5《申详》。
④ 袁学谟:《开垦地亩详文》,载雍正《石楼县志》卷6《详文》。

对于贫瘠的石楼地区来说，这似乎是一个不可能完成的任务。因此，也引起了对其挪移的猜疑。经过汾州府的复查，确定其中各项钱粮并无挪掩情弊，袁学谟受到了巡抚及布政司的嘉奖，"纪功以示鼓励"①。

将清出租银编为官租的方式反映了在劝谕抵补积欠钱粮的过程中，租户、佃户实际上已经成为承担无着钱粮的重要来源。在其他州县也有类似的调整。例如，在康熙十五年（1676），隰州即将上留里由于人逃地荒造成的钱粮缺额，设法编为官租以便输纳，作为权宜之计。②这体现了佃户带来的钱粮征收困难在吕梁山区的普遍情形。以官租的方式进行征收，使佃户承担钱粮，跳过本户或代管钱粮之户，"不使贫民扳手"③。这在一定程度上解决了本户和佃户分离带来的钱粮无着问题，同时反映了佃户仅完地租而不纳钱粮的弊病在康熙末年灾害后的凸显。

> 康熙五十九、六十、六十一等年大荒，石邑土著地主逃亡十去八九。同里之人，其率而存者，不得不为代管，所以积逋累累，皆逃户之贻害也。其各甲佃户止完租而不管粮，相继数辈在乡，属乡业为恒产，恋恋不舍者，以无粮赔累。深冀逃户归来，将地仍归原主，不忍占据之本心，即不愿承管钱粮之故，智此世佃之名由是来也。现今子姓繁衍，班班可考，与土著之民又何异耶？平日以租抵粮，虽属不敷尚有济于国课。惟是同里代管逃户之粮，即代收逃户之租，其中全不致侵蚀入己，然亦不无预支挪垫之弊。④

可见，世佃对地方社会造成了不小的影响。其"人众则霸占多方，户富则择买肥产"，久踞石楼却不承担相应丁差地粮，"胆敢狡诈多端，勾引棍徒，

---

① 袁学谟：《为积逋澄清等事》，载雍正《石楼县志》卷5《申详》。
② 刘埙：《上留里复业碑记》，载康熙《隰州志》卷24《艺文》。
③ 袁学谟：《开垦地亩详文》，载雍正《石楼县志》卷6《详文》。
④ 袁学谟：《议覆世佃入籍文》，载雍正《石楼县志》卷6《详文》。

相冒合户，托言隰州现有丁差，故意脱漏石邑户口"。①相反，石楼本地逃户在他地已经承丁，而在石楼丁银仍由本地土著包赔。②由此形成了世佃与土著之间的赋役差别，"一值年荒赋缺，其寄籍者数世子孙居然无恙，而土著之子遗辗转流离，利则归己，害则贻人"③。因此，在雍正七年（1729）四月，袁学谟着手进行世佃入籍的改革。具体方法是，"将前项绝户所遗地亩劝谕各佃承粮，请照开垦例印给执照，准其永远管业。所有各佃子孙一体考试，从此佃有恒产，野无旷土"④。同时将佃户编审承丁。⑤

与将租户编为官租不同，世佃入籍更进一步确立了佃户对土地的占有权与参加本地考试的权利，与土著一样纳粮承丁。但到雍正八年（1730）世佃入籍仍未完成，其原因是"世佃因见旧粮未完，诚恐累及于身，未免逡巡观望"⑥。对此，袁学谟进一步晓谕各佃户旧粮已清。对于"投具亲供者数十余家"，按照佃户"所种之亩分，定其应完之粮数，或逃亡一户之土地，尽属世佃一家之版图，肥瘠均予照粮定额，丝毫不得增减，便成恒产而不出价"。同时颁发印信执照，将逃户之名擦除，以佃户之名顶补，以防原地主与世佃之间的纠纷。⑦

世佃入籍承丁是对明末清初以来形成的佃垦模式较为彻底的改革。这从制度上将垦荒中形成的佃户纳入石楼县，为里甲体系的恢复提供了基础。为了进一步稳定佃户，防止土著逃脱，袁学谟还分别采取了禁止地主混争佃户开垦成熟地，⑧停止冒籍入试等措施。⑨

从康熙年间到雍正时期的调整，可以发现地方政府在处理荒地问题上的

---

① 袁学谟：《详世佃承丁文》，载雍正《石楼县志》卷6《详文》。
② 同上。
③ 同上。
④ 袁学谟：《详佃户入籍文》，载雍正《石楼县志》卷6《详文》。
⑤ 袁学谟：《详世佃承丁文》，载雍正《石楼县志》卷6《详文》。
⑥ 袁学谟：《议覆世佃入籍文》，载雍正《石楼县志》卷6《详文》。
⑦ 同上。
⑧ 袁学谟：《禁地主混争佃户开垦成熟地示》，载雍正《石楼县志》卷7《示谕》。
⑨ 许令誉：《邑侯袁公请停冒籍碑记》，载雍正《石楼县志》卷7《碑记》。

务实化倾向。最终袁学谟的措施基本解决了石楼县的钱粮积欠问题，但此时仍有大量荒地未能开垦。一方面是清初除豁荒地的复垦有限，原额无法恢复；另一方面是灾害造成的新荒地。雍正初年，全国范围内进行报垦清查隐漏，而当时石楼县面临的荒地情形是，"其东南与隰州、孝义交界处所，虽系土山层叠，远近尚有村墟，约计熟多于荒；其西北以及沿河一带，土坡荆棘居民鲜少，约计荒多于熟矣；至若团圆山、漫塘坪、白家岭、黄云山有五六七十里之长，一二十里之阔，崇山峻岭，人踪杳无，是仅有荒而无熟也"①。在报垦压力下，袁学谟申明原豁荒地中的未垦荒地大多捏报于明朝，俱系不堪垦种者，而无隐垦地亩，并奏请仍照顺治四年除豁之例进行免除。②

此后，问题便集中到康熙末年灾害形成的新荒地上。康熙五十九年（1720）至康熙六十一年（1722）的三年灾害后，石楼县因灾歉形成新荒地计419余顷，经垦复后仍有280余顷未垦。到雍正年间，新荒地每年赔纳徭银400余两，粮银1700余两，形成"以荒地而纳熟地之粮，以熟地而包荒地之课"③。袁学谟认为，若将新荒地钱粮抛弃，地亩荒芜最终势必仍造成赔累，而将其钱粮按照此前方法进行摊派则会造成民户苦累，因此根本的办法仍是进行招垦。

> 盖无着粮银若抛弃，新荒地亩竟置不问，势必终累官赔。即有力之员将全年养廉抵之，亦不足完其数。如系一介穷员，垫无可垫，赔不能赔，因循坐视，不过加之以参罚，甚之以罢职。虽草芥功名何足深忧，而国课终属虚悬，殊非微臣下吏体圣主恩宪之本心。设使仍令里甲摊赔，窃恐小民有限之余膏，补抛荒之无着，叠受苦累。恐远方之民不能招，即现在者襁负而逃，能保其终不轻去其乡乎？卑职既任地方，欲以

---

① 袁学谟:《详无隐垦地亩文》，载雍正《石楼县志》卷6《详文》。
② 袁学谟:《详垦新荒以补无着赔粮文》，载雍正《石楼县志》卷6《详文》。
③ 袁学谟:《复详欺隐》，载雍正《石楼县志》卷6《详文》。

招民适以驱民,更非有司之善策,扪心清夜辗转,维思必垦复新荒,仅以补粮额。粮额足而供赋清,无着补而百姓宁。①

据此,袁学谟组织了对新荒地的查勘。调查发现,除崇文坊、君子里两地人口稠密,很快便垦复新荒地70余顷"稍济无着"外,其他新荒地仍主要集中在清初荒地较多的十攒里。这些新荒地未被开垦的原因与其所处区位有关,即较之已垦复者离村庄较远。但这些荒地"究属内境",与不可开垦的老荒地情况不同,"尚有旧窑可修,新穴可开,附近居民可以分栖,可以管摄"②。

表12 雍正年间石楼县未垦新荒地分布情况

里	甲	村	面积(顷)
崇文坊、君子里	/	/	1.94
上吴里	/	高家岔等处	3.75
十攒里	一甲	石羊等村	4.6
十攒里	二甲	谭庄等村	51.27
十攒里	三甲	东庄等村	16.42
十攒里	四甲	曹村	3.3
十攒里	五甲	交口	50.9
十攒里	六甲	西吴	3.7
十攒里	七甲	下冯	0.71
十攒里	八甲	上辛	25.8
十攒里	九甲	义牒	14.9
十攒里	十甲	留村	34.18
合计			211.47

资料来源:袁学谟:《详垦新荒以补无着赔粮文》,载雍正《石楼县志》卷6《详文》。

---

① 袁学谟:《详垦新荒以补无着赔粮文》,载雍正《石楼县志》卷6《详文》。
② 同上。

招垦的具体措施是，按照原蠲老荒开垦之例，借公银以作开垦之资，将未垦新荒地分为三股：以雍正九年（1731）开垦111.47顷为一股，雍正十年（1732）50顷为一股，雍正十一年（1733）50顷为一股。先拨1600两借予九年开垦，于该年秋收后还726.8两，以此作为十年各户开垦之资。余下873.2两由其垦户在十年秋收后全数归还。在其归还银中拨720.4两作为十一年各户开垦之资，余下152.8两起解。而十年所借公银在该年秋后先交一半，剩下一半在十年全数交齐，十一年开垦所借公银在该秋后交一半，余下在次年交还。① 与此配合，招垦之地将作为永业颁发印信给佃种各户，并严禁原主待荒地开垦成熟之后混争复业。② 根据袁学谟的上报，雍正九年（1731）春"履庄计亩，亲加督劝，约开新荒地一百余顷"③。

但部分新荒地的复垦仍面临很大问题。例如，十攒里二甲即原谭庄里皆山坡陡地，"阖邑穷苦逃亡，未有如谭庄之甚也"。谭庄原各甲绝户土地因无子孙或子孙逃亡，无人代管钱粮。从袁学谟的呈文来看，当时应有以生监代管钱粮。但生监未逃者只有一甲、二甲、五甲和十甲，其他六、七、九三甲无人代管。④ 因此，虽拨给籽粒进行招垦，但仍有"地荒粮重，每年不能清新粮，积年不能完旧欠者"⑤。上文提到，袁学谟曾用养廉银代为赔垫积欠钱粮，但此非长久之计，以生监代管也非善全之策。对此，袁学谟将谭庄荒地直接分给其他里甲，以其经管耕种，抵补赔粮。

雍正十年（1732）三月，袁学谟召集全县各里到城隍庙，将谭庄各甲荒地钱粮以抓阄的方式分给其他各里。崇文坊拈得谭庄四甲粮49余两，君子里拈得谭庄二甲粮38余两，上吴里拈得谭庄三甲粮61余两，十攒里一甲原名石羊拈得谭庄一甲粮71余两，十攒里四甲原名曹村拈得谭庄五甲粮34余

---

① 袁学谟：《详垦新荒以补无着赔粮文》，载雍正《石楼县志》卷6《详文》。
② 袁学谟：《禁地主混争佃户开垦成熟地示》，载雍正《石楼县志》卷7《示谕》。
③ 袁学谟：《详世佃承丁文》，载雍正《石楼县志》卷6《详文》。
④ 袁学谟：《详谭庄西吴钱粮立案文》，载雍正《石楼县志》卷7《详文》。
⑤ 同上。

两,十攒里六甲原名西吴拈得谭庄七甲粮 50 余两,十攒里七甲原名崇德拈得谭庄十甲粮 61 余两,十攒里八甲原名上辛拈得谭庄六甲粮 43 余两,十攒里九甲原名义牒拈得谭庄九甲粮 42 余两。① 其地粮九里照户均分到殷实甲户名下,地价照户照亩均认,每粮一两出价一两卖予各里作为永业,以达到"众姓承粮,则粮担可轻"的目的。② 所得地价用以偿还此前新荒地开垦中借予谭庄的牛种银。③

通过这一方式,谭庄里无力垦种的荒地得以有人专责开垦,荒地钱粮固定到特定甲户。如果说康熙十二年(1673)西吴村荒地粮拨给其他四里分帮时,仍秉持"里不出里"的成例,土地仍留本里,雍正年间的谭庄分派名义上是荒地卖为永业,实际上打破了"甲不出甲,户不出户"的成例,④ 直接将荒地及其钱粮分给其他里甲进行开垦承粮。与直接摊派相比,拈阄的方式一方面确立了不同里甲之间的摊派差别,而非不分等则进行硬派;另一方面以荒地卖予摊赔里甲的方式将荒地与摊赔里甲直接联系在一起,形成摊派者开垦荒地的压力。因资料欠缺,具体的实施效果无从得知,但可以想见的是,其他里甲拈阄所得荒地若距离较远,必不能自己耕种,若无人承佃,实际上便是对谭庄荒地钱粮的赔垫,不同之处是这些荒地卖予拈得里甲为永业。

袁学谟也意识到出卖荒地给其他里进行专责开垦可能存在的风险,虽在呈文中表明荒地承买由各里甲情愿甘结,毫无强派逼勒情弊,"各里民人俱皆乐从,舆情允协"⑤。但出价一两作为买价,除了防止产权上可能产生的矛盾外,还有一个重要目的是防止拈得荒地者"视他人之产不上紧经管,子孙仍欲退还本里"⑥,其中也可见将荒地作为永业卖予其他殷实里甲的赔纳实质。

---

① 袁学谟:《详谭庄西吴钱粮立案文》,载雍正《石楼县志》卷 7《详文》。
② 袁学谟:《复详谭庄地亩文》,载雍正《石楼县志》卷 7《详文》。
③ 同上。
④ 同上。
⑤ 同上。
⑥ 袁学谟:《详谭庄西吴钱粮立案文》,载雍正《石楼县志》卷 7《详文》。

在康雍时期的垦荒与熟而复荒的变动中，石楼县清初以来的荒地问题不仅未能解决，反而日趋严重。地方官员为考成起见进行的赔垫、摊派等措施多是权宜之计，经过长期积累，到雍正时期，赔垫、摊派等方式已经再无法解决荒地带来的钱粮无着问题。袁学谟以养廉银和民户征集进行抵补赔垫，完清旧粮以后，逐渐抓住了垦荒进程中本户和佃户县际之间互换这一问题。从而进行了世佃入籍的调整，并对新荒地继续进行招垦，进一步明晰新荒地的责任者。在这一过程中，垦荒佃户通过纳粮承丁进入赋役体系，无人耕种的荒地也被确定到具体民户下进行管业。由此，在制度和事实上形成了新的土地和人口的结合。

四、结语

清代前期的社会重建一定程度上是在垦荒进程中得以完成。然而，垦荒进程并非线性的发展。在战乱、灾害与赋役负担下，土地熟而复荒、荒而复熟以及部分荒地的持续存在是土地贫瘠地区的常态。荒地问题也在此情况下具有层累性和持续性的特征。在清代前期鼓励垦荒的政策下，石楼县的荒地问题未能得到解决，反而由于灾害和赋役负担的影响愈演愈烈。由此，民户"轻去其乡"成为石楼县这样的山区社会的显著特征。不过"轻去其乡"似乎只是问题的表面。由于区域内不同地方存在相似问题，在政府垦荒压力下，本户和佃户进行的县际互换成为一种重要的土地垦种模式。在这种策略性的退出机制下，地主借此得以逃脱差役钱粮负担，而佃户则只需完租，在地方社会中也放弃了合法占有土地与入籍考试等权利，被称为"迷失人氏"。由此相沿数代，形成世佃问题。本户与佃户互换的垦种模式，造成了荒地复垦进程缓慢、荒熟钱粮不均及无着钱粮扩大等问题。同时，在灾害的影响下，这种脆弱的人口和土地的结合极易被打破，又形成新的荒地问题。这些积弊最终在雍正时期集中爆发，使钱粮征收面临巨大困难。石楼知县袁学谟围绕世佃入籍、新荒地招垦以及里甲之间合理摊派进行了一系列调整，使清初以来的荒地问题及其带来的钱粮积弊最终得以解决。在这一过程中，长期聚居石楼县的垦荒佃户被重新纳入版籍，得以纳粮承丁，并给予参加科考的权利。里甲之间的荒地赔粮摊派也在不断调整中趋于合理，进一步稳固了里甲体系。这些措施最终在制度和事实上形成了石楼县人口与土地的重新结合。

刘志伟的研究指出，"由于合法占有土地和参加科举考试，是传统中国社会流动机制下两个最重要的上升途径，而这两种资格都必须以户籍为根据，所以户籍成为把'编户齐民'与'无籍之徒'、'化外之民'之间社会身份区分固定下来的制度性因素"①。以往关于土地开发的研究中，土地基本上被作为一种稀缺资源进行讨论。在此基础上，合法占垦入籍似乎是人们的一种天然诉求。例如，在珠江三角洲的沙田开发和黄河滩地开发等相关讨论中，人们围绕土地资源进行了各种纷争、权利划分以及文化建构。②谢湜对清代前期南中国的研究，也揭示了地方政府务实化的管理趋势与民间占垦合法化策略相互作用形成的社会结构过程。③但问题的关键是，民间土地占有的合法化诉求在多大程度上存在？吕梁山区的例子表明，一些地区土地本身的贫瘠状况造成了人们以土地为累的策略性退出。例如石楼县的"迷失人氏"显然同时放弃了合法占有土地和参加科举考试的权利。这种情况下，社会重建缺乏动力，以致地方政府因循旧有国家制度框架，以国家力量的介入作为解决问题的最终途径。

同为康熙时期，广东、福建等地的"粮户归宗"改革触发了社会结构

---

① 刘志伟：《地域社会与文化的结构过程——珠江三角洲研究的历史学与人类学对话》，《历史研究》2003 年第 1 期。
② 刘志伟：《地域空间中的国家秩序——珠江三角洲"沙田—民田"格局的形成》，《清史研究》1992 年第 2 期；胡英泽：《流动的土地——明清以来黄河小北干流区域社会研究》，北京：北京大学出版社，2012 年。
③ 谢湜：《清代前期南中国乡村社会的再结构》，《北京大学学报》（哲学社会科学版）2018 年第 5 期。

的变动。① 而在吕梁山区，与里甲内部户族结合的趋势不同，民户"轻去其乡"的社会特征形成了一种社会离散的趋势。荒地问题造成的代管和代赔等问题，使户族和里甲内部结合困难，更多的是逃绝而形成的户族和里甲的分散。户族内"子孙俱靡有孑遗，无人经管"，同里甲代管之人"因粮累逃走，忽往忽来"，这是户族和里甲内部面对荒地问题的常态。② 而县际之间地主和佃户的互换，以及里甲之间的摊赔，使人口与土地极易分离，进一步加剧了社会的脆弱性。地方政府对此进行调整的主要目标是稳固旧有里甲体系，重新确立人口和土地的结合，使里甲人户承担相应的钱粮差役。即使久居本地的世佃在出现蒙混合户的倾向想要逃避赋役时，也被世佃入籍的改革切断，以纳粮承丁的方式被重新整合到区域社会当中。③

---

① 刘志伟：《在国家与社会之间——明清广东地区里甲赋役制度与乡村社会》，北京：中国人民大学出版社，2010 年，第 204—215 页；郑振满：《明清福建的家族组织与社会变迁》，北京：中国人民大学出版社，2009 年，144—147 页；刘永华、郑榕：《清初中国东南地区的粮户归宗改革——来自闽南的例证》，《中国经济史研究》2008 年第 4 期。
② 袁学谟：《详谭庄西吴钱粮立案文》，载雍正《石楼县志》卷 7《详文》。
③ 袁学谟：《详世佃承丁文》，载雍正《石楼县志》卷 6《详文》。

晚清民国清徐县王氏家族分家析产初探

郝 平[*]

分家又称"分关",指家族内部分割财产,各自过活的行为。有学者指出:分家是家发展出"房"成了"家族"以后,又将"房"从家族中析出,建立新的家或家族的过程。[①]众所周知,在中国传统社会中,民众崇尚多子多福的家庭理念,故传统的中国家庭大多以子女众多、枝繁叶茂为理想。但是众多子嗣共居的情形又会给大家庭带来诸多矛盾和纷争,也不利于后嗣独立生活和发展,因此分家析产成为多数大家族必须面对的现实问题。

实际上,在不违背官方法律的原则下,民间的社会现实生活里,是各地固有的民事习惯发挥着主导作用,民间分家析产的分家单就是当地民事习惯与社会风俗的真实体现。"分家单"即分家时的产权清单,又叫"分关书"或"拨单",是分家行为的重要凭证。在中国传统社会,对应官方分家析产的律令,以契约文书的形式认定,所谓"今恐无凭,立此分书"。分家以后,如发生田土争讼或土地买卖,到官府诉讼或过割时,此契约文书是要出示给官府,由其查验而具有法律意义的凭证。作为分家行为的重要凭证,分家单的成立与生效是从根本上证明分家行为成立与生效的证据,因此,通过研究分家单,可以有效揭示家族的分家行为,从而反映当地的社会生活。

现从山西清徐 D 村搜集有两份分家单,一份为清末咸丰七年(1857),另一份为民国十三年(1924),内容涉及王氏家族内一支四辈的分家情况。清徐县地处山西省中部,北与太原市南郊接壤,东与榆次市、太谷县毗连,南与祁县、文水县为邻,西靠古交市和交城县,自古为山西省交通要冲,史

---

[*] 郝平,山西大学历史文化学院教授。
[①] 郑文科:《分家与分家单研究》,《河北法学》2007 年第 5 期,第 87 页。

称:"路通四省,实咽喉要冲之地。"① 清徐历史悠久,文化底蕴深厚,是三晋文明的重要组成部分。D村地处山西省清徐县东南部,东临汾河,是一个历史悠久的村落。D村的王氏家族属于南门王氏。清源镇内王姓主要有两支(俗称南门王、北门王),其中南门王人数最多。据南门王氏家谱记载此王氏为太原王氏后裔。太原王氏原为姬姓,是周灵王太子晋的传人。晋因直谏被废为庶人,其子宗恭任司徒时人称他"王家",因此以王为姓,世居晋阳。王氏先祖多次迁徙。明洪武三年(1370),王克明从太原县馋石村(今属太原市晋源区)迁来定居于清源县城南一都二甲(春光村)。到明代中叶,南门王已经是望族。明清时出过知府1人,知州22人,知县12人,户部员外郎1人,教谕、训导、县丞共15人。王氏在清源南门新建宗祠,故人称南门王,今已传26世。其支派分居县内吴村、D村、大北、六合、西谷、尧村等20多处。这两份王氏家族分家契约为我们研究近代清徐乡村的分家制度提供了一扇窗口。

一、D村王氏家族分家文书内容

现有两份分家单,第一份是咸丰七年(1857)和同治七年(1868)两次分家单的粘连,第二份是民国十三年(1924)的分家单,当事人均是清徐D村的王氏家族,且两份分单中的当事人之间具有直系关系。以下为分家单中王氏家族的谱系图:

第一份的当事人是王瑞临、王泰临。咸丰七年(1857),王瑞临、王泰临兄弟遵奉母命分割家中房产土地等财物,在分割财产的实践中采取了均分的方式,"房产地土沟均两股"。到同治七年(1868),由于母亲善于经营,家中又积累了一笔财富,因此王氏兄弟又请族长参与分割新置财产。下面是咸丰、同治两年的分家文书:

---

① 清徐县地方志办公室整理:《清徐古方志五种》,1998年重印,第283页。

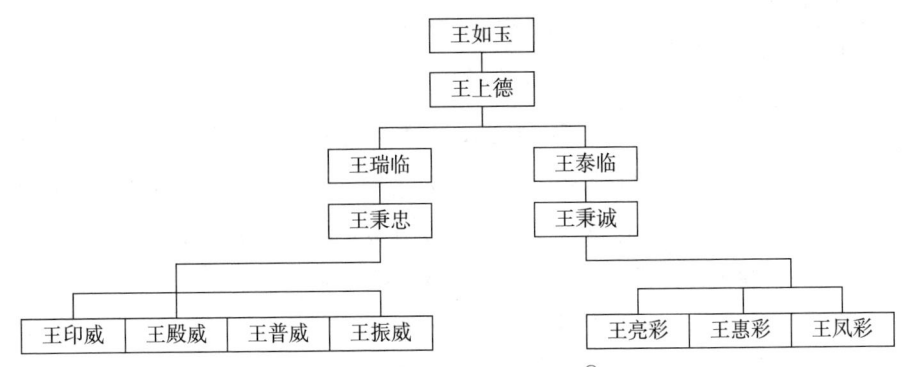

晚清民国清徐县王氏家族分家析产初探　299

```
            ┌─────────┐
            │  王如玉  │
            └────┬────┘
            ┌────┴────┐
            │  王上德  │
            └────┬────┘
        ┌────────┴────────┐
   ┌────┴────┐        ┌────┴────┐
   │  王瑞临  │        │  王泰临  │
   └────┬────┘        └────┬────┘
   ┌────┴────┐        ┌────┴────┐
   │  王秉忠  │        │  王秉诚  │
   └────┬────┘        └────┬────┘
  ┌─────┼─────┬─────┐   ┌──┼──┬──┐
┌─┴─┐┌─┴─┐┌─┴─┐┌─┴─┐┌─┴─┐┌─┴─┐┌─┴─┐
│王印威││王殿威││王普威││王振威││王亮彩││王惠彩││王凤彩│
└───┘└───┘└───┘└───┘└───┘└───┘└───┘
```

图 5　王氏家族的谱系图①

（一）咸丰七年

　　分家之事实为振家，在同居未免口角，惟析产则各自捡勤。今遵母命，援请家长将房产地土沟均两股，问天讨卦，捏纸团为公长子王瑞临分到南房二间、东房五间又南西房一间，院内有茅厕半间属伙南面，东西分垄，伙占伙行。异日南面东分垄坎，门费钱公摊。北面东边分垄系随东房相连小横畛坟地九亩南一半六周零四垅，半系瑞临。又分到秦房角地五亩，以契为据，此系奉母拨与二孙女妆奁之资。次子当面讲明，永无反悔。至法库门房产属伙所得房租。凭母通年每一股拨钱四十千余，俱是伊母养老都交母手，不准擅取使用。又活契地数段，南场一块俱由母管，属所有一切钱粮两股分拨，打来干粮，均分顶纳。现在所有钱项、所得租项、所该钱项俱属母承管。异日百年之后，再为均分，长子王瑞临执此存照。

咸丰七年　同家长立

　　中人：王世华　王上智（家长）　姚世清（亲家）　王建壁②

---

① 根据《太原王氏清源南门王宗谱》整理。
② 郝平整理：晋中文书第一册，jz-00010，山西大学中国社会史研究中心藏。

（二）同治七年

立二次分家书人王泰／瑞临，今奉母命，另请族长将前于咸丰七年首次分家之事，业已同族长亲友抓纸团，俱各分明，不必再分。至今十年有余，多幸母亲克勤克俭，又添置房产地土牲畜车马一应等物。今又同族抬纸团分派以白，瑞临分新置门方房院西一半，东西南北尺丈俱照红契。因西一半房屋破坏，贴补小渠地八亩，车马一辆，一应车上家具相连。泰临分到新置房院东一半，东西南北尺丈俱照红契，豪与贴补所有关东产业公分。有天锡×赁钞作为母亲养老。异日铺×不占母亲养老花费，二人公摊，此系两出情愿，一禄两件各执见约，与前次分单粘连一处，空口无凭，立契存照。

计开各分产业间列于后：

瑞临分到西一半房院车马家具俱全前半间业已叙及小渠地八亩，绕行十二周，又分到买主临星小横畛北面地四亩，楼行五周，×××××××亩，楼行二十四周。吴家坟地西一半一亩七分五厘，楼行三周，一出寺门的地一半地五亩，楼行五周。又南#地北一半，南北长东西宽五丈五尺。

泰临分到东一半房院，前分单业已叙及。又分到买王旗星小横畛地南一半四亩，楼行五周。大横畛地南一半八亩，楼行二十一周。吴家坟地东东一半一亩七分五厘，楼行三周，一出南#地，南一半南北长东西宽五丈五尺。各到地亩房产有各执红契，及至红契瑞临代为执掌。

寺门前地东一半，楼行五周，计地五亩。

同治七年　九月　初七日
家族人　王世敦　王玉衡　王福临

二次分单粘单

二次分单内，瑞临分到西一半地方一半。太（泰）临分到东一半地方一半，各执红契一张，东西南北尺丈，各照各契为凭。及后买北截王思智地方，系伙执红契共一张。瑞临又分到西一半，东西宽三丈六尺，南北长（西截三丈八尺，东截三丈二尺）。泰临又分东一半，东西宽连巷内行道共六丈六尺，南北长三丈二尺。二次分单当中将后买北截地方，东西南北尺丈。各分单当中，各分写明白。异日后人看分单之时，自头至尾看完便明。前于咸丰七年，分过家一次，各分产业，前已叙明，此次不必再卖。

头次二次各执分单二件，今已粘连一处。

第二份的当事人是王普威、王殿威、王振威兄弟兼长门侄子俊文立契分家。由于王振威在东北，王俊文在泽州，因而分家主要是由王殿威主持的。原有的房产土地也同样被均分。下面是分单：

立分析书人王普威，王殿威，王振威兼长门侄子俊文等。今奉母命，邀请家长将祖遗留房产地××股均分。卷纸团为公，问天讨卦。长门俊文分到院正面南北长二丈九尺，又分到秦房冉地五亩。殿威分到院东面，南北长五丈六尺，又分到大横畛地七亩。普威分到院西一半，南北长五丈六尺，又分到韩家地五亩半，小横畛地一亩半。振威分到院南面，南北长二丈九尺，又分到疙瘩地三亩半，吴王坟地三亩半。小横畛地一亩半拨与家母养老。小横畛地四亩半、所有院内余地、茅厕街门均属伙占伙行。惟振威刻在东省，应分到之房产及地土全是家母完全主办。然而每年利害，家母自行担负。又俊文刻在泽州，亦是伊母主办。至于房契，殿威暂先执掌，惟地契各归各家，日后兄弟侄四家，那家光景度之好歹，不可搅扰。此是各出情愿，永无反悔。一样四张，各执兑约一张。恐口难凭，立此为证。一切钱粮，四股均分。

中华民国十三年 六月十七日
后批另有南场一块准其四股伙使用

家长 王泽临

中证人 王执恭 王广元 秦绍先（书）

契约左上书：

    长门后文分到老院正面空基计南北长二丈九尺，于民国二十五年出让与殿威为业。同中作价大洋五十元整，其已付清。

中证人　王建纲①

二、分家析产前王氏家族的财产流动状况

从目前获得的这批 D 村家族契约看，王如玉家族从嘉庆二十年（1815）开始，一直到民国二十六年（1937）都有购置田房的行为，其中土地占了绝大多数。在这一个多世纪的时间里，家族财产经过了积累到分家、再由分家后再积累的漫长过程。分家析产成为财产积累和分散过程中的重要节点。王如玉家族的财产积累以分家析产为节点划分，可分为两个阶段。

第一个阶段是咸丰七年（1857）分家前，王如玉和王上德自嘉庆二十年（1815）始至咸丰五年（1855）的财产购置。

表 13　第一阶段家族财产购置表

题名	性质	缘由	标的	价格	卖方	买方	中见
嘉庆二十年（1815）徐沟县温涌龙卖地契	红契	粮紧，无处起办	白地九亩七分	一百八十五千文	温涌龙	王如玉	秦六斤、王世元、王春泰
嘉庆二十年（1815）徐沟县王宁卖地契	红契	使用不足	白地三亩七分	六十四千文	王宁	王如玉	王林山、冯世昌
道光十二年（1832）徐沟县王泰荣卖地契	红契	手中不便	场基一亩三分三厘	三十六千文	王泰荣	王如玉	王乔

---

① 郝平整理：晋中文书第一册，jz-00004，山西大学中国社会史研究中心藏。

续表

题名	性质	缘由	标的	价格	卖方	买方	中见
道光十九年（1839）清源县王保成卖地契	红契	使用不足	白地六亩	一百一十五千文	王保成	王上德	王大士、王益昌、王乔、王增里、王登元

咸丰七年（1857）前，共计购置20.73亩土地。

第二阶段是民国十三年（1924）王秉忠家庭分家前，家庭三代人的财产积累。时间为光绪元年（1875）到民国七年（1918）。

表14 第二阶段家族财产购置表

题名	性质	缘由	标的	价格	卖方	买方	中见
光绪元年（1875）王泰临典地契	白契	使用不足	坟地一亩七分五厘	二十千文	王泰临	王瑞临	王咸临
光绪四年（1878）徐沟县秦云祥卖地契	红契	使用不足	碱圪塔白地三亩六分	六千五百文	秦云祥	王泰临	武其中
光绪三十一年（1905）清源县王印威典地契	红契	使用不乏	白地二亩	四千文	王印威	王来秋	田石锁
宣统二年（1910）清源县王思智典地契	红契	使用不足	白地一十三亩	四十五千文	王思智	王殿威	田义宁、王殿明、王思明
民国七年（1918）清源县王殿威买地契	红契		地三亩六分	一十千文		王殿威	
民国七年（1918）清源县王殿威买房契	红契		房一所	五十五千文		王殿威	

自光绪元年（1875）起，共购置土地21.95亩，房院一所。

在以上两次积累中，每一阶段的积累都在20亩以上。这在清徐乡村是什么水平呢？以民国十八年（1929）同为清徐乡村的黑城营村和大常镇为例，见下表：

表 15　民国十八年（1929）黑城营村各类农户占有土地表①

以户占有地多寡分类	户数	占总农户的百分比
10 亩以下者	123	42.56
10 亩以上不足 20 亩者	82	28.37
20 亩以上不足 30 亩者	37	12.80
30 亩以上不足 40 亩者	20	6.92
40 亩以上不足 50 亩者	9	3.11
50 亩以上不足 60 亩者	3	1.04
60 亩以上不足 70 亩者	5	1.73
70 亩以上不足 80 亩者	3	1.04
80 亩以上不足 90 亩者	3	1.04
90 亩以上不足 120 亩者	3	1.04
120 亩以上者	1	0.35

表 16　民国十八年（1929）大常镇各类农户占有土地表②

以户占有地多寡分类	户数	占总农户的百分比
10 亩以下者	377	59.56
10 亩以上不足 20 亩者	133	21.01
20 亩以上不足 30 亩者	56	8.85
30 亩以上不足 40 亩者	40	6.32
40 亩以上不足 50 亩者	15	2.37
50 亩以上不足 60 亩者	4	0.63
60 亩以上不足 80 亩者	1	0.16

---

① 清徐地方志编纂委员会编：《清徐县志》，太原：山西古籍出版社，1999 年版，第 124 页。
② 同上注，第 125 页。

续表

以户占有地多寡分类	户数	占总农户的百分比
80 亩以上不足 100 亩者	3	0.47
100 亩以上不足 200 亩者	3	0.47
200 亩以上者	4	0.16

从上述图表可看出，民国十八年（1929）黑城营村拥有 20 亩以上土地者的比例为 29.07%，大常镇拥有 20 亩以上土地者的比例为 19.43%。王氏家庭积累了 20 亩以上的土地，在清徐乡村应已处于社会中上阶层了。

三、分家析产的原因 [①]

分家析产是传统民间社会中存在的行为，但是这种行为并不为官方所提倡。自汉代始，国家就提倡父子兄弟同居共财。唐代法律规定："若诸祖父母父母在，而子孙别籍异财者，徒三年。"[②] 到清代时，有了进一步的规定，如若祖父母、父母在，子孙就不能分家。

虽然官方并不鼓励分家的行为，但分家仍是民间社会非常普遍的一种行为，远至殷商时代，民间就有"析居异财"的行为，[③] 清水江流域的苗族和侗族地区也有"姜不分不辣，家不分不发"的民谚。[④] 针对这一现象，费孝通先生曾有解释："年轻一代对经济独立的要求成为家这一群体的瓦解力量，最终导致分家。分家的过程也就是父母将财产传递给下一代的最重要的步骤之一。通过这一过程，年轻一代获得了对原属其父亲的部分财产的法定权

---

① 此处部分内容作者已发表于《社会纵横》2016 年第 4 期，故简略介绍。
② 长孙无忌：《唐律疏议》，北京：中华书局，1983 年，第 236 页。
③ 李亚农：《李亚农史论》，上海：上海出版社，1962 年，第 14 页。
④ 吴才茂：《清代以来苗族侗族家庭财产划分制度初探——以天柱山民间分家文书为中心的考察》，《凯里学院学报》2013 年第 2 期，第 12 页。

利,对这部分财产开始有了专有权。"① 事实上,家庭就是要不断分化、不断扩大的,而国家的压制行为并不能阻碍分家析产的发生。

王跃生先生则将分家原因划分为深层原因和表层原因。"深层原因是儿子对祖辈或父辈财产的平均占有权或继承权,这种占有权和继承权又与各个儿子支派的香火延续联系起来,有了神圣不可侵犯的性质。"② 分家析产是同家族血缘传承联系在一起的,而在基础上表现出来的就是大家庭生活中的各种矛盾即表层原因。如徽州大家庭中出现的矛盾,"一是家长年老体衰,家政难于统理;二是人口浩繁,日给艰辛;三是诸子(妇)各怀嫉妒私心,遇事推诿、坐吃山空、共致贫穷等"。

那么究竟是什么原因促使王氏家庭选择分家,而不选择维持原有的大家庭呢?在咸丰七年(1857)的分单中,王瑞临和王泰临提出了理由:分家之事实为振家,在同居未免口角,惟析产则各自捡勤。从王氏兄弟的视角来看,分家不是削弱家族的行为,反而是振兴家族的重要手段。事实上,维持一个大家庭是十分困难的。大家庭不仅是家族成员的共同体,同时也是家族经济生活的结合体。从家族生活的角度看,数世同堂使得家族成员内部的矛盾日趋尖锐,婆媳之间的生活习惯、兄弟之间的利益冲突使家族生活不断出现裂痕,而这些裂痕的表现即是家庭生活中的争吵和口角。从家庭经济生活的视角看,大家庭的生产经营并不如小家庭的效率高。分家既能消除大家庭生活中的矛盾,又能提高自己家庭的生产效率。因而分家析产也就成为王氏家族的选择。而在民国十三年(1924)的分单中,分单的标的是祖遗房产地。分单中的当事人已经成家,这对祖辈财产的分割更多是出于划分责任的考虑。如分单中所说:日后兄弟侄四家,那家光景度之好歹,不可搅扰。祖辈财产的分割不仅有利于后辈各自的经济生活,而且避免同辈之间由于财

---

① 费孝通:《江村经济》,南京:江苏人民出版社,1986年,第46—47页。
② 王跃生:《20世纪三四十年代冀南农村分家行为研究》,《近代史研究》2002年第4期,第157页。

产继承而产生矛盾。

王氏家族决定分家更多是现实的考量。"在同居未免口角,惟析产则各自捡勤",分家后不仅减少了家庭矛盾,而且有效地划分了各家庭间的利益和责任,进而增加了每个家庭进行经济活动的积极性。

四、分家析产的原则和操作流程

清徐王氏家族分家单包含两方面内容:其一是对父辈财产的分割;其二是确认后辈的家庭责任。父辈财产由王氏家族邀请亲族和族中长辈主持分割。在以上的两份契约中均表明了母亲和亲族在分家中的重要地位,如咸丰七年(1857)的"今遵母命,援请家长将房产地土沟均两股",同治七年(1868)的"今奉母命,另请族长将前于咸丰七年首次分家之事,业已同族长亲友拈抓纸团",以及民国十三年(1924)的"今奉母命,邀请家长将祖遗留房产地××股均分"。从契约中可以看出,分家析产首先要取得母亲的认可。"母命"是至关重要的,没有"母命",分家析产的后续动作就无法开展。

这一现象的背后是国家的法律规定。《大清律例·户律·户役》"别籍异财"条规定:"凡祖父母、父母在,子孙别立户籍,分异财产者,杖一百。若居父母户丧,而兄弟别立户籍,分异财产者,杖八十。"祖父母、父母在世时,子孙是不许"别立户籍,分异财产"的。但法律又规定了另外的情况,"别籍异财"条下,条例一规定:"祖父母、父母在者,子孙不许分财异居(此谓分财异居尚未别立户籍者,有犯,亦坐满杖)。其父母许令分析者,听。"以上条款中,子孙未经祖父母、父母许可,就分财异居的,要受到严厉的处罚;若经过父母许可,子孙分财异居就可免除处罚。以上条款反映了家长在家庭财产处理中的绝对权威地位。民国大理院的判例也认可这一规定,大理院民国八年上字第148号判例即称:"本家财产本非卑幼所有,若不得尊长同意私擅处分,其处分行为乃无权行为,依法非经尊长之追认不生效力。"①

法律规定和判例进一步演化为民间习惯。《民事习惯调查报告录》中即记录了这样的情况："民间财产，凡其父母俱存，兄弟并未分析者，其财产所有权当然属于其父，与他处一律，固不待论。其有父亡母在，其子并已成年（继母、嗣母、庶母均包括在内），在习惯上亦视其母完全有财产之所有权。每遇兄弟分产案件，或一造提出其母所立遗嘱或分书，可认为真实者，彼造褶俯首受该项遗嘱或分书之拘束，即传讯该族族长，房长，亦群以其母之处分为当（即遗嘱或分书），是一般人民直接承认其母完全有家财之所有权。遇有典卖情事，非直接与其所有权人（即其母）交接，不能得买主之信用。故该项典卖契约上往往载有'某某氏同子某某情愿典卖'字样。此实例也。"②

族长的作用主要是将家产进行平均划分。由于遗留家产的复杂性，很容易导致后辈质疑家产分配的不公平，因而族中长辈利用其在家族内的权威，对家产进行均分，让后辈心服口服，避免其产生矛盾。在之后的家产分配中，家长捏纸团，让后辈自己抓阄。族长出现的另一个原因在于确定分家文书的有效性。由于传统乡村是一个宗法社会，家庭的分家文书必须取得族人的认同才能取得行为的合法性。

在家产的分配中，D村的分家析产体现了"诸子均分"的原则。在分家单的开头，均写有"均分"字样。同时在家产分配的具体内容中也谨慎地使每一份家产尽量平均。"诸子均分"制并不仅仅是民间习俗，这一原则是法律所规定的。《大清律例·户律·户役》规定："其分析家财田产，不问妻、妾、婢生，止以子数均分。奸生之子，依子量与半分。如别无子，立应继之人为嗣，与奸生子均分。无应继之人，方许承继全分。"

---

① 卢静仪：《"分家析产"或"遗产继承"：以大理院民事判决为中心的考察（1912—1928）》，《私法》2010年第001期。
② 南京国民政府司法部编，胡旭晟、夏新华、李交发点校：《民事习惯调查报告录》，北京：中国政法大学出版社，1998年，第905页。

在咸丰七年（1857）的分家单中，王上德家严格遵守"诸子均分"制的原则，将土地和房产平均地分给了王泰临和王瑞临，"今遵母命，援请家长将房产地土沟均两股，问天讨卦"。值得注意的是，母亲在均分的土地之外另给了长子王瑞临的两个女儿五亩土地。"又分到秦房角地五亩，以契为据，此系奉母拨与二孙女妆奁之资。"① 这是超出均分土地之外的，要同次子说明，所以契约中又有"次子当面讲明，永无反悔"②。看起来将土地分给二孙女是违反"诸子均分"制，但实际上给二孙女土地只是由于母亲考虑孙女的特殊情况给予的特别待遇，所给予的土地在析产的土地范围之外，这只能看作母亲的个人行为，而不能看作分家析产这一家庭行为。次子也认可这一行为。

在咸丰七年（1857）的基础上，同治七年（1868）进行了第二次分家。咸丰七年（1857）的分家并不彻底，两兄弟分配的财产只是家庭财产的一部分，另一部分财产掌握在母亲手中。在两次分家间隔的时间段内，母亲依靠自己的努力经营，又赚取了一些财产。"至今十年有余，多幸母亲克勤克俭，又添置房产地土牲畜车马一应等物。"这些新财产重新分配给王瑞临和王泰临两兄弟。这次分家依然坚持"诸子均分"的原则，财产被均匀地分配。虽然在咸丰七年（1857）有过分家行为，但这次分家并不涉及上次，不溯及以往，"前于咸丰七年，分过家一次，各分产业，前已叙明，此次不必再卖"。分家单清楚地记录财产的信息，"各分单当中，各分写明白。异日后人看分单之时，自头至尾看完便明"，作为以后财产交易的凭据。

民国的法律也依然延续"诸子均分"的原则。1912年3月11日，袁世凯就任大总统后，公布《临时大总统宣告暂行援用前清法律及暂行新刑律令》，除个别修改之外，几乎照搬前清的法律。因此《大清现行刑律》的民事部分在民初继续适用，相应的分家习惯在民初也受到国家法的重视。诸子

---

① 郝平整理，晋中文书第一册，jz-00010，山西大学中国社会史研究中心藏。
② 同上。

均分原则在《现行律》"卑幼私擅用财"条例一已有明确的规定，这也成为民初大理院时期财产分配时的主要准据。

在民国十三年（1924）分家单中，长门俊文是王氏长子王印威之子，从分家单上推断应是王印威病故，因此印威长子代表其父参与分家。"长门俊文分到院正面南北长二丈九尺，又分到秦房冉地五亩。殷威分到院东面，南北长五丈六尺，又分到大横畛地七亩。普威分到院西一半，南北长五丈六尺，又分到韩家地五亩半，小横畛地一亩半。振威分到院南面，南北长二丈九尺，又分到疙瘩地三亩半，吴王坟地三亩半。小横畛地一亩半拨与家母养老。小横畛地四亩半、所有院内余地、茅厕街门均属伙占伙行。"从中可以看出四人分别得到了房院四面，同时又将土地七拼八凑，使得以平均每人七亩分配于各人。

除去分配家产外，对分家后母亲的作用与赡养也是分家单的内容。在咸丰七年（1857）的分家单中，母亲起到了帮助家族经营的作用，"又活契地数段，南场一块俱由母管，属所有一切钱粮两股分拨，打来干粮，均分顶纳。现在所有钱项、所得租项、所该钱项俱属母承管。异日百年之后，再为均分，长子王瑞临执此存照"。而在同治七年（1868）的二次分家单中，即将母亲所保管和经营而来的财物再次分配。在民国十三年（1924）的分家单中，母亲起到了保管的作用。由于王俊文和王振威在外地，因而就由母亲负责处理保管二人的家产。

分家之后，母亲的生活保障也要在分家单中注明。在分家之后，大家庭被拆分为小家庭，母亲的生活就成了问题。汪辉祖曾说："顾余尝见衰老之人，尽将产业分授诸男。遇有所需，向诸男索一文钱不可得。仰屋咨嗟，束手饮泣。而不肖子孙且曰：'老人已日受膳奉，何有用钱之处？'茹苦莫诉。故既分产，必须自留公项。生则为膳，死则为祭，庶可不致看儿孙眉眼。"① 为避免汪辉祖所言情况，母亲就特别需要在子孙奉养外另辟固定的收

---

① 汪辉祖:《双节堂庸训》，天津：天津古籍出版社，1995年，第102页。

入来源。针对这种情况，唐朝的法律就规定"诸子均分，如老人共十孙，为十一分，留一分与老者"①。但明清并未在条文中如此规定，这就需要在分家文书中明确注明赡养费用的来源，以保证母亲的晚年生活。

一般来说，以下几种形式的养老费用有四种来源途径。一是提取膳田，收租养老；二是一家子轮流供养膳食，每月上交一定的油盐粮食等；三是从存众积累中提取赡养费用；四是划拨纹银。②王氏家族采用第一种方式。在咸丰七年（1857）的分家单中提出拨一定数量的钱用于母亲的赡养，"凭母通年每一股拨钱四十千余，俱是伊母养老都交母手，不准擅取使用"。而在民国十三年（1924）分家单中提出将家中土地作为母亲的赡养之资，"小横畛地一亩半拨与家母养老"。

五、分家析产的社会影响

在近代农村，土地是发展农业所需要的最基本的生产要素，是人们赖以生存的基础，在农民的生产生活中占有重要地位。土地之于农民的意义，不仅在于土地是农民赖以生存和发展的最基本的生产资料，而且土地也是农民财产的最直观和最根本的体现。一个农民的富裕与否，全在于自身所拥有的土地多少，土地是农村家庭中最重要的物质基础。正如杨懋春先生所说："土地是最重要的财富，因为它属于子孙后代，其内涵远远不止是一块耕种庄稼的泥地。土地是家庭的真正基础，没有土地，家庭无法定居，家庭成员也不会有安全感。人和土地是中国农村家庭的两大支柱。说一个家庭垮了，意思是说这个家庭失去了土地。土地是农民及其家庭生命的一部分，他们对它有很深的归属感，他们对土地的珍视程度不亚于他们的孩子。在村庄中，家庭地位很大程度上取决于其拥有的土地多寡，土地数量表明了家庭对其过

---

① 梁治平：《清代习惯法：社会与国家》，北京：中国政法大学出版社，1996年，第73页。
② 章冬梅：《清中期至民国婺源县分家制度研究》，南昌大学硕士学位论文，2013年，第35页。

去和未来的责任的关心程度，以及他们奉行这些责任的虔诚程度。拥有土地也给了农民家庭独立人格、精神鼓舞和自由的感觉。"① 在王氏家族的两份分家文书中，土地是最重要的分配对象，在"诸子均分"制的分家原则下，土地被均匀地分配给各房。土地对农民如此重要，因而在讨论分家析产这一制度的时候，就不能不考虑由之引发的经济与社会影响。

（一）土地的分散化与中贫农阶层的扩大

在咸丰七年（1857）、同治七年（1868）分家契约和民国十三年（1924）的契约中，土地房产均匀分配，每房都接受了份额相当的财产。原有的大家庭拆分，变为一个个小家庭。大家庭所拥有的财产也变成各个小家庭独自拥有的小份财产，完全不同于原有的大家庭共有、家长掌控的旧财产结构。而土地在家庭财产的重新分配产生了一个重要的经济后果，即土地的分散化。马若孟先生对华北农村分家制度的研究表明：分家不仅可能会强烈推动单个家庭进行土地积累，而且还有可能破坏富户的土地积累，大土地所有者渐渐消失了，而且分家后新的家庭的土地面积更少。② 一个大家庭常年积累的土地在"诸子均分"制的指导下，平均地分配给各房，使得土地以较小份额分散于各房头，从而造成了中贫农阶层的扩大。

赵冈先生认为："在中国传统社会中，农户占有的耕地数量，主要受两项因素决定。第一，土地市场之宽松程度，也就是土地的实际价格与购买土地的难易情况，有决定性影响。第二，中国传统的诸子均分家产的继承制度，决定了田产分散的速度。"③ 如赵冈先生第二条所说，分家析产制度将土地均匀分配，直接加快了土地分散的速度。而析产中将土地总量分成小份均

---

① 杨懋春著，张雄等译：《一个中国村庄：山东台头》，南京：江苏人民出版社，2001年，第46页。
② 〔美〕马若孟：《中国农民经济——河北和山东的农业发展，1890—1949》，南京：江苏人民出版社，1999年，第181—187页。
③ 赵冈：《中国传统社会地权分配的周期波动》，《中国经济史研究》2003年第3期，第103页。

匀分配，各房继承了份额相同但分量较少的土地，直接造成了中贫农阶层的扩大。

这样的经济影响体现在两次分家财产的内容中。王上德家拥有46.4亩土地，经济实力在当地属于绝对中上阶层。在第一次王上德分家中，王瑞临、王泰临两兄弟分别获得大约23亩土地和数间房屋。而第二次王秉忠分家，长子俊文和王振威、王殿威、王普威分别获得大约6亩土地和1/4院房屋。两次相比较，第二次各房分得的土地和房屋数量明显减少。

析产将原有的王上德大家庭和财产拆分，所拥有的土地日益分散，而被拆分后形成的小家庭渐渐沦落为中贫农阶层。根据1949年的徐沟县社会阶层调查，徐沟县富农阶层户均占有84.16亩土地，中农阶层户均占有29.16亩土地，贫农户均占有13.72亩土地。以这样的标准看，就在咸丰七年（1857）之前，王上德家在D村还是中上阶层。而经过第一次分家后，"临"字辈房头尚能依靠祖产，勉强跻身中农阶层。但在民国十三年（1924）的第二次分家后，如果只依靠祖产，则各房头只能坠落到贫农阶层。王上德家族是分家析产制度中的缩影。而在清徐县，中贫农阶层占有农户总数的绝大多数。显然如此庞大的中贫农规模，背后必然隐藏着无数次分家析产的行为，才造就了这样的经济结构。

中贫农占主体的经济结构使得农村的生产方式越来越趋于依赖家庭劳动力的家庭农场，而非使用雇佣劳动力的经营式农场。黄宗智先生提出："在近代华北地区，对经营式农场的发展阻力来自分家制度。一个家庭可以在一代由家庭式农作上升到经营式农作，但只要一次分产给两个以上的儿子，就会再次成为家庭式农场。这样就使得农村富裕农户很少连续几代都能保持身份。"[①]

---

① 黄宗智：《华北的小农经济与社会变迁》，北京：中华书局，1986年，第120—121页。

（二）土地的分散化与中贫农阶层的扩大

家庭间的社会分化。事实上家庭之间的社会分化自分家析产之后就已经开始了。从财富静态总量上来说，分家前和分家后并没有什么不同。由于"诸子均分"的分家原则，各个家庭从家长那里继承来的财富也是等同的。所不同者，只是各房头子女数量的不同，由此所带来的各房头孙辈所得财富平均量的不均。子女数量众多使得原本不多的财产分割到更小。费孝通先生曾言："多一个兄弟、少一份财产是一个简单的数学命题。我在乡间常听见有人向孩子开玩笑：'你妈又要生个弟弟跟你分家产了。'听来自是一种玩笑，可是谁又能否认这不是决定一个人生活程度的重大事件？在云南自有50工田的人家，若是只有一个孩子，这孩子长大了可以有个小康之家，若有了四个孩子，这些孩子全得降为佃户。我在禄村就看见毗邻而居的王家兄弟。长房人口多，到第三代，十几岁的孩子已经下田了。而二房因为家主死得早，只留下一个独生子，到第三代，那孩子却在中学里读书。同是一个曾祖，孩子们的前途可以相差得这样远！我当时曾想：父亲早死竟会成为孩子的幸福，这世界也太残酷了。"[①]

从财富的动态角度来看，各家庭因为经济水平变化情况的不同也产生了残酷的社会分化。对于分家析产后各家庭的生产效率以生活水平是否能提高，学界历来有不同的看法。一种看法认为：分家析产将原有的财产分散，削弱了农业生产的规模效益，使得原来依靠雇佣劳动力进行生产的家庭变为自食其力的自耕农家庭，由此降低了家庭成员的生活水准。另一种看法认为，分家虽然降低了生产的规模效益，但刺激个体劳动力的效率，减少了劳动力的浪费。在大家庭实现农业生产规模效益的另一面是家庭矛盾丛生。大家庭中子嗣众多，在家庭生产和生活中，非常容易出现"诸子（妇）各怀嫉

[①] 费孝通：《乡土中国》，北京：北京大学出版社，1998年，第253—254页。

妒私心，遇事推诿、坐吃山空、共致贫穷等"①的情况。而分家之后，家庭财产明确归属于各房头，这样使得各房头不再为原先家庭生活中的问题而发生矛盾，全心投入自己新家庭的生活中。

以上两种看法究竟哪种更符合实际？这样的问题在现实生活中其实很难一概而论。在不同的社会阶层中，家庭分合的力量是有差异的。一般来说，贫穷阶层缺少维系大家庭的物质基础，分家析产，各自生产是相对主流的选择。较为富裕的家庭对生产的协作要求较高，因此容易维持原有的大家庭状态。

相较家庭的经济富裕程度的因素，在 D 村，在提高生活水平中发挥了更为关键性作用的是家庭自身的经营能力。家庭经营能力的高低对能否提高分家后家庭生活水平有重要影响。王跃生先生在研究 20 世纪三四十年代冀南的分家行为时，将分家后各家庭的情况划分为两大类：一是分家后经济水平上升；二是分家后败落。其中第二种一般由四种情况构成：第一种是分家后因不努力经营而败家；第二种是分家后因劳动力缺乏而贫困；第三种是分家后因挥霍家财而败家；第四种是因不会经营导致家庭败落。②败落的四种情况中，有三种同经营有关，可见家庭的经营能力非常重要。经营不善或缺乏经营很容易导致家庭败落；反之，有效地经营财产将使得家庭生活水平更上一个台阶。王如玉家族就是如此，尤其在民国十三年（1924）分家后，第 22 代"威"字辈 4 个房头的财富差异，明显体现了这样的特点。

在民国十三年（1924）的那次分家中，各房头分别得到了 6 亩土地和 1/4 的宅院。这样的财产大概是当地贫农家庭的土地占有水准，处于中下阶层。看起来，各房头经济水平差不多，同处于贫农阶层。但现实并非如此。分家后十数年，四兄弟中的王殿威获得远远超过民国十三年（1924）继承得来的土地，成为当地的巨富。以下是王殿威自民国十三年（1924）以后土地

---

① 张研：《清代徽州分家文书书写程式的考察与分析》，《清史研究》2002 年第 4 期，第 8 页。
② 王跃生：《20 世纪三四十年代冀南农村分家行为研究》，《近代史研究》2002 年第 4 期，第 161 页。

交易的契约文书：

表17　民国十三年（1924）以后王殿威土地交易的契约文书

题名	性质	缘由	标的	价格	卖方	买方	中见
民国十四年（1925）清源县王建铭等卖房契	红契	有用	全房院一所	七百八十元	王建铭等	王殿威等	冯昌耀、田纲锁
民国十八年（1929）清源县王建铭等卖房契	红契	手中不便	口门房院一所	三百八十元	王建铭等	王殿威王普威	冯夺元、王保生
民国二十二年（1933）清源县王双魁卖地契	红契	手中不便	地六亩	九十六元	王双魁	王殿威	王照新、王培荣、冯三货、王晏臣
民国二十三年（1934）清源县田锁柱卖地契	红契	手中不便	地道三亩	三十三元	田锁柱	王殿威	郝冠英、程鹏高、温克俭、冯二货、王发祥
民国二十五年（1936）清源县郝冠英等卖地契	红契	用款在急	地二亩八分五厘	三十元	郝冠英等	王殿威	郝冠英、程鹏高、温克俭、王晏臣、王发祥
民国二十五年（1936）清源县张宇身卖地契	红契	使用不足	地五亩	三十元	张宇身	王殿威	刘应举、刘绍俭、孙如山、郝占福、王发祥
民国二十六年（1937）清源县田根海卖地契	红契	手中不便	圪塔地五亩	八十元	田根海	王殿威	王建纲、程鹏高、郝冠英、王晏臣、王瑞麟
民国二十六年（1937）清源县郭庆元卖地契	红契	正用不足	官地四亩	六十八元	郭庆元	王殿威	刘应举、刘绍俭、孙如山、刘书义、王晏臣、王培云
民国二十六年（1937）清源县毕宗义卖地契	红契	使用不便	圪梁地五亩八分	一百二十元	毕宗义	王殿威	毕宗德、成性、成继义、王毛猴、王毛侯

上表中显示，在短短13年间，王殿威共买得房院两座和土地31.65亩。凭着这些财产，王殿威跻身当地的富裕阶层，也与其他兄弟在经济上拉开了差距。需要说明的是，四兄弟中长兄王印威早死，王振威也远赴东北谋生，

所以很难比较。但就目前所存的契约来看，王普威在民国十八年（1929）清源县王建铭等卖房契中充当过一次买方，而王印威在分家前的光绪三十一年（1905）却出卖过财产。

表18　王印威土地交易表

题名	性质	缘由	标的	价格	卖方	买方	中见
光绪三十一年（1905）清源县王印威典地契	红契	使用不乏	白地二亩	四千文	王印威	王来秋	田石锁

从上述情况来看，各房头在契约中出现的频率极少，与王殿威买房置地的次数相比，几乎可以忽略不计。反之，王印威还出卖过一次土地，可见家庭经济水平不是很好。

在与兄弟的财产做比较后，我们可以将王殿威与祖父王瑞临和父亲王秉忠相比。在第一次分家中，23.2亩土地被分给王瑞临。第二次分家中，总数为26亩的土地被王印威等四个房头均分。这里需要说明的是，王秉忠是王瑞临的独子，这意味着王瑞临的财产被王秉忠独自继承。王瑞临于咸丰七年（1857）和同治七年（1868）两次分家获得的23.2亩土地，经过五六十年的时间，在两代人的经营下，占有的土地也只增长了2.8亩，数量上达到了26亩。而王殿威在十三年间，即购买了31.65亩土地，远远超过祖父和父亲两代人积累的土地。这样的结果正是由于王殿威极强的经营能力所带来的。

从上述王殿威的事例看出，家庭作为一个完整的生产单位，如果维持和提高自身的生产效率和规模，就必须有一位拥有经营能力和经验的家长。如果没有这样一位家长，家庭很难维持原来的规模。实际上，这种经营能力并不是大家庭每一位成员都有的。因此分家后就出现了这样的局面：善于经营的房头不仅能继续保持以前的经济水平，而且还会在此基础上提高自己家庭的经济水平，增长自己的财富，如王殿威；不善于经营的房头，就会逐渐没落下去，艰难维持自身的生活，碰到困难情况，就会出卖自己的土地，如王印威和王瑞临、王秉忠父子。而不善经营的房头又会在一次次的分家析产中以更小份分配土地，由此子孙逐渐坠入中农阶层，更甚者成为贫农阶层。在这样的情况下，同一辈子孙就变为不同的社会阶层，各房头之间出现了令人吃惊的阶级分化。

六、结语

从清末民初山西清徐王氏家族分家单的情况分析，王氏之所以分家主要是为了解决内部家庭矛盾，促使后辈独立。就分家的流程而言，族长秉承"诸子均分"的原则，主持分家析产，以公平分配家产和落实赡养责任为核心，通过对现有土地房产合理搭配，进行分家析产。清末民初山西的乡村社会凭借这些合理的分家析产制度，有效地维护了家族的正常生活和发展，这是其积极的一面。但是，分家析产行为又带来一些消极的社会影响。它使得社会上的土地愈来愈趋于平均化，土地集中度越来越小，中贫农阶层成为社会的主流阶层，各房头的财产也因分家后经营能力的不同而产生了巨大的差距。

近代山西城乡货币体系变迁初探
(1894—1927)

——以小额通货为中心[*]

韩 祥[**]

明代中叶以降，中国的货币流通格局逐渐定型为"银钱并行"，银两与制钱均为主要货币，可以无限制使用，并形成以"银两－制钱"为核心的传统城乡货币体系。[①] 在流通范围上，以"铜"为主的小额通货比"银"更为广泛，是通行底层社会的主体货币，城乡货币体系正是在小额通货广泛流通的基础上建立并运行的。[②]

目前学界的中国近代货币史研究大多以"银"为中心进行制度性梳理与分析，对以"铜"为主的小额通货在清末民国时期的整体演变尚缺乏系统论

---

[*] 基金项目：山西省高等学校哲学社会科学研究项目"近代山西币制改革中的农村融资转型研究"（201801005），教育部人文社会科学研究青年基金项目"京津冀地区清代山西会馆与山西商人研究"（17YJC770043），国家社会科学基金青年项目"近代华北小额通货与城乡货币体系变迁研究（1851—1937）"（19CZS042）。

[**] 韩祥，山西大学中国社会史研究中心教授。

[①] 城乡货币体系，指在城乡各类货币流通中以主体大额通货与主体小额通货的折算关系为中心形成的折价体系。银钱比价、银元铜元比价是近代中国主导性的折价体系，城乡之间的市场贸易、税赋征缴、金融汇兑、民间借贷、灾荒赈济均以此为折价基础。折价体系必须有一个明确的折价基准，一般由城乡最为通行的主体小额通货充当，但在主辅币制度真正建立后，折价基准变为本位主币。

[②] 小额通货，指专供小额交易使用的小面额货币，一般为贱金属铸币或小面额纸币，前者可称为小额硬通货。清末民国时期的小额硬通货并非辅币，主要包括官方制钱、民间私钱与各类铜元。

述，尤其缺少对具有完整演化周期的区域小额通货的动态考察。[①] 而近代山西相对独立的城乡货币体系更替，为探索区域小额通货的纵向演化提供了难得的案例。[②] 故本文拟以小额通货的快速更替为主线，对近代山西城乡货币体系的运行、变迁及其影响进行初步探讨。时间范围从爆发全国性钱荒危机的甲午战后到晋钞大规模跨出省境流通的民国十六年（1927），山西小额通货在该阶段内完成了由贱金属铸币向银行小额纸币演化的完整周期。

一、甲午战争之后全国性钱荒危机与山西城乡货币体系变动

中国的货币制度与货币流通，在清咸丰朝以后进入大变革时期，总体处于庞杂、紊乱的过渡状态。由于官方制钱铸造的长期停滞，华北地区一直存在或轻或重的"钱荒危机"，即小额通货始终处于短缺状态。[③] 特别是在甲午战争后，由于国际铜价的上涨，加上日本侵华战争中的货币掠夺，[④] 由此引发

---

① 相关研究多为对某类小额通货的结构性研究，很少探讨不同类别小额通货间的互动关系及其纵向演变。如彭泽益：《清代宝泉宝源局与铸钱工业》，《中国社会科学院经济研究所集刊》第5集，北京：中国社会科学出版社，1983年；戴建兵：《中国近代币制的转折点——机制制钱研究》，《中国钱币》1993年第10期；何汉威：《从银贱钱荒到铜元泛滥：清末新货币的发行及其影响》，《"中央研究院"历史语言研究所集刊》第62本第3分，1993年4月；梁辰：《铜元问题研究（1900—1935）》南开大学博士学位论文，2010年；等等。

② 目前学界对近代山西币制变迁的研究较为薄弱，且多集中于民国"晋钞"研究，如郝丽萍：《晋钞在山西的始末》，《晋阳学刊》1998年第3期，第90—93页；刘峰搏：《民国时期"晋钞"的发行及其影响》，《山西大学学报》2004年第5期，第1—4页。

③ 咸丰朝后期及同治朝已有不少补救钱荒、归复制钱的奏请与讨论，至光绪朝讨论更为激烈，并开始进入"规复制钱"实践层面，且部分省份尝试机铸制钱，但效果不佳，庚子之前大多停铸（参见中国人民银行总行参事室金融史料组编：《中国近代货币史资料》第1辑，北京：中华书局，1964年，第579—583页）。

④ 参见郑友揆：《十九世纪后期银价、钱价的变动与我国物价及对外贸易的关系》，《中国经济史研究》1986年第2期；〔日〕志村友吉编：《日清交战海陆军义勇献纳者名誉记录》，东京：苞光堂，1895年，第248页。

了全国性的钱荒危机。① 北方地区较南方更多行用制钱与钱票,② 制钱需求量巨大,故钱荒程度亦更严重,山西便是重灾区之一。

光绪二十二年（1896）,因制钱短缺、市场艰难,山西巡抚胡聘之曾向清政府奏陈钱荒困境:

> 晋省制钱久形缺乏,口外归化等处,凡零星用项,俱向钱铺拨兑,绝少现钱。近则省城制钱亦甚短缺,各钱铺不敢出票,以致市面不能流通,银价日行减落,若不设法维持,必至商民交困。③

早在甲午战争之前,湖北省已通过铸造大小银元来应对钱荒,甲午战争之后更多省份奏请开铸大小银元,以缓解钱荒危机。④ 在此过程中,山西当局的态度较为谨慎。胡聘之并未奏请直接开铸银元,而是委托湖北代铸,先进行试用:"由司另筹银二万两,委解鄂省搭铸大小银元,俟运回后发交官钱局试用,如果通行无碍,再行筹款购机鼓铸,以期推广而利民用。"同时,胡亦奏请专设"官钱局",搭收现钱、发行钱票,平抑钱价、融通市场:

> 设立官钱局,以平市价,而维圜法,第委员经理,易滋流弊,拟即由商务局酌提股本开设,遇事官为维持一切,均归商办……拟先由司库

---

① 《掌江南道监察御史王鹏运奏为制钱日少产铜日稀请明喻天下开办矿物鼓铸银元事》(光绪二十一年十二月二十五日),中国第一历史档案馆藏（下文所用档案均出自该处,不再一一标注）,录副奏折,档号:03-9531-077;《论近日制钱缺乏之甚》,《申报》1896年1月2日,第1版;《论制钱缺少当先鼓铸铜钱为急务》,《申报》1896年4月14日,第1版。
② 王业键:《中国近代货币与银行的演进1644—1937》,台北:台湾"中央研究院"经济研究所,1981年,第29页。
③ 《山西巡抚胡聘之奏陈设立官钱局及拟铸银元缘由事》(光绪二十二年十一月二十七日),朱批奏折,档号:04-01-35-1374-039。
④ 中国第一历史档案馆:《晚清各省铸造银圆史料选辑》(上、下),《历史档案》1997年第1、2期,第28—44页、第28—41页;《晚清各省铸造银元史料续编》(上、中、下),《历史档案》2003年第3、4期、2004年第1期,第44—60页、第35—46页、第45—60页。

暂借银二万两，俾得凑足成本，并饬附近省城各厘卡搭解现钱交局，按照市价代为易银交库，庶来源不至匮竭，市面可冀流通，仍兼用钱票，以资周转。至银钱时估应由官钱局会同各钱行酌中定值，不准任意长落，以免奸侩居奇。①

然而，在"制钱奇绌，各省皆然"的形势下，②山西省的相关举措并未缓解自身钱荒，反而出现愈加严重的趋势。根据清末山西举人刘大鹏的日记，可考察该时期太原地区的城乡货币流通情况。

在爆发甲午战争的光绪二十年（1894），太原地区的银钱流通已陷入困境，以致商民年关难过："生意之家皆叹时世艰难，或银或钱，皆不能周行，而所放之账，概不能收。村庄农民无有一不穷困者，虽有粟农家而价钱太廉，亦不能使钱有余裕。今岁较去年远甚。"③至光绪二十一年（1895）年底，银钱供应更为紧张，刘大鹏借商人之口道出："吾乡一带银钱两缺，各行生意，率皆受困，不能周行。"④此后通货形势依旧严峻，光绪二十二年（1896）十月"商贾乱嚷银钱甚缺，周行最艰，而生意亦寥寥无几"⑤，十一月山西巡抚奏设"官钱局"，但钱荒仍继续恶化，至光绪二十三年（1897）十二月，太原府下辖的太谷县钱价大涨，"每两银换一千零数十文钱，较秋初减二百余文钱，较去腊减五百文左右，大不利于民。到处皇皇，皆苦银钱两缺"⑥。即在一年之内钱价由1500余文/两骤升为1000余文/两。可见，甲午战争后的全国性钱荒在山西境内尤为严重，不但阻碍了货币流通的正常运转，更

---

① 《山西巡抚胡聘之奏陈设立官钱局及拟铸银元缘由事》（光绪二十二年十一月二十七日），朱批奏折，档号：04-01-35-1374-039。
② 中国第一历史档案馆：《晚清各省铸造银元史料续编》（上），《历史档案》2003 年第 3 期，第 53 页。
③ 刘大鹏：《退想斋日记》，1895 年 1 月 20 日，太原：山西人民出版社，1990 年，第 37 页。
④ 刘大鹏：《退想斋日记》，1896 年 1 月 17 日，第 50 页。
⑤ 刘大鹏：《退想斋日记》，1896 年 12 月 2 日，第 64 页。
⑥ 刘大鹏：《退想斋日记》，1897 年 12 月 27 日，第 77 页。

导致农产品价格低落、农民收入锐减，引发市场萧条。

同时，被山西当局寄予厚望的"大小银元"亦在试行中遭遇失败。光绪二十三年（1897）十二月，山西布政使广发告示，倡导城乡商民行使银元，以补充市场通货："民间周行银元，每元重七钱二分，以九五折成库平六钱八分四厘，分四样……刻下银钱缺乏，市廛不通，商民交困，周行银元以济其穷。"① 但由于银元面值太大、不宜零用，很难获得商民认可，制钱仍是民间市场的折价基准，正如时任农工商总局大臣的端方所论："民间买物，自一二文至一二十文零星使用者多，银圆至小亦值四五十文，行用亦属不便，东南各省银圆久已流通，而制钱之绌如出一辙。"② 至光绪二十五年（1899），因官局派发的银元成色低劣，太原商民举行罢市，官府被迫回收银元，但由于制钱短缺，官府规定"每人每日只准持一元往换，每元又只准换一角现钱，合制钱七十五文，余皆给票"，故商民对银元更加疑虑，"人人危惧，以致贩运枭侩者裹足不前，百物翔贵"。③ 试行银元导致城乡贸易阻滞、物价上涨，此实非山西官方所预料，时任巡抚何枢也不得不承认"前经试行银圆，又以囿于风气，未能通行"④。

上述形势下，城乡社会如何应对钱荒便成为一个重要问题，以往研究对此多有忽略，此处主要考察民间市场融通小额通货的能力。山西民间社会一般通过行用私钱、发行钱票、扩张短陌来维持钱荒中的货币流通，这在客观上改造了当地的传统货币体系。

咸丰朝以后，随着官方制钱的减铸及停铸，城乡市场对小额通货的庞大需求推动民间私销制钱、私铸小钱活动的进一步蔓延，故私钱成为填补制钱

---

① 此为刘大鹏在晋祠所见告示，参见刘大鹏：《退想斋日记》，1898年1月14日，第77页。
② 《督理农工商总局大臣端方等奏为请用机器铸造铜钱银元以维圜法事》（光绪二十四年七月二十四日），录副奏折，档号：03-9534-064。
③ 这也成为朝臣弹劾时任山西巡抚胡聘之的理由之一。《江西道监察御史熙麟奏为晋省商务局误国害民请派大臣严查事》（光绪二十五年十月初二日），录副奏折，档号：03-9535-056。
④ 《护理山西巡抚何枢奏为山西省制钱缺乏拟暂开炉试铸以维圜法事》（光绪二十六年二月二十八日），朱批奏折，档号：03-9536-008。

供给缺口的重要来源。① 清政府虽持续发布禁私命令，但收效甚微。② 私钱的铜料主要来自官方制钱，利润丰厚，在市场的强大需求下，私钱的铸造与贩运成为沟通山西城乡货币流通的重要渠道。如光绪二十三年（1897），刘大鹏发现近两年的本地通货中私钱比例骤升："迨于去岁，不惟钱数之滥，更有奸商从外贩来小钱甚多，凡周行之钱，每百钱中有小钱二三十文。今岁更甚，小钱、大钱参半周行，百姓苦之。"③ 此时私钱已逐渐成为当地的主体小额通货。而发行不完全兑现的钱票亦成为山西部分州县的融资举措，如在同期的保德县，新任县令因私钱泛滥而严厉巡查，并组织县内商家进行钱票联保，以二成兑现的钱票来取代私钱流通，当地百姓曾刻碑记之：

> 钱制之设，由来久矣……自有不法之徒私铸鱼眼、沙壳，奸商贩卖换杂使用，以致银数增长，物价腾贵，商路窒塞，人民扰累，遗害地方，莫此为甚。……我甘公祖于去秋莅任，深悉其情，除出示严禁外，委派廉捕及官人率领差役，复谕绅士、行头协同检查，五日一次，初犯一罚十，再犯一罚百，三犯送官惩办，务断根株。钱系□九八十足数为定，通行凭票，恐有逼迫拥挤之虞，执票取钱，现付二成，□八成凭票取给他家，立法之善可谓尽矣。④

在上述情势下，农村行使制钱的短陌惯例也发生了明显变化，短陌程度越来越高。如太原县的短陌惯例由过去通行的"九五"钱（950文合1000文行使），逐渐加陌为"九十"钱、"八八九"钱，至光绪二十三年（1897）

---

① 参见郑起东：《晚清私铸及其社会经济影响》，《近代史研究》1995年第4期，第161—168页。
② 如《给事中洪良品奏为请旨责成宝泉宝源二局发交制钱并严禁私钱事》（光绪十九年九月二十七日），录副奏折，档号：03-9530-095；《翰林院侍读学士济澂奏请妥定制钱章程严禁私销私铸钱文事》（光绪二十三年十一月二十九日），录副奏折，档号：03-6684-018。
③ 刘大鹏：《退想斋日记》，1897年7月31日，第74页。
④ 《禁使小钱碑记》（光绪二十三年），载张正明等编《明清山西碑刻资料选》（续一），太原：山西古籍出版社，2007年，第135页。

已变为"八五六"钱,即每千文的短陌程度扩张了约 100 文。① 其实,私钱盛行、钱票联保与短陌扩张均是在官方制钱供给不足的情况下,民间社会采取的自我融资举措:通过私钱与钱票增加货币市场的流通总量与流通速度,而短陌的比价形式则是维持官方制钱与民间私钱并存流通的关键条件。② 故私钱有着顽强的生命力,禁不胜禁。

然而,在私钱与短陌不断发展之时,山西当局却故意将之掩盖。按道光十年(1830)所定惯例,地方督抚须在年终向中央奏报境内的私铸与私钱情形,但甲午战争前后的三任山西巡抚每年竟上陈内容完全一样的奏折:

> 兹据各道府直隶州转据各厅州县查明,市廛日用均系官板制钱,尚无私铸及行使小钱情事,由藩、臬两司会详前来。臣谨循例附片陈明。③

山西巡抚这种掩耳盗铃的做法实际是对私钱泛滥的一种默认,既无力改变,也无法禁止。可见,甲午战争之后,民间私钱逐渐取代制钱成为主体小额通货,山西城乡货币体系亦逐步由传统的"银两－制钱"体系转变为"银两－私钱"体系。此时官方的制钱铸造与供应愈发难以维持,呈现加速瓦解的态势。

二、清末币制改革中山西城乡货币体系的相对封闭性

在试行银元失败、民间私钱盛行的情况下,呼吁重铸制钱的声音不断

---

① 刘大鹏:《退想斋日记》,1897 年 7 月 31 日,第 74 页。
② 参见何平、林琳:《中国古代铜铸币流通领域"短陌"现象的起源及其性质研究》,《中国经济史研究》2013 年第 1 期。
③ 《山西巡抚张煦奏报查明本省无私铸及行使小钱事》(光绪二十年十二月初四日),朱批奏折,档号:04-01-35-1374-005;《山西巡抚胡聘之奏报无私铸及行使小钱事》(光绪二十一年十二月十五日、二十二年十二月十三日、二十四年十月二十六日),朱批奏折,档号:04-01-35-1374-018、04-01-35-1374-042、04-01-35-1375-012;《护理山西巡抚何枢奏报无私铸及行使小钱事》(光绪二十五年十二月十三日),朱批奏折,档号:04-01-35-1376-003。

出现。在此，有必要对山西的铸钱史进行简要梳理。①山西官方制钱主要由宝晋局来铸造，但因成本高昂、亏折甚重，自咸丰六年（1856）起便告停止。②同治十二年（1873）曾短暂减炉鼓铸，但次年四月又停铸。③光绪十年（1884），山西当局曾购少量洋铜，仅试铸一次；光绪十三年（1887）又尝试采购洋铜铸钱，但因经费支绌，至光绪二十五年（1899）仍未开铸。④可见，咸丰六年（1856）至光绪二十五年（1899）的40余年间，山西省的官方制钱铸造总体处于停滞状态。

由于钱荒严重，山西当局无奈选择重新铸钱。在宝晋局利用旧存铜铅先行开炉试铸的基础上，护理山西巡抚何枢于光绪二十六年（1900）二月向清廷奏报了晋省重新铸钱的规划与困难：

> 钱无来源，日见短绌……欲图补救之方，自非鼓铸制钱，别无善策……光绪二十五年十一月间遴派委员将宝晋局重加修葺，就旧有铜铅先开一炉试铸。本年正月增添一炉，铢两轻重拟以七分四厘为准，务

---

① 马超的《宝晋局研究》（河北师范大学硕士学位论文，2014年）曾对清代山西铸钱史进行梳理，不过其重点放在咸同时期的货币变动，且部分论述缺少核心档案的支撑。本文重点论述甲午战争之后山西制钱铸造的解体过程。

② 宝晋局自雍正七年（1729）开设后，置炉座6座铸造制钱，之后时增时减时停，至咸丰四年（1854）开始变为铸造6成制钱、4成当十大钱，而普通制钱每枚的分量由一钱二分减为一钱。咸丰六年（1856），因银贵钱贱，制钱、大钱合算成本亏折过巨，暂停铸钱。《山西巡抚王庆云奏为暂停宝晋局鼓铸铜钱请酌量试铸铁钱事》（咸丰六年七月二十九日），录副奏折，档号：03-9516-001。

③ 《山西巡抚鲍源深奏报委员调署太原府同知办理鼓铸钱文事》（同治十二年十月二十九日），朱批奏折，档号：04-01-35-1372-023；《署理山西巡抚奎斌奏销宝晋局收支铜铅并供支回目土司过境等银两事》（光绪十年五月十二日），朱批奏折，档号：04-01-35-0986-011。

④ 《山西巡抚刚毅呈宝晋局光绪十年初次试办洋铜五万斤价脚帮贴等项数目清单》（光绪十四年五月十六日），录副奏折，档号：03-9530-027；《山西巡抚刚毅奏为晋省采办铜铅鼓铸钱文请免关税事》（光绪十三年十月初六日），录副奏折，档号：03-6683-103；《护理山西巡抚何枢奏为山西省制钱缺乏拟暂开炉试铸以维圜法事》（光绪二十六年二月二十八日），录副奏折，档号：03-9536-008。

使字画分明，轮廓圆好，而钱质不能过重，以防奸民私毁，钱身不能过薄，并防私铸伪充。约计两炉鼓铸，每月得钱二千串，为数虽属无多，两月以来访查市厘情形，业已流通无滞。惟此项旧存铜铅为数无多，仍饬各州县收买废铜，源源接济。①

可见，此时山西的制钱铸造已成强弩之末、无源之水，不但钱文减重、铸量极少，而且铜料无继，竟到了由州县收买废铜接济的地步。更为严重的是，此时山西的义和团运动已成燎原之势，山西当局已无财力、精力来恢复高昂的铸钱事业，故因"购铜维艰、工价太贵"仅维持"每月出钱无多"的半停铸状态。②

钱荒背景下爆发的华北旱灾、义和团运动与"庚子之变"交织在一起，极大地破坏了华北原有的城乡金融系统，各地出现罕见的"银钱两缺"现象。光绪二十六年七月二十一日（1900年8月15日）八国联军占领北京，随即对京畿地区展开大规模的货币掠夺，这使华北地区原有的钱荒危机更加严重。③

随着慈禧、光绪的仓惶西逃，④清政府内部的财政资金流转也出现了重大变动，山西省在短时期内成为外省解部粮饷的聚集地。七月二十三日，慈禧一行连夜赶至直隶怀来县榆林堡，由军机大臣寄发"六百里谕令"："慈舆暂行巡幸山西，随扈官兵为数众多，饷项一切深虞不继，所有河南应解

---

① 《护理山西巡抚何枢奏为山西省制钱缺乏拟暂开炉试铸以维圜法事》（光绪二十六年二月二十八日），朱批奏折，档号：03-9536-008。
② 《山西巡抚岑春煊奏请暂停鼓铸制钱及设立官银钱局事》（光绪二十八年五月十九日），朱批奏折，档号：04-01-35-1376-037。
③ 中国第一历史档案馆编：《庚子事变清宫档案汇编》第3册，北京：中国人民大学出版社，2003年，第885页。
④ 慈禧西逃路线为：8月15日逃出北京，经怀来县，取道宣化进入山西大同，9月10日抵达太原，10月1日离开太原，后经平阳府、蒲州府、陕西潼关，于10月26日（九月初四日）到达西安。李文海等编：《义和团运动史事要录》，济南：齐鲁书社，1986年，第373—457页。

京饷……山西本省应解京饷暨河东道部拨新饷均著迅解行在，以应急需。"①二十六日，慈禧又谕令"各省关军饷及内务府经费并应行解部各款，著全数改解行在，以应急需"，同时令绥远城将军将"所有宁夏购办之粮著径行运至山西省城，俾资接济"。②此后，四川、山东、河南、湖南、直隶、湖北、浙江、江苏等省先后遵旨筹拨饷银自5万至20万两不等，委派专员解晋。③另有江苏漕粮及购米30万余石、湖北购米10万石起解入晋。④

除临时筹措粮饷外，清政府亦对西逃途中的制钱需求做了安排。八月十七日，慈禧一行抵达太原，因山西制钱极为匮乏，遂谕令其他省份"速筹接济"⑤。不过，两宫驻跸太原的21天内，虽有大量外省饷银解入山西，但现有资料并无外省接济制钱的记录，仅有山西当局饬令"各州县收买废铜，接济宝晋局铸钱"的记载。⑥可见，此时山西的钱荒非但未能缓解，反而持续加重。闰八月八日，慈禧一行离开太原前往西安避险，数千衙役、民夫随行服侍，太原县预筹制钱"公设钱局于小店镇，预备扈从军兵以银易钱"⑦。随着慈禧銮驾奔赴陕西，山西失去了暂作"行在"、接收各省粮饷的优势地位，银钱两缺现象更加凸显。

在此之前，因"比年钱荒尤甚"，广东率先于光绪二十六年（1900）六月开铸当十铜元。⑧光绪二十七年（1901）年底，清政府谕令沿江、沿海省

---

① 中国第一历史档案馆编：《光绪朝上谕档》第26册，光绪二十六年七月二十三日，桂林：广西师范大学出版社，1996年，第266页。
② 中国第一历史档案馆编：《光绪朝上谕档》第26册，光绪二十六年七月二十六日，第269—270页。
③ 中国第一历史档案馆编：《庚子事变清宫档案汇编》第2册，第848、855页；第7册，第50、52、88、89、103、112页。
④ 中国第一历史档案馆编：《庚子事变清宫档案汇编》第7册，第90、105、128页。
⑤ 《著为晋省制钱缺乏速筹接济各节著李廷箫体察情形妥速办理等事谕旨》（光绪二十六年），录副奏折，档号：03-7130-086。
⑥ 《清德宗实录》卷四六九，光绪二十六年八月戊戌，北京：中华书局，1985年影印版，第165页。
⑦ 乔志强编：《义和团在山西地区史料》，太原：山西人民出版社，1980年，第27页。
⑧ 《署理两广总督德寿奏为广东省试造二等铜圆行销无滞事》（光绪二十六年十二月初四日），朱批奏折，档号：03-9536-027。

份仿铸，以应对"各省制钱缺少、不敷周转"的困局。① 此后，各省开始大规模开铸铜元，但山西省却既未铸造也未流通铜元，成为当时少有的铜元非流通区。② 光绪二十八年（1902），恢复铸钱仅两年的宝晋局也由山西巡抚岑春煊奏准停铸：

> 晋省各属制钱日缺，银价日落，市面万分窘迫，各钱铺无法周转，皆难支持，有以一铺关闭害及多家者，有以现钱匮乏尽用拨纸者。以致兵丁之易饷、商货之懋迁、民间之完粮完厘，无一不受其累。前经护抚臣何枢奏开宝晋局，铸造制钱，无如购铜维艰，工价太贵，每月出钱无多，现已铜源告竭，已饬暂停。③

此后，相关史料再未出现宝晋局的铸钱记录，这标志着山西官方的制钱铸造与供给体系正式解体。在此形势下，制钱短缺迫使山西政府重拾设局发票的老路。岑春煊停铸制钱的同时，亦奏请设立"晋泰官银钱总局"，希图以发行银钱票来周转市面：

> 欲图维持补救，自非仿照湖北、陕西等省设立官钱局不可。拟先于省城设立晋泰官银钱总局，由司库借给该总局成本银二万两，拣派妥实商人经理。俟办有端绪，再行推及各属，并仿照湖北办法，由东洋刷印官局定制银、钱、银元等票纸，花纹务臻精美。准民间以票纸完纳丁粮、税课，俾利推行。④

---

① 中国第一历史档案馆编：《光绪朝上谕档》第27册，光绪二十七年十二月二十四日，第275页。
② 中国人民银行总行参事室金融史料组编：《中国近代货币史资料》（第1辑），第917—922页。
③ 《山西巡抚岑春煊奏请暂停鼓铸制钱及设立官银钱局事》（光绪二十八年五月十九日），朱批奏折，档号：04-01-35-1376-037。
④ 《山西巡抚岑春煊奏请暂停鼓铸制钱及设立官银钱局事》（光绪二十八年五月十九日），朱批奏折，档号：04-01-35-1376-037。

晋泰官银钱总局的业务内容较为简单，主要经理存放款、银钱兑换、代藩库发放军饷等。① 据现存档案记载，该局发行的银钱票极少（仅银票 33 两、银元票 9 元、无钱票发行），这与其他省份官银钱号的发行量相差甚远。② 至宣统二年（1910）大清银行在太原设立分行，较多的官方银票、银元票才在山西发行。③ 可见，山西官方金融机构在缓解钱荒方面的作用非常有限，而日益加重的地方捐税却不断汲取着城乡制钱，降低了制钱的市场流通速度。

　　庚子之后，地方官府以供应巨额赔款及新政经费为名，不断加派捐税数额，而民间大多以制钱纳税，这对钱荒严重的农村地区来讲无疑是一种双重剥削。如光绪二十七年（1901）对一切货物大幅增加厘税，并加征钱粮正银、耗银，直接推动各类商品价格飞涨；④ 光绪二十八年（1902）官府在旱荒年景仍加紧催征钱粮，时而引发民变；⑤ 光绪三十二年（1906）又加重征收"煤厘"、"盐硝之税"与鸦片"统捐"，此时山西经济困苦至极，正如刘大鹏所悲叹之士农工商"四民失业"。⑥

　　可见，刘大鹏在庚子后不断记载"（都中）银钱紧迫太甚""京城银钱紧逼"的通货紧缩状况，⑦ 早已在山西社会上演，而民间市场只能借助私钱来弥补小额通货之不足。不过，山西私钱泛滥的情况很快引起了清政府的注意。光绪三十二年（1906）七月，首席军机大臣奕劻责令山西省推广铜元，以取代私钱的流通：

---

① 孔祥毅主编：《民国山西金融史料》，北京：中国金融出版社，2013 年，第 28 页。
② 中国人民银行总行参事室金融史料组编：《中国近代货币史资料》（第 1 辑），第 1015、1019 页。
③ 孔祥贤：《大清银行行史》，南京：南京大学出版社，1991 年，第 368 页。
④ 刘大鹏：《退想斋日记》，1901 年 12 月 15 日，第 103 页；乔志强编：《义和团在山西地区史料》，第 62—63、67 页。
⑤ 刘大鹏：《退想斋日记》，1902 年 6 月 25 日，第 112 页；《山西民变》，《申报》1905 年 1 月 2 日，第 2 版。
⑥ 刘大鹏：《退想斋日记》，1906 年 10 月 28 日、11 月 9 日、11 月 25 日，第 154—155 页。
⑦ 刘大鹏：《退想斋日记》，1903 年 10 月 22 日、1905 年 8 月 13 日，第 128、144 页。

> 山西、陕西等省，尚未通用铜币，而制钱又甚缺少，现在均系挽用私钱，圜法极为敝坏。应并请旨责成向未通用铜币省分，切实出示劝导，推广行用，铜币收发一律。①

但中央政府对铜元的倡导并未在山西起到效果，反而出现私钱益发泛滥的局面。光绪三十三年（1907）三月，刘大鹏描述了太原地区货币流通的乱象：

> 吾乡一带，钱法大坏，每百制钱，小钱居其大半，银价遂高。每两银可易一千六百余文，大都由奸商从他处贩来，小钱掺于制钱中行使，致使钱法大坏耳。近因邑宰禁止小钱，倒闭出钱票之铺户一二日业经数家，大有碍于地面之周行，生意必然湿滞。闾阎之害，莫大于是。②

尽管小额通货异常匮乏，但山西商民对外省铜元仍持排斥态度，以致直隶官员不断禀请山西巡抚允准对晋贸易中行使铜元，但收效甚微。③此种形势下，山西部分地区的私票发行又发展出新名目。如光绪二十八年（1902）岑春煊奏报的"以现钱匮乏尽用拨纸者"④；又如光绪三十三年（1907）晋祠周边出现的"快钱"，刘大鹏认为这是劣绅牟利的工具："凡出钱票之家，有人凭票取钱，而该号于每千钱少付五六十文，谓之'快钱'，乃不肖绅董尚

---

① 《财政处户部会奏请将铸造铜元局厂酌量归并折》（光绪三十二年七月），载财政部钱币司编印《币制汇编》（第2册），1919年，第177页。
② 刘大鹏：《退想斋日记》，1907年5月2日，第160页。
③ 《批蔚州牧王武西宁县令高承枢怀安县令傅世榕禀请咨晋抚转饬接之各府州属行用铜元文》（光绪三十三年五月十九日），载骆宝善、刘路生主编《袁世凯全集》第16卷，开封：河南大学出版社，2013年，第247页。
④ 《山西巡抚岑春煊奏请暂停鼓铸制钱及设立官银钱局事》（光绪二十八年五月十九日），朱批奏折，档号：04-01-35-1376-037。

为巧饰其词，致人民受困。"① 尽管背负恶名、且风险很大，发行私票仍不失为民间市场有效融资之举。

山西省财政在庚子后的10年间一直处于入不敷出、亏空浩繁的窘境之中，亏空规模常年达到100万两以上，严重影响了各类政务支出及改革规划。② 其中，币制改革便深受其累，无法筹款设厂、铸发新币，民间银钱市场亦很难获得官方接济。如光绪二十八年（1902）岑春煊曾试图自行设局铸造银元，并延聘曾在浙江办理银元局的道员朱荣璪赴晋，但却囿于财力未能施行。③ 在货币融通方面，一些民间金融机构的作用反而更大，如山西"大德亨"商号曾于光绪三十四年（1908）运银3.6万两至天津，"兑换小银元，再行运回山西应用"，受到市场欢迎。④

至于山西省的铜元铸造，更是一波三折。自光绪三十二年（1906）奕劻督饬山西推广铜元后，山西当局并无相关动作。而晋省商会"以直省行用铜元之后，银价加增、百货昂贵"为由强烈反对行使铜元，度支部对此进行了严厉斥责："查各省行用铜元皆系遵照奏定章程，山西一省未便自为风气，应请查照奏章、统筹办法，并通饬地方官绅实力劝导，以维圜法而裨民用。"⑤ 并要求山西"至直隶附铸"，运回铜元流通。⑥ 但由于推行标准化的铸币会侵犯传统银钱业的利益，故铜元在山西商民的抵制中依旧未能流通，省内私钱盛行，官府禁不胜禁。⑦ 至宣统二年（1910），铜元仍未流通，"山西

---

① 刘大鹏：《退想斋日记》，1908年1月20日，第164页。
② 《晋库支绌之一斑》，《大公报》1908年8月11日，第6版；《山西财政亏空之巨》，《申报》1910年5月9日，第6版。
③ 《山西巡抚岑春煊奏请自行设局铸造银元事》（光绪二十八年五月二十七日），朱批奏折，档号：04-01-35-1376-038；李侠、丁进军编著：《中国银元通史》，沈阳：万卷出版公司，2016年，第170页。
④ 《山西运银过保赴津》，《顺天时报》1908年10月13日，第4版。
⑤ 《咨饬整顿晋省币政》，《大公报》1907年11月3日，第3版。
⑥ 《山西商会反对行使铜圆》，《申报》1907年11月28日，第12版。
⑦ 《整顿钱币》，《大公报》1909年2月15日，第6版。

均以制钱为本位……太原不通用铜元"①。

武昌起义后，太原爆发兵变，山西军政府于1911年10月29日（宣统三年九月八日）成立。因当时的山西藩库、晋泰官钱局均遭抢掠，军政府为凑集军饷，开设了大汉银行，暂以发行军用票来维持局面。②然而，军用票信用不坚，商民不肯收用，至1912年1月山西官钱局重新设立并收兑军用票后，市面金融才稍获安稳。③

兵变后的太原货币市场基本处于停滞状态，"商民死亡逃散，十室九空，虽有现银，无处换钱，米面亦无购处，经济困难达于极点"④。民间银钱行号亦遭受灭顶之灾，如山西当铺业："辛亥革命，武昌起义，全国震动，当铺被焚被劫，掳掠一空，纷纷倒闭，幸免者寥寥无几。"⑤此后数年中，太原地区仍主要以私钱、私票来弥补市场小额通货之不足，金融风潮时常爆发。⑥

由上可见，在清末币制改革的大环境中，山西的货币流通却保持了相对的封闭性，未开铸银元与铜元，仍顽强维持着传统银钱货币体系（"银两－私钱"模式）。由于币制改革的滞后，山西政府未如外省一样获得巨额的铜元余利，但也未遭受他省"铜元危机"的波及。在民初山西省开铸铜元前，传统银钱货币体系依旧延续，并为阎锡山政府攫取铜元余利留下了巨大的财政扩张空间。

---

① 山西省地方志编纂委员会办公室编印：《山西金融志》，1984年，第166页。
② 吴筹中、顾延培：《辛亥革命货币》，银川：宁夏人民出版社，1986年，第23页。
③ 《晋省筹办官钱局告示》，《大公报》1912年1月19日，第10版；吴筹中、顾延培：《辛亥革命货币》，第23页。
④ 《山西革命军见闻记》，《大公报》1911年12月27日，第11版。
⑤ 实业部国际贸易局编：《中国实业志·山西省》（第8编），上海：实业部国际贸易局，1937年，第86页。
⑥ 如1912年晋祠钱局倒闭、1913年太原县西南区商号私票受限事件、1914年赤桥村及邻村商号倒闭、1915年太谷倒闭商号甚多。刘大鹏：《退想斋日记》，第177、183、192、207页。

三、民国山西铜元的开铸与制钱的迅速消亡

进入民国后,山西铜元在较短时间内便完成了外省流入、自铸发行、替代制钱、贬值流失的更替过程,城乡货币体系也由"银两－私钱"体系逐渐转变为硬币型"银元－铜元"体系。需要指出的是,在山西铜元自铸发行前,私钱仍为主体小额通货,但相关史料大多沿用"制钱"来指代城乡市场的各类私钱,故后文涉及私钱时仍以"制钱"记之。

民国初年,山西流通铜元"尽赖他省之输入"①。而且,外省铜元流入过程中,出现了收买山西制钱、运往外地镕化、改铸铜元、再输入山西的货币运销模式。其中,"一战"期间日本人私贩山西制钱出境成为最大漏卮。② 随着制钱外流、铜元输入的持续累积,山西铜元价格呈下跌趋势,《中外经济周刊》曾载专文回顾民国初年山西的货币流通状况:

> 查晋垣洋价,在民国元年二年间,每大洋一元换制钱一千一百余文,其时铜元尚少,换铜元每元比制钱须短一二十文。嗣后外省铜元逐渐流入,本省制钱为奸商收买,运至鲁省,改铸铜元,仍以铜元运入本省,获利甚大。以是本省洋价逐年高涨,在民国四五年间,每大洋一元可换制钱一千四百文左右。③

虽有外省铜元输入,但民初的山西仍是"全省以制钱为本位"④,乡村工

---

① 《山西太原铸铜元厂将成立》,《顺天时报》1917 年 10 月 18 日,第 4 版。
② 中国第二历史档案馆编:《中华民国史档案资料汇编》第 3 辑《金融》,南京:江苏古籍出版社,1991 年,第 282 页。
③ 《山西省垣洋价逐年高涨》,《中外经济周刊》第 116 号,1925 年 6 月 13 日,第 41 页。
④ 《晋省金融及商务之现状》,《大公报》1915 年 1 月 7 日,第 9 版。

程亦依靠制钱运转。①1915年的《山西省货币交换调查报告》显示：有调查数据的101个县均流通制钱，其中以之为"通用""大宗"者有90个；虽有60个县已流通铜元，但多为"间用""次之"者，列于制钱之后；明确铜元流通量多于制钱者，仅有10县。②参见下表：

表19 1915年山西县域小额通货流通简表

类型	通用制钱者				流通铜元者				铜元多于制钱者	
	雁门道	冀宁道	河东道	合计	雁门道	冀宁道	河东道	合计	冀宁道	合计
流通县数（个）	25	31	34	90	4	23	33	60	10	10
调查县数（个）	26	41	34	101	26	41	34	101	41	101
比率（%）	96	76	100	89	15	56	97	59	24	10

由表可知，在所调查的101个县中制钱的通用率高达89%，以河东道、雁北道为高，冀宁道为低。流通铜元的60个县中，33个位于河东道，仅4个在雁门道，且56个县可足值（当十文）流通。③值得注意的是，河东道虽有97%的县份流通铜元，但无一县超过制钱流通量，而冀宁道流通铜元县数虽少于河东道，但全省仅有的10个铜元流通量多于制钱的县份却在此道，主要分布在晋东南的长治、晋城地区。可见，晋西南与晋东南地区是民初外省铜元输入的重点区域，这与当时"太谷以南与河南交界之地通用河南铜元"之说相吻合。④

虽然山西在1915年有过半数县已流通铜元，但其中大多数仍以私钱化

---

① 张俊峰：《山西宗族碑刻资料选编》，载行龙主编《社会史研究》（第6辑），北京：社会科学文献出版社，2018年，第265—266页。

② 国家图书馆分馆编：《清代民国财政预算档案史料汇编》（第20册），北京：全国图书馆文献缩微复制中心，2006年，第9725—9932页。

③ 有4个县折扣流通铜元，包括雁门道的大同县（折9文）、天镇县（折8—9文）、阳高县（折9文），与冀宁道的离石县（折9文）。

④ 《晋省金融及商务之现状》，《大公报》1915年1月7日，第9版。

的"制钱"为主体小额通货,尤其各县商号发行的大量钱票均以制钱为准备金。制钱分布与流通的任何变动都会严重影响城乡金融的稳定。1916年,北洋政府与日本商谈《制钱借款合同》的消息传到山西后,立即引发了市面恐慌。①刘大鹏对此曾有描述:"中央政府议定,收买制钱铸铜元,且与倭人伙办,官厅皆有公文。此风一播,市面莫不恐慌,谓各处制钱无多,不足周行,辅以钱票尚能流通,一买制钱,则钱票皆不敢出矣。现在周行钱行十分湿滞,商人大受窘困。"②而此时山西制钱的大量外流与铜元的不均衡输入,加剧了省内货币流通的割裂状态,山西财政厅曾发专文禁止各地排斥铜元、折扣铜元的行为。③不过,1917年后,上述状态被逐步打破,山西省开始进入阎锡山政府主导的币制改革时期,城乡货币体系出现重大变动。

辛亥革命后,阎锡山虽掌握了山西省实权,但因袁世凯牵制、内斗严重、财政困难等因素,其统治并不稳固。1916年6月袁世凯去世,7月北洋政府重新任命阎锡山为山西督军,1917年9月又任命其兼任省长。④由此,阎锡山完全独揽军政大权,开始全面经营山西的经济建设。

民国初年山西省地方财政入不敷出,常年赤字。参见下表:

表20　1913—1916年山西省地方财政收支简表⑤

年份(年)	地方岁入(元)	地方岁出(元)	财政赤字(元)
1913	2 401 241	3 511 632	-1 110 391
1914	1 492 774	2 336 064	-843 290
1916	646 571	887 472	-240 901

---

① 《晋省各界反对制钱案》,《申报》1916年10月11日,第6版。
② 刘大鹏:《退想斋日记》,1916年12月15日,第238页。
③ 《山西财政厅长维持币制》,《大公报》1917年4月19日,第6版。
④ 阎伯川先生纪念会编:《民国阎伯川先生锡山年谱》长编初稿(一),台北:商务印书馆,1988年,第197、242页。
⑤ 仇曾诒:《抗战以前的山西财政》,中国政协山西省委员会文史资料研究委员会编印《山西文史资料》(第3辑),1962年,第30页。

为了巩固统治、应对财政缺口，阎锡山政府多方扩展财源。除增税加赋、劝募摊捐等常规手段外，极为重要的一项措施便是设置铜元厂，收买制钱、改铸铜元，攫取巨额的铜元余利。同时，这也是阎锡山阻止本省制钱外流、抵制外省铜元输入、缓解城乡钱荒的一项重大举措，并借此初步控制本省的货币市场。

　　需要指出的是，山西官方在清末民国时期并未正式铸造银元，其银元供给主要来自直隶天津造币厂，①故阎锡山政府选择通过铸造小额硬通货——铜元，来逐步控制山西金融。关于阎锡山设置铜元厂的时间，目前存在1916、1917、1918、1919年四种说法。②经笔者考证，以当时报纸记载、现存铜元实物及相关当事人的证言来看，1918年应是设立"铜元厂"开铸铜元同时设立"铜元局"行销铜元的时间。③现有研究以及时人多将山西铜元厂与铜元局混为一谈，其实二者是相互配套的一组机构，并在短期内经历了数次调整。

　　首先是铜元的铸造机构——铜元厂。1918年8月，阎锡山对位于太原小北门外的陆军修械所进行了扩建，在修械所内单独成立了"山西铜元厂"，从杭州购买整套的造币旧机器，委任修械所所长李陶庵兼任厂长，开始铸造

---

① 《山西运银过保赴津》，《顺天时报》1908年10月13日，第4版；《轻质铜元蔓延至山西阎督军禁止铜元进口》，《京报》1922年10月20日，第6版；辽宁省钱币学会主编：《中国银元通史》，第170页。

② "1916年"说：王尊光、张青樾：《阎锡山对山西金融的控制与垄断》，《山西文史资料》（第16辑），太原：山西人民出版社，1981年，第3页；《山西金融志》上册，第170页。"1917年"说：南桂馨：《1920年以前阎锡山的"经济措施"》，《山西文史资料》（第5辑），1963年，第57页；胡俊良：《山西铜元小史》，《太原文史资料》（第20辑），1994年，第116页。"1918年"说：董良臣：《山西铜元的调查报告》，载孔祥毅主编《民国山西金融史料》，第18页；《山西通志》第14卷《冶金工业志》，北京：中华书局，1999年，第786页。"1919年"说：耿爱德：《中国货币论》（第3编），上海：商务印书馆，1929年，第425页；财政部钱币司印：《财政部钱币司章制汇编》，1930年，第156页。

③ 《山西造币厂行将成立》，《大公报》1918年8月12日，第6版；《山西兵工厂调查——沿革·组织及能力》，《大公报》1931年6月11日，第4版；何代水、周沁园：《百年铜元——中国近代机制币珍赏》，上海：上海科学技术出版社，2012年，第215—217页；江苏省钱币研究会编印：《中国铜元资料选编》，1989年，第558页。

山西铜元。① 该厂职工除本地人外，还有从杭州、南京、天津等地调来的技工，生产当十文和当二十文两种铜元。② 其中，当十铜元重库平一钱八分，当二十铜元重库平三钱，配制成分均为紫铜95%、白铅5%，铜料则是收购的民间制钱以及外地紫铜。③ 1920年3月，铜元厂与修械所合并为"山西军人工艺实习厂"，下设"铜元科"，管理铜元厂生产，至1925年"取消铜元厂及炼铜厂，停铸铜元"。④

其次是铜元的发行机构——铜元局。设立铜元厂的同时，阎锡山又在太原龙王庙街成立了"山西铜元局"，局长为高步青，专职负责行销铜元厂所铸铜元。⑤ 该局还肩负着一项更为重要的任务——以铜元收买民间制钱，既为铜元铸造开拓铜源，又能坐收可观的铜元余利："用三个制钱改制一枚十文铜元，发行后又顶十文制钱，除工本费外，获利三倍，铸制二十文铜元，获利更大。"⑥ 可见，铜元局是阎锡山政府攫取铜元余利的关键环节。在铜元厂停铸的次年（1926），该局亦被撤销。⑦

山西自铸发行的铜元具有多种形制，包括有"山西"铭记的"中华铜币"（1918年版）、无"山西"铭记的"中华铜币"（1919与1921年版）、"壹枚开国纪念币"（时间未明）等。其中，无"山西"铭记的"中华铜币"

---

① 《山西造币厂行将成立》，《大公报》1918年8月12日，第6版；《山西兵工厂调查——沿革·组织及能力》，《大公报》1931年6月11日，第4版；董良臣：《记"晋钞"与银号、钱庄行业的兴衰》，中国人民政治协商会议山西省太原市委员会文史资料研究委员会编印《太原文史资料》（第11辑），1988年，第110—111页。

② 何代水、周沁园编：《百年铜元——中国近代机制币珍赏》，第215页。

③ 财政部钱币司编印：《财政部钱币司章制汇编》，第156页；《山西见闻录》，《京报》1920年11月19日，第7版。

④ 《山西兵工厂调查——沿革·组织及能力》，《大公报》1931年6月11日，第4版。

⑤ 中国人民银行山西省分行等编：《山西金融大事记》，太原：山西人民出版社，1993年，第20页。

⑥ 董良臣：《记"晋钞"与银号、钱庄行业的兴衰》，《太原文史资料》（第11辑），111页。

⑦ 曲宪南：《阎锡山官僚资本企业简介》，《山西文史资料》（第16辑），太原：山西人民出版社，1983年第2版，第109页。

是铸行最多的主体铜元，分为当十文与当二十文两种式样，参见下图①：

山西当十铜元　　　　　　山西当二十铜元

1919年2月，山西省颁布《划一币制暂行规则》五条，宣布废两改元，规定"凡山西境内商民交易，一律周行银圆、铜圆……此后放款借款均用银圆、铜圆，不得行使银两及制钱"②。此后，铜元的普及进程明显加速，"自阎省长统一币制之功令后，全省以银元、铜元为货币单位，更购机器，收买制钱，铸造铜元供周转，农民始少受商家之诈"③。铜元迅速成长为与银元并行的重要小额通货。

据统计，自1918年开铸至1925年停产，山西省累计铸造当十铜元4.5161亿枚、当二十铜元0.2326亿枚，"净赢余二百余万元，陆续作为购枪炮等厂机器之用"，是阎锡山军事工业的重要资金来源④。值得注意的是，铸造如此数量的铜元需要庞大的铜料供应，若折算为制钱（3枚镕铸1枚当十铜元、5枚镕铸1枚当二十铜元），约合制钱14.7亿枚，该数目甚至超过了当时北洋政府调查的山西制钱流通总量。⑤这从侧面反映出山西铜元铸造对

---

① 何代水、周沁园编：《百年铜元——中国近代机制币珍赏》，第215—217页。
② 《兹规定晋省划一币制暂行规则公布之此令》，《来复》第46期，1919年2月23日，第3—4页。
③ 《山西币制之今昔》，《晨报》1923年5月8日，第7版。
④ 中国人民银行总行参事室编：《中华民国货币史资料》（第1辑），上海：上海人民出版社，1986年，第738页；《山西兵工厂调查——沿革·组织及能力》，《大公报》1931年6月11日，第4版。
⑤ 1917年北洋政府将国内制钱的流通总量估算为约525亿枚，其中直隶、山西两省合计7.3383亿枚，这远少于文中折合的14.7亿枚，应存在漏计情况。《中国现存制钱之调查》，《大公报》1917年2月26日，第6版。

制钱的吸附规模之大。

为最大限度攫取铜元余利，阎锡山政府"用政权定官价，强收民间制钱，把山西人民历代周使的制钱，强收净尽。民间废铜，亦被收尽"①。在政府强力推动铜元收兑制钱的情况下，铜元铸造量大增，1920 年达 140 万吊（合当十铜元 1.4 亿枚），且当二十铜元发行渐多。②至 1923 年，"全省县分，铜元普及，尽敷地方周转"，而山西城乡的巨量制钱却被"收括殆尽"，此时铜元已完全取代制钱成为主体小额通货，充斥于市面。③

虽然山西铜元较外省铜元"每枚得轻二厘、成分亦差"，初期不被外省通用，但随着铸量骤增、价格渐落，山西铜元亦被大量输往外省。④如 1920 年天津平市官钱局购买山西铜元 840 万枚，1921 年财政部平市官钱局购买 8000 万枚"运往京、津、济南等处行用"⑤。不过，因各地造币厂滥铸劣质当二十铜元，许多省份在 1922 年前后禁运外省铜元入境，⑥山西铜元在此种形势下对外输出明显减少，加速了省内铜元的贬值，"各县铜元遂行拥挤"⑦。

在上述过程中，山西省的铜元价格出现阶段性下跌：1918—1919 年约为 140—150 枚/元，1920—1921 年维持在 170—180 枚/元，1923 年则超过

---

① 孔祥毅主编：《民国山西金融史料》，第 122 页。
② 《各埠金融及商况：太原（庚申年市面概况）》，《银行周报》第 5 卷第 10 期，1921 年 3 月 22 日，第 18 页。
③ 《山西币制之今昔》，《晨报》1923 年 5 月 8 日，第 7 版；《晋省金融之现状》，《晨报》1923 年 11 月 13 日，第 7 版；《山西金融界之恐慌——铜元充斥、纸币滥发》，《益世报》1923 年 11 月 13 日，第 6 版。
④ 《各埠金融及商况：太原（四月五日特别通信）》，《银行周报》第 3 卷第 12 期，1919 年 4 月 15 日，第 4 页。
⑤ 《大批铜元由晋运津》，《大公报》1920 年 10 月 21 日，第 9 版；《各地金融报告：山西省太原》，《中国银行星期报告》1921 年 11 月第 36 期，第 9 页。
⑥ 中国人民银行总行参事室编：《中华民国货币史资料》（第 1 辑），第 759—766 页；《轻质铜元蔓延至山西阎督军禁止铜元进口》，《京报》1922 年 10 月 20 日，第 6 版。
⑦ 《山西滥发铜元券之影响——阎锡山整顿收缩之虚文》，《新闻报》1923 年 11 月 16 日，第 13 版。

200 枚/元，在铜元券泛滥的助推下，至 1924 年年底更是跌至 290 枚/元。①与此相对，银元价格上涨，紫铜价格亦涨，"铸造铜元渐渐赔累"，而收兑制钱运动到 1923 年已是强弩之末，"各县制钱收括殆尽"，即使有外地制钱收运，也"距离过远、运费太大，故融化制钱以铸造铜元，赔额亦巨"，由此山西铜元厂于该年底暂停铸造。②此后，铜元厂虽在 1924 年 5 月恢复铸币，并购买湖北紫铜补充铜料，但因铜元持续贬值、成本日昂，最终在 1925 年被裁撤，铜元完全停铸。③关于山西省铜元余利骤减的详细情况，参见下表：

表 21　1923 年山西铜元铸造利润表④

紫铜铸造铜元	紫铜价格	每吊铜元需铜	铸造铜元工费	每吊铜元总成本	每吊铜元合洋	每吊利润额
	0.45 元/斤	紫铜 1 斤	0.14 元/吊	0.61 元	0.45 元	-0.16 元
制钱铸造铜元	制钱 1 吊价格	制钱 1 吊可炼紫铜量	售紫铜利润	紫铜量可铸铜元	铸铜元利润	铸铜元较售紫铜之利润
	铜元 1 吊（合 0.45 元）	2.25 斤（合 1.058 元）	0.608 元	2.4 吊（合 1.081 元）	0.295 元	-0.313 元

---

① 《各埠金融及商况：太原（七年十二月二十二日通信）》，《银行周报》第 3 卷第 1 期，1919 年 1 月 7 日，第 5 页；《山西金融界前途之厄运》，《晨报》1923 年 12 月 15 日，第 7 版；《山西省垣洋价逐年高涨》，《中外经济周刊》第 116 号，1925 年 6 月 13 日，第 41 页。

② 《山西停铸铜圆——多铸了要赔钱》，《京报》1923 年 12 月 4 日，第 7 版；《山西金融界前途之厄运》，《晨报》1923 年 12 月 15 日，第 7 版；《铜元停铸之原因》，《来复》第 295 期，1924 年 5 月 4 日，第 2 页。

③ 《山西省又铸铜元》，《民国日报》1924 年 5 月 16 日，第 6 版；《晋省购铜铸币——红铜五十七万六千斤自汉运晋》，《晨报》1924 年 9 月 18 日，第 7 版；中国人民银行总行参事室编：《中华民国货币史资料》（第 1 辑），第 750 页；《山西兵工厂调查——沿革·组织及能力》，《大公报》1931 年 6 月 11 日，第 4 版。

④ 《山西停铸铜圆——多铸了要赔钱》，《京报》1923 年 12 月 4 日，第 7 版。注：（1）制钱 1 吊可炼紫铜量为"二斤四两"，因当时 1 斤为 16 两，故可炼紫铜量为 2.25 斤；（2）"售紫铜利润"为可炼紫铜量价值减去"制钱 1 吊价格"，即 1.058-0.45=0.608，本还应减去"炼铜费"，但原文未载，故缺之；（3）"铸铜元利润"为可铸铜元价值减去"制钱 1 吊价格"与"铸造铜元工费（0.336 元）"，即 1.081-0.45-0.336=0.295；（4）"铸铜元较售紫铜之利润"为（3）减（2）之值，即 0.295-0.608=-0.313；（5）表中数字除（2）、（3）、（4）为推算值外，其余均为原文数字。

可见，至1923年，山西铜元铸造已难以为继，购紫铜铸币赔累甚大，而以制钱改铸虽仍有余利，但各县制钱已所剩无几，且紫铜价涨，时人亦认为铸行铜元"反不如化售紫铜为宜"①。故阎锡山政府最后无奈关厂、停铸，而其对铜元余利的追逐，则完全转移到铜元券上了。

综上可知，在1918—1923年，山西城乡货币体系由"银两－私钱"体系迅速向硬币型"银元－铜元"体系过渡。如1921年前后，新绛县"银元通行代替银子成为主币，制钱也被淘汰，辅币成为新铸造的铜元了"②；1922年，太原"今则以大洋为本位，制钱几于绝迹"，而铜元及铜元券"充塞市廛"③；至1923年年底，山西各地商业"其制钱与实银之卖买，而为银元与铜元之卖买"④。此后，山西小额通货及城乡货币体系进入了急剧纸质化的更替阶段。

四、"划一币制"中的山西铜元券及其对铜元的替代

铜元厂与铜元局的开办为阎锡山控制山西金融迈出重要一步，但因总体供给有限，短期内仍无法解决当时的通货紧缩问题。而铜元厂设立前的1918年3月，阎锡山在"山西用民政治实行大纲"中已明确提出"设铜元兑换所、设省银行、整理货币"的计划。①此后，阎锡山多次召开整顿金融会议，明确以设银行、发行纸币为重点，以补济城乡通货。⑥可见，开铸铜元与筹设银行发行纸币是阎锡山政府统一币制、垄断金融的两个关键环节。

1919年1月，阎锡山电呈北洋政府："山西省银行现已组织成立，代办

---

① 《山西停铸铜圆——多铸了要赔钱》，《京报》1923年12月4日，第7版。
② 王宝山：《民国时期新绛县的钱庄》，载《山西文史资料》编辑部编印《山西文史资料全编》（第8卷），1999年，第193页。
③ 《太原通信·山西金融之现况》，《申报》1922年8月30日，第10版。
④ 《山西金融界前途之厄运》，《晨报》1923年12月15日，第7版。
① 阎伯川先生纪念会编：《民国阎伯川先生锡山年谱》长编初稿（一），第260、268页。
⑥ 《山西整顿金融之计划》，《大公报》1918年5月12日，第7版。

全省金库。"①其实，山西省银行此时仍在筹建之中，由山西官钱局改组而成，性质为股份有限公司，额定资本300万元，分为官股、私股两部分，实收官私股本117.785万元，其中官钱局"以其股本及公债金并入，约计四十余万元"②。因实收股本不足额定资本的四成，山西省银行属于"即行先开办"，8月1日召开第一次股东大会，至10月1日才在山西财政厅正式注册。③而该行向财政部报请注册的过程颇为不顺，其银行章程被指"尚多欠妥"，如"承领兑换券及代发债券"非普通营业，"官厅委托经收款项"有违金库制度等。1920年11月，阎锡山将该行的《修正章程》重新上报，财政部才予注册并允颁执照。修正后的章程以"经营普通银行事业，调剂全省金融"为宗旨，主营存放款、汇兑、储蓄、买卖金银、折收期票汇票等业务，更重要的代理省金库与发行纸币业务则未写入，而后两者才是该行的践行重点。④1921年秋，阎锡山借北京中国银行挤兑风潮影响山西为由，将本属中行的"代理国库权"移交给了山西省银行，自此后者开始代理省金库，收支省财政。⑤至于发行纸币，该行在成立之初的1919年便已开展相关业务。

山西省银行成立后，阎锡山立即着手统一币制，推广银元与铜元，取缔市面各类私票，并发行银元券与铜元券。1919年2月，山西省政府不仅发布《划一币制暂行规则》五条，将银元、铜元作为官方指定的收付货币，取消了银两、制钱的官方货币地位；⑥同时还颁布了《取缔各县纸币规则》七

---

① 《山西省银行成立》，《大公报》1919年1月12日，第3版。
② 孔祥毅主编：《民国山西金融史料》，第136—139页；《各埠金融及商况：太原（八年元月九日通信）》，《银行周报》第3卷第3期，1919年1月21日，第6页。
③ 《山西省银行之过去与现在》，《大公报》1928年3月24日，第3版；孔祥毅主编：《民国山西金融史料》，第134页。
④ 孔祥毅主编：《民国山西金融史料》，第131—140页。
⑤ 《太原通信·山西金融之现况》，《申报》1922年8月30日，第10版。
⑥ 《兹规定晋省划一币制暂行规则公布之此令》，《来复》第46期，1919年2月23日，第3—4页。

条，严格限定市面私票的发行资格，要求"发行纸币至少必须有四成准备金"，且"不得过该号资本两倍半""须有殷实商号两家作保"，并列有具体的违规处罚内容。① 由此，实力较弱的普通商号便丧失了发行私票的资格，这为山西省银行逐步控制货币发行权创造了条件。同年8月，阎锡山以发行铜元券稳定金融为名，向财政部币制局呈请由北京印刷局代山西省银行印刷铜元券300万吊，以为"取缔私立商号钱帖"做准备，而财政部以铜元券发行权归属平市官钱局为由将之驳回，但许诺优先在山西设立官钱局分局。② 不过，平市官钱局太原分局始终未设立，山西省银行也未等财政部批准便自行发行纸币了，既包括铜元兑换券也包括银元兑换券，从而走上了"起初以发行铜元券、辅以银元券为敛财之道"③。自此，山西省银行拉开了铜元券向小额通货市场扩张的大幕。

9月初，阎锡山发布《各县发行铜元兑换券暂行规则》十二条，允准有条件的县银钱商号在商会审核下发行铜元券，并明确要求各县收回旧有私票，"除铜元兑换券外，概不准发行他项纸币，以昭划一"④。同时，为将作为铜元券发行基础的新铸铜元有秩序地运往各县，阎锡山同时颁布了《发领铜元规则》七条，规定按各县所需数目"先行发给二成……由县公署协同商会核收"，且"各县领去铜元应以制钱抵交"，并对运输铜元、制钱产生的"脚费"问题做了责任划分。⑤ 可见，阎锡山政府在统一币制过程中，实施了一套环环相扣、不断加速的货币改革：先设厂开铸铜元，再以铜元收兑各县制钱充作铜料，进而以铜元为基础发行铜元券，统一各县的纸币发行。这样，通过控制铜元的供给便直接影响了城乡货币市场的运行，从而形成以铜元为

---

① 《兹规定取缔各县纸币暂行规则公布之此令》，《来复》第46期，1919年2月23日，第2—3页。
② 孔祥毅主编：《民国山西金融史料》，第197、169页。
③ 张正廷：《山西省银行片断回忆》，《山西文史资料全编》（第10卷），第73页。
④ 《山西创行铜元兑换券》，《银行周报》第3卷第33期，1919年9月9日，第46页。
⑤ 同上。

准备金、以铜元券为媒介的新型城乡货币流通网络。

然而，发行铜元券、禁止各县私票的政策在施行之初便遭到"商民群起反对"①。1920年年初，刘大鹏亦批之为"官且与民争利"，致使"商人坐困，民受款项不敷之大影响"。②随后，阎锡山改变策略，转而勾结有实力的商号，许以共享发券利益，并默许钱商突破发券不得超过所领铜元额2.5倍的限制，"有发行五倍、十倍者，阎氏亦假作痴聋，不加问闻"③。故在铜元券流通初期，不仅山西省银行大量发行，符合发券资格的民间商号亦大量发行。

作为可兑现的货币符号，铜元券在准备金不足的情况下大规模流入城乡市场，且未受到有效的市场监管，这将引发巨大的金融风险，并成为阎锡山进一步整顿金融市场的理由。至1922年，山西省银行的势力范围已遍及全省各县，其铜元券"洋溢乎市廛"，而有发券权的各类民间商号"往往滥发纸币，毫无限制，遇有赔累，即席卷潜逃"，致使城乡金融"顿呈纷扰之现象"。④加之山西铜元因外省禁令输出受阻，日益拥挤于省内，不断跌价，"兑换券亦不甚乐为社会所用，因以倒闭者，日有所闻"，由此形成了非常严重的市场动荡，"一时市面钞票如毛，物价高涨"。⑤同年9月，阎锡山以整顿金融为名颁布《检查纸币及准备金处罚规则》十二条，规定各商号要将发券量严格限制在"资本额两倍半"以内，必须收回"无商会戳记""以多报少"的铜元券，并立即补齐四成铜元准备金的缺额部分，对违规商号轻者"酌予罚惩"、重者"勒令将纸币收销"。⑥

后因各县执行不力，阎锡山又于1923年4月补订《检查纸币及准备金

---

① 《晋商反对铜元票之又一波》，《申报》1919年9月22日，第7版。
② 刘大鹏：《退想斋日记》，1920年2月14日，第286页。
③ 《山西滥发铜元券之影响》，《银行周报》第7卷第45期，1923年11月20日，第36页。
④ 《太原通信·山西划一各县铜元钞币办法》，《申报》1922年9月2日，第10版。
⑤ 《晋省金融之现状》，《晨报》1923年11月13日，第7版；王尊光、张青樾：《阎锡山对山西金融的控制与垄断》，《山西文史资料全编》（第2卷），第237页。
⑥ 孔祥毅主编：《民国山西金融史料》，第170页。

处罚规则》五条，进一步明确了违规行为的处罚金额，加大惩戒力度。① 5月，阎锡山在训斥洪洞县商号兑现办法时，再次"布告人民，持票兑现，一律付给铜元，不得再用他项货币顶替，使人民受累"②。此后，民间滥发铜元券的乱象才得到有效遏制，山西当局进一步收缩商号发券权，并将之集中于山西省银行。

同年11月，阎锡山发布训令，将民间商号的发券额度由之前资本额的2.5倍缩减为1.5倍，超出部分"均须收销其溢数"③。12月，山西当局重新制定《各商号发行铜元纸币规则》十条，再次收缩发券额为"不得超过资本额"，即1倍之内，并规定"资本额不足一千元者，不得发行纸币"。④ 在此整顿期间，发券商号纷纷遭遇挤兑，大量倒闭，除经营亏空外，"余均因放款过多，现货不继所致"⑤。而山西省银行则迅速挤占民间商号的势力范围："由省银行增发纸币，收兑私商所发的铜元券，兑回后，由省银行向原发票子的商号进行结算，收回现金。"⑥ 据此，山西省银行逐步垄断了铜元券发行权，并于1924年进行内部改革，以应对业务的扩大，如延长营业时间、增设代兑处进行足额兑现、兑收市面破烂铜元券等。⑦ 值得注意的是，在山西铜元厂1923年暂停铸币，尤其是1925年彻底停铸后，市场上的铜元供应基本中断，而省行的铜元券则成为小额通货供应的主体。

与此同步，在阎锡山的操纵下，1923年山西省银行以现金全部收买银

---

① 《山西新定维护金融办法》，《京报》1923年4月11日，第7版。
② 《山西币制之今昔》，《晨报》1923年5月8日，第7版。
③ 《山西金融界之恐慌》，《益世报》1923年11月13日，第6版。
④ 《山西修正纸币规则——限制发行额、检查准备金》，《京报》1923年12月7日，第7版。
⑤ 《山西金融界前途之厄运——全省二百余家商号破产》，《晨报》1923年12月15日，第7版。
⑥ 王尊光、张青樾：《阎锡山对山西金融的控制与垄断》，《山西文史资料全编》（第2卷），第236页。
⑦ 《山西省银行维持纸币信用——设代兑处随时兑现》，《晨报》1924年3月11日，第7版；《山西维持金融——推行铜元纸币、禁止运现出口》，《晨报》1924年11月23日，第7版。

行私股，清退商股，从而变为山西当局直接控制的公营银行。① 至1927年，该行前后在省内外开设分行、办事处、寄庄等各类分支机构20余处，基本垄断了全省的金融市场，即使实力雄厚的中国银行山西支行"殆亦远难比拟"②。

不过，统一发券权的山西省银行也未能保证铜元券价格的稳定，却有使之加速贬值的趋势。虽然阎锡山政府一再强调发券需有充足的准备金，但山西省银行及其分行的铜元准备金却漏洞甚大，致使铜元券始终处于过量发行的状态。曾在该行平遥分行任职的张正廷对此有过揭露：

> 这种铜元券到处发行，除太原外，尤以平遥和忻县两分行发行最多，当时我在平遥分行办理会计，后来并任会计股长五六年，知道单平遥分行的铜元券，就将近200万吊，当时省银行大获厚利，大都出在操纵钱市上面，至于准备金，无论铜元券、银元券，从帐面上看，是十足的，实际上四成保证准备，根本就没有；六成现金准备，也是时短时缺，最后几乎等于零。他的做法，除发行数与准备金数，帐面上总是相等外，另立了个暂借准备金的科目，把现金准备给借走了。这就为无限地滥发纸币开了绿灯，导致后来山西广大人民蒙受晋钞毛荒的灾难。③

由上可知，山西省银行通过"暂借准备金"将铜元、银元等准备金抽走转作他用，造成铜元券发行过量，而硬通货严重不足，引发铜元券的快速贬值。关于铜元（券）与银元的比价变动，参见下表：

---

① 王尊光、张青樾：《阎锡山对山西金融的控制与垄断》，《山西文史资料全编》（第2卷），第233页。
② 《山西省银行之过去与现在》，《申报》1928年3月4日，第3版。
③ 张正廷：《山西省银行片断回忆》，《山西文史资料全编》（第10卷），第74页。

表 22　1912—1927 年山西太原地区银元与铜元（券）比价简表①

年份（年）	1912—1913	1915—1916	1918—1919	1920—1921	1922	1923	1924	1925	1926	1927
比价（枚/元）	110	140	140—150	170—180	183—194	200	215—290	330	426—750（铜元券）	700（铜元券）、300（铜元）

上表显示，1912—1916 年间的铜元价格相对稳定，贬值约 27%；1918—1925 年间的铜元价格则出现大幅下滑，贬值约 128%，尤其是 1924 年山西省银行扩充铜元券业务后出现了加速下跌的趋势。②1924 年当年的铜元价格即贬值 35%，而铜元券在阎锡山出兵参加北伐战争的 1926 年更是当年暴跌 76%。更为严重的是，铜元券逐渐无法足额兑现，与铜元价值日趋悬殊。至 1927 年，山西全省"无一处不有铜元票……每现银一元，换铜元不过三千有零，换铜元券乃至七千开外，且市面上硬货极形缺乏，铜元纸币竟有一枚、二枚、三枚、四枚、五枚、十枚、二十枚、三十枚、五十枚九种之多，此亦各省未有之现象"③。此时的铜元券已从 1924 年的足额兑现，跌落为等额铜元价值的 43%，即"二枚"面额的铜元券已不能兑换出 1 枚铜元。贬

---

① 资料来源："1912—1913、1915—1916、1920—1921、1923、1924"数据引自《山西省垣洋价逐年高涨》，《中外经济周刊》第 116 号，1925 年 6 月 13 日，第 41 页。"1918—1919"数据引自《各埠金融及商况：太原（七年十二月二十二日通信）》，《银行周报》第 3 卷第 1 期，1919 年 1 月 7 日，第 5 页；《山西金融界前途之厄运》，《晨报》1923 年 12 月 15 日，第 7 版。"1922、1926"数据引自刘大鹏：《退想斋日记》，1922 年 4 月 27 日，第 298 页；12 月 18 日，第 304 页；1926 年 5 月 25 日，第 326 页；10 月 22 日，第 342 页。"1925"数据引自《太原人力车夫之生活》，《生活》第 1 卷第 8 期，1925 年 12 月 29 日，第 49 页。
注：表中数据为年度概数，由"文"（铜元 1 枚合 10 文）折算而来，其中 1912—1925 年数据均为银元与铜元比价，1926 年为银元与铜元券比价，1927 年二者兼有；1923 年、1927 年数据为史料原文中的保守值，1925 年数据为推算值。

② 对于银铜比价为波动数值的年份，选取中数进行贬值率的计算，如 1918 年取值为 145 枚 / 元。

③ 《山西财政状况》，《银行月刊》第 7 卷第 2 期，1927 年 2 月 25 日，第 17—18 页。

值的铜元券将铜元驱逐出市面，成为市场的主体小额通货。下图为山西省银行发行的铜元券与银元券式样①：

山西省银行铜元券（十枚）　　　　山西省银行银元券（十元）

同时，省行银元券亦严重过量发行，②与铜元券一起推动了全省的通货膨胀。根据现有史料可知，1920 年该行发行银元券仅 30 余万元，③至 1924 年则猛增至 900 多万元，1928 年更达 1300 多万元。④通过发行银元券与铜元券"大量回笼民间银元"⑤，山西省银行攫取了巨额利益，1927 年"全年盈余洋一百万零八千余元"，以致"其纸币之行使几遍全省各市邑，日常交易，率以该币为代替"。⑥日益泛滥的纸币对山西城乡经济造成了巨大冲击，正如刘大鹏所述："人民生活程度日高一日，纸币横行，金融湿滞，市面大形困顿之象。"⑦

由此可见，1924—1927 年山西省的城乡货币体系已由硬币型的"银元－铜元"体系，快速转变为了纸币型的"银元券－铜元券"体系，这为中原大

---

① 袁水清编：《中国货币史之最》，西安：三秦出版社，2012 年，第 255、256 页。
② 《山西省银行添印钞票》，《晨报》1925 年 7 月 29 日，第 8 版；《山西省银行发行新角票》，《晨报》1927 年 4 月 29 日，第 7 版；《晋钞发行数目》，《中行月刊》第 1 卷第 5 期，1930 年 11 月，第 60 页。银元券面额分为一角、二角、五角、一元、五元、十元、五十元、一百元等 8 种，一元、十元者发行最多。
③ 《各埠金融及商况：太原（庚申年市面概况）》，《银行周报》第 5 卷第 10 期，1921 年 3 月 22 日，第 18 页。
④ 张邦彦：《阎锡山滥发晋钞情况》，《山西文史资料全编》（第 1 卷），第 154 页。
⑤ 董良臣：《记"晋钞"与银号、钱庄行业的兴衰》，《太原文史资料》（第 11 辑），第 113 页。
⑥ 《山西省银行之过去与现在》，《申报》1928 年 3 月 4 日，第 3 版。
⑦ 刘大鹏：《退想斋日记》，1929 年 2 月 10 日，第 381 页。

战前后的"晋钞毛荒"埋下了伏笔。

五、山西小额通货的快速更替与乡村经济变动

据前文可知，山西省的城乡货币体系在1918—1927年完成了从硬通货到纸币的演化周期，主体小额通货发生了两次更替：先是铜元取代制钱（私钱为主），再由铜元券取代铜元。在此过程中，山西城乡市场的物价、工资水平与银铜比价均发生深刻变化，这对主要流通小额通货的乡村社会产生了深远影响。

下面主要依据刘大鹏《退想斋日记》的数据资料，以太原地区为例来简要分析民国山西小额通货更替与乡村经济之间的变动关系。现有资料多为零散数据，不成序列，但仍可看出变动趋势，参见下表：

表23　1913—1927年间山西太原农村地区物价与工价简表[①]

时间（年）	粮价		肉价（文/斤）	工价（文/日）	
	麦价（文/斗）	面价（文/斤）		夏收	秋收
1913	1100—1500	42—53			
1915		60	200		
1916	2000			170—200	

---

① "粮价"数据整理自刘大鹏：《退想斋日记》，1913年2月18日，第177页；1915年5月10日，第210页；1916年7月27日，第234页；1917年4月10日，第243页；10月21日，第250页；1918年2月5日，第256页；4月11日，第258页；1921年4月25日，第288页；12月29日，第293页；1922年3月28日，第296页；6月23日，第300页；11月23日，第303页；1923年2月16日，第305页；7月25日，第308页；1926年6月14日，第329页；10月19日，第342页；1927年4月7日，第352页。"肉价"数据整理自刘大鹏：《退想斋日记》，1915年5月10日，第210页；1917年10月21日，第250页；1921年12月29日，第293页；1922年1月20日，第294页；1926年6月14日，第329页；1927年10月29日，第361页。"工价"数据整理自刘大鹏：《退想斋日记》，1916年7月2日，第232页；1917年7月14日，第247页；10月9日，（转下页）

续表

时间 (年)	粮价		肉价 (文/斤)	工价(文/日)	
	麦价(文/斗)	面价(文/斤)		夏收	秋收
1917	1800—1900	90	220—230	300	400
1918	2500	88—100		200	
1919				200—280	
1921	2500	110	400		200
1922	2700—2800	110—120	300		
1923	3500—4125	130—160		300—400	
1926	7500	400—500	1200	900	1000
1927		400—500	银洋1—2.3角	银洋2角 +400文	银洋5—6角

由上表可知，山西太原地区的粮价、肉价、工价在不同年份涨落不定，但总体上呈现出显著的增长趋势。① 其中，麦价 1913—1917 年间涨幅约为 42%，1917—1926 年间升至 305%；面价 1913—1917 年间涨幅约为 89%，1917—1926 年间升至 400%；肉价 1915—1917 年间涨幅约为 13%，1917—1926 年间则达 433%。雇佣工价包括多种类型，如拣稻苗、插秧、拣谷、割麦、刈稻、割谷、采煤等，其报酬均为日薪，各工价间虽存在一定差异，但具有相对一致的变动趋势：1916—1917 年的夏收工价涨幅约 62%，1917—1926 年约为 200%；1917—1926 年秋收工价的涨幅约为 150%。从现有数据可知：1917 年之前的物价与工价总体平稳，且工价涨幅与物价涨幅相对

（接上页）第 249 页；1918 年 7 月 1 日，第 263 页；1919 年 6 月 24 日、7 月 4 日，第 280 页；1921 年 10 月 2 日，第 292 页；1923 年 6 月 28 日，第 307 页；1926 年 7 月 7 日，第 332 页；10 月 9 日，第 341 页；1927 年 7 月 12 日，第 358 页；9 月 13 日，第 360 页。注：1921 年后太原地区行用新斗，2.5 新斗折合 1 旧斗，为了比对方便，表中的粮价一律将新斗折合为旧斗（《退想斋日记》第 288、296 页）。

① 对于波动数值的年份，选取中数进行涨幅的计算，如 1913 年的麦价取值为 1300 文/斗，下同。

适应；但在 1917—1926 年，物价与工价均出现大幅上涨，而工价的涨幅（150%—200%）明显小于物价的涨幅（305%—433%），具体而言，1917—1922 年相对平稳，之后骤增，1926 年的涨幅最大；①1927 年的计价单位则出现重要变动，大多由"文"变为"银洋"。

依据本文表 22 可知，1913—1927 年的物价、工价变化与银铜比价变动密切相关。1918 年铜元开铸之前，银铜比价总体平稳，1912—1916 年铜元贬值约 27%；1918—1923 年，随着铜元大规模开铸及其成为主体小额通货，铜元价格跌幅增加（约 38%）；1924—1927 年，由于山西省银行滥发铜元券，后者取代铜元成为主体小额通货的同时也导致铜元价格大跌，按券额计算贬值幅度达 177%，1926 年当年即贬值 76%，不过此阶段的铜元券逐渐无法足额兑现，至 1927 年仅为等额铜元价值的 43%。②由上可见，表 23 所展示的粮价、肉价、工价的阶段性上涨主要建立在银铜比价的变动基础之上：当铜元价格相对稳定时，物价与工价的变动也相对稳定，且三者的变动幅度差距不大；当铜元（券）加速贬值时，物价与工价也呈加速上涨之势，但工价涨幅低于货币贬值幅度、货币贬值又低于物价涨幅，乡村经济由此遭受沉重打击。③

此外，1926 年以后，物价、工价的计价单位主要变为银元。④这是因为铜元券充斥、贬值，商家收付之间亏赔不已（进货须按银元值付款、零售货物则收入铜元券），故商家将计价单位由"文"改为"元或角"，以此减少损失。不过，即使货币单位标识为"银洋"，也主要指银元券，硬通货难觅踪迹，正如刘大鹏 1927 年 1 月所论，"商业莫不凋敝……市面周行概不见现款，

---

① 1917—1922 年麦价涨幅为 49%、面价为 28%、肉价为 33%；1922—1926 年麦价涨幅为 173%、面价为 291%、肉价为 300%，1923—1926 年夏收工价涨幅为 157%。
② 参见本文表 22。
③ 因缺乏 1917 年的铜元价格，暂以 1918 年代之（145 枚/元），故 1917—1926 年铜元贬值幅度约为 306%，总体上低于物价的涨幅（305%—433%）。
④ 除表五"1927"栏所示外，其他价格也多为银元，如牛、戏票、稻米等（参见《退想斋日记》，1927 年 8 月 20 日，第 359 页；12 月 31 日，第 363 页；1929 年 8 月 11 日，第 396 页）。

只是纸币纷如,有银元票、铜元票,流行于市面而已"①。

然而,现有研究时常忽视物价数据背后复杂的货币信息,这无疑会导致其结论产生较大误差。如任吉东依据《退想斋日记》研究近代太原地区粮价时认为:"由于制钱逐渐退出流通领域,1926年以后的粮价记录都以大洋为单位……本文采取以1926年的比价(即1元大洋兑换6000文钱)进行折合的方法来加以处理……在货币购买力下降的过程中,一般又是制钱钱价下降得更为厉害。"②实际上,制钱在1923年前即被收买殆尽、退出市场,1926年以后按银元计价是因为铜元券大幅贬值逼迫商家改变计价单位,而货币购买力的下降主要缘于铜元(券)的快速贬值。若以"1926年的比价"统一折合,则会遮蔽掉制钱、铜元、铜元券与银元及银元券之间的复杂货币信息,进而影响分析近代乡村经济变动的准确性。因此,系统考察区域小额通货及其货币体系变迁对近代区域经济史的研究具有重要的推动作用。

六、结语

1894—1927年,山西城乡货币体系经历了一个相对独立的演化周期,其中,小额硬通货持续短缺引发的"钱荒危机"是推动货币体系变迁的直接动力,而地方政府强力的货币金融改革则是加速小额通货由贱金属铸币向银行纸币更替的主要动力。在此过程中,山西城乡市场的主体小额通货出现了"制钱—私钱—铜元—铜元券"的阶段性更替,并广泛介入农民的日常生活之中。

由于主体小额通货是城乡货币体系的折价基准,故山西主体小额通货的阶段性更替导致城乡货币体系也出现了阶段性变迁:甲午战争之后,传统的"银两-制钱"体系逐渐转换为"银两-私钱"体系,并一直顽强维

---

① 刘大鹏:《退想斋日记》,1927年1月23日,第350页。
② 任吉东:《近代太原地区的粮价动向与粮食市场——以〈退想斋日记〉为中心》,《中国农史》2003年第4期,第63—64页。

持至 1918 年；1918—1923 年，则迅速转化为硬币型"银元－铜元"体系；1924—1927 年，又快速转变为纸质型"银元券－铜元券"体系。上述阶段性变迁并非泾渭分明，而是互有交叉，每个阶段中均流通着多种小额通货，但只有一种充当着主体小额通货。

甲午战争之后，全国性的钱荒危机严重阻碍了山西传统银钱体系的正常运转，导致农产品价格降低、农民收入减少、城乡市场萧条，民间私钱逐渐取代官方制钱成为主体小额通货，而山西当局试行银元失败又加重了省内钱荒。庚子之后，随着宝晋局的彻底停铸，山西官方制钱铸造与供给体系正式解体。因商民抵制，清末山西未铸造也未流通铜元，市场中小额通货的供给主要来自民间私钱及私票。

进入民国后，以 1918 年山西铜元厂成立与 1923 年山西省银行转为官营为时间节点，山西小额通货在短时间内便完成了外省铜元流入、自铸发行铜元、铜元替代制钱（私钱为主）、铜元贬值流失、铜元券泛滥取代铜元的更替过程。其间，城乡原有的小额硬通货（制钱、私钱及铜元）大量流入政府金融部门，成为筹措饷需、维持财政的重要来源。在此过程中，山西城乡市场的物价、工价均受到了货币体系更替的巨大冲击，总体上呈现工价涨幅低于货币贬值幅度、货币贬值又低于物价涨幅，故以行用小额通货为主的乡村社会遭受了严重的财富损失。

可见，小额通货的更替以及货币体系的变迁是考察中国近代城乡社会剧烈转型的一个重要视角，而近代山西相对独立的城乡货币体系变迁为此类研究提供了难得的案例分析。

区域社会文化史

民国山西村政建设中的"制度设计"

谢 泳*

民国山西村政建设，在中国近现代史上有很重要的意义，那时凡是来山西的人都要谈到山西的村政建设，山西是著名的模范省。山西村政建设，从1917年开始，到抗日战争前，已有相当成绩。今天研究区域社会史的人对于当时山西的村政建设也关注颇多。民国山西村政建设的现代意义，直接与今天中国的村民自治有关，与中国的乡村发展相关。

一、民国山西村政建设研究的新角度

山西村政建设开始于1917年，到1927年前大体完成。1928年6月，阎锡山向国民党中央建议，将山西村政建设的模式向全国推广，国民政府基本接受了阎锡山的建议，在随后制定的《县组织法》中，关于乡村自治的思路，吸收了山西村政建设的构想。①

以往对于民国山西村政建设的评价，多偏重于制度构想与实践之间的差异，所以评价不是很高。20世纪30年代初，梁漱溟考察山西村政后，认为山西村政建设的实际，大体上是"盛名之下，其实难副"，这是比较有代表性的学术观点。②近年专门研究中国地方自治和山西村政的学者，对于山西村政

---

* 谢泳，厦门大学人文学院教授。
① 行政院新闻局编：《地方自治》，中华民国三十六年八月，第7页。
② 《梁漱溟全集》（第4卷）济南：山东人民出版社，1991年2月，第892页；唐·纳德·季林《阎锡山研究》（牛长岁等译，哈尔滨：黑龙江教育出版社，1990年7月）一书中也认为，山西的村政建设基本是失败的。孔飞力认为，国民政府采取了山西军阀阎锡山的"村制"模式，这实际上是一种被扭曲了的"自治"。杜赞奇在《文化、权力与国家》（王福明译，南京：江苏人民出版社，1993年6月，第56页）一书中正面引述了这一观点。

建设的评价，大体还是梁漱溟的思路。至于认为山西村政建设是阎锡山为了维持自己的统治，更好地控制社会而采取的一种骗人手法，①是长期流行的政治观点，已被学术界所放弃。倒是后来成为马克思主义史学家的吕振羽在20世纪20年代末，对于山西的村政建设有较深入的认识，认为山西的村政"实开吾国下层政治重心之先河"，"可备训政之楷模，而为宪政之基础者，亦殊不少也"。②吕振羽早年对山西村政的这一看法比较符合实际。

理解一种政治制度的实行，不能先有政治上的成见，再来评价，以往对于阎锡山和山西村政建设的认识，主要是受意识形态的制约，所以评价多数不合实际。观察一种政治制度的试行，先要对负责推行这种政治制度主导者的政治理想有符合实际的理解，然后再看这种"制度设计"是否符合世界文明发展的主潮，至于这种制度在实践过程中出现的与理想状态之间的差异，不能作为判断制度和制度设计者政治理想诚意的依据。

山西村政建设中出现过许多问题，但这些问题的出现，不能作为否定那种制度试行的依据。作为一个后发的宪政国家，"制度设计"的重要性，要超过实践过程中的曲折性。所谓"制度设计"主要是指后发的宪政国家，在选择宪政道路时的政治理想，也就是说"制度设计"如果是以民主化为政治理想的，那么它的实践通常也就是有价值的。我们应当在这个意义上来评价阎锡山和山西的村政建设。张东荪曾认为，不能说停留在农业中的中国人对民主有不迫切的需要。我们没有全体努力去推动它，却不能说中国人不认识

---

① 山西省政协文史资料委员会编：《阎锡山统治山西史实》，太原：山西人民出版社，1981年3月，第81页；李德芳《民国乡村自治问题研究》（北京：人民出版社，2001年12月，第75页）一书中认为，阎锡山推行村制的根本目的在于加强其政治统治，而不在于实现真正的政治民主。董江爱《山西村治与军阀政治》（中国人民大学历史系博士学位论文，2001年）也持这一观点，中国农村派受中国共产党影响，对山西村政建设持彻底否定态度，1949年以后学术界对山西村政建设的评价基本延续了他们的观点。就是对吕振羽早年的看法，通常也认为这是他早年的局限。参阅刘茂林、叶桂生：《吕振羽评传》，北京：社会科学文献出版，1990年12月，第19页。

② 吕振羽：《北方自治考察记》，《村治月刊》创刊号，1929年3月15日出版。

民主是一个好东西。就是乡下不识字的百姓，如果彻底告诉他民主的道理，如何是自由，如何是平等，他必定会明白民主比专制好。张东荪说："所以我们还不能说农民不要民主，而民主只是资本主义制度才有的。我个人对于民主的看法分两种：一是把民主只认为是一个理想，一个原则。一是把它分作一种制度。制度当然是由理想而模制的，但实际上因为情形不同，不但总和理想相差，而且各地因环境而有不同的实现。至于理想亦不是完全凭空而来，当然有种种因素与影响，现在不必细加讨论。"① 罗隆基也说过："民元至民十六那段中国宪政历史，那固然是宪政的失败，但那却是国家实施宪政必经的过程，倘以那段宪政过程中之波折，即断定宪政在中国永无成功可能，那是缺乏历史的眼光。'总统做皇帝'，法国拿破仑第二即是前例。英国直到17与18世纪，议员依然是买卖品，又何以异于'猪仔'？英国过去选举场中之黑暗龌龊，较中国民初有过之无不及。那是宪政演进必经之过程。英法人倘因那些往事，即对宪政本身怀疑，即断定英法不适宜有宪政，英法即无今日宪政上那种成绩婴儿学步，颠扑跌倒，甚至折股断肢，破头伤脚，此是常事，此是必经之阶段。因婴儿颠扑跌倒，即禁其学步，且认此儿不宜于步，此'少所见多所怪'之类耳。"②

山西村政建设，从"制度设计"的角度观察，它的核心是民主，它的基本思路是以宪政为最后理想的。

二、阎锡山与山西村政建设

山西村政建设是晚清地方自治背景下发生的一场宪政实践。地方自治本是西方传来的政治制度，它是宪政体制下必经的一个过程。在中国近代以来的地方自治运动中，山西村政建设是一种先有"制度设计"，然后由上而下推行的一

---

① 张东荪：《敬答樊弘先生》，《观察》第3卷第16期，1947年12月，上海。
② 罗隆基：《期成宪政的我见》，《今日评论》第2卷第22期，1939年11月，昆明。

种地方自治模式,以村为本位,对于以农民为主要社会成员的中国来说,作为原初的宪政训练,以村为本、由上而下,有相当的合理性和可操作性。阎锡山认为:"村者,人民聚集之所也。为政不达诸村,则政乃粉饰,自治不本于村,则治无根蒂。舍村而言政治,终非彻底之论也。"① 因为在此之外,作为一种宪政训练,今天也还没有设计出比山西村政建设中更有操作性的制度,中国农村今天普遍实行的村民自治,无论"制度设计"还是操作实践,都远在山西村政建设的成绩之下。山西村政建设主要依靠的是地方乡绅力量,而不是一个政党的力量,它的目的是让好人当政,而不是"党人"当政。

山西村政建设的实行,与阎锡山有很大关系。必须肯定,阎锡山是一个有民治理想的人,如果他没有民治理想,这种制度不会成为一种实践。任何一种政治制度的实行,对于当政者来说,肯定有控制社会的目的,但这种控制如果是以宪政理想为目标的,它的进步意义就应当肯定。如果阎锡山纯粹是为了自己的统治,他还有许多更便于控制社会的道路可走,中国早期地方自治的模式主要来自日本。阎锡山有留日的经历,当时中国留学生对于日本的地方自治非常关注,阎锡山无疑也受这种思潮的影响。②

阎锡山是留日的学生,见过明治维新以后日本的真实生活,所以他对中国农村的民治试验特别有热情,他是看到别人已经做成了才学的。阎锡山对事情的判断是从常识出发,他知道是非曲直比什么都重要,在人心中,这是几近于本能的东西。山西村政的"制度设计"就源于阎锡山的这个判断,他曾说过:

有人说民治主义不能实行,是人民程度不够的缘故,我问他甚叫程

---

① 村政处校印:《山西村政汇编》序言,民国十七年一月,太原。
② 日本野地金助著、刘绵训译《自治模范》一书,光绪三十二年由清国留学总会馆印刷出版,这个时期,正是阎锡山留学日本的时间,他可能受到了这本书的影响。从书后所附"稻取村自治成绩一般"中,约略可以看出山西村政建设的思路,并不是凭空设想出来的,只是在日本地方自治的经验中更多考虑了中国的实际。

度？他答有真知识是程度。我又问，明白是非曲直是真知识抑是知道条文法理是真知识？其人不答。余遂为之解释曰：现在是非曲直，人民反知之真，若条文法理，合乎人心上之是非曲直，人民一见即了解，若欲强以条文法理变化人心上之是非曲直，此等条文法理，人民固不易明白，且恐欲明白，程度反愈低了。试看今日之堂前，是非曲直，反不若民间之真，即是人心上之是非曲直，为条文法理之是非曲直所遮蔽，程度愈高距人情愈远者何贵乎？其人曰：然则可使中国现在之人民加入政治乎？余曰不能也。彼又曰：不能则民治何以实现？应之曰：应将政治放在民间，使人民加入政治，是教人民以条文法理之假知识也，甚难。政治放在民间，是使政治合乎人心之真知识也，甚易。不能即时实现，非知识不够，是习惯不够也。然则欲使人民从事于民治之练习当如何？实行民治主义之村本政治而已。村无活体之组织，民即无施治之实际，村禁约，村宪法也；村公所，村行政也；息讼会，村司法也，保卫团，村武力也。此活体之组织也。试行此种种者，即民治之练习也。但此尚是少数人，如欲使村中全民练习，非实行村民会议不可。至于村民会议当如何办理？应先由各村自行规定试办，或一家出一人，或按成年男子全数到会，何项事件，必须村民会议通过才行，何项事件，由村长副间邻长会议定就算，以及会议时如何取决，均听各村先自定办法，遇有争执，区长或知事为之解决，必须公平，勿让势力占胜，勿让主村占胜，非公平的办法，不能常久，你们先照此办，以后各县各村有了顶好法子，陆续令知，以资改良。①

阎锡山这个讲话道出了一个事实，那就是民主和人民的文化程度没有必然联系，不是说文化和教育程度在实行民主的过程中不重要，而是说这不是最重要的，不是能不能实行民主的必然条件。阎锡山的另一个判断是民治的

---

① 六政考核处校印：《敬告山西父老》，1922年，太原。

实行，关键是要有活的组织，没有这个东西，其他都是空的，而这个组织，必须是由大家共同来建立的，人人都可以参加，办法是大家自己商量出来的，而不是外力强加过来的。阎锡山的高明之处就在于，他对地方自治真有诚意，是真想把事情办好，所以凡事都从常识考虑。山西村政中的"制度设计"，不是终极目标，而只是民主的初级阶段，阎锡山在村政建设期间，曾考虑过县自治的实行，他认为，村政建设有了成效，县建设就容易成功，省建设也不难收效，可以看出他是有长远打算的，只是因历史的变化，没有来得及付之实行。[①]20世纪30年代，中国自由主义知识分子对于中国宪政道路的曲折认识是：看当局有没有诚意。张佛泉曾说："我们以为中国到今日所以还未能起始宪政的原因，有若干是由于当局没有诚挚的诚意，主要的则是因为对宪政没有正确的理解。"[②]

三、民国山西村政建设的实践与现实意义

　　山西村政建设的设想和计划，在多大程度上得到了落实，这是人们评价这个制度成功与否的标志，从已有的历史资料观察，山西村政建设在具体实

[①] 《五台县河边村·村政十年建设计划案》（李秉彝编，1933年1月印刷），前有阎锡山序言。他说："日前余归家省亲，村长李君复天，持其编就之河边村政十年建设计划案，请阅于余。余正以省政十年建设计划案业经脱稿，县村计划案亟待分别拟拟，尤应赶速编拟村计划案，以为编拟县计划案之张本，因见其所拟，政治经济，相辅并进，尤以经济方面，就本村实况，虽迁就现状，规定增进生产之普遍办法，而纲举目张，应有尽有。各项章则，尤大致齐全，苟能确实循序进行，不难日起有功。兹为全省各村编拟计划便利计，将河边村计划案作为榜样，印发各村，以资各自编定计划案之参考，所望全省各村，分别各就本村实况，就应兴应革，编拟十年建设计划，并脚踏实地，照所定计划确实办理，将来村建设必能有成也。"

[②] 张佛泉：《我们要怎样开始宪政》，《独立评论》第240号，1937年6月27日，北平；中国早年主张宪政的知识分子如吴经熊、胡适、张奚若、陈之迈和张佛泉等，都特别指出过政府在这方面是否有诚意。参阅吴经熊《过去立宪运动的回顾及此次制宪的意义》，载胡适、王云五、蔡元培编辑《张菊生先生七十生日纪念论文集》，上海：商务印书馆，1937年1月，第211页。

施过程中是有问题的，当年梁漱溟就指出过，但它的问题是宪政初期必然要出现的问题，以操作中出现的问题来判断一种制度的得失，是没有看到这种"制度设计"的长远意义。作为一种"制度设计"，山西村政建设的方案，是非常有远见的一个地方自治设想，至少在理论设计上，这个地方自治的理想，不但符合中国的实际，而且整个自治的理想，是以现代西方宪政理念来设计的。现代宪政思想的核心，主要在对权力的制衡，山西村政建设的制度设计中，权力制衡是这种制度的基本逻辑。山西五台县河边村是阎锡山的故乡，20世纪30年代初，它完成过一个村政十年的计划方案，从这个方案中可以看出这种"制度设计"中所体现出的宪政理想。

《河边村组织暂行章程》类似于村的宪法，作为村级自治组织，它的设计符合中国北方农村的实际。它的最高权力机关是村民大会，村民大会之下还有一个家长会，因为中国是一个宗法社会，家长会的设立，是从中国北方农村的实际考虑的。村的行政机关是村公所，所有权力都是受制约的。这个方案设计的村自治组织分别为：

1. 村民大会或家长会议。
2. 闾邻居民会议。
3. 闾邻长会议。
4. 村公所。
5. 调解委员会。
6. 考评委员会。
7. 监察委员会。
8. 保卫团及公安团。
9. 经济建设董事会。
10. 各项合作组织。

村政权属于全体村民，由村民大会行使，在村民大会不易集合期间，暂由家长会议代之。中国北方农村为小农经济，一家一户，是基本特点。所以村政建设方案的设计，主要是从中国北方农村的实际情况出发的，阎锡山对这个方案的评价，也认为它比较实用。河边村是阎锡山的故乡，在当时的村政建设中，有比较完备的设想。他们先订立了一个自治公约（以五权宪法精神为主），类似于国家宪法那样的东西，在这之下，再根据地方的实际制订出适合于村政建设的方案，有很大的灵活性。

根据《河边村自治公务人员选举暂行规则》，村民每五家应合议推选邻长一人，候补邻长一人。凡常住村中之识字男子，年在二十岁以上、四十岁以下且热心公益者，皆得当选为邻长。每五邻应合议推选闾长一人，候补闾长一人。凡常住村中之识字男子，年在二十五岁以上、四十五岁以下且热心公益者，皆得当选为闾长。每六闾应合议推选村副一人，候补村副一人。凡常住村中之识字男子，年在三十岁以上、五十岁以下且热心公益者，皆得当选为村副。选举单位闾邻家等之配组，由村公所预定之。村民大会就是由这一家一户直接选举出的代表组成的，中国农民天然明白代议制的好处。

谁来制约村民大会的权力呢？是村监察委员会。每五闾或四闾应合议推选监察委员一人，候补监察委员一人。凡常住村中之士绅，年高望重能主持公道者，皆得当选为监察委员。邻长、闾长、村副、监察委员之任期，均为一年，并得连选连任。一闾之事，由全闾居民会议解决。一邻之事，由全邻居民会议解决，但不得与村务会议之决议案抵触。

监察委员会设委员五人，掌管纠察弹劾审计事项。按闾数平均推选公正士绅组织，该五委员互推一人为委员长，召集开会之责，并为开会时之主席。监察委员会的职权是：监察村公务人员溺职等行为；初审村预决算；审计村财务事项；监察委员会每月开会一次，如有特别事故，得开临时会。村财政收支及事务执行有不正当时，监察委员应于村民大会提出弹劾。监察委员有探询村公所所处置之一切事件经过及列席村公所会议之权。监察委员会检举村长、村副及各公务人员违法失职情事时，得自行召集村民大会。监察委员会在村民大会未组织前，对家长会议负责，失职时亦由家长会议依法定程序罢免。这个方案特别强调：现任村公务人员不得当选为监察委员。

关于村政之实施，由村长召集闾长会议，由闾长召集邻长会议，或经由村长召集闾邻长行之。村公所是村民大会的行政机关，由村长一人、村副四人组织之，掌握全村政权。在实行自治初期"村长暂由外聘，以资指导"。这也是考虑到当时中国农村的实际情况而制定的，因为山西村政建设是由外力推动的，这也是宪政初期的被迫选择，因为没有比外力推动更好的办法。张佛泉说："我们这里以比较有知识的分子为新政治的起始者、推动者，乃是最实际不过的。我常感到近年来，社会上太轻易忘记了知识分子在我国政治舞台上扮演如何重要的角色！辛亥革命、五四运动、国民党之胜利、冀察分裂运动之反对，其发动其推动都是由受过新式教育训练的分子来做的。我看得很清楚，宪政的开始，除了仍由知识分子发动外，别无他途。"阎锡山当时所依靠的外力，也就是那些比较有新知识的人。

从民国山西村民自治法则的部分内容可以看出，中国农村的自治水平，根本就不是像有些人认为的那样，不可以实行，关键是有没有诚意，而不是农民的文化水平问题，自治在一定程度上与文化水平没有必然联系。有人认为农民文化水平低，完全的地方自治难以实行。民国山西村政建设"制度设计"的逻辑，与美国制定宪法的逻辑没有差异，虽然是学来的，但这也非常了不起。比如，在村民大会之外，它设计了一个家长会议。在村民大会不易集合期间，家长会议就成为全村的最高权力机关，家长会议每年开常会两次，在三、九两个月举行，由村长召集。如有特别事件，经村长认为必要，或有十分之一以上家长请求，由村长召集临时会议。村长是家长会议的主席，但关于村长本身事件，其主席就要由到会的家长另外推出。家长会议的权力是选举及罢免村长、村副或其他村公务人员，创制及复决村中一切法规；通过关于本村一定期限内之一切建设计划；审核村预算决算；审议村公所主持请议事项；审议所属各闾邻或村民提议事项。

由于民国山西村政建设的"制度设计"是以村民共同参与、公开、监督和制约权力为基本逻辑的，所以它体现出的现代民主理想，并不因为在实施过程中出现的暂时失误而失去其价值，具体方法可以随时修改，但它所具备的现代宪政理想因素，却没有过时。民国山西村政建设的历史遗产，应该得到珍惜而不是简单抛弃，民国山西村政建设代表了中国人早期的宪政梦想，也是一次落实了的宪政实践。它的现代意义在于：第一，民国山西村政建设的理念基本与当时世界宪政潮流保持同一方向；第二，民国山西村政建设是真正实行过的宪政实践，它有缺点，但它的"制度设计"并未完全过时；第三，作为一种地方自治经验，它在实行过程中积累了经验，具有一定的借鉴意义。

从女仆、传教士到举世瞩目的"小妇人"

——艾伟德个人形象的形成研究*

赵中亚**

一直向往中国的英国女传教士艾伟德（Gladys Aylward, 1902—1970），在没有任何教会的支持下，1932 年，独自一人跨越欧亚大陆，来到中国山西省的阳城县。此后，艾伟德在阳城开过客栈，并应县长之邀，做过放足监督；其更多精力则投入在救助孤儿、难民活动上；1936 年，申请加入中国国籍；1940 年更是完成将百余名孤儿从山西阳城转移到大后方陕西的壮举。

目前国内学术界对艾伟德的研究仍不多见，而且并不深入。① 本文试图在前人的研究基础上，通过伦敦大学亚非学院所藏艾氏个人档案，以及英国、中国台湾和香港、澳大利亚、美国等地新闻媒体有关艾伟德的报道，努力还原艾伟德形象确立的基本过程。

---

* 本文节选自本人所著《弘道遗爱：来华英国女传教士艾伟德传》，太原：山西人民出版社，2016 年。

** 赵中亚，山西大学中国社会史研究中心讲师。

① 相关研究有：陈中陵：《孤儿之母：女传教士艾伟德的生平与形象》，台北教育大学社会科教育系硕士学位论文，2008 年。董飞飞：《西方大众文化视野中的来华传教士形象》，载陶飞亚主编《宗教与历史 2：中国基督教青年学者论坛》，上海：上海大学出版社，2014 年，第 169—176 页。此外，山西还出版过两种传记：林云的《震撼世界的六福客栈》（太原：山西人民出版社，2014 年）、张石山的《六福客栈：小妇人艾伟德传奇》（太原：山西人民出版社，2015 年），对《六福客栈》的拍摄过程以及艾伟德本人的反应等问题，基本没有涉及。

一、早期新闻媒体中的艾伟德

在抗日战争中,为提振士气,鼓励广大民众坚持抗战,许多国际友人的友好举动得到中国社会的肯定:如中国共产党方面有国际友人加拿大医生白求恩、印度的柯棣华;国民党方面则有已加入中国国籍的比利时人雷鸣远神父。艾伟德亦做过许多有益于中国抗战的事情,长期不为中国人民所了解,亦不为其母国英国人民所认识。

1949年春,艾伟德回到英国。一名为莱德伍德(Hugh Redwood)的记者采访并报道了她的事迹。当时,战后的英国一片萧然,急需英雄典范提振士气,恢复社会秩序,进行国家建设正筹备制作"不可战胜的人——战后英雄返乡广播系列"的英国广播公司(BBC)制片人艾伦·伯吉斯[1],看到报道后敏锐地意识到艾伟德的价值。伯吉斯打电话给那家报纸,问到艾伟德的住址,既而登门拜访。虽然艾伟德自言"没有做过令媒体感兴趣的事",但是还是向伯吉斯详述了其历时一个月带领百余孤儿翻越大山逃离日本人魔爪的艰辛旅程。伯吉斯将之整理成长达一小时的广播记录片,两人为着纪录片的关系还见过几面。[2] 这是"不可战胜的人"系列纪录片里的第一部,在英国首播的时间为1949年10月。

纪录片播出后,社会反响迅速出现,艾伟德得到许多演讲的邀请。仅仅一个月后,布里斯托(Bristol)就有报纸刊出艾伟德在当地演讲的消息,"艾伟德(Ai-Wei-the是其中文名字,意为'有德行的人')的勇气与经历已激励到成千上万的人,上个月BBC系列广播纪录片——'不可战胜的人',第

---

[1] 艾伦·伯吉斯(Alan Burgess, 1915-1998),美国人,英国BBC制片人,畅销书作家,《六福客栈》《拂晓攻击》等电影小说皆出自其手,英格丽·褒曼的自传《我的故事》中《六福客栈》之后的部分也由其执笔。

[2] Peter Gillman, Gladys Aylward: the last chapter, *Radio Times*(英国,周刊,1957年在欧洲销量达到880万份),14 May, 1970, p. 14.

一个推出的就是她,讲述一个几乎不识字的伦敦女仆,经过努力,终于在中国北部偏远山区成为一名传教士,并在战争中经历了诸多考验。今日晚六点,艾伟德将在教堂里亲自讲述她自己的故事"①。此后一周,该地报纸关于艾伟德演讲的启事及相关报道多达4次。在11月5日、6日(周六、周日)两天里,艾伟德在数家教堂,每天为听众做两三次免费的演讲。11月21日媒体又刊出艾伟德在威尔士地区的斯旺西市(Swansea)演讲的新闻:"上周个子小巧、有着棕褐色眼睛并曾做过女仆的这个女人,使得所有英国人坐了下来,屏气凝神,收听英国广播公司播出其在中国的传奇经历。在威尔士的斯旺西,每天下午和晚上,很多人驻足教堂倾听她的免费演讲。她就是艾伟德,穿着中国服饰,总是尽其所能为人们演说她在中国的经历。"②

1950年1月,纪录片"不可战胜的人"又进行了重播。③ 亦是在这年R. O. Latham将艾伟德的口述整理出版,题为《艾伟德:一个不可战胜的人——艾伟德本人讲给Latham的故事》(*Gladys Alward: One of the Undefeated, the Story of Gladys Aylward as Told by her to R. O. Latham*),共48页。

1950年1月9日,澳大利亚报纸刊登出一篇题为《艾伟德的英雄主义》的文章,较为详细地介绍了艾伟德在中国山西阳城传教的经历以及所遭遇的种种险境(包括抗战中的经历),并特别提到艾伟德之前给其家人的一封信:"我必须再重述一遍之前说过的话,不要指望我会离开这里,或希望通过某种方式将我弄走,因为经历考验的我不会离开。在这里,上帝将很多人交给我,为了他的荣耀,无论生死,我都和他们在一起。"④

澳大利亚媒体的相关信息或亦出自英国广播公司的纪录片,说明当时艾伟德的影响即已超出英国范围。

---

① Aylward Gladys in Bristol, *Western Daily Press*, 4 November, 1949, p. 6。
② Religion: the Virtuous One, *Time*, 21 Nov, 1949. http://www.time.com/time/magazine/article/0, 9171, 856319, 00. html。
③ At the Cross Road, *Surrey Mirror*, 24 February, 1950.
④ The Heroism of Gladys Aylward, *The North Western Courier*, p. 6, January 9, 1950, (Narrabri, Australia).

随着纪录片的两次播出，以及传记的问世，艾伟德从一个普通的传教士迅速变为具有一定知名度的宗教与社会演说家。在接下来的至少3年中，艾伟德时常到英国各地进行演讲。因相关资料的有限性，本文暂无法绘出艾伟德在英国旅行演讲的分布图，也无从知道其演讲的数量以及听众的情况。但就一般情况而言，在艾伟德演讲之前，媒体会登出启事，并会提到前述的BBC纪录片，也常出现艾伟德"讲述自己的经历"的字样；演讲之后，也会出现相关的报道：如艾伟德赴中国过程的艰辛，抗战中被日本兵殴打的经历。① 观众对艾伟德的演讲印象很深刻，历久难忘，有听众曾这样评价道："她的故事讲得很简单，却很生动，以至于我如今仍记得其中的大部分细节。那些故事非常引人入胜，我自己必须充分去体会。她确实是个女超人，虽然个子很小，但是其身体、精神乃至信仰上都非常强大。"②

艾伟德的事迹甚至被改编为戏剧在教堂中演出，地点在白金汉郡（Burckinghamshire），由 A. Hodges 及其太太主创，P. Morey 饰演艾伟德，许多人到教堂观看了该演出。③

由是，在回到英国最初的三四年中，经过媒体的发掘，尤其是BBC广播纪录片的播出，以及后来在各地进行的巡回演讲，使得艾伟德的事迹迅速为英国民众所熟知。当时许多人在教堂见过她，听她讲述中国传教的经历，"二十年前，艾伟德小姐全凭个人积蓄，历经艰辛抵达中国，成为一名传教士。完全是靠个人努力，因为没有传教组织愿意帮助她。现在，对中国及中国人拥有大量亲身体验的她回到英国。作为受英国华人基督徒资助的传教士，她认为英国需要重新基督化。……"④ 显然，此时英国民众所认知的艾伟德形象，是作为传教士以及基督教信仰模范的艾伟德。

---

① The Heroism of Gladys Aylward, *The North Western Courier*, p. 6, January 9, 1950, (Narrabri, Australia).
② Sheila Brook, *Where is the Key*, Chipmunkapublishing Ltd, 2011, p. 65.
③ *Bucks Herald*, 24 April, 1953, p. 11, England.
④ Missionary's Return from China, *Gloucestershire Echo*, 18 December, 1950, p. 4.

二、《六福客栈》的拍摄过程及艾伟德的反应

1957年，艾伦·伯吉斯关于艾伟德的传记小说《小妇人》出版，很快成为畅销书。福克斯公司敏锐地意识到艾伟德对公众的巨大感召力，立即购入版权，改编为电影《六福客栈》，为其拍摄投入了500万美元。①《六福客栈》的编剧为美国人艾索比尔·伦纳特（Isobel Lennart, 1915—1971）。② 又邀请了有"好莱坞第一夫人"之称的著名瑞典女星英格丽·褒曼（Ingrid Bergman, 1915—1982）饰演影片的女主角"珍爱"。《六福客栈》后来成为20世纪西方有关中国题材的重要电影之一。③

《六福客栈》最初的计划是在中国的台湾省进行拍摄，因剧本中出现了民国时期官员仍身着清朝官服、中国女性缠足以及砍头等情节，引发台湾"新闻局"及社会各界的抗议，认为剧情有悖史实，涉嫌辱华。为消除外界疑虑，1958年1月12日，《六福客栈》的助理导演劳勃·麦克诺借台北圆山饭店召开中外记者说明会，强调将本着求真求实的精神修改剧本；1月16日，又与艾伟德一同宴请山西籍民意代表以及国民党台湾省党部主任委员郭澄等人，听取他们对于《六福客栈》的拍摄意见。④

由此我们可推知以下事实：其一，福克斯公司拍摄《六福客栈》时遇阻，主要源自当地政府的审查。其二，在制片方与官方谈判过程中，艾伟德

---

① 〔瑞典〕英格丽·褒曼，〔美〕艾伦·伯吉斯：《我的故事：英格丽·褒曼自述》，刘安义、吴忠民译，北京：文化艺术出版社，1983年，第450页。
② 伦纳特的重要作品除《六福客栈》外，还有《琵琶怨》（Love Me or Leave Me）以及《妙女郎》（the Funny Girl）等，http://www.imdb.com/name/nm0501973/?ref_=ttfc_fc_wrl, 2015.10.20。
③ 张英进曾对《六福客栈》中反映的西方中国形象进行过研究，参见〔美〕张英进：《影像中国：当代中国电影的批评重构及跨国想象》，胡静译，上海：上海三联出版社，2008年，第280页。
④ 董飞飞：《西方大众文化视野中的来华传教士形象》，载陶飞亚主编《宗教与历史2：中国基督教青年学者论坛》，上海：上海大学出版社，2014年，第173页。

即在现场，并未明确反对电影的拍摄。事实上，福克斯公司工作人员初到台湾时，助理导演有请艾伟德找朋友帮忙制作演出用的帽子和服装，以备在影片中使用，而这些人被承诺将成为该电影里的临时演员。① 其三，从艾伟德后来抱怨剧本修改未经其同意的情况来看，她在受邀参加1月16日的宴请之前，对剧本内容一无所知。其四，最初关于《六福客栈》剧本的修改意见，主要涉及辱华问题，并未涉及艾伟德的个人情感。

　　1月18日，台湾地区"新闻局"在经与各有关单位会商后，向福克斯电影公司提出"必须修正"与"建议修正"的45点意见，要求影片多加入反共情节，② 从而使得与《六福客栈》制片方的分歧不可调和，于是出现《六福客栈》制片人麦克诺扬言不在台湾拍摄的情形。1月27日，福克斯公司又派出制片室主任进行斡旋，当时报纸报道称福克斯"迄未放弃在台拍摄的计划。他此来即在于就拍片这个问题与有关各方团体进行磋商，以作最后决定"③。1月30日，双方又进行磋商，结果没有公布，但显然并未谈拢。《六福客栈》的剧组人员很快撤走，却忘记通知艾伟德，以至于10多个台湾人生气地要求艾伟德支付他们的劳务费和服装半成品费用。④ 福克斯公司的失误体现了对艾伟德的不尊重，或已经伤害到她。

　　艾伟德与《六福客栈》的冲突开始出现，并大致分为两个阶段，起初是反对剧本涉嫌"辱华"。

　　2月，福克斯公司曾设想在香港取景拍摄。艾伟德出来公开反对，"归化中华民国之英传教士艾伟德女士今日称：如果描述伊在中国传教生活之影片《六福客栈》之脚本不予更改，拟设法阻止该片开拍。由于一些人士极力

---

① 〔瑞典〕英格丽·褒曼、〔美〕艾伦·伯吉斯：《我的故事：英格丽·褒曼自述》，北京：文化艺术出版社，刘安义、吴忠民译，1983年，第443页。
② 董飞飞：《西方大众文化视野中的来华传教士形象》，载陶飞亚主编《宗教与历史2：中国基督教青年学者论坛》，上海：上海大学出版社，2014年，第173页。
③ 黄铭：《小脚妇人与〈六福客栈〉》，《香港工商日报》1958年2月3日，第3页。
④ 〔瑞典〕英格丽·褒曼、〔美〕艾伦·伯吉斯：《我的故事：英格丽·褒曼自述》，北京：文化艺术出版社，刘安义、吴忠民译，1983年，第443页。

反对片中拍出缠足镜头，美国福士公司决定不在台湾开拍此片，改移香港拍摄，艾女士接见记者称，伊已将此事委托伊在英国之律师处理"①。

3月，《六福客栈》放弃在香港拍摄，"英格烈褒曼原定来港，俾便为福士公司拍摄一套以中国籍英国传教士艾伟德女士生平为题材的影片《六福客栈》。此套影片原定在台开拍，但因公司当局坚持要在片上采用某些有辱我国民族尊严的镜头，为舆论反对，该公司乃改在香港拍摄，但今又变卦"②。《六福客栈》最终转到威尔士进行拍摄。

8月，艾伟德再次出来反对《六福客栈》的拍摄，但仍未提及个人名誉及信仰问题。香港英文报纸 the China Mail 这样报道艾伟德的情况，"正在努力赚钱，将要去美国抗议福克斯电影公司根据伯吉斯的畅销书拍摄的电影《六福客栈》……她说她是以一敌众，并不知如何或者在哪里开始对电影公司的抗议活动。'我希望有人帮助我'"③。

11月23日，《六福客栈》在英国上映，票房大热，甚至有冲击奥斯卡的可能。④ 此后，艾伟德与《六福客栈》制片方的冲突进入第二阶段，将影片里的情节与其个人名誉以及信仰联系起来。11月26日，艾伟德对美国记者谈到她的不满，首先是影片中的不实情节对其个人造成伤害，"福克斯公司拍摄的这部由褒曼主演的片子未得到她的同意，剧本未让她过目，特别是有关爱情的镜头……电影令她觉得很难堪，因为有太多不属实的地方。好莱坞随意地虚构了她和林南上尉的浪漫故事，对于这些爱情场景，艾伟德充满恐惧，她认为其名声被破坏，而这令她长期被困扰折磨"。接着，艾伟德也谈到褒曼的离婚经历令其名誉受损，这显然出自其信仰的立场，"褒曼与其丈

---

① 《对拍摄缠足镜头艾伟德女士反对》，《香港工商日报》1958年2月28日，第2页。
② 《英格烈褒曼已取消来港，〈六福客栈〉在英拍外景》，《香港工商日报》1958年3月3日，第5页。
③ I wish someone would help me says Gladys Aylward, *The China Mail*, Aug. 19, 1958, p. 1.
④ 《〈六福客栈〉震动英伦，预料可能获本届金像奖，在英映期将延长数个月》，《香港工商日报》1958年12月8日，第9页。

夫离婚，报端已刊出我的名字，因为她是描摹我的人，从前我从未牵涉过这样的事，世界各地的教会来信数百封指责我以她来描绘我的一生，我从未感觉过如此的难过"。艾伟德的上述反应，表明《六福客栈》确实对其造成了很大的刺激，她甚至自称控诉福克斯"是为真理与正义而奋斗"。①

3 周后，福克斯公司对艾伟德的控诉做出了回应，"对于艾伟德女士所发'有关六福客栈'的谈话……这家美国重要制片公司说，他们希望艾伟德女士能重新考虑她在台北发表的谈话"。他们甚至向媒体展示艾伟德与他们在台湾签署的法律文件，将其应得的权利公布于众，比如从中获得剧本版权的50%（2.5 万美元）以及各项连续性的权利等。此外，还用卫理公会美国西岸会督西姆里奇所签名的推荐书一件，证明该影片"从教会的观点"而论，是绝对可推荐的。最后，指出电影中的恋爱部分在法律上是容许的，"因为艾伟德女士已在合约中统一给予廿世纪福克斯公司使该书小说化的权利"。②

在冰冷的法律面前，未受过多少教育的艾伟德最终放弃了公开声讨。然而，其心中的结直到去世都未解开。

1959 年，艾伟德应邀赴美旅行演讲，在被问到与福克斯的冲突时，"仍很生气。她说，她不愿再谈它，她气也气够了；难过的不是钱，而是太没真理"③。此时的艾伟德对褒曼的态度发生了改变。她声称对主演《六福客栈》的英格丽·褒曼没有偏见，"不久前她看了一场《圣女贞德》，还觉得褒曼的演技实在不错。不过她觉得这位明星对她不太礼貌。她说：'以前有位洋记者来访问我之后，说我讲褒曼是个坏女人，实在是假话。其实当他问我时，我回答他说，因为我不认得她，我无法下评语，只说我心里有平安而她没有。我所不服气的是英格丽·褒曼既然代表我演这个戏，如果她是有礼貌的

---

① 《拍摄六片未获她的许可，艾伟德女士控福克斯公司指褒曼为坏女人不能描摹她的一生》，《联合报》1958 年 11 月 27 日。
② 《〈六福客栈〉影片无损艾伟德女士，故事无不道德或性感之处，她可得剧本版税百分五十》，《台湾民声日报》1958 年 12 月 25 日，第 2 版。
③ 《〈六福客栈〉片中女主人翁艾伟德女士赴美布道》，《香港工商日报》1959 年 2 月 23 日，第 3 页。

好人，就应该通知我，认识我，不应该当我是个死人一样。'"①

或在此时，英格丽·褒曼给艾伟德写了一封信，对之前剧组的不辞而别以及剧本的问题进行了解释。"亲爱的埃尔华小姐：当我了解到你是个确确实实存在的人物时，我感到大出意外。我扮演你，说你的话，表达体会你的情感，而你却不是一个幻想人物。可我也没有看见过你，所以扮演你就成为一件困难的事情了。我们没能到台湾，因而我就不能得到你的帮助，对此我深为遗憾。（你知道最初他们是想在台湾拍摄这部影片的。）但是我希望你知道，虽然在很多场面中你会感到诧异，我们为什么要这样做或那样做，但我们一直努力做到忠实于你，以爱慕和尊敬的心情来摄制这部影片。但是它毕竟是一部影片，为了取得娱乐效果不得不有一定程度的自由发挥。对于你的工作，我是极为敬佩的，我唯一的希望是这部影片能够配得上你本人，致以最衷心的问候。"②艾伟德对此似并未回复。

事实上，艾伟德对《六福客栈》的不实情节（尤指其感情）的不满，在当时的观众中也有共鸣，说明基督教信仰在当时西方社会生活还占有较为重要的地位。比如《六福客栈》公映后，澳大利亚即有媒体赞赏褒曼以其"特有的女性温柔与诚挚撑起了这部漫长而唠叨的电影"，但对电影中的恋爱故事基本持否定态度。③

电影公映两年后的1961年2月，艾伟德在赴澳大利亚旅行布道前，当地媒体的介绍仍提到她对《六福客栈》的意见，"电影里所描述的并非她在中国的真实生活，也不是她的自传的真实呈现"④。3月15日，澳大利亚《女性周刊》发表长文，也谈到艾伟德对《六福客栈》的看法，"从没看过，而

---

① 《〈六福客栈〉片中女主人翁艾伟德女士赴美布道》，《香港工商日报》1959年2月23日，第3页。
② 〔瑞典〕英格丽·褒曼、〔美〕艾伦·伯吉斯：《我的故事：英格丽·褒曼自述》，北京：文化艺术出版社，刘安义、吴忠民译，1983年，第442页。
③ The Australian Women's Weeks, p. 52, Jan. 14, 1959.
④ Across Siberia on 9d, the Canberra Times, p. 3, February 7, 1861.

且一无所知。我并不觉得与我有什么关系"①。

甚至艾伟德去世后，友人纪念时，还谈到她的耿耿于怀。《小妇人》的作者艾伦·伯吉斯说："艾伟德从未看那部电影，她对褒曼所饰演的角色很困扰、顾虑……事实上，将电影当作事实的各地电影观众，并未给她以安慰。"②其义女何小姐也曾指出："人们从英格丽·褒曼主演的《六福客栈》电影中了解到艾伟德的一些故事，但我却清楚艾她对那部电影从未感到快乐。艾伟德认为电影过于戏剧化，没有足够重视真正掌管她生命的那些要素，比如对上帝绝对的信任，以及从未令上帝蒙羞的事实。"③

三、艾伟德之痛

从《六福客栈》的上映到其去世，艾伟德一直无法接受电影对其情感生活的歪曲。艾伟德声称自己从未与男人接过吻，甚至没有牵过手。然而，这些似不足以解释艾伟德的愤怒以及至死都耿耿于怀。深入探究艾伟德终身未嫁的原因，尤其是个人心态（信仰），对于解释上述问题或有所帮助。

首先是时代的关系。学者 Nicholson 指出第一次世界大战造成英国大量适婚男性过早离世，以至于 1885—1905 年出生的英国女性在 20 世纪 20 年代已被称为"多余的女人"，"结婚是她们与生俱来的权利，但长达四年血腥的一次世界大战夺了她们中许多人的这种权利。到 1930 年代她们想觅到人生伴侣已变得尤为困难"。④艾伟德的出生年代正好处于 Nicholson 所定义的那个时段。事实上，在来中国之前，艾伟德曾希望支持弟弟到中国传教，被

---

① Ainslie Baker, Troublemakers got a flea in the ear, The Australian Women's Weekly, p. 6, March 15, 1961.
② Peter Gillman, Gladys Aylward: the last chapter, Radio Times, p. 14, 14 May, 1970.
③ The Angel of Yangch'eng, by Rose Ho as told to Borghild Larssen,（所刊杂志不详，或为其去世后纪念刊）。
④ Virginia Nicholson, Singled Out: How Two Million Women Survived Without Men After the First World War, Oxford Press, 2009, p. XI.

一口回绝,当时其弟弟就直言,"那是老处女做的事,你怎么不自己去做"①。那时艾伟德不过二十七八岁,或许已经感到结婚的困难。

其次是艾伟德的个人信仰。信仰在艾伟德选择单身的过程中也发挥了重要作用。1936年,朋友及家人可能催促过艾伟德结婚。当年7月21日,在参加完一次中国信徒的婚礼后,艾伟德给家人及朋友写信,谈到自己的想法:"再说一次,我永远不会结婚,但我会和所有的朋友在一起,也会因他们而幸福。……我爱他们,爱那些孩子,爱教会中的女生,但必须承认的是,我也一直渴望同类的友谊。"②在其晚年的《自传》中,艾伟德更明确其独身是出于上帝的选择:"虽然结交了很多中国朋友,但我仍渴望来自英国的伙伴。我向上帝祈祷了几年,希望有人从英国来分担一下我的工作,但没有,我只得继续一个人。许久之前希望有丈夫、自己的孩子的梦想渐渐消退。看起来上帝倾向于让我独自走完自己的一生。""于是九便士进入了我的生活,填补了我那痛苦的空虚感,至少有个人是我可以爱可关心的……她令这个地方有了家的感觉。"③此外,美国作家伊丽莎白(Elisabeth Elliot)的回忆也印证了艾伟德独身与其信仰的关系,"作为一位习惯向上帝祈祷的女人,艾伟德祈求上帝从英国为她召唤一个男人,并差遣他到中国,并向她求婚。我们坐在沙发上谈着话……她说,'我相信上帝会听到我们的祈祷,他肯定也召唤了那个人。'然后,艾伟德小声强调道,'但是他没有出现'"④。

由此可知,艾伟德并非起初即发愿为上帝保持独身,而是因时代以及个人的关系(等待上帝的启示,对伴侣有信仰及同为英国人的要求),而未能结婚,后即以抚育孤儿的工作加以替代,同时亦表明艾伟德与异性情感上的

---

① Gladys Aylward with Christine Hunter, *Gladys Aylward: the Little Woman*, Chicago: Moody Publishers, 1970, p. 8.
② 艾伟德致家人的信,1936年7月21日,藏于伦敦大学亚非学院档案馆。
③ Gladys Aylward, Christine Hunter, *Gladys Aylward: the Little Woman*, Chicago: Moody Publishers, 1970, p. 49, p. 51.
④ Elisabeth Elliot: Virginity, *Elisabeth Elliot Newsletter*, March/April 1990, p. 1.

深入接触极为有限。

然而,《六福客栈》却极力刻画女主人公"珍爱"(即艾伟德)与男主人公"林楠"的爱情。因无法获得《六福客栈》的剧本,但仍可以比较电影中的情节与根据艾伟德口述出版的最早两种传记里的内容:1950年出版的《艾伟德:一个不可战胜的人》,仅提到一个将军以及艾伟德为其报告日本人情况的事,并未提及林楠。1957年出版的《小妇人》提到了林楠,并未交代其国别及种族等特征。

此外,在《小妇人》一书中,用了不少笔墨讲述过一位姓雷的将军(General Ley),却是电影里不曾出现的人物。雷将军首次出现时,《小妇人》有交代其身份及国别特征,"他是天主教神父,但是从不知道他的真实姓名,只听说他是荷兰人"①。根据伯吉斯的叙述,艾伟德与雷将军见面的次数不多。但相对林楠而言,艾伟德与雷将军的交谈更多、更深入,比如"忘记你是女人,我是男人;你是新教徒,我是天主教徒,我们有共同的敌人";要放弃基督教常奉行的中立立场与日本人斗争;日本对朝鲜的殖民惨剧也会在中国华北地区发生;要使用武力痛击日本人等。此外,艾伟德还问过雷氏为何被称为将军,答案是荣誉。②最后,艾伟德决定带领孤儿长途跋涉从阳城转移到陕西,也是听从雷将军的建议。

显然,雷将军是《小妇人》中除艾伟德之外非常重要的一个人,其原型大致可以断定为加入中国国籍的比利时神父雷鸣远。

雷鸣远,1877年生于比利时,1901年来华,1926年加入中国国籍。他一直是站在中国人的立场上,极力主张抗日:1933年,率600余人组成救护队在喜峰口抗日前线战地服务半年之久;1937年,全面抗战爆发后,一边发表文章呼吁抗战,一边应十二师师长唐淮源之请担任卫生连连长,组织教友救护队,随军转战于涞源、易县、涞水、高碑店、满城等前线,从未遗

---

① Alan Burgess, *The Small Woman*, New York: E. P. Dutton & Co, 1957, p. 14, p. 182.
② Alan Burgess, *The Small Woman*, New York: E. P. Dutton & Co, 1957, pp. 182–185.

弃过一名伤员。① 后随部队退入山西，在武乡县时，其手下的游击队曾与日军激战。② 1938年7月，雷鸣远接受国民政府授予的陆海军空甲等二级勋章；9月8日，在汉口获蒋介石接见，被授命组织华北战地督导民众服务团，启发战地民众民族意识，督导战地民众协力抗战（发动晋、冀、鲁、豫、陕五省信徒抗日），并任团长。该团为军事化编制，在团人员分为将、校、尉三级官制，并造名册报军事委员会。雷鸣远为中将衔。③ 该团活动区域西自中条山之夏县，经平陆、闻喜、垣曲、阳城、晋城，东至陵川、武安、涉县，以及邢台、沙河等地。④ 1939年10月，雷鸣远率团经阳城、晋城、壶关、陵川等地入河北。⑤ 1940年6月24日在重庆去世。死后极享哀荣，国民政府专令予以褒奖，数位国府大员如孔祥熙、何应钦、鹿钟麟、张继、王世杰等出席了他的葬礼。

雷鸣远生于比利时，天主教神父，加入中国国籍，具有中将衔，并曾组织武装在山西南部抗战，所有这些与《小妇人》中所记载的"雷将军"的特征基本吻合，而且他确实到过阳城、晋城。需要指出的是，华北战地督导民众服务团内再无其他西方人。⑥

那么，《六福客栈》中的林楠究竟有无原型呢？限于文献，尚无法确定。但从其对宗教以及战争的态度，可以与《小妇人》中艾伟德与雷将军的谈话相对照。倘若林楠的角色里糅合了雷鸣远的白人特征，对艾伟德而言，即有与天主教神父发生绯闻的错觉，即便外人不明所以。但对于有信仰的人而言，

---

① 李宽淑：《中国基督教史略》，北京：社会科学文献出版社，1998年，第336页。
② 《爱中国爱了六十三年的雷鸣远》，载耀汉小兄弟会编《抗战老人雷鸣远司铎》，耀汉小兄弟会印，1947年，第50页。
③ 金良璧：《我的宗教生涯》，《开封文史资料》（第10辑），1990年，第89—90页。
④ 立珊：《抗战老人雷鸣远司铎》，载耀汉小兄弟会编《抗战老人雷鸣远司铎》，耀汉小兄弟会印，1947年，第18页。
⑤ 金良璧：《我的宗教生涯》，《开封文史资料》（第10辑），1990年，第92页。
⑥ 参见金良璧的《我的宗教生涯》，《开封文史资料》（第10辑），1990年；李俊才：《被军统控制、带有宗教色彩的华北督导团》，《西安文史资料》（第11辑），1988年。

无论是艾伟德还是雷鸣远,这些都是极大的冒犯。这或许才是艾伟德至死都耿耿于怀、无法接受《六福客栈》的原因。当然,目前这仍仅是一种推测。

四、走向世界的艾伟德

因着《小妇人》一书的出版以及《六福客栈》的上映,艾伟德真正走向了世界。

电影上映后,艾伟德声名迅速远播,当时欧美人给她写信,只写其名,即可寄达。"《六》片在美上演之后,许多观众深受感动,纷纷写信给这位毕生奉献上帝的小妇人……艾伟德女士告诉记者说:'我先后(上映不过一两个月)收到五六十封美国的来信,我能够看到这些信,先该感谢邮政局,因为许多信上,只有我的名字,而没有地址,这些信我都一一收到。'"[①] 这时的艾伟德在世人眼中有三大形象,"其所在时代里最著名的女传教士、畅销书《小妇人》的主人公以及电影《六福客栈》里的女英雄"[②]。

随着电影的上映,艾伟德创立孤儿慈善机构的经费终于有了着落。根据合同,艾伟德得到影片剧本版权费用的一半,2.5万美元。[③] 甚至在艾伟德去世后,也是因为《六福客栈》的关系,英格丽·褒曼使艾伟德的孤儿院可以按时得到捐款和资助,并为其拉到最为慷慨的捐助人美国联合演出俱乐部。[④] 而且,艾伟德因《六福客栈》而举世瞩目,在台湾也受到了重视,[⑤] 曾得到宋美龄的接见;还多次获得资助,受邀到美国、澳大利亚、英国、新西兰进行

---

① 《〈六福客栈〉片中女主人翁艾伟德赴美布道》,《香港工商日报》1959年2月23日,第3页。
② Ainslie Baker, Troublemakers got a flea in the ear, the Australian Women's Weekly, p. 6, March 15, 1961.
③ 《〈六福客栈〉影片无损艾伟德女士,故事无不道德或性感之处,她可得剧本版税百分五十》,《台湾民声日报》1958年12月25日,第2版。
④ 〔瑞典〕英格丽·褒曼、〔美〕艾伦·伯吉斯:《我的故事:英格丽·褒曼自述》,北京:文化艺术出版社,刘安义、吴忠民译,1983年451页。
⑤ 《蒋夫人接见维持佛哥及艾伟德》,《台湾民声日报》1958年1月5日,第1版。

旅行演讲、布道。不仅令更多的人了解她的生平事业，为其主办的慈善事业募集到所需的资金，也向世界介绍了当时的中国。①

1959 年 4 月，世界展望会（World Vision）邀请艾伟德到美国旅行，为期 9 个月，②筹得 3000 美元。于是在台北木栅保仪路购地 2000 余坪，建平房 3 栋，每栋 10 床，门房、厨房、洗衣房各 1 栋，成立"艾伟德儿童之家"。③

1961 年 3 月，艾伟德在世界展望会的资助下，又去了澳大利亚、新西兰。《堪培拉时报》提前一个月预告其到访的消息，"一个曾为英国女仆的传教士，其在中国的英雄事迹，因为英格丽·褒曼主演的《六福客栈》已为世界所瞩目，下月将访问堪培拉。她就是艾伟德小姐，已成为这个时代的传奇人物。艾伟德小姐现为台湾一孤儿院的主办人，将在访问澳大利亚期间发表一系列的演讲"④。该次旅行，共持续半年时间。⑤

1962 年 5 月，艾伟德再次赴美旅行、布道。⑥1963 年 6 月，艾伟德带着年仅一岁的养子艾启光及秘书波德小姐回到英国，她与养子一同参加了英国广播公司《这就是你的生活》（This is your life）节目的录制，得到坎特伯雷大主教的接见。7 月，还和英国女王伊丽莎白二世一同午餐，其在台湾救济难民、收养孤儿的活动得到女王的赞许。此次英国之行近 6 个月，⑦虽然艾伟德没有对外要求捐款，但还是有很多人为其朴素、动人的故事所打动，主动捐钱给她在台湾的慈善事业，共计 12000 镑。⑧

---

① 《〈六福客栈〉片中女主人翁艾伟德女士赴美布道》，《香港工商日报》1959 年 2 月 23 日，第 3 页。
② 《小妇人艾伟德赴美国布道，明正返台湾》，《台湾民声日报》1959 年 3 月 26 日。
③ 刘星辉：《台北之旅》，《笃志传道会 50 周年纪念特刊》，香港笃志传道会，2008 年，第 10 页。
④ Travelled across Siberia China Heroine will Lecture, the Cumberland Argus, p. 11, 22 February, 1961.
⑤ 《小妇人往澳洲》，《台湾民声日报》1961 年 2 月 24 日，第 3 版。
⑥ 《艾伟德在美做旅行演说》，《台湾民声日报》1962 年 5 月 28 日，第 1 版。
⑦ 《孤儿之母艾伟德到港探访契子契女》，《香港工商日报》1963 年 12 月 17 日，第 6 页。
⑧ The Angel of Yangcheng, by Rose Ho as told to Borghild Larssen, p. 27. 所刊杂志名称不详，或刊于艾伟德去世后某报纸的纪念特刊。（伦敦大学亚非学院藏）

1970年1月3日，因感冒引发肺炎，艾伟德在台北去世，享年67岁。台湾、香港媒体进行了连续多天的密集报道，社会各界对其济贫救孤、从事国民外交工作、贡献国家与社会的精神予以肯定。①

去世10日后，在《六福客栈》中饰演艾伟德的英格丽·褒曼抵达台湾。褒曼在台期间的大部分活动都与艾伟德有关。1月15日，褒曼到艾伟德的住处，对其遗物进行凭吊，"在艾伟德的家中，她仿佛到了一位相交多年的故友家中，她曾拿着一帧艾伟德穿着中国服装的遗照，端详良久……在一个小时五十分钟的逗留中，她一件件的看，抚摸，讨论，探问艾伟德生前的事物，她对艾伟德一生从事抚育孤儿的事，深表敬佩"②。1月16日，褒曼到艾伟德儿童之家（孤儿院），与孤儿们一同唱歌、游戏，欣赏了孩子们为她表演的节目。并到美军顾问团，聆听艾伟德生前布道的录音，曾默默地沉思。③此外，褒曼不仅为孤儿院捐了款，还去了一家百货公司购买了大批的碗、匙、电锅和许多电器用品，赠送给"儿童之家"，以表示对小妇人的敬意。④1月21日，美国报纸对褒曼在台湾怀念艾伟德的经过进行了报道。⑤

5月，回到英国后的褒曼，与伯吉斯以及台北艾伟德儿童之家院长史可梅（Kathleen Langton Smith）一同制作了一档节目《艾伟德的最后时光》，以纪念艾伟德的一生。其中伯吉斯追溯了自己与艾伟德接触的情况；纪录片中艾伟德的饰演者希尔雅·约翰逊也回忆了对艾伟德的印象，"她举止非常得体，很机智……她个子虽然很小，但能量很大，精力充沛，有决断力"。

---

① 《小妇人艾伟德墓地：希望能朝向大陆纪念其生前服务》，《香港工商日报》1970年1月6日，第3页；另见叶云文：《悼念挚爱中国的艾伟德女士》，《香港工商日报》1970年1月10日，第3页。
② 《英格烈褒曼在台北凭吊小妇人遗物》，《华侨日报》1970年1月15日，第2页。
③ 《影后英格烈褒曼推崇蒋夫人伟大聆听小妇人遗音无限感慨》，《华侨日报》1970年1月17日，第2页。
④ 《影后英格烈褒曼访台》，《华侨日报》1970年1月23日，第3页。
⑤ Andrew Headland, Ingrid Bergman visits home of real heroine, *Stars and Stripes*, 21 January, 1970.

褒曼则称"去了艾伟德工作的地方，被介绍给孤儿以及所有艾伟德的朋友，是我一生中最为感动的经历之一"。①

逝世的艾伟德越来越为世人所关注，逐渐成为许多人眼中20世纪以来甚至近代以来最杰出的女性之一。

1974年，英国学者理查德·加特勒推出了一部名为《女英雄列传》（*Piccolo Book of Heroines*）的书，为近代以来各行各业中涌现出的杰出女性撰写了简明扼要的小传，收入的女性包括：18世纪帮助过英王查理二世的苏格兰女英雄弗洛拉·麦克唐纳；开启现代护理事业、创立现代护理教育的英国人南丁格尔；第一次世界大战中因掩护盟军逃离而被德国处死的英国护士艾迪斯·卡维尔，其事迹多次被拍成电影、戏剧以及电视节目；英国女权运动的代表人物埃米琳·潘克赫斯特；第二次世界大战中极为著名的《安妮日记》的作者安妮·弗兰克；以及世界上首位女宇航员苏联人瓦莲京娜·捷列什科娃等，艾伟德也身在其中。②

1975年，时值国际妇女年，联合国要求各成员国切实促进男女间的平等，发挥女性在经济、社会和文化上的作用。在许多国家，为了纪念这一事件，发行了特别邮票。塞舌尔发行的系列邮票，包括伊丽莎白一世、南丁格尔，以及罗斯福夫人等，艾伟德也在其中。③

此外，作为宗教界从事社会服务的杰出代表，艾伟德也曾被人与特蕾莎修女并列在一起，以期对改变世俗、教育孩童发挥作用，"许多宗教上的信仰与动机，引导世俗行为的变化，涌现出好的作品，像特蕾莎修女和艾伟德那样独特的人所表现出强烈地服务社会的叙事，被时不时地讲给新读者听，

---

① Peter Gillman, Gladys Aylward: the last chapter, *Radio Times*, p. 14, 14 May, 1970.
② Richard Garrett, *Piccolo Book of heroines*, London: Pan Books, 1974.
③ http://www.europeana.eu/portal/record/2021624/atria_zoek_ext_zoek_jsp_res1_priref_1889_res2_localhost_8080_solr_core22.html?start=10&query=*%3A*&startPage=1&qf=DATA_PROVIDER%3A%22Atria%2C+Institute+on+Gender+Equality+and+Women%27s+History%22&qf=TYPE%3AIMAGE&qf=YEAR%3A1975&qt=false&rows=24, 2015.10.20.

她们的经历与模范化的生命，常被重新书写，用于教育孩子"①。

甚至晚近以来有学者特别强调其女性主义的一面，"有些女性可能不被视为女性主义者，但是像艾伟德等人的开拓精神，还是和基督教的女性主义有关"②。作者将艾伟德与 Ebay 的 CEO Meg Whitman，以及 2004 年诺贝尔和平奖获得者马塔伊（Wangari Matthai）等并列，探讨她们所展现的个人热情、能量、创新能力，以及在革除陋俗、塑造和平、社会变革以及商业等突出贡献上所展现的领导力。③

五、结论

艾伟德从一个默默无闻的女传教士，逐渐被誉为 20 世纪最伟大的女传教士，甚至到被视为近代以来最杰出的女性，这一转变有着极为特殊的时代背景。

经历二战的欧洲，百废待兴。1949 年，BBC 制片人伯吉斯制作了名为"不可战胜的人——战后英雄返乡记"（the undefeated about war heroes return home）的节目，这一名称恰好说明当时社会对"英雄"的心理需要。而经过以 BBC 为代表的英国媒体的发掘，艾伟德迅速成为公众人物。

需要指出的是，20 世纪五六十年代，基督教信仰在西方尤其是在英美社会中仍具有较为重要的地位。艾伟德当时接到大量的邀请到各地演讲、布道，而主要场所就是教堂，即为证明。

1957 年，伯吉斯的《小妇人》出版，迅速成为畅销书。初在 Evans Brothers 公司发行，发行量不详。同年 3 月又在 E. P. Dutton & Co. Inc（New

---

① David Nash, *Christian Ideals in British Culture: Stories of Belief in the twentieth Century*, Palgrave Macmillan, 2013, pp. 44-45.
② C. A. Borrowdale, *In Search of a Feminist Theology of work*, Durham University, 1988.
③ Diane Chandler, What women bring to the exercise of Leadership, *Journal of Strategic leadership*, vol. 3, no. 2, 2011, pp. 1.

York）出版，并在 4 月、11 月有过两次重印。① 至 1971 年，《小妇人》在该社共印行 12 次。该书题名页里的"作者介绍"中这样称，"艾伦·伯吉斯，畅销书作家，促使电影《六福客栈》的拍摄"②。1958 年，根据该书改编的电影《六福客栈》上映，除为艾伟德带来主持孤儿院所需的经费支持以外，还使她获得多次在英、美（加）、澳、新等地旅行传教的机会，迅速为整个西方世界所熟知。

在艾伟德去世后，她留给世界的形象已经不限于基督教，甚至被认为是 20 世纪最为杰出的女性，则有女性地位提高的社会背景。

---

① Allan Burgess, *The Small Woman*, New York: Pan Books Ltd, 1957.
② Allan Burgess, *The Small Woman*, London Sydney and Auckland: Pan Books Ltd, 1971.

明清易代之际的方志编纂与地方社会

——以浑源州为例

曾 伟*

明清易代之际作为社会剧变的特殊历史时期，对这一时期的研究有颇多学者的关注。陈春声通过潮州的个案，将"倭乱"和"迁海"两个时期问题联系起来进行考察，揭示地方社会变迁的内在逻辑和过程。① 岸本美绪通过"后十六世纪问题"的提出，将清代的历史纳入整个东亚史乃至世界史的范围内进行考察。② 赵世瑜主张从区域社会史角度整体去看明清易代的问题。③ 作为区域社会史研究的基本材料，地方志的纂修在讨论明清易代问题上，无疑具有相当的代表性。地方志是记录一定区域内自然和社会各个方面的历史与现状的综合性著述。④ 现存明清两代地方志的数量，在古方志中占据了绝对优势。⑤ 广义的地方志，包括了以行政区域为界的省、府、州、县志，也包括了记载山水景观的山志。近年来不少学者从区域社会文化史角度将地方志作为文本进行研究，关注地方志编纂中的话语表述、文本权力和族群关系。程美宝通过对清末广东乡土教材的研究，表明地方精英通过编写乡土教

---

* 曾伟，山西大学中国社会史研究中心副教授。
① 陈春声：《从"倭乱"到"迁海"：明末清初潮州地方动乱与乡村社会变迁》，载《明清论丛》（第二辑），北京：紫禁城出版社，2001年。
② 〔日〕岸本美绪：《"后十六世纪问题"与清朝》，《清史研究》2005年第2期。
③ 赵世瑜：《"不清不明"与"无明不清"——明清易代的区域社会史解释》，《学术月刊》2010年第7期。
④ 来新夏：《方志学概论》，福州：福建人民出版社，1983年，第1页。
⑤ 根据来新夏先生的初步估计，清代地方志占我国古地方志总数的80%以上。参见来新夏：《方志学概论》，福州：福建人民出版社，1983年，第1页。

材，重新界定国家与地方的关系，并通过掌握话语权，来捍卫自身的利益。①谢宏维通过晚清民国万载地方志的分析，展示了地方士绅如何借助地方志的纂修，表达其对地方历史的话语权和解释权，由此可见不应将地方志仅仅视为地方历史的客观记录，更要看到地方文献建构的过程，这本身也是地方历史的重要组成部分。②李晓方通过对明清《瑞金县志》的考察，发现明清时期瑞金县地方志的编纂掌握在数个具有密切姻亲关系的大族手中，主导了地方社会的话语权，由此提出地方志"族谱化"的问题。③上述研究的基本预设是地方精英阶层掌控了地方社会经济文化的命脉，并借助地方志的纂修，通过国家话语的表达，实现对地方历史话语权的掌握和操控。其极端的情形甚至是将地方志由公器变成私属，沦为私家谱牒之附属。由此提醒我们不应将地方志视为客观历史的记录，更要关注文本编纂背后的权力文化关系。然而，在宗族组织并不发达和地方精英稀少的北方边塞地区，鲜少祠堂的营建和文集的编著，更毋论族谱的编修。那么，在明清易代这一特殊历史时期，北方边塞地区的地方志纂修是如何进行的？张继莹通过对《偏关志》版本源流的考察，指出该书经历了清代以来私修手稿的形式保存与流传，并最终在民国初年刊刻的过程。从而探讨明清易代之际，地方士绅通过地方志的编纂，隐没当地明清之际投降和反复的历史，保留地方历史的线索，寓褒贬于隐秘的史笔。④然而作者并未对明清易代之际地方志编纂的情形进行深入讨论。本文从历史文献的解读出发，以浑源州为个案，探讨明清易代之际方志编纂与地方社会的互动关系。

浑源州即今之浑源县，位于山西东北部，面积1966平方公里，东接广灵，西毗应县，东南以恒山与灵丘、繁峙分界，北面与大同、阳高相连。万

---

① 程美宝：《由爱乡而爱国：清末广东乡土教材的国家话语》，《历史研究》2003年第4期。
② 谢宏维：《文本与权力：清至民国时期江西万载地方志分析》，《史学月刊》2008年第9期。
③ 李晓方：《地方县志的族谱化：以明清瑞金县志为考察中心》，《史林》2013年第5期。
④ 张继莹：《只恐遗珠负九渊：明清易代与〈偏关志〉书写》，《明代研究》第27期，2016年12月。

历《浑源州志》（以下简称万历志）称浑源是"居并代之间，俯云朔之塞，恒岳表于《禹贡》，呕夷述于职方，八山环拱而风气聚藏，八水交流而金汤奠丽，号曰神川"①。浑源州地方志的纂修，始于宋建炎、绍兴年间朱弁纂《浑源州记》，凡九修，现存最早最完整的是顺治十八年（1661）纂修的《浑源州志》（以下简称顺治志）。②与此同时，浑源州境内的恒山，即五岳之中的北岳。五岳之中泰山、华山、衡山、嵩山各有专志，均为地方士绅或显宦所编，唯独明清以来的《恒山志》编纂，与浑源州地方志的纂修有密切关系，构成了山志与州县志密切的互动关系。③万历志的编纂者，已经将境内的恒山视为五岳之一，志中开篇就写道："云中四州，浑源独称胜也。以在恒山下也，恒山为五岳之一，与泰、华、衡、嵩雄镇宇内。"④顺治十七年（1660）清王朝确立了北岳移祀浑源，次年《恒岳志》纂修完成。⑤在时间上，顺治《恒岳志》的纂修与顺治志同步，自此山志与州志同修，成为浑源州的惯例，这在清代方志编修案例中十分罕见。笔者希望借由顺治《恒岳志》和《浑源州志》的考察，配合其他地方文献的解读，对明清易代之际的

---

① 万历《浑源州志》卷1《形胜》，第3页。
② 祁明：《同朔地区历代地方志编纂、收藏事略》，《雁北师院学报》（文科版）1995年第1期，第26页。现存明代浑源州地方志有，弘治六年（1493）董锡修、杨大雍纂《浑源州志》（存卷五）和万历三十九年（1611）赵之韩修、王浚初纂《浑源州志》，笔者仅在犹他家谱网见到万历《浑源州志》的第一卷。参见刘纬毅：《山西文献总目提要》，太原：山西人民出版社，1998年，第159—160页。
③ 有关山志的研究有：张群：《南岳山志研究》，武汉大学历史系博士学位论文，2013年；张群：《近三十年山志研究述评》，《湖南工程学院学报》2015年第4期；杜玉玲：《康熙时期庐山的文化建构》，《南昌大学学报》（人文社会科学版）2015年第1期；李凭：《评山西的三部方志》，《五台山研究》1985年第1期等。
④ 万历《浑源州志》卷1《凡例》，第1页。
⑤ 有关北岳移祀的问题，参见牛敬飞：《从曲阳到浑源：北岳移祀过程补考》，《中国历史地理论丛》2009年第4期；《经典的屈从：北岳移祀的知识史考察》，《历史地理》2011年第1期；《明代北岳信仰转移及其军事背景》，《宗教学研究》2015年第1期；齐仁达：《明清北岳祭祀地点转移之动态考察》，《史学月刊》2009年第9期；李婧：《明清北岳改祀的原因和对浑源地方的影响》，山西大学历史系硕士学位论文，2012年。

浑源州地方社会进行初步研究。

一、重建礼教秩序——顺治《浑源州志》的纂修

明清易代之际，浑源州经历了明军、农民起义军和清军的反复争夺和拉锯。①顺治五年（1648）大同总兵姜瓖起兵反清。浑源州守备唐虎附姜瓖为乱，软禁知州荣尔奇，并于顺治六年（1649）将其杀害。同年三月，清军克复浑源城，州境归附清朝版图。经过"姜瓖之乱"后的浑源州"城中黎庶屠戮八九，妇女半为俘获，房舍焚拆几尽，乡村搜掠一空，兵燹之惨，未有甚于此者"②。加之明末清初，州境内频繁的自然灾害，更加剧了兵灾之祸，人口急剧锐减。③万历四十年（1612）浑源州人口有1379户，12121口（含男子、妇女），至顺治十六年（1659）仅剩154户，3205口。④对于民生凋敝，满目疮痍的地方社会而言，已经没有更多的经费来支持地方志的纂修。因此，顺治《浑源州志》的纂修是知州张崇德本人独力出资完成，并没有动用民间捐助。⑤张崇德，字懋修，辽东籍永平府昌黎县人（一说为北平人），顺

---

① 乔志强：《山西通史》，北京：中华书局，1997年，第449—460页。
② 顺治《浑源州志》下卷《叛逆》，载《中国地方志集成·山西府县志辑》，南京：凤凰出版社，2005年影印本，第七册，第236页。
③ 顺治《浑源州志》下卷《灾异》，载《中国地方志集成·山西府县志辑》，南京：凤凰出版社，2005年影印本，第七册，第234—235页。地方志记载：天启六年（1626）夏六月地震，崇祯二年（1629）大饥，崇祯十六年（1643）大疫，顺治三年（1646）蝗灾，顺治十四年（1657）秋九月地震，顺治十七年（1660）旱，顺治十八年（1661）地震。
④ 顺治《浑源州志》上卷《户口》，载《中国地方志集成·山西府县志辑》，南京：凤凰出版社，2005年影印本，第七册，第176—177页。根据顺治《浑源州志》记载，顺治十五年至十七年，招徕复业人丁有272丁，而根据招垦土地记录信息显示，顺治十五年（1658）招垦荒地19.19顷，顺治十六年（1659）招垦荒地127.27顷，顺治十七年（1660）招垦荒地4.39顷，总计有150.85顷，人均耕种面积达0.55顷，按照当时的生产力水平，显然是不可能完成的，因此清初的人口统计当中应当有隐漏的情形。
⑤ 赵开祺：《浑源州志后序》，见顺治《浑源州志》，载《中国地方志集成·山西府县志辑》，南京：凤凰出版社，2005年影印本，第七册，第151页。

治十五年（1658）以渭南令陞任浑源州知州。① 辽东是清王朝的龙兴之地，从这里出来的官员，对清王朝更有认同感，也更容易被清朝统治者委以重任，派往各地担任地方军政首脑。② 在浑源州任职期间，张氏多有德政，地方志中记载如下：

> 公实心任事，明敏有为。自下车来，问民疾苦，培士风、振颓俗，清刑简政，公赋平徭，捐资籴米，施饘赈济饥民。禁革里马里夫，苏民力，剔积弊，设立义仓，捐俸籴谷贮备救荒。囹圄空虚，无疑狱、无冤民。因虑城关不属，创立顺成街市集，贸易者聚，流移者来，逃逋者复，荒芜者垦，熙熙然大治焉。捐己资修恒庙，理衙舍，建玉阁，兵燹后焕然一新。本朝荣守因姜逆之变殉难死节，力请上台配入名宦。州志、恒志，城破无存，捐金修辑。凡兴利除害，靡不留心，邑人德之，而愿借寇者也，立石文庙以颂焉。③

这段关于知州张崇德的记载是以王躬正为首的一批庠生撰写的，而他们正是顺治志的采辑人员，现整理如下：

表24　顺治《浑源州志》纂修名单

姓名	身份	志局任职	姓名	身份	志局任职
张崇德	知州	纂修	赵开祺	延安府推官	参订
刘芳俊	儒学学正	校阅	李亨	庠生	采辑

---

① 顺治《浑源州志》上卷《职秩志》，载《中国地方志集成·山西府县志辑》，南京：凤凰出版社，2005年影印本，第七册，第173页。

② 根据乾隆《浑源州志》的统计，顺治年间，浑源州的知州共有6位，来自辽东或辽东籍者有5人，占绝对优势。参见乾隆《浑源州志》卷5《职官》，载《中国地方志集成·山西府县志辑》，南京：凤凰出版社，2005年影印本，第七册，第321—322页。

③ 顺治《浑源州志》上卷《职秩志》，载《中国地方志集成·山西府县志辑》，南京：凤凰出版社，2005年影印本，第七册，第173页。

续表

姓名	身份	志局任职	姓名	身份	志局任职
徐有德	贡生	采辑	常启明	庠生	采辑
李达	贡生	采辑	杨震亨	庠生	采辑
王躬正	庠生	采辑	李映蔚	庠生	采辑
宋运鸿	庠生	采辑	张亮熙	庠生	采辑
阎佳凤	庠生	采辑	刘国盛	庠生	采辑

资料来源：顺治《浑源州志》卷上，第2页。

庠生即州县学的生员，是地方社会知识阶层的代表，更被地方官员视为"读书种子"。早在万历志的编纂中，就借助了生员参与地方志的纂修，只是他们的工作不是采辑资料，而是对方志的校正。万历志中参与校正的庠生有8名，其中翟玩、翟玑均为乡贤翟廷楠之子。①让庠生参与地方志资料采辑，既体现了易代之际地方政府搜集地方文献，体察民情的努力，也具有笼络地方知识分子，振兴文化的象征意义。正如张崇德在《纂修州志行学询采事迹帖文》所言：

> 矧今山河虽故，玉步已更，时势相悬，风景不一，兴废存亡之升输，因革损益之殊途，因阙而阙，胡以佐代将之观风；由讹传讹，奚以副循良之古镜，则修举为今日之要务。……该学才雄绣虎，穷金匮之秘藏；崇擅雕龙，储木天之伟抱。著作草玄，堂绍扬雄之美迹；校书天禄，阁继刘向之芳踪。展大有为之才，建三不朽之业。②

---

① 顺治《浑源州志》下卷《贡选》，载《中国地方志集成·山西府县志辑》，南京：凤凰出版社，2005年影印本，第七册，第198页。万历志中参与地方志校正的8名庠生，有7人列入贡选，几乎都授予官职，分别是：白尚焕，授太原府教授；陈憬，授饶州府通判；张复纯，授鄢陵县教谕；翟翔，授洪洞县教谕；翟玩，授太原府训导；翟玑，不详；黎民化，授曲沃县教谕。

② 张崇德:《纂修州志行学询采事迹帖文》，参见顺治《浑源州志》下卷，载《中国地方志集成·山西府县志辑》，南京：凤凰出版社，2005年影印本，第七册，第241页。

这些州学生员，在参与编纂地方志的过程中，通过整理地方文献、挖掘本地历史文化，使他们日后逐渐成为地方文化的代表和中坚力量。如庠生中的刘国盛当时就进入地方志的人物志中，顺治志的记载如下：

> 国朝刘国盛，州学生，好善乐施，周贫济困，有古义士之风。……予甚嘉之，以为积德施仁，必昌其后，赠以匾曰"迈种高门"，聿彰其义。①

可以说，张氏纂修地方志行为本身，就起到了宣扬风化的表率作用，培养了一代士风。庠生中的李亨、宋运鸿、张亮熙成为贡生，其中宋运鸿授盂县训导。②这些人显然都成了地方精英。当然，未载入地方志者，未必都是籍籍无名之辈。如常启明出身书香门第，精通制义，家学渊源深厚，他的曾孙常康侯就是浑源籍名宦栗毓美的恩师。③诚如万历志所言："州不乏甲榜，而最显者不尽甲榜中人也。"④通过方志的纂修，为地方社会发现和培养了一批优秀人才。

同时，方志的纂修保存了地方历史，也让我们看到了张氏重建社会秩序的良苦用心，如振兴文教、复兴礼乐、公平赋役和稳定秩序等。这些举措及其影响，在顺治志中得到了体现。顺治志纂修之时，旧志因兵燹蹂躏"锲梓遗失"，因此不得不重新刻版印刷。⑤方志雕版的遗失，并不等于地方志的亡

---

① 顺治《浑源州志》下卷《义侠》，载《中国地方志集成·山西府县志辑》，南京：凤凰出版社，2005年影印本，第七册，第202页。
② 乾隆《浑源州志》卷5《科目》，载《中国地方志集成·山西府县志辑》，南京：凤凰出版社，2005年影印本，第七册，第316—317页。
③ 栗毓美：《常康侯公教泽碑》，载《三晋石刻大全·浑源卷续编》，太原：三晋出版社，2015年，第147页。
④ 万历《浑源州志》卷1《选举志》，第36页。
⑤ 顺治《浑源州志》《凡例》，载《中国地方志集成·山西府县志辑》，南京：凤凰出版社，2005年影印本，第七册，第155页。根据对万历志和顺治志的版本考察，万历志每半页有10行，是每行满行20字，顺治志每半页10行，每行满行24字，由此可以认为两版地方志并不是用同一块版，顺治志为单独刻版印刷。同时，根据顺治《恒岳志》版刻分析，该志也是每半页10行，满行24字，因此笔者推测顺治《浑源州志》和《恒岳志》当为同时刻版印刷。

佚，只是"篇简断残"未得完璧而已。因此，在编纂过程中知州张崇德在动员生员搜集地方志资料时，要求尽可能做到"虽寸长而并录，即一得以兼收"①。并通过征访故老贤士"积而成帙"。同时在纂修原则上，张崇德坚持"古昔之所已载者不敢益而亦不敢损，今日之所宜载者，不敢讳而亦不敢遗"②。其言外之意也表明不宜载的内容，通通不予收录。仅以艺文的采录为例，"艺文惟志纪实事、咏古迹者，如褒纶、憨册、堂记、墓铭宜在家藏，无关邑乘，削而不录"③。可以说顺治志的成书过程中，对搜集的文献进行了有意的筛选和删削。相较于前朝旧志，尤其是万历志，顺治志则多有沿革和新创。

首先是舆图，顺治志的舆图包括疆域图、城池图、州治图和学宫图，与万历志如出一辙。所不同者，仅在于州治图中州衙的"牧爱堂"更名为"岂弟堂"，"望云楼"改名为"耀德楼"。"岂弟"语出《诗经·小雅》"岂弟君子，无信谗言"；"耀德"语出《国语·周语》"先王耀德不观兵"。表明张氏上任之后，意在致力于修养德行和宣扬德化。

其次是体例的新增，万历志总共有九志，计两卷。而顺志治则计有十志，分上下两卷。现将万历志与顺治志的体例比较，列表如下：

表25　万历志与顺治志体例比较

万历《浑源州志》	顺治《浑源州志》
舆地志（沿革、分野、疆域、形胜、山川、风俗）	舆地志（星野、山川、沿革、里社、风俗）
建置志（城池、州治、学宫、坛庙、公署、坊表、里社、堡寨、关市、亭堠、津梁、丘墓）	封建志（城池、州治、坛堼、关梁）

---

① 张崇德：《纂修州志行学询采事迹帖文》，参见顺治《浑源州志》下卷，载《中国地方志集成·山西府县志辑》，南京：凤凰出版社，2005年影印本，第七册，第241页。
② 张崇德：《浑源州志叙》，参见顺治《浑源州志》上卷，载《中国地方志集成·山西府县志辑》，南京：凤凰出版社，2005年影印本，第七册，第148页。
③ 顺治《浑源州志》《凡例》，载《中国地方志集成·山西府县志辑》，南京：凤凰出版社，2005年影印本，第七册，第155页。至于顺治志中删除了哪些内容，因没有更多的文献资料佐证，不得而知。

续表

万历《浑源州志》	顺治《浑源州志》
食货志（户口、田赋、丁赋、物产）	职秩志（牧守、广文、守备）
兵政志（兵籍、屯田、器械、方略）	赋役志（户口、田赋、起存、归并、课程）
职官志（官制、题名、宦迹、世胄）	学校志（庙学、乡饮）
选举志（荐辟、进士、乡举、岁贡、封荫、例贡、武举）	选举志（荐辟、甲第、封荫）
人物志（乡贤、寓贤、孝行、贞烈）	人物志（贤哲、忠孝、贞烈）
艺文志（集文、集诗）	兵戎志（兵制、教场）
丛纪志（古迹、寺观、技艺、灾异、兵变、公移）	艺文志（碑记、序传、祝词、诗赞）
	丛纪志（灾变、古迹、技艺、侨寓、叛逆、兵燹、公移）

通过两志的比较可以看出，顺治志在体例上也多沿袭了万历志，所不同者在于将原附于建置志内的学宫，单独析出，与乡饮共同构成了独立的学校志，至此由九志变成十志。之所以特地增加学校志，意在"右人文"。同时将久已失载的诸多礼制搜集起来，以达到"明典礼教化"的目的。[①] 顺治初年，知州郎永清将学宫修葺一新，"牌主饰以金朱，牖壁垩以丹粉，池桥环以雕墙"。而张氏任内，则"修饰其□□之门，易以朱雀凌霄之样"。学宫因此灿然改观。[②] 学宫的重修，尚属外貌的改观，更严重的问题是"州县学校久为旷废，竟无稽古礼而复旧制者"。甚至在礼乐中"用优伶夫侏儒，乃匪人筂箪，非华乐"[③]。因此，比重建学宫更紧迫的任务，是重新恢复学宫的祭仪和乐章，重建礼乐制度。诚如志中所言："俾泮宫礼乐、仪器展卷了然，

[①] 顺治《浑源州志》《凡例》，载《中国地方志集成·山西府县志辑》，南京：凤凰出版社，2005年影印本，第七册，第155页。

[②] 顺治《浑源州志》上卷《庙学》，载《中国地方志集成·山西府县志辑》，南京：凤凰出版社，2005年影印本，第七册，第184页。

[③] 顺治《浑源州志》上卷《乐章》，载《中国地方志集成·山西府县志辑》，南京：凤凰出版社，2005年影印本，第七册，第192页。

名氏位序晰如指掌，言虽谶谴，意非诞妄，或于崇儒正礼有小补云。"①

礼乐制度重建的另一项工作，即为乡饮酒礼的恢复和乡约的强调，意在突出耆老和乡约的社会教化和道德感召之功，地方志中对饮仪和乡约仪式的记载，其用意正在于此。顺治九年（1652）清政府仿效明太祖朱元璋"圣谕六言"，颁布"孝顺父母、尊敬长上。和睦乡里，教训子孙。各安生理，勿作非为"的教民六谕。顺治十六年（1659），设立乡约制度，讲解六谕原文，设约正、约副为讲解人员。②每月朔望令约正约讲在所振铎讲训，官吏士民，咸集拱听。然而，在浑源州乡约制度并没有得到很好的执行。至张崇德到任时，乡约已久废不行，只有约正、约副六名，宣讲乡约的地点也由旌善亭、申明亭改在了永安寺和城隍庙内。③对于乡饮和乡约存在的意义，张氏的理解是"义虽近庸行庸言，然孝友姻睦恤任之道备焉，三物六礼七教八政之法存焉，移风易俗，治国平天下，道莫要乎是"④。当然，乡约和耆老的作用不仅是仪式上的宣示，还负有具体的地方事务，如恒山每年朝山的香税就是由乡约和耆老共同监收。⑤

最后，忠孝观念的强调。顺治志的人物志增加了"忠孝"条，在前言中编者强调"忠孝本于天性，故仗节弗辱朝廷之令，□孤不惮鞠瘁之劳，力尽而身陨，危城国败则义明绝域"⑥。忠孝人物中，明代王诚、石鼐和孙震原载于万历志中的"孝行"，张汝舟原本见诸万历志"乡贤"，此处则单独抽出附

---

① 顺治《浑源州志》上卷《乐章》，载《中国地方志集成·山西府县志辑》，南京：凤凰出版社，2005年影印本，第七册，第192页。
② 光绪《大清会典事例》卷397《礼部·风教·讲约一》，转引自常建华：《国家认同：清史研究的新视角》，《清史研究》2010年第4期，第9页。
③ 顺治《浑源州志》上卷《乡约》，载《中国地方志集成·山西府县志辑》，南京：凤凰出版社，2005年影印本，第七册，第195页。
④ 同上。
⑤ 邓源瀇：《恒山永革陋规碑记》，康熙六年（1667）八月立于恒山飞石窟，参见《三晋石刻大全·浑源县卷》，太原：三晋出版社，2013年，第103页。
⑥ 顺治《浑源州志》下卷《忠孝》，载《中国地方志集成·山西府县志辑》，南京：凤凰出版社，2005年影印本，第七册，第201页。

入忠孝传中。他的事迹是任顺天大城县令时,孤力守城,城破后仍坚持巷战,与其子同时遇害。死后得赠光禄寺丞,赐祭葬。①意在强调民众对王朝的忠诚。

与忠孝对立者是叛逆,附入"丛纪志"中。在顺治志中,"丛纪"的创立意在收录"诸志之所不收,又不可不收者,纪其变,而记其余"。乱贼叛逆者属于"心性之变"。②列入叛逆的人物,明代有朱克灼,代藩宗人,嘉靖二十四年(1545)勾结北狄入寇内地。③清代则有唐虎和方应祥两人。唐虎,陕西人,顺治四年(1647)任浑源州守备,④追随姜瓖作乱。方应祥,为宝峰寨人,系明乐府宗室,姜瓖之乱中,受副将伪札,协守浑源。方氏劝降知州荣尔奇归顺,荣氏不从,被唐虎砍杀重伤,并因于玄帝庙,在多次劝降未果的情形下,被贼众杀害。清军围剿浑源城,方应祥力战被杀,唐虎自焚而死。⑤虽同为叛逆,作为官员的唐虎与作为前朝宗室的方应祥却有不同的表述,对于乱贼的方应祥,志书不惜用最露骨的语言表达极端的仇恨,"方应祥等以幺□数子,谋为不轨,弑杀州刺,抗拒王师,造祸黎庶,辜恶通天,神人愤怒,即身膏斧锧,殄绝噍类,犹未蔽辜。……若辈之白骨而齑粉之,犹未足释恨也"。而对于前守备唐虎则用的是"其罪当诛,其心更可磔也"。以此书于志乘,"俾遗臭于后世,兼以儆天下之为人臣而怀二心者,便知为口诛笔伐之所不宥也"。⑥志书既有"叛逆"的设立,对于明清易代之际

---

① 顺治《浑源州志》下卷《忠孝》,载《中国地方志集成·山西府县志辑》,南京:凤凰出版社,2005年影印本,第七册,第202页。
② 顺治《浑源州志》下卷《丛纪志》,载《中国地方志集成·山西府县志辑》,南京:凤凰出版社,2005年影印本,第七册,第234页。
③ 顺治《浑源州志》下卷《叛逆》,载《中国地方志集成·山西府县志辑》,南京:凤凰出版社,2005年影印本,第七册,第236页。
④ 顺治《浑源州志》上卷《守备》,载《中国地方志集成·山西府县志辑》,南京:凤凰出版社,2005年影印本,第七册,第175页。
⑤ 顺治《浑源州志》下卷《叛逆》,载《中国地方志集成·山西府县志辑》,南京:凤凰出版社,2005年影印本,第七册,第236页。
⑥ 顺治《浑源州志》下卷《叛逆》,载《中国地方志集成·山西府县志辑》,南京:凤凰出版社,2005年影印本,第七册,第236页。

的战乱中"百姓屠戮殆尽"的责任,便归咎到这些人身上。同时,在"姜瓖之乱"中被杀害的浑源州知州荣尔奇得到了褒扬。荣氏在浑源州任时,"刚毅明达,字民岂弟慈祥,法简刑清,爱人造士",在百姓中有很好的声望,因此在他被叛军杀害后,由本州的生员恭请,知州张崇德上奏旌表入祀名宦祠。①

可以说,通过顺治志的解读,我们可以看到易代之际地方官振兴文教、恢复礼制、繁荣经济、改善民生以及重建社会秩序的种种努力,甚至被地方士绅视为再造浑城之功。②地方志的编纂者,也希望后来者能够"披卷而指者曰:浑之土地如是,浑之人民如是,浑之忠臣、孝子、义夫、节妇,以迄乎时势殊异,事物变迁又如是,是亦眉列而展卷而可以瞭然者"③。

二、重构国家认同——恒岳祭祀问题的考察

早在明代,浑源州地方官员在纂修州志时,便有意收集与恒山相关的艺文,其篇幅几乎达到了州志的一半。这些诗文的收集,为山志与州志的分离,实现山志的独立编修,提供了基本资料。至万历年间,知州赵之韩与王漘初终于同时完成了万历年间的《恒岳志》和《浑源州志》的纂修。④为此万历志的修志凡例写道:

---

① 顺治《浑源州志》上卷《牧守》,载《中国地方志集成·山西府县志辑》,南京:凤凰出版社,2005 年影印本,第七册,第 172 页。
② 张崇德:《申请荣守配祀名宦详》,参见顺治《浑源州志》下卷《公移》,载《中国地方志集成·山西府县志辑》,南京:凤凰出版社,2005 年影印本,第七册,第 240 页。
③ 顺治《浑源州志》《叙》,载《中国地方志集成·山西府县志辑》,南京:凤凰出版社,2005 年影印本,第七册,第 148 页。
④ 顺治《浑源州志》上卷《职秩志》,载《中国地方志集成·山西府县志辑》,南京:凤凰出版社,2005 年影印本,第七册,第 172 页。顺治《恒岳志》卷中,第 59 页,收录王漘初所撰《恒岳志旧序》,表明万历年间《恒岳志》已经得以纂修,王漘初即东阁大学士山阴王家屏之长子。

>恒山为五岳之一，与泰、华、衡、嵩雄镇宇内。泰、华、衡、嵩皆有志，恒独无，灵迹高文杂见州志几半帙。夫核故实、稽善败，宜专志州；纪神异、考秩祀，宜专志岳。离之则双美，合之则两伤也。①

这段修志凡例中，透露了两条信息：第一，至万历时期，在浑源人的观念中，境内的恒山已经是与泰山、华山、衡山和嵩山齐名的五岳中之北岳；第二，从方志的编纂来看，由于与恒山相关的艺文大量存在，已经到了占据地方志大半篇幅，势必在体例上打破原有方志的格局，独立成帙，此所谓"离之双美、合之双伤"的原因所在。当然由于明代仍遵循曲阳为北岳正祀所在，始终未承认浑源的恒山为北岳，因此万历《恒山志》中仍收录《曲阳岳庙诗》附于卷末。赵之韩后因"以非罪罢"，《恒山志》最终在张述龄知州任内刊刻完成。张述龄，字九鹤，生卒年不详，衡阳县举人。在浑源州任内，栽种官道树木，创建恒岳行宫、泰山庙、文昌阁、魁星楼等，后郡人塑像文昌阁中祭祀。②这位来自南岳的地方官，明白《恒山志》刊刻，对于浑源州的巨大意义，玉成此事，在山志编纂历史上可称佳话。

顺治十七年（1660）清政府确立浑源为北岳正祀所在，次年知州张崇德捐资纂修《恒岳志》完成。③顺治《恒岳志》在体例上仍参照了前代志书，分为三卷十五目，各卷分别为上卷《星纪》《山纪》《庙纪》《祀纪》《事纪》《岳纪》；中卷《物纪》《游纪》《仙纪》《文纪》《碑记》《祭文》《考辨》，下卷《疏纪》《诗纪》。④相较于万历《恒岳志》二卷十一目，顺治版在沿革万历版的前提下，增加了一卷四目，即《碑记》《祭文》《考辨》《疏纪》四目为新

---

① 万历《浑源州志》卷首《凡例》，第1页。
② 顺治《浑源州志》上卷《牧守》，载《中国地方志集成·山西府县志辑》，南京：凤凰出版社，2005年影印本，第七册，第172页。
③ 顺治《浑源州志》上卷《牧守》，载《中国地方志集成·山西府县志辑》，南京：凤凰出版社，2005年影印本，第七册，第173页。
④ 顺治《恒岳志》刊刻于顺治十八年（1661）。知州张崇德在序言中，提到顺治《恒岳志》是在搜集岳志的残编的基础上，纂修而成，表明在明代已经有完整的恒山山志。

增内容，也构成了文本分析的基础。① 虽然清王朝承认了北岳祭祀从曲阳移祀浑源的事实，但是顺治《恒岳志》对于在曲阳的碑记也"间有采入"。②

顺治《恒岳志》中的《疏纪》部分，记载了清初北岳移祀浑源的来龙去脉，对于我们梳理山志纂修和国家认同有参考价值。关于北岳移祀浑源的过程，有学者做了详细的研究，认为明代山西北部的军事形势，是山西境内北岳祭祀兴盛的重要原因，加之以帝都为中心的五岳观念，使得北京以南的曲阳祀岳失却优势，浑源之祀由此在清初得以定议。③可以说，北岳移祀浑源的过程，对于地方社会而言，是一件具有十分重要意义的大事。④然而，在确定了浑源的北岳祭祀后，围绕北岳祭祀的问题便开始全面讨论，讨论的重点是由浑源知州提出的六条：

> 卑职职掌攸关，难为缄默，谨将建置之缺者宜修，器物之少者宜备，仪文之略者宜隆，参考旧典，斟酌时宜，胪列六款恭呈宪鉴：
> 一、修建宜举也。查得曲阳岳庙有御香亭，为供奉帝制而设，有东西朝房为使臣及陪祀官斋沐而设，神厨、牲房为烹饪、省牲而设。目今秩典新复，诸制未备，脱或举行，龙章凤藻奉于何所？皇华天使，驻于何地？坎坛升血，瘗于何处？此皆不可缺者。然更有急焉。我皇上更正祀典，乃千载之盛举，可无贞珉颂功德以垂不朽？则碑与碑楼犹宜亟为修置。第工力浩繁，所费无算，若求给于国，值司农仰屋之秋，职不敢

---

① 张海军的《浑源州古地方志考略》一文认为顺治《恒岳志》保留了万历《恒岳志》的相关资料，具有很高的文献价值。笔者通过对顺治《恒岳志》中插图的分析，发现《五岳真形图》与《三晋石刻大全·浑源卷》所录的崇祯碑刻一致，插图除《大清五岳五镇图》为清代所刻外，其余插图当系明代的版刻，因此，张氏此说符合客观事实。参见https://tieba.baidu.com/p/3626259327?sharefrom=tieba。
② 翁方纲：《翁方纲纂四库提要稿》，上海：上海科学技术文献出版社，2005年，第1246页。
③ 牛敬飞：《五岳祭祀演变考论》，清华大学历史系博士学位论文，2012年，第181—220页。
④ 俞莉娜：《明清浑源州城初探》，载《建筑史》（第37辑），北京：清华大学出版社，2016年，第86页。该文认为浑源城南门的开辟，与明代北岳移祀之争有很大关系。

请；若取资乎民，则牂羊坟首之众，苦实难支，再四思筹，惟有权变之策。方今城学、桥关之捐输，咸荷恩纶纪录，矧岳事有关巨典，且利泽更不侔于桥关，仰恳宪台转申两院，求为援例题请，俾众捐修。……

二、祭器宜详也。……

三、祭器宜备也。夫祭必须笾豆有楚，而后黍稷惟馨。……

四、祭官宜办也。……

五、祭期宜定也。……

六、祭费宜增也。卑州额编春秋祭祀银八十两，诸祀所费悉取给于此，每岁不敷则设处挪借以益之。今祭品用鹿一只。浑邑素不产鹿，鹿必于他方觅买，值多十四五两，少亦不下十金，虽常秩可以羊代，而特典乃礼之必不可缺者。夫以有限之银，供多项之费，力穷势必累民，累民神有余恫焉。欲取足于香赋，而香赋无多。欲求增于正供，而正供有项。银在必加，策无所展。惟祈宪台酌议转请，如遇其年，于解司商税银内拨加银十两，以济其费，此亦哀多益寡之策也。①

张氏所列六款中，最核心最棘手的问题是经费的筹措，包括修建经费和祭祀费用，当公文上至大同知府时，认为"当兹钱粮缺乏之时，凡事难以瘁办，本府不揣管窥，斟酌时宜，略为删减，以不失崇礼创祀之意"。具体的方案是：

御香亭费廉，可以创立，至朝房、神厨等木机砖瓦，置备既艰，而灰石、水土运转倍艰，即有天使仪曹，席棚布帐可以临时供用，待三年内丰稔宽裕，半为设处，半为募化，次第修举未晚。即云援学官、桥梁、听乐输者自捐，记簿贮收，申两院给匾奖励。……三年特祭，拨加

---

① 顺治《恒岳志》卷下《疏纪》，载"四库全书存目丛书"，济南：齐鲁书社，1996年影印本，史部，第236册，第86—88页。

商税，未敢遽为定议。……

经过一段漫长的公文讨论后，最后商议的结果是：

> 御香亭先宜创立，朝房、神厨、碑楼次第营构，均为遵崇规制首务。当此旷典肇兴，即须整设弘敞，以成钜丽。一面估费，一面料理，计云中捐输若干，省会捐输若干，祀费之大小，合捐输之多寡。毕竣或行题，或请宪奖，此在临时酌定者也。若云二、三年后举行，恐口久懈弛，终成筑舍，募化更属空谈耳。……合无查仿曲阳祭器几何，设铸造几何，费一并入捐助之数。众擎易举，庶彼此不失矩规，而体统不致偏废矣。……如祭费一款，常祭议以羊代鹿，祭费需用一鹿。窃谓每年额编八十金，三年遇一特祭，不过在二百四十金之中撙节济用，不必另议加添，以滋烦琐者也。①

至此，经过反复讨论，御香亭、朝房、神厨、碑楼等官方重要的祀典设施，成为创制的首要急务。知州张崇德便传集乡约及各行匠役、随从至恒山亲自察看形势，估算费用。根据考察发现：

> 恒岳峰峦嶙峋，坡阪攲攲，殊乏平敞，即有坦境，而狭隘龌龊，不堪创建亭房。爰乃陟降崎岖，周回详视，惟有甘苦泉隙地百武。审其形势，虽属陡峭巨阪，后高前下，周市若用盘石甃砌，可成坒壿尭台。即于其上建御香亭三楹，负坎向离，覆以琉璃，饰以金朱。左右各建朝房三楹，前建正门甬道，诚巍然巨构也。朝殿之东微眇坦地，可建碑楼、神厨，此皆因地施力，易险为夷，以兴构造。此外皆峻峭仄□，虽人力

---

① 顺治《恒岳志》卷下《疏纪》，载"四库全书存目丛书"，济南：齐鲁书社，1996年影印本，史部，第 236 册，第 90—91 页。

亦无所施焉。其木植、砖瓦、灰石、工匠为项甚繁，其价不一，悉皆斟酌商较，合乎时宜，不敢奢以糜财，亦不致简而缺用，约银一千八百余金。内有驮运驴价，去银四分之一，盖缘物料非出所产，往返载运虽艰，势所必需者。铸造祭器，期合簠簋、笾豆之制，不敢过为宏钜，以失其度，故用铜斤无几。至于炉瓶烛檠，式已盈天，足堪陈列矣。此皆于奉批估计而拟议之，若将朝殿、寝宫并加彩饰，原详未曾言及，不敢赘陈，或于修造之际，财力饶胜，再议修举可也。银两出于捐输，屡详已悉，更无余议，若舍此而他谋，终将付之纸上空言耳。①

"国之大事，在祀与戎。"御香亭、朝房、神厨、碑楼代表了国家祀典所在，正是国家认同的标志，在恒山的兴修工程中，成为重中之重。由于"恒山崔巍峻峭，地鲜平敞，故正殿、寝宫不相联属，且皆狭隘区浅，殊乏穆沕深邃，不称神栖"②。由于地方政府经费有限，浑源州每年的大小祭祀银仅有九十五两。③ 这与工程建设的巨额费用，相差悬殊。地方政府所掌握的香赋收入也十分有限。根据《恒岳志》记载：

  本山住持道士五名，赡庙地八十一亩，粮七斗二合零，羽流藉以糊口。香赋岁入不等，每岁孟夏，士女朝岳所献，或鸡两翼，或羊二角，或牛四蹄，求其贡金一缗者无之。岁将所献之物鬻得十金便称赢，内给道士衣钵银七两二钱，余为修庙之资。④

---

① 顺治《恒岳志》卷下《疏纪》，载"四库全书存目丛书"，济南：齐鲁书社，1996 年影印本，史部，第 236 册，第 91 页。
② 顺治《恒岳志》卷上《庙纪》，载"四库全书存目丛书"，济南：齐鲁书社，1996 年影印本，史部，第 236 册，第 26 页。
③ 顺治《浑源州志》卷上《存支》，载《中国地方志集成·山西府县志辑》，南京：凤凰出版社，2005 年影印本，第七册，第 180 页。
④ 顺治《恒岳志》卷上《附庙祝香赋》，载"四库全书存目丛书"，济南：齐鲁书社，1996 年影印本，史部，第 236 册，第 26 页。

恒山香赋每年收入只有十两不到，能够用于修庙的资金不足三两。这与清初泰山香税三万多两的收入不可相提并论。① 恒山香赋收入主要来源于每年四月初八的朝岳活动，这是恒山一年中最盛大的节日，除此之外，其他时间恒山"杳无游览蜡屐之迹"，自然就鲜有收入可言。② 因此，开放捐输实属无奈，同时也势在必行。为此地方政府必然在公共事务领域内做出必要的妥协，放弃香税就是其中很重要的内容。地方政府鉴于香税收入有限，长期把持必定开罪于民，对于民心的向化和民众的国家认同十分不利。由此到了康熙六年（1667），知州邓源灂革除了恒山香税上纳浑源州的陋规，其碑文如下：

  寰区之山不可胜纪，而五岳之名峥峥焉。以其为天枢地轴所由关，社稷禋祀所并重也。恒山北岳，属在浑邑，向因曲阳飞石之说，望秩大典，成具文久矣。自我皇清御宇中外，悉入版图，爰从廷议，改岁祀于恒山，甚盛典也。余刺是州，斯土斯民，岳实庇之，且岁庙孟夏恭庆，恒岳一大胜会。四方之绅衿善信，朝山进香者，或施钱帛，或舍牛畜，旧例令乡约监收，交州支用。余询及陋规，不禁为之太息曰："人将以物献神，而莅兹土者讵可返私神物乎？"矧恒累经劫烽火，庑宇倾毁，修举尚属缺典，而本山住持衣钵无资，茶果莫供，亦神物不能为神享，是岂敬神之至意哉！余自顺治十八年冬莅任来，以迄于今，凡香税等物，皆令乡耆兼收，仍发住持度量工物，留为修葺神庙之助，而衣食不致窭之，香客可以少款，则是以民之敬神者应为神用，而神人欣悦，陋例永除不武，神灵之赫赫，鉴此在上也哉！历年以来，行之既久，日后相沿者，当以此为定则，无得藉口往辙，仍蹈私匿。神物之愆将见，神庥普遍，香火永新，翊皇图而福黎庶，垂之奕无疆矣，爰用伐石刻铭以志悠久

---

① 邱仲麟：《明清泰山香税考》，《台大历史学报》（第53期）2014年6月，第37页。
② 张应薇：《重修恒山岳庙碑记》，康熙二十四年（1685）八月立于恒山恒宗殿，见《三晋石刻大全·浑源卷》，太原：三晋出版社，2013年，第109页。

也。时康熙六年岁次丁未八月之望　奉直大夫知浑源州事邓源溥　立①

地方政府放弃了无足轻重的香税,博得了民众的好感。康熙二十年(1681)官府还革除了道府陪祀祭礼的劳仪。②官府在恒山祭祀中革除陋规的种种惠政,对于地方社会而言能够起到对新王朝的好感,以此获得民众对国家的认同感。当然,将香税发交民间管理,未必就比官方经营得更好。到康熙二十四年(1685)时,原本五名道士住持的恒山,此时"常住黄冠仅三人,瘦同饥鹤,术乏折驴。……雨雪蚀亭台而湍泻,风涛震榱桷而飘零,环山庙貌如鳞空虚一任摧析"③。经营之不善可以概见,当然这是另外要讨论的问题,此不赘论。地方政府在公共事务的妥协,求得地方绅民对于国家的认同,可以称得上清代政府统治地方策略之一。

三、余论

通过对顺治《浑源州志》和《恒岳志》的考察,可以发现明清易代之际新附清朝的北方边塞地区通过地方志和山志的编修,表达了官方重建社会秩序和重构国家认同的愿望,其文化的象征意义大于实际起到的效果。地方志综合性的特点,决定其文献来源的多元性,很难用某一类文献的特点,概括地方志的本质属性。即使方志编纂者是有姻亲关系的家族联盟,在地方志中收录家谱的记载,就据此认定地方志族谱化取向,这样的解释或许并不全面。④明清时期的浑源州,鲜有族谱纂修,方志编纂几乎无谱可征。但这

---

① 邓源溥:《恒山永革陋规碑记》,康熙六年(1667)八月立于恒山飞石窟,见《三晋石刻大全·浑源县卷》,太原:三晋出版社,2013年,第103页。

② 叶九思:《永革陋规碑记》,康熙二十年(1681)立于恒山苦甜井处,见《三晋石刻大全·浑源县卷》,太原:三晋出版社,2013年,第107页。

③ 张应薇:《重修恒山岳庙碑记》,康熙二十四年(1685)八月立于恒山恒宗殿,见《三晋石刻大全·浑源卷》,太原:三晋出版社,2013年,第109页。

④ 李晓方:《地方县志的族谱化:以明清瑞金县志为考察中心》,《史林》2013年第5期。

并不意味着世家大族对地方社会没有影响力,尤其是明代以来"右族联姻朱邸",富家与权贵的结合,掌握了地方事务主导权。①在碑刻资料中,也不乏世家大族主导地方公共设施建设的例子。然而在明清易代之际的方志中,却很少听到他们的声音。这种文本记载与社会实际情形脱节的情况,既有官方有意忽视的因素,也与北方边塞地区孱弱的士大夫传统有关。尤其是入清以来,士大夫更未能成为社会变化的主导力量。②士大夫无法熟练地掌握官方文化权力的话语,以主导地方社会文化的方向。造成这种局面的原因,与边塞地区文化传承的封闭性和文化传播的落后有关。其封闭性的直接表现是,学问学术的私相授受和传承,即浑源名宦栗毓美所谓的"士子家各为塾,塾各为教,不获群萃州□,相观而善之益,又无名师友提撕乐育其间,见闻日就拿陋。是以登春秋榜者,落落如晨星焉"③。可谓一语中的。文化传播滞后性的直接表现是书籍传播的落后,通常而言,书籍的生产、流通和消费是一个地方文化发达的重要指标。交通的不便是制约书籍传播的直接因素,作为北方边省的山西,尤其明显。诚如乾隆《浑源州志》所言:"古人读书以为明道之具,今人读书以为进身之阶,是古今读书不侔矣。然必读书而有书可读,然后论其是非得失未晚也。其奈欲读书而并无书可读,何哉!山西边省,舟楫不通,贾贩鲜至,而浑源又边省僻邑,载籍尤眇。"④读书这一士子的基本权利,在边塞地区,竟是难以企及的奢求。这一局面即使在西学东渐的晚清仍未有根本改变。⑤民国时期,浑源知名士绅麻席珍在回忆幼年读书

---

① 万历《浑源州志》卷1《风俗》,第7页。
② 赵世瑜:《长城内外:社会史视野下的制度、族群与区域开发》,北京:北京大学出版社,2016年,第8页。
③ 栗毓美:《增置恒麓书院经费记》,载光绪《浑源州续志》卷9《艺文上》,第12—13页。
④ 乾隆《浑源州志》卷3《经籍》,载《中国地方志集成·山西府县志辑》,南京:凤凰出版社,2005年影印本,第七册,第295页。
⑤ 罗志田先生通过对刘大鹏《退想斋日记》的解读,注意到了从信息传播和信息掌握的角度去看中国近代各地思想和心态发展不同步的现象,参见罗志田:《科举的废除与四民社会的解体:一个内地乡绅的近代社会变迁》,载《权势转移:近代中国的思想与社会》(修订版),北京:北京大学出版社,2014年,第86页。

的情形时写道:"家乏藏书,先母时以粟易某姓古籍多种,给曰:'吾家无力择师,汝师自在书中,努力求之。'"① 即使是口头宣讲的圣谕,依据礼制当在旌善亭、申明亭举行,却因城内永安寺是民众祈祷丰穰的所在,官方也不得不移讲于此。② 甚至不惜违制盖用黄瓦,以从士民之请求。③ 因此,任何制度都不可能原封不动地向一个地方推行,灵活的变通是不得不做的妥协。乾隆年间的知州桂敬顺,在面对佛寺前虔诚祷告的民众,不无感慨道:"使祷而不应,彼固无损,使祷而或应,彼且谓佛信有法也。余又何必以知者所不信而阻愚者之必信哉!"④ 作为官方的正统儒学,在北方边塞地区的立足和发展的艰辛历程,不仅是文化传承的封闭和文化传播的落后,民众根深蒂固的佛道观,乃至异端信仰同样不应忽视。⑤

---

① 麻席珍:《教泽碑序》,载《浑源麻氏族谱》,民国二十年(1931)石印本,第25页。
② 光绪《浑源州续志》卷8《职官》,载《中国地方志集成·山西府县志辑》,南京:凤凰出版社,2005年影印本,第七册,第542页。
③ 乾隆《浑源州志》卷8《寺观》,载《中国地方志集成·山西府县志辑》,南京:凤凰出版社,2005年影印本,第七册,第357页。
④ 桂敬顺:《重修永安寺记》,乾隆《浑源州志》卷9《艺文》,载《中国地方志集成·山西府县志辑》,南京:凤凰出版社,2005年影印本,第七册,第383页。
⑤ 浑源州的老百姓每年四月初五日朝北岳,而这一天正好是佛教的浴佛节,据顺治《浑源州志》上卷《礼仪》载:"庶民,逢七延僧道忏悔。……病丧惑于巫释,甚而崇信异端,陷溺邪说。"由此足见佛道乃至异端信仰对于民众生活的巨大影响。

"医"图千言：20世纪二三十年代《汾州》杂志中的医疗与漫画[*]

贾登红[**]

图像，是我们认知近代中国社会不可或缺的视觉史料，多依托于报刊等媒介而留存于世，是对中国社会历史百态最为生动与形象的视觉描绘。自20世纪80年代以来，对图像等视觉文化材料的研究成了学术界一个热闹非凡的话题，"涌现出许多新的理论和学派，在跨学科边界上已凝聚成一个极具包容性的研究领域"[①]。"越来越多的历史学家使用图像等原先不被视为严格史料的视觉资料，将它们作为历史分析的切入点，希望能从这些文字以外的资料中探寻过去某个特定时代人们的观念、心态、信仰及想象。"[②]不过其中有关医疗活动主题的漫画图像，由于现存史料拓展不足等问题，学界对此尚缺乏应有的关注。与此同时，已有的医疗社会史研究成果也多借助于文字史料耕耘，对于图像资料，尤其是漫画资料的搜集、整理与研究也多有忽视。

作为一类图像媒介，漫画在19世纪末20世纪初传入我国，因其具有诙谐幽默、讽刺隐喻与传播新知等特点，很快得到普及和传播，成为一种重要的舆论表达手段。漫画的优势在于通俗性与"一图胜千言"的表意性，相较于其他艺术形式，漫画的工具性更为突出，表达也更为有力。它宛如一个绳

---

[*] 本文为2021年度教育部人文社会科学研究青年基金项目"晚清民国医疗漫画研究"（21YJC770010）的阶段性成果。
[**] 贾登红，山西大学中国社会史研究中心副教授。
[①] 周宪：《视觉文化的转向》，北京：北京大学出版社，2008年，第1页。
[②] 汤晓燕：《法国大革命图像史研究的兴起、趋势及存在的问题》，《史学理论研究》2020年第4期。

结,将社会生活、经济文化及大众观念等迥然不同的主题缠绕在一起,投射于媒介话语之中,映现了时代主题与社会百态。而在这之中,医疗叙事与隐喻始终是一个不可缺席的议题,在二维平面用视觉语言呈现了近代中国繁复的医疗与社会生活图景。

借于20世纪二三十年代由美国基督教公理会创办的《汾州》(Fen-chow)杂志上有关汾阳医院医疗活动四格、六格或九格写实性漫画(杂志称其为"铅笔故事"[A Story in pencil])的资料整理,我们可以较为系统地认知近代中国一个县域社会下"小地方"的医疗生活图景,观察到医疗机构与个体生命史之间的密切关联,它"提供我们看世界的视野","用视觉语言来转述世界"。[①]不同于中国传统的医疗体系设置,基督教在华医疗事业是一项特殊的传教事业,被誉为"福音的婢女"[②],包括创办教会医疗机构及举办医药、公共卫生、防疫与医学护理教育等内容。因之它对于推进基督教在华传播效果明显,故常常被各国差会所利用,作为辅助传播福音的手段。近代以来,在山西的各国基督教差会也纷纷基于此建立了西式的诊所或医院,[③]规模虽有大有小,技术水平参差不齐,但其所产生的意义对于山西一省之几千万人的生命史、生活史却产生了较大影响。本文所研究的汾阳医院,其"济世活人的范围,不但是汾阳,就是三晋、陕西、宁、甘、绥人民有不治之疾,来就医得痊的,不可胜数"[④],被誉赞为"华北小协和",是当时华北仅次于北京协和医院的一所西方医院。

---

① 〔英〕吉莉恩·萝丝:《视觉研究导论:影像的思考》,王国强译,台北:群学出版有限公司,2006年,第7页。
② 顾长生:《传教士与近代中国》,上海:上海人民出版社,第275页。
③ 根据郭晋峰在《山西近代基督教教会医院建筑研究》(太原理工大学硕士学位论文,2007年)统计数据显示,教会在山西省兴建的医院共计41所。
④ 冯健菴:《教训:五运中的汾阳医院》,《兴华》1931年第22期。

一、《汾州》杂志及其连环漫画

中国近代诸多印刷刊物的出版与诞生和传教士密不可分，《汾州》亦是这样一本杂志。该刊物1919年由美国基督教公理会汾阳传教站创办，为纯英文期刊，主要面向美国的读者。之所以起名为《汾州》，是源于传教站所在的区域，即今山西省汾阳市，古为汾州府，位于华北内陆腹地，因地处汾河之阳而得名。1885年，美国基督教公理会传教士梯山航海，选择此地，建立了以汾阳为中心的传教站，开始了长达60余年的传教历程，医务传教就是其重要的组成部分。其间的历史被基督教史学家赖德烈盛赞为"美部会1900年之后所做的最了不起的工作，也是任何一个差会所完成的最值得注意的项目之一"①，为汾阳区域的社会生活烙上了鲜明的时代印痕，推动了西方文化与汾阳社会生活的耦合，改变了该区域历史的进程，也为我们留下了有关当时社会丰富的史料。《汾州》便是其中最为凸显、最令人动心的一份史料。

本文所利用的杂志载体为缩微胶卷，时间跨度为1919—1936年，最早由美国耶鲁神学院图书馆与纽约协和神学院图书馆合作拍摄，共19卷。杂志除第一期发行量为600册外，其后每期发行量基本维持在800—2000册，1—7卷、16卷较为完整，每卷均包含5期，8—15卷、17—19卷可能受政治、经济等因素影响，每卷多则3期，少则1期，且出刊时间跨度较大。杂志缩微胶卷现收藏于美国北卡罗莱纳大学亚洲资源库、澳大利亚国立图书馆等处，不仅描绘了外国传教士在中国的传教活动、医疗、教育工作情况，也对中国的社会习俗、气候及地理状貌进行了记述，包含丰富的地域文化信息，展现了新教在山西传播的历史脉络以及异域视野下架构的中国近代化进程中的社会百相。

---

① 〔美〕赖德烈：《基督教在华传教史》，雷立柏等译，汉语基督教文化研究所，2009年，第483—484页。

《汾州》创办的目的在于：一方面宣传传教站的工作；另一方面则是希冀通过杂志影响读者，使得读者能够慷慨解囊，赞助教会在此的活动。在1919年8月创刊号《前言》中，《汾州》简要地介绍了它的编辑模式："我们没有固定的出刊周期，部分文章也可能很不成熟，这是因为当地零散的工作以及繁忙的事务很可能与我们的写作发生冲突，所以我们希望读者将这些文章当作我们个人给家中的'随意信件'来看待。"① 正如其所宣称的，《汾州》的出版周期并不固定，文章也较为零散，但它的发行与传播，的确为公理会在汾阳的传教站带来了诸多美国家乡的"目光"与帮助。

图6 宏济施医院内孔美玉女士（图中穿护士服者）等人合影
图片资料来源：*Fenchow*, Fenchow Hospital Bulletin, May 1920

在《汾州》杂志的排版与设计中，十分注重文字、摄影与漫画图像等资料的配合使用，这样做一方面可以使整个杂志显得更"有生气"；另一方面也可以增加杂志的"真实性"与"阅读性"。戈公振先生曾在上海《时报图画周刊》发刊词中说："世界愈进步，事愈繁赜。有非语言所能形容者，必

---

① Foreword. *Fenchow*, 1919(1).

藉图画以明之。"① 相较于照片等摄影图像只是某一瞬间的定格,对事件发展阐释显得有些苍白等问题,"漫画"则可以很好地做到描摹与故事性的讲述,能将事件"图画以明之",且对印刷要求较低,故而得以刊载。

翻检《汾州》杂志,其内的写实性连环漫画栏目无疑是最为亮丽也是最为吸引人的一个栏目。它由汾阳医院护士孔美玉(Gertrude E. Kellogg)女士在1922年8月第4卷第1期开办,其后每期虽不固定,但断断续续持续了很久,推动了视觉这一表达形式对地方社会医疗社会史的纪录与转换,生动而形象地用黑白线条描绘了汾阳及其周边区域民众的医疗、生活图景。

当然,也正如彼得·伯克在《图像证史》一书中所指出的:"大多数图像的制作,像文本的制作一样,并不是为了以后被历史学家当作证据来使用。希望把图像当作证据来使用的任何人需要时刻认识到这一点,然而他们有时恰恰忘记了这一点。正如我们所看到的,大多数图像的制作是为了让它们发挥各种不同的功能,包括宗教的、美学的、政治的以及其他方面的各种功能。"但是,"图像往往在社会的'文化建设'中发挥自己的作用。正是出于这些理由,我们可以说,图像见证了过去的社会格局,尤其是见证了过去的观察和思维方法"②。对此,曾负责汾阳医院医务工作的万德生(Percy T. Watson)博士曾称赞道:"由孔美玉女士通过她细致的观察以及独特的艺术天分所绘制的连环画故事,以写实的手法为我们留下了当时各类人物的生活痕迹。"③

这些漫画的主题均取材于当时的日常生活,是真实事件的艺术呈现,其中的主人公也都是平凡的民众,如果不是得益于孔美玉的漫画,他们很难会在历史的长河中留下蛛丝马迹。《汾州》上的"连环漫画将漫画图像叙事的能力大幅强化,透过更细微的画面分格,令读者感到图像在视觉上似有若无

---

① 公振:《图画周刊导词》,《时报图画周刊》1920年6月9日,第1版。
② 〔英〕彼得·伯克:《图像证史》,杨豫译,北京:北京大学出版社,2018年,第295页。
③ Percy T. Watson M. D., *Recollections, Notes on Twenty-Five Years of Medical Work in Fenchow, China*, 1963, p. 53.

的流动。而这种因自图像跳接间产生的画面流动，其实同时也牵引了读者阅读认知的运作"①，配合着孔美玉的"话"（每幅漫画下的文字解读）与"画"，"小地方"的西式医疗机构与"小人物"的故事得以用漫画的形象呈现在我们的眼前，聚焦于此类漫画的研究，能够让我们较为完整、系统地认知一个区域的医疗故事。且漫画图像之外的"话"，又似"锚"一样，引导着我们对图像较为精准的阅读。正如罗兰·巴特认为："视觉图像的意义是多元分歧的，在它们的符号具之下，暗示了一连串的符号意浮动其中，读者会选择其中的一些而忽略另一些。文字可以'固定那串浮动的符号意，以解除符号不确定的疑懼'。"②

在此需要说明的是，这些漫画虽依托于报刊等新闻媒介传播与扩散，但我们要想得到对漫画整体性的认知，就必须跳出报刊媒介看漫画，根据漫画的不同主题，将研究的视野扩展到相关社会科学领域中，推动不同学科间的对话，让漫画走出狭小的圈子。如对此可以借用一种考古学的视野，"通过沉积甚至残片，来拼读曾经被构想出来的画面和激动人心的想象，尤其是那些被当代视角和景观所遮蔽的陌生场景。……从这个角度出发，视觉文化所关注的与其说是某种审美形式或普遍状况，……不如说是视觉结构和逻辑（即所谓的'观看之道'）的生产条件和过程"③。

可以说，在《汾州》杂志的每一幅漫画中，都激荡着社会与个体"疾病"的回声，均刻画着当时"观看之道"的痕迹。也正是因为这一回声与痕迹，借助漫画图像，我们才能更真切地深入与"聆听"近代汾阳的生命医疗史与社会生活史，走进视觉语言与线条符号所搭建的"医疗现场"。对此，我们在研究医疗漫画时，务必要重视漫画主题的"疾病之外"，即它与

---

① 周文鹏：《论漫画的定位与定义》，《问学集》2008年第14期。
② 〔美〕约翰·费斯特：《传播符号学理论》，张锦华等译，台北：远流出版事业股份有限公司，1995年，第147页。
③ 唐小兵：《流动的图像：当代中国视觉文化再解读》，上海：复旦大学出版社，2018年，第4页。

社会现实之间的勾连,要注意对它可见背后的不可见的观察;要注意到漫画的创作,必然扎根于一定的文化土壤,富含一定的社会诉求,镶嵌着时代的表征。

总之,作为一本服务于传教活动的教会杂志,《汾州》的内容基本是围绕传教、教育与医疗三大主题展开的,其中,孔美玉女士的漫画"生产条件和过程"又是围绕其所工作的汾阳医院与其患者故事展开的。通过运用线条艺术地呈现具体的人、物、场景等图像,她为读者"框住"了特定的"观看空间",把中国的社会文化镶嵌其上,引领"读者"看到未知、陌生的处所,激发起他们探寻漫画作品所呈现的事件及其背后隐藏的"医疗故事"。

二、医疗与社会:孔美玉笔下的"医"图千言

正如有学者所论述的,"漫画能否成为史料,不在于它的图像形式,而在于其类型、形成过程、作者依循的思想路径和理性原则以及我们所要建构的历史对象"[1]。作为漫画组成部分之一的医疗漫画,其社会史的史料意义亦在于此。对它的研究,目的并不是要将医疗作为漫画图像来理解,而是试图通过考察漫画图像中的"医疗表达"来加深我们对医疗社会史的理解,窥视漫画所依托的历史时期的医疗社会图景与文化隐喻。要做到这一点,就需要研究者对医疗漫画保持敏锐的感觉,对其层层剥离,循声觅迹地去挖掘漫画图像背后的"不可见",进而建构起图像土壤之上的"医疗社会史"。

(一)"万民托命"

漫画图像的表达必然因循其所扎根的社会文化的架构,而鉴于疾病与社会之间呈现的复杂的关联,漫画里的医疗内容也必然不可能局限于以上所论述的三个方面,它还展现出多元的指涉,如医师形象、公共卫生政策、健康

---

[1] 小田:《漫画:在何种意义上成为社会史素材》,《近代史研究》2006年第1期。

保健、病患等问题，不一而足。这些又势必会极大地扩展我们的研究兴趣与范围，为艺术史、医疗史与社会史的研究提供坚实的资料基础，也会为跨学科研究的开展提供有利的素材。

汾阳医院的前身可以追溯到清末来此传教的文阿德（Irenaeus J. Atwood）时期所建立的诊所，后历经三次扩建。第一次是在1901年，文阿德利用庚子赔款将诊所扩建为"宏济施医院"，除基本的门诊外，还添置了病床。[1]但实际规模不大，仅由两间房组成，一间为诊室，一间为手术室，"做完手术的病人，只能在房外的草甸子上休息"[2]；第二次是在峪道河附近的王盛庄设立了男女两座疗养院，为病人提供夏季休养的场所；第三次则是文阿德的继任者万德生在提倡"医务独办"的原则下，1916年动工兴建的"现代化"医院。

1914年，在同地方政府及士绅的协商中，万德生成功地争取到了汾阳城二府街（汾州府同知衙门）旧址作为新医院的建设用地，并废除了"施"字，将医院更名为"汾阳医院"，后于1916年开始了新医院的建设工程。[3]"施"字从院名中的去除，是汾阳传教站史上具有重要意义的一件事情，标志着汾阳传教站医务工作定位的明确化。1924年4月10日，是汾阳医院迁入新医院开始工作的第一天。就医院的建筑而言，它是一座西方构架与中国传统大屋顶相结合的建筑杰作，分为哈伍德男子纪念医院（Harwood Memorial Hospital for Men）、凯特·惠特曼·福特女子医院（Kate Ford Whitman Hospital for Women）、斯卡德儿童医院（Scudder Ward for Children）。建筑的平面呈"U"形，高四层，砖混木结构，庑殿屋顶，楼内大小房间约300间，建筑面积有近7000平方米。[4]初期内部共拥有75张床位，应急能力

---

[1] 山西省史志研究院编：《山西通志·民族宗教志》，北京：中华书局，1997年，第494页。

[2] Percy T. Watson M. D., *Recollections, Notes on Twenty-Five Years of Medical Work in Fenchow, China*, 1963, p. 9.

[3] 白林海主编：《山西省汾阳医院志》，太原：山西人民出版社，2008年，第4页。

[4] 《汾阳医院U型楼》，摘自汾阳市博物馆、汾阳市文物管理所：《汾阳市各级重点文物保护单位简介》，内部印刷，2005年，第19页。

图 7　汾阳医院

图片资料来源：*Fenchow*, Shansi, China, 1924. Hospital Dedication Number

为 105 张床位，但其直接服务的汾阳城人口有 6 万，辐射区域的人口则达 300 万之多。① 在清末民初的汾阳及其周边区域，如果一个人病了，人们会说"他是恶魔缠身""上天在惩罚他"。但当 1924 年汾阳医院的新院建起后，万德生自信地认为人们摆脱了对早期谣言的恐惧，理解了医院到底是干什么的，而且很多外省人相信："不仅仅山西省是一个模范省，汾阳医院同样是一个模范。"② 医院的需求开始急速增长了，周边有钱人家的妇女也会选择汾阳医院做剖腹产。③ 在这一年中，"汾阳医院住院病人在过去的一年要比前一年多百分之三十六"④。此后，随着医院发展的需求，招聘了大量的中国医

---

① Facts about the Fenchow Hospital, *Fenchow*, Shansi, China, 1924. Hospital Dedication Number. p. 28.
② Public Health Problems in Shansi, from the speech of Dr. Tsong Y. Lim of Peking Union Medical College, Department of Public Health, at the Dedication of the Fenchow Hospital. *Fenchow*, Shansi, China, 1924. Hospital Dedication Number. p. 3.
③ 马烽：《马烽回忆录》，《山西文史资料》，第 358 页。
④ Percy T. Watson M. D., "Hospital Values", *Fenchow*, Shansi, China, February, 1924. Vol. V. No. 4, p. 4.

生及员工。"医院发展的最高峰时,工资单上有 164 名中国员工,但从没有超过四五个全职的美国工作人员。"①

图 8 描绘了汾阳医院新院落成后的"开幕":一大早,各地的人们便纷纷前来,为医院送来了匾额以及各种祝福。冯玉祥将军通过贺信表达了对汾阳医院的钦佩与祝福,山西执政长官阎锡山则亲手写了一块匾额送给汾阳医院,希望院方当天就可以悬挂起来,以便告诉人们他"很关心医院和这里的事业"②。当地的百姓、士绅也纷至沓来,送来了贺联、贺信,并赠送了"万家托命""万家生佛""熙乐春台"等匾额。③医院门外墙壁上贴满了"捐赠礼单",礼单上写着捐赠者的姓名和金额,为了表达对捐赠者的感谢而张贴于外,路人们在此纷纷驻足观看。当天,医院所有的病房也都对外开放,受邀的"来自德州、北京、保定府和太谷的医生们进入病房查看病人们的病历、讨论病史,并提出一些建议"④。在图 8 的第三格漫画中,通过病床、医疗器械、吃饭等场景展现了医院的医疗设施与开放心态,病人们能在这里接受到良好的治疗,对此有疑问的人也可以随时前来参观。

随着视线的继续深入,"当清晨柔和的阳光爬进婴儿室内时,可爱的宝宝们已经在洗澡了。宾客们透过窗户看着整洁的房间和各自躺在篮子里安静的婴儿都感到很吃惊,露出了幸福的微笑"。在医院草坪上盛大的仪式结束后,汾阳地方官正式推开了男子医院的大门,女子医院的大门由一位当地军队长官的妻子打开。开门时,鞭炮齐鸣,孩子们就像过新年一样高兴。欢乐持续了整整一天,能站起来的病人都从窗口或阳台上向外探望,他们在一起交流着剪彩当天的所见所闻。一个人说:"圣人说过'人无力回报上天的恩赐,但上天却一直在关注着人们,给予人们恩赐',除了必须为食物付费,

---

① Percy T. Watson M. D., *Recollections, Notes on Twenty-Five Years of Medical Work in Fenchow, China*, 1963, p. 16.
② Feng Yu Hsiang'Letter, Yen Hsish Shan'Letter. *Fenchow*. Hospital Dedication Number, 1924.
③ 白林海主编:《山西省汾阳医院志》,太原:山西人民出版社,2008 年,第 5 页。
④ The Hospital Receives. *Fenchow*. Hospital Dedication Number, 1924, p. 8.

图 8 汾阳医院新院建成典礼

图片资料来源：*Fenchow*, Shansi, China, 1924. Hospital Dedication Number

图 9 汾阳医院开业

图片资料来源：*Fenchow*, Shansi, China, 1924. Hospital Dedication Number

我们在这里找到了最大的快乐！"[1]

在漫画中，我们可以发现以上图像运用了诸多写实性的符码，而"一旦讯息以符号的形式被编码，它就向受众使用各种阅读策略开放"[2]。如匾额中的"万家托命"四个汉字便传神地呈现了地方人士对汾阳医院医疗技术的评价与认可，"万"这一数量名词也折射了医院医疗辐射范围之广阔。不可忽视的是，这个"万"字还是一个双关词，与汾阳医院当时的院长万德生大夫

---

[1] The Hospital Receives, *Fenchow*. Hospital Dedication Number, p. 8.
[2] 〔英〕尼克·史蒂文森：《认识媒介文化：社会理论与大众传播》，王文斌译，北京：商务印书馆，2001年，第70页。

紧密相关。在汾阳医院新医院投入使用当天，当地人相互开着玩笑，"你知道万大夫为什么叫万德生吗？"答案是因为："万的意义是'一万'，因为人们相信一万个家庭生活在万大夫手中，人们有理由相信万大夫给了他们对生命的信仰。很多人在放弃生活希望的时候，是万大夫帮助他们恢复了健康，重新燃起了希望。"① 当然，万德生的名字是由英文 Watson 直接翻译过来的，人们只是利用了这种巧合，表达对他的崇敬之情。汾阳医院得到人们很多的称赞，这些称赞都汇聚成了医院屋檐下悬挂的各类匾额。②

此外，画中的捐款礼单作为图像符码，也间接地叙述了汾阳医院的成功与美国及中国地方士绅民众的支持不可分割，汾阳医院既是一所外国教会医院，也是一所中西"共建"的地方性医院。根据查阅到的数据可以看出：1901 至 1914 年，即汾阳医院未去"施"字前，其资金来源可以说基本来自美国总部。由于当时规模亦不大，维持医院运作也并未发生"需求矛盾"，而这一时期，也可以说是汾阳医院作为教会慈善医院的时期。1914 年后，汾阳医院在万德生等人的改革下，医疗支出不断扩张，同时因为受第一次世界大战及美国经济形势影响，美国总会给予的津贴锐减，遂转而开始广泛邀请汾阳当地士绅及官僚进行捐赠。③ 可以说在 1914 年后医院虽受教会管辖，但在资金来源等方面逐渐走向了与地方的"共建"性质。如汾阳医院 1920 年在汾阳当地的收入（包括就诊、捐款）是 6360 元，这笔收入

---

① J. H. Ingram M. D., Developments of Thirty Years, *Fenchow*, Shansi, China, 1924. Hospital Dedication Number, p. 10.

② Percy T. Watson M. D., *Recollections, Notes on Twenty-Five Years of Medical Work in Fenchow, China*, 1963, p. 98.

③ 当然，这并非汾阳医院的独有行为，其他传教会所属的医院亦面临此情形。参见施尔德：《医药宣教会概况》，摘自中华全国基督教协进会编辑《第十二期中国基督教会年鉴》，1934 年，南国印刷所，第 174 页。其中写道："以前宣教会医院的经费，大半仰给于宣教会；近年来，因宣教会的津贴锐减，以致多数医院不得不在当地筹款，以资弥补，结果所筹得的款项在比例上已见增高了。现在多数宣教会的意义，除一部分医士和看护的薪金仍有宣教会担任外，几乎全站在经济自助的立场上。有许多医院所以能在当地多筹款项，非全侍募捐的运动，一大部分是靠医院收入的增加。"

"差不多是美国传教组织捐赠的 4 倍，比 1919 年在当地收到的款项多 1300元，是 1917—1918 年间美国款项的 2 倍多"①。他们将"捐献册子"放置医院的收费处，很多病人在支付了医院的费用后，会拿走一些捐献小册子。如"一位曾在汾阳医院救治过如今远在上海的朋友，前不久刚刚为医院捐了一笔钱……一些大笔的捐助，从 200 到 1000 元，则主要来自中国的政府官员"②。"小册子"上包括 14 项保证表格，在医院收到册子后，会对其进行统计，并加盖复杂的图章，在每一项后注明日期，并将附表及感谢信寄回给捐赠者。1923 年，"甚至医院 40% 的经费来自中国，这个数字要比美国方面所给资金总数还多三倍"③。而在 1924 年，万德生更是公开地抱怨道："美国方面定期捐给汾阳医院的经费在过去的十五年期间平均少于一千美元。"④

（二）医院里的"圣诞节"

情感的表达是人类共有的天性，而节日的设立则是对情感表达与记忆固化的最佳方式。在中国传统社会表达手段、形式都极为有限的情况下，人们对于节日的重视与渴望自是不言而喻。基督教传入中国社会后，不仅仅在精神信仰、医疗、社会生活及教育等方面影响了近代中国社会，而且在时间序列上，将西方的一些节日引入了近代中国民众的情感表达之中。如在当时的汾阳，有人曾说："在中国再没有一个节日，甚至在美国也很少有这样的节日像圣诞节一样能快乐地表达出他的真正信仰。"⑤ 当然，传教士是不可能也无法将他们的文化思想完全强加给中国人的，当地人也会对这些思想进行筛

---

① "News Items". *Fenchow*, Shansi, China, 1921, Vol. II, No. 4, p. 14.
② Percy T. Watson M. D., *Recollections, Notes on Twenty-Five Years of Medical Work in Fenchow, China*, 1963, p. 15.
③ Percy T., "Watson.Hospital Values", *Fenchow*, Shansi, China, March. 1925, Vol. VI, No. 4, p. 4.
④ Percy T., "Watson.Hospital Values", *Fenchow*, Shansi, China, February. 1924, Vol. V, No. 4, p. 4.
⑤ As the Days Come and Go: In the Girls' School. *Fenchow*, 1924(4).

选,最终的结果只是双方"思想和印象的双向传播"。图 10 与图 11 便为我们细致地保留了这一互动情形下难得的历史资料,它们展示的是汾阳医院里庆祝圣诞节的情景。

图 10 描绘了一大早,人们就大叫着:"包裹来了,包裹来了!"(指从美国寄来的包裹,且这些包裹多数都是由《汾州》的读者无私寄来的——笔者注)在这一刻,孔美玉女士形容似乎医院门口的狮子们都在微笑。医院病房里的妇女们用彩色的卷纸做出了各种各样可爱的动物和色彩斑斓的花朵,"白色的兔子、橙色的牛、毛茸茸的黄色的鸡、逼真的牡丹、荷花、绿眼睛的黑猫、橙色的猴子,还有彩色花环连锁带",将节日的气息填满了医院的每一寸角落。

当然,圣诞节中最不能缺少的便是圣诞树了,"男病人们正在院子里用松树装扮圣诞树",他们很细心也很认真,因为这棵圣诞树后来在中国北部的寒风中挺立了三天,而没有任何倾斜或倒下。在室内的病人们都对"突然响起的音乐声"感到奇怪,原来这是手摇留声机发出的旋律,他们欢快地围在这里,其中一个人说"听到这么美妙的音乐,我的病仿佛已经好了一半了"。而医生们则将先前送来的包裹放在一个篮筐中,让孩子们和病人用"鱼竿来去拼运气吊取,看看谁的运气更好"。①

借助漫画,孔美玉女士利用图像的拼接、反复、对比等手段,将医院特定的瞬间定格在杂志的版面上,制造出了一个新的时空序列,用各类符码诠释了医院里的节日,表达了图像元素"可见"中所包含的深层次信息,凸显了叙事的张力。这也就为我们研究图像背后的符码与意义提供了可能性,毕竟作为艺术史分支的图像史学"首先是一门'问题史学',通过过去而理解现在,通过现在而理解过去"②,我们唯有将其放置于多学科混合的土壤中,才能希冀其开枝散叶;也唯有带着"问题的放大镜",才能不断放大图像,

---

① Hilidays in the Hospital. *Fenchow*, 1923(4), p. 9.
② 行龙:《中国社会史研究向何处去》,《社会史研究》2011 年第 1 期,第 48 页。

图 10　医院里的圣诞节

图片资料来源：Hilidays in the Hospital. *Fenchow*, Shansi, China, 1923(4)

图 11　医院里的圣诞节

图片资料来源：Hilidays in the Hospital. *Fenchow*, Shansi, China, 1923(4)

窥视到每个符码要素背后所折射的文化信息及内容。

除圣诞节外，其他西式的风俗也传入了汾阳城内，诸如结婚仪式，"汾人之在教堂或饭店结婚已甚多，已少用红绸蒙新妇面者，诚西北之开通地方"①；"藉此拓民智，促进文化"②设立的青年电影院等；不过，这些风俗在汾阳呈现的是一种中西杂糅、新旧并存的局面，"显示出近代中国半殖民地半封建社会形态的扭曲变态性状，体现出旧事物顽强阻滞新事物成长的沉重

---

① 《内地风光：汾阳风土略写》，《实报半月刊》1936 年第 12 期。
② 《会务纪闻：汾阳：监狱布道》，《同工》1934 年第 129 期。

历史惰性"①，以及基督教对当地社会的"文化侵略"。但不可否认的是，这些新式的文化、娱乐成功地浸泡、融化在了汾阳百姓的日常生活中，推动了当地生活的现代转向。正如马克思在《路易·波拿巴的雾月十四日》中写道："人们自己创造自己的历史，但他们并不是随心所欲的创造，而是在直接碰到的、既定的、从过去继承下来的条件下创造。"②

（三）慈善与医疗

"社会苦难"或"社会疾苦"是医疗社会史研究的一个核心问题。米尔斯曾认为，个人日常生活世界中无法解决的烦恼是他们无法控制的社会结构变迁造成的，进而他认为影响每一个人的历史乃是世界的历史，即我们对"苦难"的关注，不仅要聚焦于苦难本身，更要拓展至社会历史及其结构变迁。无论古今，医疗事业首先都是服务于人的，聚焦于病患的个体生命史，"考察特定社会文化境域中的疾病问题，不仅有助于深化人们对疾病发生、发展规律的认识，而且也有益于人们把握疾病与社会制度、经济状况、宗教信仰、传统习俗等多重关联"③。

对此，孔美玉女士也有深刻的理解，在她的每幅图像中，"疾病"仅仅只是患者所依存社会生活下的一个延伸和"结果"，她更多地阐释了患者疾病发生的经过与他们个人的身份背景。毕竟，"疾病的'实体'与病人的肉体之间的准确叠合，不过是一件历史的、暂时的事实。它们的邂逅仅仅对于我们来说是不言而喻的，或者更准确地说，我们现在只是刚刚开始想客观地看待这种邂逅"④。而就像约翰·伯格所说的："在这方面，影像比文字更精

---

① 朱汉国、杨群主编：《中华民国史》（第五册·志四），成都：四川人民出版社，2006年，第339页。
② 中共中央马克思恩格斯列宁斯大林著作编译局编：《马克思恩格斯选集》（第1卷），北京：人民出版社，1995年，第585页。
③ 张大庆：《中国近代疾病社会史》，济南：山东教育出版社，2006年，第9页。
④〔法〕米歇尔·福柯：《临床医学的诞生》，刘北成译，南京：译林出版社，2001年，第1页。

准,也更丰富。这么说,并不是要把影像视为单纯的证据记录,抹杀其中的艺术表现性与艺术想象力;事实上,越是具有想象力的作品,越容易让我们深入其中,分享艺术家所经验到的那个可见世界。"①

图12就讲述了一个令人心生悲悯的故事,故事的主人公叫"小兰花"。在母亲去世后,作为家中的第二个女孩,小兰花的父亲因为实在无法抚养两个孩子,便决定把她卖到当地的一个大户人家——王家。4岁的小兰花被卖到王家后,很快学会了做很多活儿。她每天要将院子打扫得干干净净,如果有一丝没注意到,王家女主人就会惩罚她,让她睡在门洞下,而那里仅有一个破烂的麻袋供她钻进去取暖。漫画中相继出现了中国传统建筑的大门、石狮子、门洞、院落、门栓等,描绘得均十分传神,即使以我们今天的眼光来审视,也不得不承认孔美玉女士勾勒的真实性。

图 12　小兰花找到了一张床

图片资料来源: Precious Orchild Finds a Bed. *Fenchow*, Shansi, China, 1924(5)

在一个寒冷的冬天,"可怜的小兰花睁开眼睛的时候,发现她的双脚都被冻坏了,她不能动,而且开始生病了"。王家的女主人不想给她治病,便将她送给了邻家的一个小男孩家做童养媳,而那年她只有6岁。幸运的是,邻家的一个孩子是汾阳医院的园丁,他对小兰花的遭遇十分同情,便抱着她

---

① 〔英〕约翰·伯格:《观看的方式》,吴莉君译,台北:麦田·城邦文化出版,2010年,第14页。

到了医院，最终被医院救治。① 在图 13 的医院场景里，我们可以看到入院后的小兰花坐在病床上缝补东西及床上的布娃娃等元素，显然与前 4 格中她所遭遇的苦难形成了鲜明的对比，让读者在阅读的过程中，不由得对小兰花心生悲悯，对医院所做的努力与付出产生钦佩，进而也会对医院的医疗事业慷慨解囊。

图 13　小兰花找到了一张床

图片资料来源：Precious Orchild Finds a Bed. *Fenchow*, Shansi, China, 1924(5)

对于此类图像的解读和观看，需要研究者"进入"图像创作与传播的各个阶段，对图像所扎根社会土壤中的语言、制度、形象、行为，甚至仪式等有充分的掌握。唯有如此，研究者才能破解漫画中的"代码"，进入附着于漫画之上的医疗故事，才会为自身的研究奠定扎实的史料依据，进而才能解读出图像中所隐藏的地方社会。陈寅恪很早就提出"吾人今日可依据之材料，仅为当时所遗存最小之一部；欲借此残余断片，以窥测其全部结构，必须备艺术家欣赏古代绘画雕刻之眼光及精神，然后古人立说之用意与对象，始可以真了解"②。另一方面，如他在"晋至唐史"课堂上告诉学生的，若"一幅已残破的古画，必须知道这幅画的大概轮廓，才能将其一山一树置

---

① 〔英〕尼克·史蒂文森：《认识媒介文化：社会理论与大众传播》，王文斌译，北京：商务印书馆，2001 年，第 70 页。

② 郑家栋、陈鹏编：《解析冯友兰》，北京：社会科学文献出版社，2002 年，第 6 页。

于适当地位,以复旧观"①。陈寅恪先生的"绘画眼光"对于图像史研究是十分具有借鉴意义的,也即必须知道了图像及图像史所处时代背景的"大概",才能推测出其"适当地位",最终才能"以复旧观",看到漫画中"小兰花"背后汾阳医院与地方社会互动的慈善与医疗。

(四)作为漫画主体的"小人物"

得益于孔美玉笔下漫画强烈的叙事性,普通民众也得以在图像中发声,并作为漫画中的"主角",为我们讲述了一个个近代民众个体医疗史的故事。"由于漫画是种以图像为表现的文类,因此无论如何,原则上都无法在缺少主体的前提下完成叙事。……就像小说无法在叙事中将主词彻底移除,在没有角色的状态下,漫画充其量只能成为零碎场景的排列,这样一来,便将直接动摇其图像叙事的基本功能了。"②以此理念来检视孔美玉女士的图像,可以发现,它在人物塑造以及叙事性方面均着墨甚多,总能在简单的几格漫画的布局中,清晰地勾勒出一个完整的故事。

"视觉不仅有发现疾病的作用,还建构了人们对'健康'的理解"③,对于地方社会生活的认知。图 14 是一则具有浓厚"地方性知识"的故事,它讲述了 3 个石匠依靠开采石料、雕刻石狮子、磨盘等石头器具,过着艰苦营生的不幸遭遇。画中讲道:有一天,3 个石匠正在一起做饭,"煤刚一放到火上,就发生了可怕的'砰'的一声爆炸,炸开了由粗铁制成的大壶与火炉,石匠们被滚烫的开水和蒸汽烧得很惨。他们晕头转向,挣扎着跑了出来",处于极度的痛苦和恐惧之中,不知道该怎么办。最后,得益于邻居的指导和帮助,他们才乘车前往汾阳医院。在医院中,他们得到了良好的治疗,直至他们康复出院。

---

① 蒋天枢:《陈寅恪先生编年事辑》(增订本),上海:上海古籍出版社,1997 年,第 96 页。
② 周文鹏:《论漫画的定位与定义》,《问学集》,2008 年,第 14 页。
③ 姜海:《视觉"解剖":藏在名画中的瘟疫、防护与健康象征》,《国际新闻界》2021 年第 8 期。

图 14　三个石匠

图片资料来源：The There Stone Carvers. *Fenchow*, Shansi, China, 1923(3)

　　图 15 讲述了一个小男孩为了给家中的 4 只羊采集足够的嫩叶吃，爬到了一棵高大的树干上，当他伸手准备用镰刀割取树枝时，却不幸摔到地上。"当他祖父回家吃饭时，发现他一瘸一拐的。祖父赶忙叫来他的叔叔阿姨。他们找到一块木板，撕破了一件外衣，做了一条绑带，祖父把男孩的断腿紧紧地绑在了木板上，这样有利于骨头长得更快。而 4 只羊也把头凑在一起，仿佛在看看能做些什么。"不幸的是，一直过了 12 天，他的家人才把他送到医院，但在这里他们拒绝了医生的手术方案。又过了两天，他们又不得不来到医院，才由医生将小男孩的那条"坏腿"锯掉。

　　综上可见，这些连环漫画图像为我们呈现了个体幸运或不幸的医疗史，

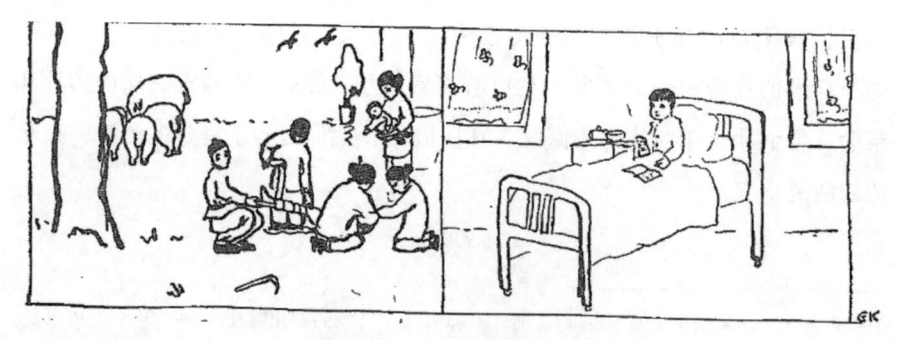

图 15　一个中国男孩

图片资料来源：Liu Wei Hsien. *Fenchow*, Shansi, China, 1928(2)

且由于涉及了不同的场景和人物，从而通过多样背景的人群勾勒出了一个借由图像对这一区域整体性的认知，为读者透过漫画资料认知区域社会提供了另一种表述。类似的医疗故事，对汾阳医院和孔美玉护士来说还有很多，本文囿于篇幅，虽只是摘录了其中的几个事例，但也足以通过这些漫画，用历史的眼光审视到它们背后所蕴含的文字文献很难呈现与形容的某些历史信息和情节。从中，我们不仅可以认知近代山西地域社会的发展脉络，也可以窥视到"小地方"与"大历史"之间的张力。可以说，这些漫画图像在今天看来已经并不仅是一种活跃版面形式的点缀，对于我们的医疗史研究而言，它已成为一种具有特殊价值的"图像志"。

三、结语

我国自古以来就有"索象于图，索理于书"的传统，讲求对图像的解读，阐明其蕴含的意义。近来，医疗图像史的研究虽日渐勃兴，但也存在着对医疗漫画资料的忽视问题。漫画的历史在某种意义上而言就是大众公共舆论的历史，它具有强烈的"证史"功能。对此，我们有必要重视医疗漫画这一题材，立足于漫画图像的本体，从其所处的时代，给予"同情之理解"，看见医疗史可见之外不可见的历史与社会，进而激发与拓展医疗社会史研究的新领域，为延展多学科的跨领域对话提供一个契机和平台，也能为后世的医疗漫画创作提供丰富的素材。

在具体的研究中，我们既要深入医疗漫画，又要跳出医疗漫画，"入乎其内，故能写之，出乎其外，故能观之。入乎其内，故有生气，出乎其外，故有高致"[①]。一方面，我们要深入漫画中，在图像的表达与"观看"之间寻找意义的痕迹，丰富医疗社会史的知识；另一方面又要跳出漫画看漫画，看到图外的人、事、物，乃至国家与世界，以小见大。与此同时，跳出漫

---

① 王国维：《人间词话》，北京：中国人民大学出版社，2011年，第18页。

画,也意味着研究者应持有一种"开放之心态",广泛吸收跨学科理论,借鉴学界已有的女性漫画、政治漫画等研究路径,丰富医疗漫画的社会史研究。

医疗与漫画是本文研究的两个关键词,如何理解与架连这两个概念,直接关系到借由图像所认知的医疗社会史。得益于孔美玉女士在《汾州》上所作的漫画及传教士所拍摄的各类图像,我们可以较为系统地认知近代山西内陆一个县域医疗与社会生活之间的图景。在"缩小"的叙事化漫画与"放大"的整体读图认知实践中,我们不难发现《汾州》杂志的医疗漫画空间,不仅描绘了医院、个体医疗史及节日等活动的视觉图景,而且在呈现医疗活动的同时,也从侧面描绘了近代中国民众的生活状态。画面中的疆界都是作者所能看到的地方,而对它的阅读,则是读者无限的想象。当然,这些漫画图像能否成为医疗社会史研究的史料,不在于形式,"而在于其类型、形成过程、作者依循的思想路径和理性原则以及我们所建构的历史对象"[①]。毕竟,图像"在复杂的传播系统中,具有无限的传播可能,但也存在种种传播风险——既成于传播,但也可能毁于传播"[②],对此,我们需要慎重地把握。

[①] 小田:《江南场景:社会史的跨学科对话》,上海:上海人民出版社,2007年,第111页。
[②] 周伟业:《视觉艺术传播图像化历程及其反思》,《现代传播》2014年第7期。

集体化时代的山西农村社会

资料、视角与写法：关于中国当代社会史研究的再思考*

常利兵**

长期以来，中国社会史研究的重心在古代史和近代史，对现当代史则着力不够。①自 20 世纪 80 年代初社会史复兴至今，这一研究状况尚未有太大改观，大多数有关当代史的论著主要集中在政治史架构下的党史、革命史和国史领域。正是出于对此历史研究现状的反思和总结，不断有学者呼吁将社会史研究引向当代史，实为一项迫切而又紧要的工作。②总体来看，研究者既有从宏观角度强调社会史路径对当代史研究的必要性和重要性问题，也有

---

* 原载《中共党史研究》2014 年第 2 期，略有删节。本文为 2012 年度国家社会科学基金重大项目（第三批）"当代中国农村基层档案资料搜集、整理与出版"（12&ZD147）和"2013 年度山西省高等人文社科重点研究基地项目"（2013302）的阶段性成果。

** 常利兵，山西大学中国社会史研究中心教授。

① 就整个中国历史分期而言，笔者赞同以下划分法，即 1840—1949 年为中国近代史，1949 年后为中国当代史（也称为现代史），参见胡绳为《近代史研究》创刊 100 期题词（《近代史研究》1997 年第 4 期）、朱佳木《对当代史定义、分期、主线问题的再思考》（《当代中国史研究》2010 年第 1 期）、田居俭《中国近现代史分期管见》（《当代人与当代史探研》，中国社会科学出版社，2009 年 10 月，第 186—189 页）。

② 笔者管见，在具体方法论层面，可以张静如《以社会史深化党史研究》（《历史研究》1991 年第 1 期）、田居俭《党史研究者要关注社会史研究》（《北京党史研究》1997 年第 2 期）、《把当代社会史提上研究日程》（《当代中国史研究》2007 年第 3 期），行龙《"自下而上"：当代中国农村社会研究的社会史视角》（《当代中国社会史研究》2009 年第 4 期）、《中国社会史研究向何处去》（《清华大学学报》2010 年第 4 期），李金铮《向"新革命史"转型：中共革命史研究方法的反思与突破》（《中共党史研究》2010 年第 1 期），李文《国史中的社会史：内容和框架结构》（《中国地方志》2011 年第 1 期），姚力《中国当代社会史研究的学术视野与问题意识》（《中共党史研究》2011 年第 1 期），朱汉国《中国当代社会史研究之我见》（《史学集刊》2012 年第 5 期）等论述为代表。

从具体的理论和方法层面对当代史研究中的缺陷与不足提出反思，从而将社会史的引入作为当代史学科体系建立和研究走向深入的新途径。与此同时，近年来有关当代史研究也取得了诸多新成绩，尤其是凸显新资料、新问题、新视角、新方法的社会史研究让人耳目一新。① 及时地对其展开讨论和交流，有助于推进当代社会史这一新兴学科的发展和完善。为此，笔者试图从资料、视角和写法三方面对中国当代社会史研究现状及其未来的可能走向做一些探讨与思考。

一、新资料：走向田野与社会

众所周知，历史研究贵在资料的占有，尤其是第一手的原始资料。有了丰富、翔实、系统的史料，才可能开展相应的研究。凡是真正有学术影响、经得起时间考验的历史研究成果，最重要的恐怕还是研究者对史料的掌握与解读。检点中国社会史研究30年的发展轨迹，其中最引人注目的一点就是将历史文献与田野调查相结合，不仅大大丰富了社会史研究资料的发掘和利用，而且在相当程度上更新了史学研究者的问题意识和历史观念。这在中国古代、近代社会史研究当中均有很好的体现。② 正是在这样的研究理念影响下，有关当代社会史研究的一个突出表现是在长期开展田野调查的基础上，对农村社会里尘封已久的原始档案资料的搜集、整理和研究，并产生了相当广泛的影响。

谈论当代社会史研究资料建设问题，首先应提及的是香港中文大学中国

---

① 从学术意义而言，当代史是与古代史、近代史相并列的一个学科分类概念，这三者前后关联，依次演进，共同构成整个中国历史的大脉络。当代史在研究对象、理论方法、历史书写等方面并不完全等同于1949年后的中华人民共和国史，将当代社会史看作当代史的一个分支体系可以更加全面系统地反映历史演进的多元性、丰富性、社会性。

② 可参见陈春声：《走进历史现场》，《读书》2006年第9期；行龙：《走向田野与社会》，北京：生活·读书·新知三联书店，2007年；行龙：《走向田野与社会：区域社会史研究的追求与实践》，《读书》2012年第9期。

研究服务中心。自 20 世纪 60 年代初，该中心就开始注重对当代中国社会变迁史料的搜集与整理工作，现已成为研究中国农村问题的国内外学者查阅相关文献档案的重镇，在国际学术界颇有影响。它收藏了 1949 年以来中国大陆从中央到地方各级政府机构出版和印刷的各类报刊、书籍、县志、村志及国情、省情、县情等方面的年鉴统计文献资料，还有各种完整的各级政府部门的文件、政策等。另外，还搜集了世界各地学者研究中国历史和现实问题的重要成果 8 万多册，其中相当多的关于中国大陆的研究著作都是作者们在充分利用该中心收藏的丰富档案文献资料基础上完成的。其资料特色表现在：一是比较系统完整；二是以各种正式和非正式出版物为主；三是数据库电子化建设完备；四是文献档案以官方为主。可以说，这一资料中心为促进国际社会对当代中国社会的了解和国际中国研究学术圈的形成起到了很大作用。为促进文献资料收藏的全面性，原中心负责人熊景明女士近年来又大力开展"民间历史记录档案库"的建设工作，主要以收藏反映中国大陆民生的个人回忆录为主，并进行编目整理，永久存放，同时在网站上（http://www.mjlsh.net/Default.aspx）开放使用。这种依靠历史亲历者的手笔书写的各种回忆录，既有助于让留存在民间的大量个人历史记忆得到珍藏，让民众参与到对历史的验证和解释当中来，还为今后的历史研究准备了丰富的原始资料。

就农村基层档案资料而言，山西大学行龙教授和他的研究团队近年来开展的一系列工作，目前在当代社会史研究资料建设方面应该是十分富有成效的，已在国内外学界产生了较大影响，堪称一场"资料革命"。他指出，"十多年来，我们坚持不懈的以集体的力量积极开展所谓集体化时代农村档案资料的搜集、整理和研究工作，已经形成了燎原之势，方兴未艾。据初步统计，已搜集到了遍及山西几十个县市范围的二百余个村庄的档案资料，总数量达数千万件以上。这批数量巨大、弥足珍贵的基层档案资料，已得到了诸多国内外专家学者的高度关注和赞誉。有学者称，这些农村资料的发掘和利用将有助于开辟中国历史研究的新领域，进而使之不断走向深入；也有学者称,这批基层资料的搜集整理工作功德无量,对研究社会主义在中国农村的具体实践将发挥其应有的作用;还有学者认为,这批原始档案资料是有史以来关于中国农民生活生产变革的第一次系统的全方位的文字记录,这就决定了它们对于研究当代中国农村社会变迁具有不可替代的重要作用等","我们理应将集体化时代的基层档案资料建设作为开展中国当代社会史研究的基础工作给予足够重视,有了这样一个厚实的资料基础,真正学科意义上的中国当代社会史才可能日渐发展壮大起来"。① 这一资料建设工作的最大特点就是坚持"集体调查""走向田野与社会"的治史理念,并且在占有村庄资料基础上产生了包括专题论文、研究著作和课题项目在内的一系列成果。例如,行龙等著的《阅档读史:北方农村的集体化时代》一书的出版,利用部分档案资料,以图文并茂的形式,勾勒出山西农村社会在集体化时代的真实变革图景。② 还需提及的是,他们选取了20余村庄的档案资料作为研究对象,申请到2012年度国家社会科学基金重大招标项目(第三批),拟计划在未来5年内影印出版100册当代山西农村基层档案资料汇编。这对于当代社会史研究而言,应是一项十分必要而又极其重要的基础工作。

近年来,南开大学张思教授也开始关注现当代华北乡村文献史料的调查、整理与研究。目前,张思教授和他的研究生在晋冀鲁豫等地区进行了长期的调查研究和档案文献资料的搜集、整理工作,尤以山东淄博地区沈家村的资料最为突出。从他们开展相关资料调查收藏和研究状况来看,可以发现其主要关注点在于呈现华北乡村社会在整个20世纪中的具体变迁图景,运用"国家—社会"的解释架构对所搜集的村庄档案文书和口述内容进行总体性研究,并出版了《中国农村变革:家族、村落、国家——华北农村调查资料集》《侯家营:一个华北村庄的现代历程》等论著。张思教授的工作思路是建立在他对"满铁调查资料"所涉河北、山东、山西、河南等地村庄的

---

① 行龙:《"资料革命":中国当代社会史研究的基础工作》,《河北学刊》2012年第2期。
② 行龙等:《阅档读史:北方农村的集体化时代》,北京:北京大学出版社,2011年。

跟踪调查研究基础上,将研究视角延伸至当代华北农村社会。这在《侯家营》一书中有着清晰体现。该书以河北昌黎县侯家营村的调查为基础,力图在"国家—社会"的研究框架中进一步阐明:在20世纪现代化背景下的国家权力扩张过程中,华北农村中的乡土权威与秩序发生了怎样的变化,这些变化在20世纪后半叶是否又有着不同阶段的自然演变过程?为此,他试图从村落的视角、农民的视角出发,深入挖掘、解读乡村自身史料(文献及口述等),并将个案研究放在其所处的大的地域的、历史的、文化的背景下进行考察,进而寻找乡村社会演变的动因。①

另外,华东师范大学杨奎松教授带领中国当代史研究中心,在当代民间史料建设方面也取得显著成绩。目前,该中心已编辑出版了《中国当代民间史料集刊》9种11册,这个资料集刊系列主要收录的是1949年后流散于社会的各种民间文献,包括日记、笔记、记录、信函、小报、表格、账册、课本等。与已经出版的许多中国当代史资料不同,这套丛书意在反映社会底层的政治、经济、文化状况和日常生活、人际交往、家庭关系、个人境遇等内容,以为研究者提供记录社会基层历史变迁的原始资料。杨奎松等人开展中国当代民间史料建设工作的涵盖面比较广泛,既涉及农村又关乎城市,既有厂矿也有学校,既有乡村干部又有社员群众等。②与史料集刊相对应,他们还主办了《中国当代史研究》出版物,集中探讨1949年后中国政治、经济、文化、法律、国防、外交、教育、科学、社会等专题历史,涵盖政治史、经济史、社会史、文化史、妇女史等范围,跨学科综合性色彩浓厚,至今已出版三辑。从中可以看出,杨奎松教授开展的中国当代史资料建设和专题研究

---

① 张思主编:《中国农村变革:家族、村落、国家——华北农村调查资料集》,北京:社会科学文献出版社,2006年;《侯家营:一个华北村庄的现代历程》,天津:天津古籍出版社,2010年。
② 这在已出版的9种资料集刊中均有体现(上海东方出版中心,2011年):河北冀县门家庄大队工作档案;师院图书馆会议记录;物资局整风鸣放材料;茶厂1957年整风大字报;花岭大队表格;一个村支书的工作笔记(上、下册);橡胶厂党支部会议记录;细峪公社"四清"运动代表会记录/生产科长的"四清"材料;铁道学院"三反"快报(上、下册)。

具有一种通史性质，不仅注重对重大历史事件和上层历史的研究，也对地方社会的民众生活给予很大程度的关注。他们试图将中国当代史的方方面面都纳入自己的研究视野中，但是认为现在开展对民间史料的全面建设工作似乎显得更为迫切、重要一些。种种原因已经使得"原本浩如烟海、取之不尽的中国当代民间史料大量遗失、毁坏、销毁，如今竟成为急需抢救的'国宝'。但十分遗憾的是，这方面的工作迄今为止仍处于一种分散游击、割据自守的状况。由于收藏者多将自己搜集到的史料藏诸深山、秘不示人，从而使得原本就显得十分稀少的民间史料愈现其缺"[1]。很显然，这些有关当代史的资料建设和研究工作对于推动当代社会史的深入发展是大有裨益的。

复旦大学张乐天教授所做的工作也值得关注。他于20世纪90年代开始关注自己的家乡浙江省海宁市联民村自1949年后的社会变迁，在进行了长期的田野调查和掌握了该村全面系统的档案资料的基础上，完成了《告别理想：人民公社制度研究》一书以及部分专题论文。张乐天对他的联民村研究采用的社会学人类学路径，集中展现了村庄在当代中国社会大的历史变革进程中所发生的具体细微的变化，尤其是村民日常的生活生产实践。[2] 在村庄资料建设上，张乐天教授与社会科学文献出版社共同合作开发了联民村资料数据库网站（http://www.zltfieldwork.com），名为"中国田野调查·张乐天联民村数据库"。它是一个融文字记录、音频影像、口述访谈等内容于一体的综合性数据库，这种有关当代中国农村资料收藏的数字化建设在国内还不多见，值得借鉴。此外，2011年10月复旦大学还成立了专门以收集民间社会生活资料和从事学术研究为宗旨的学术机构"当代中国社会生活资料中心"。张乐天认为，该中心旨在通过对当代中国社会生活资料的搜集，研究中国社会的变迁，理解中国人的生活和社会发展，并通过创新中国社会科学

---

[1] 华东师范大学中国当代史研究中心编：《中国当代民间史料集刊·门家庄大队工作档案》（1），上海：东方出版中心，2011年，"出版说明"页。

[2] 详见张乐天：《告别理想：人民公社制度研究》，上海：东方出版中心，1998年。

研究的方法，形成复旦特色以及中国特色的研究学派。此种社会人类学式的研究方法对于当代社会史有一定的借鉴意义。

从上述有关新资料建设的代表性成果来看，各有所长，各有侧重，都有助于推动当代社会史这一新兴学科的进一步发展和完善。毋庸置疑，这些大量基层档案资料之所以称为"新"，一方面是因为它们出自民间社会，是基层民众日常生活生产实践的原始记录，这就决定了在性质上与以往公开出版的宏观性的官方档案文献有本质性区别，后者往往呈现的是自上而下的政策、方针、文件、指示等上层内容；另一方面则是随着不同于官方层面的民间档案资料的发掘和利用，必然带来研究者在史料解读和问题意识上的更新，在原有的以政治史架构囊括一切的宏观叙事模式之外，更多的是运用自下而上的视角进行微观个案研究。所以，开展当代社会史研究，不仅仅只是对学科性质做出说明，更重要的在于从基层档案资料建设上切入。唯有如此，才能真正确立它的学术地位。还有很重要的一点就是研究者应充分吸收和借鉴人类学的田野调查方法，走出书斋，走向田野与社会，从"历史现场"去发现资料、发现问题、发现历史，这对于离我们最近的当代社会史而言更具有可行性，更有助于发挥它对现实社会的资鉴功能。[①]

二、新视角：自下而上与自上而下

如果说新资料的发现和利用对于当代社会史研究堪称一场"史料革命"的话，那么，随之而来的将会是研究者在治史观念上的更新。这在中国社会史研究领域体现得最为显著。20世纪90年代以来，社会史研究由整体性讨论转向对特定区域历史演进的关注，试图从区域切入探讨地方与中央、民众与精英、局部与整体之间的互动生成关系，区域社会史由此成为众多史学研

---

① 可参见田居俭：《把当代社会史提上研究日程》，《当代中国史研究》2007年第3期；李文：《资鉴当世：中国当代社会史研究的现实功能》，《河北学刊》2012年第2期等。

究者建构历史事实与历史认知的重要场域。正基于此,自下而上的研究视角成为社会史中的一种重要研究方法。葛兆光曾就此指出:"90年代以后,研究者的注意力变了,从过去传统的领域挪开,开始从中心转向边缘,从主流转向支流,从经典转向世俗;从研究对象来说,从重点研究国家、精英、经典思想,转向同时研究民众、生活、一般观念;从研究空间来说,从重点研究中央、国家、都市,转向兼顾研究区域、边地、交叉部位。这好像连锁反应一样,再接下去,就引起了第三层变化,就是研究资料的变化……无论大陆还是台湾,学术界都出现了对社会生活史、一般思想史、大众文化史等的关注。这才真正地改变了过去以政治、经济、军事为中心的历史,你总是以政治、经济、军事为中心,当然就只能围绕'帝王将相'写历史,可是你把地理环境、社会生活、大众观念当作历史的中心,当然领域、视野和资料都变化了。"[①] 可见,对这一思想史研究新取向的概括,反映了社会史研究的发展特征,值得当代社会史研究者学习和参照。

众所周知,当代史的历史书写基本上是依附在中共党史和国史的架构下,所展示的是中国共产党作为一个现代政党在致力于民族国家政权建设过程中的实践轨迹和自身地位确立的历史必然性,这样的历史叙事显然只是当代史演进的部分而非全部,主要是一部政党政治史。除此之外,还有经济、社会、文化、教育、艺术、技术、观念、心态、民众乃至生态、环境、疾病、卫生等方方面面,都有待当代史研究者去发现和探讨。也只有真正将这些社会层面的历史内容还原出来,分析总结,才能更加促进人们对中国历史的发展走向和实践规律有深刻的认识和理解。所以,田居俭呼吁"把当代社会史提上研究日程",不仅是中国社会史研究纵深发展的内在需求,而且相信"大有文章可做,有大文章可做"。[②] 行龙也指出:"'自下而上'地研究这

---

① 葛兆光:《思想史研究课题讲录:视野、角度与方法》,北京:生活·读书·新知三联书店,2005年,第18—19页。

② 田居俭:《把当代社会史提上研究日程》,《当代中国史研究》2007年第3期。

个时代的历史,就是要给基层农村和广大农民更多的关注,从农村和农民的角度、从'理解的同情'出发,站在地方看中央,上下贯通,左右相连,整体地全面地了解和认识这个特殊的历史时代。就是要从农村社会发展变迁的实际出发,在研究上层的同时更多地关注下层农村社会的实态,农民的日常生活。"① 另外,李文和姚力也撰文对如何开展当代社会史研究的基本思路、研究方法、问题意识和总体架构等问题进行了全面系统的阐述,具有较强的操作性和可行性,着实凸显了诸多富有创造性的当代史研究架构。但他们将当代社会史作为国史的一个分支的论点,可能还有进一步讨论的必要。其逻辑前提是当代史即国史,国史即当代史,因此当代社会史理应属于国史的范畴。② 在笔者看来,当代史在内涵和外延上是一个比国史更具包容性的学科范畴,将当代社会史划归当代史可能更合适一些,如果将其定位在国史下的一个分支,很容易导致对原有国史研究路径的依赖,从而无形中化约了社会史自身的学科性质。因为社会史研究的最大特质即在于它首先从基层社会出发,从普通民众的生活世界出发,自下而上地探讨整个中国历史的复杂演进及其在特定地域的具体表象。当然,社会史研究者强调自下而上地看历史,并非完全不关注来自国家、精英等上层历史的作用,他们所努力做的正是要从地方去理解中央和地方、精英和大众、国家和社会彼此间相互关系的生成过程,进而去丰富和拓展本应鲜活多样的历史画面。

在具体实践上,张静如主编的五卷本《中国当代社会史》(湖南人民出版社,2011 年)可能是目前国内唯一以当代社会史命名的专门论著。编者总体上按照 1949 年至 2008 年的经济、政治、教育科学文化、外交、人口婚姻家庭、阶级阶层、物质生活方式和社会习俗、社会意识、社会问题和社会保障等章节谋篇布局,试图反映新中国成立后中国社会变革的基本面貌。张

---

① 行龙:《"自下而上":当代中国农村社会研究的社会史视角》,《当代中国史研究》2009 年第 4 期。
② 详见李文:《国史中的社会史:内容和框架结构》,《中国地方志》2011 年第 1 期;姚力:《中国当代社会史研究的学术视野与问题意识》,《中共党史研究》2011 年第 1 期。

静如指出:"全书各卷收入的史料很丰富,并且各条史料都有权威性的根据,如《中国统计年鉴》等,从而具有很强的说服力。当然,全书并不是没有缺点,我以为最主要的是没有抓住各历史时期的核心透彻说明其对社会生活各领域的影响,给人感觉社会生活各领域的演化态势是孤立的。"实际上,之所以会造成这样的缺点,可能是因为作者在资料上仍没有根本性突破,主要还是利用现已出版的各类官方档案史料、报刊言论等,很少利用反映普通群众生活实态的第一手原始资料,同时在驾驭史料的叙事框架上主要受到党史国史路径的影响。他认为:"当代社会史是按照不同历史阶段分期横向的专题式的写法,而国史则是按照历史阶段分期纵向的接联式的写法。一般说是这样,也有写国史书的在大的历史顺序安排中加写一个或两个带有专题性的问题,但总的来说不采取当代社会史全部按专题来安排。当代社会史包含着社会生活各领域的演化和变迁,并无重点和次点之分,基本上是平衡的。国史则不同,它以政治、经济、文化为主体构筑三者相互交织的历史发展进程,少量的社会生活其他方面点缀于进程之中。"① 毋庸讳言,这样的观念很容易淡化社会史的精髓,且不论按照历史阶段分期的横向与纵向写法是否能够真实地反映当代史的演变进程,当代社会史的精彩之处恰好在于它层次有别、跌宕起伏,有着比国史更为复杂多样的历史实践。

正是基于上述综合考虑,笔者认为当代社会史研究不仅首先要在资料发掘和利用上有不同于以往的官方档案文献的根本性突破,而且在理论方法上将社会史的研究视角内化到当代史的建构中,才可能真正建立起与国史可以相映成趣的鲜活的以人民大众的生活生产实践为叙事对象的当代社会史。总体而言,社会史的跨学科倾向十分突出,对人类学、社会学等相邻学科理论与方法的借鉴,使得它与文化史、思想史、新文化史、新社会史、历史人类学等交融在一起,彰显了中国史研究中的"新史学"特色。欣喜的是,近年来不断有学者从社会史的视角对当代史进行了富有新意的探索。如土改研究

---

① 张静如:《关于〈中国当代社会史〉》,《党史研究与教学》2012 年第 4 期。

向来是中共党史和革命史领域的热点问题,但是大多数研究只是就土改本身讨论,几乎都采用的是自上而下的视角,而未能将其嵌入当时的历史语境中去探讨它与农民社会的复杂关系。郭于华和孙立平二人以土改中的"诉苦"为研究对象,立足民族—国家形成的理论背景,将"诉苦"与"忆苦思甜"作为农民国家意识形成的一种机制,来探讨农民对于国家的感受和认知,以及农民国家观念形成的过程与特点,从普通民众的视角来揭示土改时期国家与社会关系的变化,尤其是国家向社会渗透的过程。他们认为,在中共主导的革命过程中,特别是1949年后,"诉苦"权力技术的有意识运用,将农民在其生活世界中经历和感受的"苦难"提升为"阶级苦"的过程,不仅成为日后阶级斗争运动的现实基础,而且是农民的内心世界中塑造农民与国家关系的基础。这种"民族形成"的过程,是深深植根于农民的日常生活之中的。① 可见,将"诉苦"作为农民国家观念塑造的重要机制,超越了以往研究中只是将其作为一种动员民众的方式,凸显了自上而下的行为背后还存在自下而上的生成过程。方慧容的西村土改个案研究,采用叙事—文本的路径,建构了一个富有解释力的概念——"无事件境",即一种特殊的事件记忆心理。由此,她探讨了土改时期的调查研究、"诉苦"及笑话和喜剧性记忆的三大心态,及其作为在土改运动中创造的国家向村庄渗透权力的方式。作者认为,调查研究和"诉苦"的发明都源于以跨地方事件发生重划个人生活节奏,以实现对农村社区的重新分化整合的努力。前者同"划成分"相连,后者同塑造一种新的集体认同关联。但是,恰恰是在这两种治理技术深入到农村社区时遭遇到了类似于"无事件境"的障碍,于是"无事件境"记忆同"事实真相"之间产生了矛盾。更有趣的是,后来的研究者试图从村民持有的"无事件境"记忆中去发现"历史真相"时,却以另外的方式重塑了

---

① 郭于华、孙立平:《诉苦:一种农民国家观念形成的中介机制》,载刘东主编《中国学术》(第4辑),北京:商务印书馆,2002年,第130—157页。

村民对土改历史的再感知。① 这一个案研究凸显了农民是如何去思考他们周遭世界的，村民们在想些什么，又是如何解释自身生活并赋予其意义和注入情感。

此外，在中苏关系史方面，除了有学者利用前苏联解密档案资料开展的重大事件研究外，台湾学者余敏玲从社会文化史角度开展的微观个案研究别开生面。她展示了新中国成立后的很长一段时间里，学习苏联、向苏联"一边倒"政策的宣传和落实是如何在人民群众的日常生活中造成巨大影响的，充分体现了自下而上与自上而下相结合的新视角。在《苏联英雄保尔·柯察金到中国》一文中，作者以小说《钢铁是怎样炼成的》中的主人公保尔·柯察金为焦点，探讨了他以革命英雄典型的身份，在新中国政治运动和社会文化建设中所扮演的角色。中共革命不只是政权的获得，更是一场彻底改造旧中国的社会革新运动。所以，新的国家建立后，在全面根除旧的资产阶级文化、上层精英文化的同时，建立全新的社会主义文化、大众文化，塑造"社会主义新人"，建立一种新的人生观便成为当务之急。而小说中展现的苏联内战时期保尔与敌人殊死斗争的精神、坚忍不拔的意志、对党的忠贞等英雄形象与特质，正好为新中国提供了典范，成为培育新一代的榜样。因此，相关部门开始大量译介该书，并通过电影、话剧、教科书、成立保尔班等各种渠道宣扬保尔精神，期望将新中国的青少年塑造成"社会主义新人"。但是，由于政治环境的改变，不仅官方强调的保尔精神会时常变化，而且民间的解读也多有别于官方的解读，其中最大歧异则在于对保尔与他初恋情人的爱情方面的关注。作者认为，两者解读的异同反映出文化生产者（国家）与文化消费者（社会大众）是一种协商关系，不是截然二分，并非国家在控制一切，民间只有消极被动地接受，而是多元力量参与的过程。② 简言之，余敏玲的

---

① 方慧容：《"无事件境"与生活世界中的"真实"：西村农民土地改革时期社会生活的记忆》，载杨念群主编《空间·记忆·社会转型："新社会史"研究论文精选集》，上海：上海人民出版社，2001年，第467—585页。
② 余敏玲：《苏联英雄保尔·柯察金到中国》，台湾《新史学》第12卷第4期，2001年12月。

研究思路就是要突破原有的那种大而化之的单一的历史叙述，将中共"如何塑造社会主义新人"这一问题意识放置在新中国成立初期"宣传苏联、学习苏联"的大背景下，去探讨那些往往被忽略掉的普通民众的生活变化，以及与国家精英生成了怎样的复杂关系。这在她的《学习苏联：中共宣传与民间回应》《女人扶犁？——女拖拉机手在中国》《从高歌到低唱：苏联群众歌曲在中国》等系列研究中都有很突出的表现。[①]

还有学者就典型劳模和村庄的塑造做了新探讨。行龙对新中国著名劳模李顺达的个体生命史研究富有创见，他将李顺达这个"时代产儿"置于村庄与国家之间的历史脉络中进行考察，指出塑造劳模是当时革命动员的需要，但又是以村庄的现实环境及其利益诉求为条件的，从而修正了视国家意志下的农民是完全被动的看法。[②] 同样是对典型塑造的研究，刘一皋对王国藩领导的"穷棒子社"的分析则在文本、话语与权力的架构下，对不同时期产生出众多以不同类型题材描绘"穷棒子社"的故事文本进行了深入研究。作者并非以此还原历史真相，而是将"穷棒子社"故事看成对共和国史的一种体认，从故事叙述的缺失、变化和内在逻辑冲突，探究共和国发展过程中一些重大问题及历史研究中的缺陷，尤其关注权力因素和由此产生的社会裂痕，认为"一个简单的村庄故事，被叙述的如此复杂，主要原因在于企图使村庄史完全依附于国家历史的写作方法，难免会出现众多漏洞和自相矛盾。在赋予故事以国家意识形态意义过程中的选择和建构，村庄、家庭、个人丰富多彩的故事，被随意截取、剪裁。变成了散碎的、缺乏内在联系的、被不断修改的故事，目的只是在说明某种理论、决策、行动的正确性、合理性，失去

---

① 详见余敏玲：《学习苏联：中共宣传与民间回应》，《"中央研究院"近代史研究所集刊》第40期，2003年6月；《女人扶犁？——女拖拉机手在中国》，载台湾"中央研究院"近代史研究所编《两岸分途：冷战初期的政经发展》，2006年，第171—206页；《从高歌到低唱：苏联群众歌曲在中国》，《"中央研究院"近代史研究所集刊》第53期，2006年9月。
② 行龙：《在村庄与国家之间：劳动模范李顺达的个人生活史》，《山西大学学报》2007年第3期。

了日常生活的多样化特征"①。

除上述成果外，还有一些颇有新意的研究，如张济顺关于上海里弄居委会的改造问题研究，冯筱才对私营工商业社会主义改造中的小商小贩群体研究，以及高小贤、金一虹分别对社会性别与劳动问题的妇女史研究等。② 综合来看，这些研究成果有两个明显的特点：一是它们在资料上有创新，除官方档案外，对基层档案资料极为重视，并将历史文献解读与田野调查相结合；二是它们在研究视角上，超越了已有的单一化历史叙事，很好地体现了社会史研究的综合性和跨学科性质，将自下而上与自上而下的视角贯通在研究对象中。所以，如果只是从上往下看，更多时候可能看到的只是国家的"触角"所能延伸到的范围，而这个范围并不一定就是地方社会，这里的历史主体还是上层精英的。而自下而上看就是要扭转历史叙事的主体，从最基层社会的民众生活变革开始，去考察分析他们的生活因何会发生各种各样的变化，变化的动力来自何方，呈现的是怎样的一个历史互动过程，同时兼顾自上而下的历史展演在多大程度上抵达了社会层面，又是如何作用于地方民众的。这种自下而上与自上而下的有机结合，才是我们建构当代社会史知识体系和学术积累的行之有效的新视野。

三、新写法：以历史学为本位

近30年来，社会史学界可谓异彩纷呈，无论在档案资料方面，还是在

---

① 刘一皋：《"穷棒子社"故事中的权力与社会裂痕》，载韩钢主编《中国当代史研究》（二），北京：九州出版社，2011年，第164—199页。
② 详见张济顺：《上海里弄：基层政治动员与国家社会一体化走向（1950—1955）》，《中国社会科学》2004年第2期；冯筱才：《"社会主义"的边缘人：1956年前后的小商小贩改造问题》，载韩钢主编《中国当代史研究》（三），北京：九州出版社，2011年，第3—45页；高小贤：《"银花赛"：20世纪50年代农村妇女的性别分工》，《社会学研究》2005年第4期；金一虹：《"铁姑娘"再思考：中国文化大革命期间的社会性别与劳动》，《社会学研究》2006年第1期。

理论视野和方法上,都大大拓展了中国史研究的学术空间,丰富了人们对过往历史的认识和理解。这些成绩对于新兴的当代社会史学科来说是必须加以认真借鉴的宝贵学术财富。但是,当前社会史研究中产生的一些问题和不足,也同样值得我们注意和纠正。在此,文章试图以一种"新写法"的话题引申开来,就当代社会史的写法问题做一些讨论和思考。借用法国年鉴学派创始人布洛赫的说法,也即是"历史学家的技艺"①是如何可能的。历史学是一门求真求解的学问,资料和视角固然重要,但要精心组织史料,呈现研究者的历史观,揭示历史研究的意义,就必不可少地会涉及历史的写法问题。

在如何运用社会科学理论与方法的问题上要有足够的自觉意识,尤其在西方化的社会科学概念、话语的使用上。尽管时而有学者撰文提出警醒,但在中国近现代社会史研究中,似乎引入一些抽象化、概括化、哲学化的概念仍屡见不鲜,似乎只有如此这般,其研究水平顿时会有质的飞跃。可结果往往是食洋不化、玩弄概念、断章取义,在史实建构和概念解释上不能充分融会贯通,致使"两张皮"现象严重。强调这一点,并非完全采取"排外主义"立场,而是要养成进行历史书写的学术自觉,不盲从、不浮躁、不花哨,一切都应该以探究历史真相为出发点。现在是一个中西学术互动交流的繁盛时期,要想对西方学界的研究动态置之不理、置若罔闻,那也是很难做到的。杨奎松曾就西方社会科学知识的引介对中国历史研究的影响有过深刻阐述,对于解决在历史书写中如何借用相关概念的问题不无借鉴意义。他指出:"近代以来的中国史学,从目的到方法,直至整个话语系统,早已发生了脱胎换骨的变化,这种变化已经潜移默化地影响到一切从事历史研究的史学家的骨髓里面去了。我们今天在研究中国历史时所使用的概念,早都是西化了的,或是从西方引进过来的。像'社会''民族''阶级''国家'等最常用的一些概念,就是源自西方政治学、人类学或社会学等社会科学。这每

---

① 〔法〕马克·布洛赫:《历史学家的技艺》,张和声、程郁译,上海:上海社会科学院出版社,1992年。

一个概念的背后,都存在着一整套西方政治学、人类学或社会学的观念或解释体系。对于中国的历史学家来说,这些概念的使用,并不简单地只是换一个什么样的词汇来表达思想和叙述史实的问题,它在相当程度上其实是一种思维方式的转换。比如,当我们接受'社会'这个概念的时候,所接受的就绝不是一个孤立的字眼那么简单,它的背后是西方学者用来观察一个与国家既相联系、又相对应的代表着个人共同体的分析模式。我们今天对'社会'的定义,包括人为地把'社会'划分为政治、经济、文化、社会等不同的子系统,并各自选择不同的面相研究历史,说到底都是自觉或不自觉地接受西方社会科学的分析模式的一种结果。"①

不难看出,强调中国历史研究脱离不开西方社会科学理论方法的影响,是必要的,但是研究者在使用种种概念来研究历史,最终目的还是更好地对过往的历史求真求解,而不是丧失历史学本位立场,标新立异,轻率武断地套用西化概念来随意裁剪、拼凑评判历史人物和事件,甚至认为如此概念化才是追求所谓的创新,才更具有学术性、理论性。殊不知,长此以往,反而会深深陷入西方学术话语的怪圈中,难以自拔,自己努力取得的研究成果到头来只是步别人之后尘,成为验证某一理论或流派的注脚罢了。近些年,一直致力于开创中国历史研究"新史学"的杨念群也曾多次指出,目前社会史作为中国历史研究的一门显学存在一个很大的问题就是过度结构化、概念化、西方化,从而导致历史学研究作品丧失了传统史学中原有的那种引人入胜的叙事内核,特别是书写体裁上,读起来干瘪、拗口,没有故事性,不伦不类,生搬硬套,已没有了真正史学该有的文脉气息。他认为,中国历史学受 20 世纪 90 年代中期开展的一场"学术规范化讨论"影响至深,结果使得社会理论和社会科学方法在历史学中的运用进一步合法化。一个重要表现就是,不同流派的西方社会科学的概念、方法被大量引进,并得到众多史学者

---

① 杨奎松:《历史研究的微观与宏观》,《理论与方法:历史学与社会科学的关系及其他》,《历史研究》2004 年第 4 期。

的广泛使用,以至形成学术"概念化"的浪潮。曾热闹一时的有关"公共领域"和"市民社会"两个概念的讨论就是很典型的例子,模仿之作迭起,"但如果放在对中国历史的深层理解的程度这个标准中予以衡量,却总显得僵硬拘谨,不够贴切"。于是不断有学人对西方概念的移用究竟在多大程度上能够准确地理解中国历史提出质疑,而且盲目搬用外来的时髦概念,"却易跌入极度'概念化'的陷阱"。所以,他积极提倡中国史学需要一种"感觉主义",将"隐喻史"①贯彻到历史研究当中,认为这对于更新历史书写的技艺是必要之举,即"在强调跨学科研究的重要性时,更要注意避免西方理论的无限制钳制,主张在培养学术嗅觉的基础上建立真正具有本土风格的'问题意识',并逃脱过于专门化的训练给历史感觉带来的伤害,进而试图恢复中国史学优秀的叙事传统"②。

除了要警惕历史书写中"概念化"陷阱之外,就当代社会史来讲,还必须真正建构起自身的学术话语体系,才可能在当代史领域生产出高质量高水平的研究成果来。还需提到的一点是,关于1949年后的中国历史研究,西方学界自20世纪六七十年代起至今,在历史学、社会学、人类学等领域已积累了很多具有学术影响的论著。目前仅有很少的一部分翻译介绍到国内来,这就使得中国史学者面临一项学术使命,就是如何去评判西方学者话语体系中的中国当代史,在解释历史和理论建构上能否形成有效的对话与交流,他们在多大程度上反映了历史真实,又存在哪些缺陷与不足。要实现这样的目标,不只是占有丰富的原始资料,采用新的研究视角,而且切实地建立起一套具有中国自身特色的当代史学术话语体系和解释架构也是非常必要

---

① 杨念群:《中国艺术表达中的"隐喻"传统与历史写作——兼谈开拓"隐喻史"研究的重要性》,《天津社会科学》2011年第6期。他指出,所谓"隐喻史"研究,就是想通过对中国历史上具有象征意味的一些现象的观察,拟以艺术实践中的那些个案为例,来聚拢"感觉史"研究所津津乐道的那些素材,并以此为基础,探索中国历史研究中政治史、社会史与文化史方法的再融合途径。
② 杨念群:《"感觉主义"的谱系:新史学十年的反思之旅》,北京:北京大学出版社,2012年,第221—241页。

的。如王海光所言:"历史叙述的著史写作,实际上就是处理客观性史料和主观性叙述的关系。史家的立场应该只是对事实本身负责,秉笔直书,不偏不倚;述史语言要客观平实,简洁清雅,中正公允,避免使用预设价值立场的语言概念。"① 另外,在当代史的治史技术层面,客观上还需要有一个"语言转换"问题,即从"政治性的意识形态话语系统"转向"学术性的历史话语系统","建立学术话语系统,是建立科学的历史学科体系的一项基础条件,对中国当代史的学科建设尤为重要。历史话语系统是客观化中性化的语言工具,没有应用对象的限制。意识形态话语是带有价值判断的政治语言,有着主义的立场。所以,从意识形态的政治话语系统中完全剥离出来,建立科学的话语系统,成为当代史学科建设的关键问题"。② 不可否认,完整地建立起一套当代社会史研究的话语体系,并不是短时间内就可实现的,但是凡从事这一领域的研究者有必要时时将此铭记于心。这样,在面对基层档案资料时,自下而上地去看历史过程,发现问题、剖析史料、追寻意义,以建构出更贴近真相的历史图景。

简单而言,历史学实际上就是一门讲故事的学问,由此决定了叙事性是它的显著特征。似乎一提到讲故事,人们便以为这会降低历史研究的学术性和理论关怀,将历史事件平庸化,恰恰相反,能够用不同时期零散庞杂、纷繁多样的史料精心"编织"出一幅幅前后连贯、内外兼顾的历史画面,则是需要每一位史学家怀有高超的书写"技艺"才能完成的。如果我们将历史学家的"技艺"看作书写历史中"技术"和"艺术"两者交织融合为一体的话,那么,上文中所讨论的一些问题正暴露了当今社会史学界过于注重"技术"性层面的概念化、结构化,而对历史建构中的"艺术"性层面却关注甚少。难怪时常会听到有学人抱怨说,现在很多的历史作品读起来简直是云里雾

---

① 王海光:《当代史的治史刍议》,《中共党史研究》2011 年第 5 期。
② 王海光:《时过境未迁:关于中国当代史研究的几个问题》,《党史研究与教学》2004 年第 5 期。

里,越来越不像历史了。笔者私见,历史研究中的"艺术"性就凸显在它的修辞学意义上,即便是新史学强调的分析性叙事,也依然不能遮掩住它朴实可读、娓娓道来的本质。这也是本文尝试以新写法的角度来切入对当代社会史研究及其历史书写的一些思考和讨论的用意所在。英国史学家劳伦斯·斯通早在 1979 年就撰文呼吁"历史叙述的复兴",以摆脱长期以来由"经济决定论""生态—人口学""计量经济学"等所谓"科学化的历史"观的制约。①而西方史学界新文化史潮流方兴未艾,蒸蒸日上,当与此一导向直接相关。但是在国内史学界,对这一问题的反思和讨论并不多见。因此,笔者主张以历史学为本位的新写法,就是要从历史书写的形式上来确立中国当代社会史学科的牢固地位,进而在当代史领域赢得主动权和话语权。就如田居俭曾在《论良史工文》一文中就如何"磨练一副博采众长的好文笔"的史学基本功时所谈到的:"学习马克思主义创始人的文笔,要善于从他们的经典型表述中发现和掌握他们'炼意'和'炼句'的功夫","工文"应当成为史学工作者的必修课,"因为史学的学科体系、学术观点和科研方法的创新,都需要中国特色、中国风格、中国气派乃至中国话语体系的表述。精湛的文笔能给史学著作插上腾飞的翅膀,平庸的文笔则会拖累史学著作翅膀的飞动。史学工作者要永远铭记:'言之无文,行而不远。'"②

四、结语

就目前中国当代社会史研究现状来看,面临着三种处境:一是在古代史、近代史领域中已经积累了丰富厚实的社会史研究成果,在理论、视角和方法等方面,均有值得当代社会史研究者学习和借鉴的地方;二是在基层档

---

① 〔英〕劳伦斯·斯通:《历史叙述的复兴:对一种新的老历史的反省》,古伟瀛译,载陈恒、耿相新主编《新史学》(第 4 辑),郑州:大象出版社,2005 年,第 8—27 页。
② 田居俭:《论良史工文》,《史学理论研究》2008 年第 2 期。

案资料发掘和利用上，已有学者开展了大量搜集、整理和研究工作，尽管在地区上还存在不平衡现象，但为推动当代社会史研究不断走向深入打下了扎实的史料基础；三是来自西方社会科学理论话语与概念体系的影响和冲击。如果说前两者对当代社会史学科而言是一种优势的话，那么，这一点则需要研究者保持足够的学术自觉性，谨慎地对待西化概念，要始终坚持以历史学为本位，建立一套属于自己的学术话语体系。我们相信，真正地从民间档案资料出发，从中去发现当代史演进的多样画面，并将自下而上与自上而下的视角相结合，在本土化的叙事架构中，中国当代社会史一定可以绽放出更加绚丽多姿的色彩。

抗战时期太行根据地社会调查刍论*

马维强**

20世纪前半期，西方社会学理论的传入和内忧外患的社会现实促发了中国国内调查研究之风的兴起。在这一浪潮中，中国共产党的社会调查最为世人瞩目。与同时期的其他调查相比，它不仅因有马克思主义改造社会的强大理论武器指导而独树一帜，且因有广阔的革命实践天地而颇具活力。

一

中国共产党的社会调查开始于20世纪20年代，陈独秀、李大钊、邓中夏等人主持的调查开展较早，但规模有限。之后，毛泽东和以陈瀚笙为代表的"中国农村派"分别在革命根据地和国统区内展开调查，经过不断的实践，逐渐形成成熟的理论和方法，对日后抗战时期的社会调查具有指导作用。

早在1920年，毛泽东"第一次看了考茨基著的《阶级争斗》、陈望道翻译的《共产党宣言》和一个英国人作的《社会主义史》等著作，认识到阶级斗争是社会发展的原动力，从而初步得到了认识问题的方法论"[①]。1925年，针对党内受俄国"城市中心"论的影响而产生的两种倾向——只注意同国民党合作、忘记了农民的右倾机会主义，和只注意工人运动、同样忘记了农民的"左"倾机会主义，毛泽东发表《中国社会各阶级的分析》，详细论证了

---

* 本文原载《中共党史研究》2009年第5期。
** 马维强，山西大学中国社会史研究中心教授。
① 《关于农村调查》，中共中央文献研究室：《毛泽东农村调查文集》，北京：人民出版社，1982年，第21—22页。

中国社会的各阶级状况及其对革命的态度，指出革命的对象和动力，①在实践中加深了对马克思主义阶级斗争论的认识和运用。为了获得实证经验并应对党内对农民斗争的责难，毛泽东于 1927 年 3 月在湖南召开调查会，通过听取报告来收集材料，纂写完成农民运动的纲领性文献——《湖南农民运动考察报告》。这是共产党人第一次以阶级分析法为工具所做的农村调查。

之后，通过大革命失败后的理论反思和对农村包围城市道路必然性的探索，毛泽东更加深刻地认识到农村调查的重要性。他在湖南和江西等地亲身实践，展开了广泛调查。在这些调查中，遗留下来的有对寻乌、兴国、东塘等县、乡、村的个案和专题调查。② 这些调查从 1926 年开始，断断续续地持续到 1933 年，内容主要是关于农村的生产力与生产关系，涉及人口成分、土地分配情形、剥削关系、土地斗争情况，群众的日常生活、生产和经济收入，并兼及村庄的基本状况、政治和军事组织、卫生、文化教育和社会救济等。通过调查，他认识到农村问题的症结是地权和土地分配不均的问题，只有解决这一问题，才能解放和发展农村的生产力，党也只有如此才能争取到广大农民群众的支持。

1930 年 5 月，毛泽东发表《反对本本主义》，提出"没有调查，就没有发言权"的著名论断，并指出："离开实际调查就要产生唯心主义的阶级估量和唯心的工作指导，那么它的结果，不是机会主义，便是盲动主义"；社会经济调查的目的就是"得到正确的阶级估量，接着定出正确的斗争策略"；调查的方法是"解剖各种社会阶级"。文章还详细介绍了具体的调查技术。后来，毛泽东在《〈农村调查〉的序言和跋》和《关于农村调查》等文章中，讨论了农村调查的认识论和方法论意义。这是毛泽东在经过了诸多的实地调查后，结合自身的体会做出的更加深刻的理论思考，闪烁着哲学辩证法的智慧和光芒。经过这一系列的摸索和实践，毛泽东关于社会调查的理论方法逐渐成形。

---

① 《毛泽东选集》（第 1 卷），北京：人民出版社，1991 年，第 9 页。
② 参见《毛泽东农村调查文集》，北京：人民出版社，1982 年，第 14 页。

同时，以陈瀚笙等为代表的共产党人，在国统区内利用合法身份进行调查，配合党领导的土地革命。他们在调查农村生产力的同时，更加关注生产关系，这完全不同于同时期其他一些注重生产力忽视生产关系的调查，最终两者的结论也完全不同。前者认为中国农村是半殖民地半封建性质，后者认为是资本主义性质，两者遂展开激烈论战。中国农村派运用阶级分析视角，以从调查中得到的经验事实为依据，从农村经济学的研究对象应是农业生产过程中人与人的关系，土地问题是农村的核心问题，帝国主义的侵略并未使中国农村资本主义化等方面，从理论和实践上无可辩驳地证明了农村的半殖民地半封建性质，从而在论战中取得了胜利，为土地革命的进行提供了扎实的理论依据，也更加完善充实了毛泽东关于调查研究的理论和方法。①

正是在马克思主义阶级斗争论的理论指导下，在广泛调查的基础上，在党的农村革命的实践中，以毛泽东为代表的共产党人，对于农村状况尤其是阶级关系和土地问题的认识逐渐深入，并根据新的认识不断制定、改变阶级斗争策略和土地政策。从此，调查研究成为党认识社会、制定政策的必经之路和改造社会的手段及内容。这对此后的根据地建设产生了深远影响。

抗战的进行使农村发生了巨大变动，改变了各种剥削关系和各阶级的社会地位。掌握这些变化，制定切实有效的战时政策，以便动员群众参加生产和抗战就显得非常必要。1941年5月，毛泽东发表《改造我们的学习》，向全党提出"系统地周密地研究周围环境的任务，即依据马克思列宁主义的理论和方法，对敌友我三方的经济、政治、军事、文化、党务各方面的动态进行详细的调查和研究，然后引出应有的和必要的结论"②。中共中央据此颁布全面展开社会调查的纲领性指导文件——《关于调查研究的决定》和《关于实施调查研究的决定》，并成立以毛泽东、任弼时为代表的中央调查研究局，作为组织和领导各地调查的总指挥部，下设调查研究局、政治研究室、党务

---

① 参见杜松:《土地革命时期中国农村经济调查团活动始末》,《中共党史资料》(第45辑),北京:中共党史出版社,1993年,第108—133页。
② 《毛泽东选集》(第3卷),北京:人民出版社,1991年,第802页。

研究室 3 个分支机构。各分局和独立的党委或省委分别成立调查研究室，并配备工作人员，明确调查任务。一股自上而下、内外兼顾的调查研究风潮顺势兴起，成为影响社会发展和历史变迁的一件大事。

8月，北方局下达《关于执行中央调查研究决定给各地的指示》，要求区党委立即成立专人负责的调查研究室，并联合该地司令机关、政治机关、群众团体及党的机关内各部门，由各机关的性质确定负责哪一种类的调查研究工作；制定各种调查表格，责成有关机关或个人填写，并限定在适当时期内交回，再由调查研究室汇总。① 社会调查在此时成为由各级行政机构执行的一项重要政治工作，在一定程度上为调查的顺利进行创造了条件，也为检验由调查而制定的政策提供了政治实践机会；并且，"为了纠正当时注重一般的社会调查，而忽视了与党的现实斗争联系不够的倾向，并克服对党在华北五年的奋斗经验未能很好地整理与发扬的不足"②，北方局确定了工作计划大纲，将调查的目的确定为总结党在华北五年的抗战工作。这样，调查的目的性和针对性就更加突出。

在上级的指导和命令下，也为了适应抗战形势变化的需要，各根据地展开了广泛调查。太行根据地是抗战时期八路军总部和中共中央北方局所在地，是整个华北抗日根据地的心脏和战略中枢，开展社会调查较早，规模较大，也较为成功。

二

太行区最早的调查是 1940 年野政民运部的《太北六县概况调查》。这是一份比较全面而详细的个案调查，容纳了本地概况、山川气候、人口面积与

---

① 《北方局关于执行中央调查研究决定给各地的指示》（1941 年 8 月），山西省档案馆藏，革命历史档案 A1-1-6。
② 《北方局调查研究室工作计划大纲》（1942 年 7 月），山西省档案馆藏，革命历史档案 A1-1-11-1。

动员兵额、群众组织、财政经济状况、土地关系和阶级变动、社会势力发展（友党、基督教、会门、顽固分子）及各县士绅调查等内容。[①]1941年，中共晋冀豫区党委[②]发布《关于加强群众工作的决定》，要求注意研究各阶层群众的生活和党的政策的具体运用。此后，区党委抽调一批工作能力较强的干部组成区委考察团，开始系统调查研究农民和地主的关系、减租减息与合理负担等。《辽县调查报告》就是这次调查的成果。除了关于辽县概况、支部工作的情况外，报告的主要内容是当地的土地集中、分配、经营的情形以及剥削关系、各阶层的负担和地位变化。同时，考察团还奔赴黎城调查黎卦道事件，编写了多份报告，十分详细。各地也在此时做了十几个村的土地问题调查，并综合在《太行根据地土地问题材料初集》中。

1941年8月，中共中央的"八一"决定下发后，太行区和各地委分别成立调查研究室，这是太行区调查逐渐专门化、系统化的开始。1941至1943年，由于日军的"扫荡"、国民党的封锁以及各种灾害的频发，饥荒在太行区不断蔓延，实行合理负担、减租减息和精兵简政、节约度荒是当时工作的中心。太行区党委于1942年3月发布调查指示，提出调查的重点在于土地问题、负担能力、支部情况等。在调查的方法上，提出利用自上而下的行政系统并结合当时各项政治工作开展调查，搜集各种经常性的数字，开调查会、派调查团、个别深入访谈等。[③]1943年，太行区党委颁布了本年的调查研究任务，对区委、地委的调查研究室和县委及各部门的工作作出了明确分工，从机构和人员配备上保证了工作的顺利进行。这一命令还同时要求各级政府做好全区的几个基本统计，包括户口、人事、财富、契约登记，[④]这使

[①] 太北六县指襄垣、武乡、黎城、榆社、辽县、和顺六县，见野政民运部：《太北六县概况调查》，1940年。

[②] 1943年10月，中共晋冀豫区党委改名为中共太行区党委。

[③] 《太行区党委关于调查研究工作指示》(1942年3月24日)，山西省档案馆藏，革命历史档案A1-1-71-13。

[④] 《太行区党委一九四三年调查研究工作》(1943年)，山西省档案馆藏，革命历史档案A1-1-71-12。

得调查深入到农户和个人家庭财务统计的微观层面。

据此，这一阶段的调查主要着力于土地的集中与分配、租佃状况与借贷关系、土地纠纷与债务问题，战争前后土地所有权变动的情况、原因和影响等，勾勒出围绕土地而形成的农村关系体系及其变迁，是研究农村社会经济史和中国农业经济的重要资料。对农村群众日常经济生活状况的调查与土地问题紧密相关。党以"阶级"从政治和经济上划分群众，调查的过程及结果以阶级的分类呈现，具体涉及各阶级的户口和人口、占有的土地和劳力、日常收支、战时负担、战争前后各阶级状况的变化等。这些调查或者专以地主阶级为调查对象，如《对（武乡）地主阶级各阶层调查与分析》，或对地主、富农、中农、贫农、雇工各阶层的个人简历、财产、家史及其思想和表现进行逐户调查，如《武乡农民各阶层生活特点及其干部生长调查》《平顺六个阶层三十八户调查》等，都涉及具体的个人，较为丰富，表现出战时的农家经济与农民生活，也反映出战争和党的政策给农村生活带来的影响。

除了这些对生产力和生产关系的调查外，对村庄党支部的调查也是其中的重点，成立农村党支部是党在农村建立政权和巩固政治权威的重要手段，根据地政府非常重视对农村支部情况的调查，留下了许多丰富的材料。这些调查主要以武乡、平顺等县的村庄为单位，主要内容是关于支部的产生过程、发展阶段、现时状况，支部成员的成分构成状况，干部个人的工作情形，党群关系等，其中有些是对干部个人和普通群众的访谈记录。尤其是《13个县39个支部初步研究》，分别选取一般支部、薄弱支部、巩固支部共39个典型100个支部，从群众运动与支部建设、支部成分、支部教育、支部对战争的领导、支部生活等多个方面进行详细的调查研究，并对各种类型支部的发展规律作出比较，较为典型。另外，有关思想领域的专题调查数量少，仅见《武乡群众意识调查材料》《武乡农民阶级意识与民族意识初步研究》，但内容十分丰富。这两份材料细致刻画出群众日常生活中的神鬼、风水、命运的"迷信"意识，礼仪和节日的风俗习惯，文化教育、伦理关系、审美观念；对地主的仇恨及原因、对地主斗争的表现、农民本身的团结与组织、对于现行政策的态度及转变的过程等的阶级意识；农民的民族仇恨、恐怖心理、民族觉悟等的民族意识，展示出农村群众多彩的内心世界和战争影响下的心路历程。另外，群众对阶级、对党的各项政策和发起的各种运动、对特务和汉奸的认识及其他的思想内容分散在各类调查中，也比较丰富。

1943年涉县温村会议后，太行区党委制定《关于今明两年完成全区整风任务及目前阶段计划》，整风运动在全区普遍展开。由于一些干部参加学习及有关活动，调查受到影响，直到1944年10月，调查研究室的各项工作才重新恢复起来。[①] 所以，1944年至抗战胜利前的调查数量较少。1945年1月，区委调查研究室提出了以减租、劳力计算、物力计算、组织起来四个问题为中心的工作计划大纲，[②] 统计计量的方法受到重视。对战时经济的统制，是抗战取得胜利的重要前提。为此，太行根据地政府对当时的国民经济状况进行了细致调查。有对各地的粮食和经济作物、山货、土特产的产量、出口数量及地区，各地矿产资源的生产、敌占情况、对市场和战争需求的供应，各地草药的种类，畜牧业及其产品的生产加工，有地方特色的手工业生产，各地进出口货物的货名、数量和价格等贸易状况的调查。《三专区对国民经济社会福利调查报告》《太行区第二、三、四专区十个县十四个村国民经济调查总结材料》对这些内容的调查较为集中，尤其是《太行区社会经济调查》（第一集）和《太行区1944年国民经济调查初步研究》，对整个太行区国民财富来源的行业分布、公私性质、收入分配及群众生产生活消耗、各种负担、收支结余等做出细致考察，为宏观把握太行区的国民经济状况提供了细致材料。

抗战胜利后，阶级矛盾上升为主要矛盾，减租减息已经不能满足农民的要求，"耕者有其田"成为新的土地斗争目标。在新解放区，土地集中和封建

[①]《改进调查研究室工作与相关关系的决议案》（1946年11月），山西省档案馆藏，革命历史档案 A1-1-75-20。

[②]《区党委调查研究室调查计划大纲》（1945年1月25日），山西省档案馆藏，革命历史档案 A1-1-75-4。

剥削现象普遍存在。了解新解放区的社会经济和阶级关系，从而采取有效的手段解决土地问题、促进生产发展，成为当时的一项重要工作。在老解放区则展开了对减租减息不彻底的村庄的查减运动。围绕着这两个中心，抗战后的调查迅速展开，不仅在数量上大大超过以往，而且内容也更加丰富多样。

这一阶段对于土地问题的调查有平顺、和顺等 5 县各村庄近 25 份，是关于减租减息、土地改革运动等在农村实践过程的内容，多集中在和顺、武乡、襄垣、平顺、潞城等地，基本以村庄为单位，有些甚为丰富，如《平顺山南庄土改情况调查报告》对土改前的各阶级占有土地情况，群众斗争解决的问题、斗争的内容、次数、参加的人数、斗争的对象、形式、成果，群众的发动、组织和教育，斗争后各阶级的地位、土地的变动，半年来执行土地政策的情况等做出了详细的统计与描述，动态地展示出土地改革进行的全过程，令人仿佛置身于真实的历史场景和复杂斗争的激烈场面中。这些调查分布在 1946 年至 1948 年之间，比例相当。1946 年的调查集中在封建剥削、租佃关系和阶级变动，各阶层户数、人口、土地、房屋、牲畜、劳力的占有数量等方面；《五四指示》颁布后的调查多集中在对 1946 年 5 月 4 日前后各阶级占有土地状况的对比、查减斗争的户数、数量、斗争的问题、果实分配、运动后各阶层的升降变化和组织状况、中央土地政策的执行情况及各阶级的反应和思想变化等，反映出当年土地斗争的激烈场面；1947 年 10 月《中国土地法大纲》出台后，太行区着重纠正过去的过火行为和"左"的倾向，土地斗争趋于缓和。1948 年的材料多是对此方面的调查以及关于土改的程度、群众觉悟和组织程度等内容。

在土改运动中，常常出现人为的反对和破坏，影响了运动的正常进行，锄奸成为当时的一项重要任务。对黎城和平顺县近 25 个村庄的调查及黎城、平顺公安局对锄奸运动的工作汇报就是反映。这些调查除了三四份内容简单外，以详细者居多，调查的村庄经过了选择，即按照土改进行的程度、反动分子的活动程度将这些村庄划分为 4 种类型，并从中分别选取典型对群众的组织、群众对土改和特务的认识及变化，地主、特务的组织、思想变化及其活动，干部和支部在土改中的领导进行调查。我们从中能够了解党的土地政策在农村基层的实践中遇到的拥护或抵制，以及党基于农村实际对土地政策做出的调整等动态过程。

太行区的合作事业在 1943 年 11 月毛泽东发表《组织起来》的讲话后得到发展，并在 1944 年的度荒运动中突飞猛进，但当时对此类问题的调查较少。抗战胜利后，土改运动为农民组织起来进行合作铺平了道路，合作事业扩展到农业、手工业、金融等领域，其中对黎城、和顺、长治的专项调查较多，也兼及沙河、潞城，还有一些分散在综合性调查中。关于这些调查，具体内容是合作社建立的条件、经过、种类、数字，合作社社员的成分，折工换工办法及各种制度、发展的状况及存在的问题等，且主要集中在 1946 至 1947 年。这一时期还有多份关于国民经济的调查。与先前的同类调查相比，除了注重群众的各种收入、生产生活消耗、各种负担、收支结余情况外，更突出对手工业和商业情形的调查，如对各手工行业的分布、创建、原料问题、在敌占时期和解放时期的发展变化，工人的生活、工资、与雇主的关系，雇主的利润，解放后政府的政策及扶持措施；长治商业的经济性质、经营的类型和方法、经营中的问题；长治商贩的数量、资金、阶级成分及其在不同时期的变化、农商结合等。

1948 至 1949 年调查的数量较少，内容也不如先前的丰富、详细。除了少量对土改情形的调查外，对妇女的调查较多，但大多数分散在各个调查中，专题调查的数量较少，主要集中在长治、潞城和武乡。在内容上，主要是关于妇女在土改运动中的表现、作用，参加生产的情况，妇女的社会和家庭地位、婚姻、疾病情况、文化活动和教育等内容，反映出根据地社会变革下妇女的解放和社会地位的提高。另外，还有关于农村邮路和教育状况的专题调查，前者是武安、榆社等县的邮局对于本县基本情况和乡邮状况的调查，后者是对公、私立中等学校的学生人数、教员的人数和成分以及辖区内农民教育状况的调查，均以统计数字和表格呈现，内容略显单一。不过，其他调查材料中分散着关于教育状况的丰富内容，如对专科以上学校、中等学校、小学、学龄儿童以及公、私立等的各级各类学校的数量、班级数、教职工人数及其成分、文化程度、各级学生的人数、家庭职业、经费来源、经费收支概况,以及对各地的社会教育状况包括剧团、村民夜校、妇女识字班、青年补习班、广播台数、民歌室、大众黑板、盲人宣传队、鼓词队的数量和状况的统计,为了解当时的学校教育和成人教育状况提供了较为详细的材料。

综合这些调查,从时间上来看,主要集中在1942至1943年、1946至1947年、1948至1949年三个时段;从内容上来看,大致呈现出由关注政治到经济再到社会问题的变化,有些是包含多个问题的综合性调查,有些是针对某个问题的专题性调查;从调查的区域和范围来看,除了一些关于太行区一级和县级的社会调查外,多是选取较小的区域——村庄进行调查。晋东南是太行区开辟最早的区域,基础比较稳固,所以调查也多集中在这一地区,且主要在武乡、和顺、平顺、黎城、长治,也有对辽县、赞皇、襄垣、潞城、平陆、榆社等地的调查,但是数量相对较少。从理论指导和调查方法、内容来看,与前期以毛泽东为代表的共产党人所建立的调查研究理论一脉相承,有理论—实践的对应互动关系。

三

太行根据地的社会调查,"受命"于中国社会的危难之际,始终与中国革命相伴相行,成为中国革命和社会变革的重要组成部分。

整个20世纪40年代,以土地这一关涉农民生存命脉的话题为中心,党在太行根据地展开调查,并在此基础上推进革命,改变农村。

调查研究始终是太行根据地民主政权领导群众抗战和变革社会的重要工作方法,而且随着时局的发展,不断变更调查的具体内容,但与农民生存发展密切相关的土地占有数量、质量、租佃和借贷关系、负担等农村生产力和生产关系问题贯穿调查始终。在方法上,这些调查从工作开始都有明确的调查提纲,通过召集有经验的相关人员召开调查会或亲自深入村庄,进行个人访谈来收集材料，这从许多生动活泼的谈话记录和带有明显地方话语的材料中就可看出。同时，在调查中注意运用表格和统计计量的方法，摒弃简单地罗列表格和数字，而是侧重于描述、分析和研究，并采用深入典型与普遍调查相结合的方法。每一阶段的社会调查，都与当时的行政工作紧密结合，行政人员在帮助和指导村庄工作的过程中，收集资料，特别是在发动群众的各种运动中更是如此，有时专门以上级政策在农村的实施状况为调查内容，并及时反馈给有关部门，作为上级制定或改变政策的依据。

太行根据地的社会调查涉及战争影响下农村社会的诸多方面，具体包括农村的自然环境、物产贸易、各阶级农民的物质生活、土地买卖和地权问题，农村信仰与风俗习惯、民族观念和阶级意识、妇女工作、婚姻与家庭、妇女解放、各种社会力量状况、社会教育，农村党支部状况、军民、干群关系，以及党的各项政策如土地改革、减租减息、合理负担、群众运动等在农村的实践过程，显示出战争背景下党对于农村的改革及农村方方面面的历史变化。在以往的研究中，学者多强调根据地政府对农村社会变革的主导作用，相对忽视了蕴含在农村社会内部的促进与阻碍因素，也忽视了农村社会变革过程的复杂性与曲折性，太行根据地的社会调查使我们从中可以看到农村更为真实的状态。虽然党的政策和引导不可忽视，但战争使农民自我因应而产生的变化同样是农村变革的重要动力，农村固有的思想传统和习惯行为也是影响社会变革的重要因素，这些调查为了解战争时代的农村提供了丰富的信息。

与同一时期的其他调查不同，太行根据地社会调查虽然没有人类学、社会学的理论指导，但始终以马克思主义实事求是的哲学思想为依据，更注重观察分析农村社会的土地问题和阶级矛盾，真正从中国的实际出发，展现和摸索农村群众日常生活及战争生活的真实状态，挖掘和探索乡土本色和中国农民、农村的内在特征。

对这些调查本身做出解读，其特点主要体现为：

第一，这些调查是非常重要的历史资料，且具有代表意义。这些调查述说着革命年代太行区农村的历史风貌和转折变迁，为当时党在农村的决策和新中国成立后的制度重建提供了重要的资料来源，也为今日研究太行根据地的经济和社会提供了重要史料。同时，太行根据地突出的自然地理和人文环境，使其在战争时期对于中国政局发挥着重要作用，在政治、经济、军事、文化建设等方面都富有成效。在战争年代形成的太行精神，至今仍是一笔宝贵的革命文化遗产。因此，太行根据地是当时华北各根据地的典型代表。从这一角度讲，这些调查对于认识中国农村的历史传统、理解近代华北农村社会的现代转型有很大的参考价值。

第二，这些调查是党的一种重要的认知手段和方法。诸多调查材料流传于世，说明了当时党对社会调查的重视程度。这些调查始终从微观的实际出发，搜集、提炼材料，并将其上升到宏观的理论层面进行论证，最终再回到实践进行检验。这样就形成了实践—理论—实践的改造社会的认识论和方法论。在此过程中，调查作为一个不可或缺的环节，为这种认识论和方法论提供了最为深入和直接的实践土壤，也成为马克思主义理论与中国实际相结合的有效途径。

第三，这些调查是党改造农村社会的手段、方法、内容、过程等的文献载体和事实反映。这些调查是党的社会改革思想的一部分，折射出了党不同于国民党的领导理念、工作方法、社会责任感和价值观念，是党"从群众中来，到群众中去"的群众路线和工作作风的明显体现，是党锻炼、培养干部及密切联系群众的重要方法。通过这些调查，我们可以把握抗日民主政权的行政实践过程，明晰党在不同历史阶段关注的重点、对群众生活状况的认识和反应等。同时，党对农村的改造是一个双向互动的过程，这些调查材料既有上级的行政运作过程，又有下层的反应和应对过程，通过这些调查，可更加深入地理解党的农村政策的形成过程，以及农村的实际情形和农民自身的思想特点和行为方式，把握上层领导与下层群众之间的互动规律，为今日农村政策的制定、执行和新农村的现代化建设提供良好借鉴。

"下中农"考辨[*]

郭心钢[**]

一、引言

20世纪初,西方社会主义理论和"阶级"概念传入中国后,梁启超、宋教仁等已开始利用"阶级"概念来分析中国社会。随着李大钊等早期无产阶级革命家对俄国社会主义革命和马克思理论的译介,"阶级"概念在国内迅速传播。

中国共产党自成立始,就十分强调阶级分析。中共借此明确了革命的依靠力量和斗争对象,进而达到了重构乡村关系、构建新型社会秩序和实现乡村治理的目标。阶级成分也为人们贴上了一种新的政治身份标签。广大农民在革命中所表现出的复杂心态和行为,是其阶级立场的鲜明表征。阶级成分在人们心中具有重要地位。

中共有关划分农村阶级的指导性文件,一般只对地主、富农、富裕中农、中农、贫农和雇农等进行区分,很少言及"下中农"。学界有关农村阶级或阶层的研究,也主要集中在地主、富农和中农,且偏重政策梳理和经济分析,对"下中农"关注不够。不少著作和文章忽视对相关概念的考证和辨析,误用、讹用"下中农"特别是"贫下中农"一词,存在概念和历史时空错位的现象,由此产生了一些历史认知方面的偏差。那么,"下中农"一词究竟始于何时?一种观点认为"下中农"最早出现于农业合作化时期,其依

---

[*] 本文原载《党的文献》2019年第1期。
[**] 郭心钢,山西大学中国社会史研究中心讲师。

据是毛泽东《关于农业合作化问题》一文；① 另一种观点则认为1949年以前就有"下中农"一词，其依据是刘少奇在1947年西柏坡全国土地会议上的发言。② 通过翻阅党史、国史方面的重要文献，发现这两种观点均值得商榷。基于此，本文尝试对"下中农"做一番考辨。

二、阶级分析在中国的早期实践

近代阶级概念产生以前，中国传统社会各阶层或人群常因家庭出身、经济水平和职业类型等方面的差异而分成不同等级。朝廷也往往根据家户的贫富程度进行有差别的赋役征收和赈济抚恤。一般而言，家户有上、中、下之分或大、中、小之别。近代阶级概念传入中国后，不同党派和社会团体对阶级理论的认识和接受程度不同。

孙中山先生极力倡导"三民主义"，他虽承认民生主义与社会主义有相通之处，但并不认同马克思所讲的阶级斗争说。他认为当时中国的核心问题是贫困而不是不均，因此"师马克思之意则可，用马克思之法则不可"③。孙中山主张采取和平、公平的民生政策，预防出现欧美国家日益突出的阶级矛盾和社会冲突，以期实现社会贫富的均衡。

廖仲恺等国民党左派人物继承和发展了孙中山的民生主义，始终关心民生问题，关注农工运动，反对帝国主义，对社会主义进行了广泛的宣传和实践活动。然而，廖仲恺等国民党左派并不赞同阶级斗争和暴力革命。

乡村建设派代表人物梁漱溟主张社会改良，试图从乡村入手，通过教育的方式改造旧中国、建设新中国。他认为与欧美国家不同，中国社会是"伦

---

① 参见刘守仁：《关于下中农概念的来历》，《唯实》1989年第1期；卢兆洛：《"贫下中农"一词最早出现于何时》，《文史杂志》2007年第5期；贾素平：《"贫下中农"一词最早始于何时》，《党的建设》2010年第6期。
② 吴效龙：《建国前就有"下中农"一词》，《咬文嚼字》2010年第4期。
③ 《孙中山全集》（第9卷），北京：中华书局，1986年，第392页。

理本位""职业分途",没有阶级,也无阶级斗争。梁漱溟不赞同通过暴力革命解决中国社会问题,他与毛泽东在延安的两次争论,正是二人在对中国传统社会结构认识上的分歧所致。

20世纪二三十年代,国内局势十分复杂,各种政治组织纷纷成立,各类主张激烈论战,反映出志士仁人改造落后中国的强烈愿望。当时出版的各种书刊、杂志,多以传统的自耕农、半自耕农、佃农对农村阶级进行简单区分,而无统一且明确的提法。即使是早期共产党人及其宣传刊物,对中国农村阶级结构的观察和分析也处于起步阶段。

1921年4月,《共产党》月刊第3号上登载的一篇文章,将农村阶级分为"土财主""中等农民""下级农民""穷光蛋"。在反抗阶级压迫方面,文章谈到"设若田主压迫你们,你们就大家一齐不耕种,看他们吃甚么?要饿死大家都饿死;要吃饭大家都吃饭;要做工大家都做工"①。显然,这种阶级分析方法和阶级斗争策略尚不成熟。

1923年1月,陈独秀在《中国国民革命与社会各阶级》一文中,着重分析社会各阶级在中国国民革命中的政治态度及其地位,提出了中国革命的指导路线,强调"各阶级群起合作的大革命"。但他忽视农民阶级对于国民革命的伟大作用,不认为能在农民当中作共产的革命。②尽管如此,陈独秀对中国社会各阶级的分析,是早期共产党人探索中国革命基本理论的重要组成部分,对促进马克思主义中国化具有重要的积极意义。

毛泽东提出了革命的首要问题,即"谁是我们的敌人?谁是我们的朋友?"1925年12月,他的《中国社会各阶级的分析》一文将自耕农分成三类,第一类有余钱剩米,第二类恰足自给,第三类每年都要亏本,三者都属小资产阶级。他还指出,半自耕农和贫农虽同属半无产阶级,但其经济状况仍有上、中、下三个细别。半自耕农的土地不足,贫农是无地的佃

---

① 《告中国的农民》,《共产党》月刊1921年4月7日,第7页。
② 《建党以来重要文献选编》(第1册),北京:中央文献出版社,2011年,第363页。

农。① 毛泽东尽管仍以家庭财富状况和生活水平作为划分农民阶级的标准，但他已经开始尝试对农民进行比较细致的、有层次的划分，继而判断他们的政治地位和对待革命之态度。半自耕农作为自耕农与贫农之间的一个过渡阶层，其突出特点是生活优于贫农但不如自耕农，土地不足，需要租入部分土地或出卖一部分劳动力。这与后来"下中农"阶级的内涵有相似之处，但又不完全相同。

面对传统语词在分析农村阶级时的解释限度，毛泽东试图建立新的阶级分析概念和框架。1927年3月，他在《湖南农民运动考察报告》中采用地主、富农、中农、贫农的划分方式，并在此后逐渐摆脱自耕农和半自耕农的说法。1930年5月，他在《反对本本主义》一文中说，在调查农民成分时，不但要知道自耕农、半自耕农、佃农这些以租佃关系区别的各种农民的数目，尤其要知道富农、中农、贫农这些以阶级或阶层区别的各种农民的数目。其终极目的是"要明了各种阶级的互相关系，得到正确的阶级估量，然后定出我们正确的斗争策略，确定哪些阶级是革命斗争的主力，哪些阶级是我们应当争取的同盟者，哪些阶级是要打倒的"②。毛泽东的阶级理论素养进一步提高，他对中国农村阶级的分析也日渐成熟。

1933年10月，毛泽东在《怎样分析农村阶级》一文中说，"中农许多都占有土地。有些中农只占有一部分土地，另租入一部分土地"，"中农一般不剥削别人，许多中农还要受别人小部分地租债利等剥削"。③ 以历史的眼光来看，这里需要"另租入一部分土地""还要受别人小部分地租债利等剥削"的中农即后来的"下中农"。这篇文章是在当时农村土地革命复杂局势下，毛泽东对中共革命理论的重大发展，形成了理解农村阶级关系的基本概念，并成为此后划分农村阶级最重要的指导性文件之一。

---

① 《毛泽东选集》（第1卷），北京：人民出版社，1991年，第5—6页。
② 同上注，第114页。
③ 同上注，第128页。

毛泽东后来讲到，他最初在湖南做调查时对农村阶级的结合仍不是十分了解，直到寻乌调查后才弄清富农和地主的问题，兴国调查后才弄清贫农和雇农问题。① 可见，正是在大量农村实地调查的基础上，毛泽东将马克思的阶级分析理论和中国的具体国情相结合，对中国农村和农民问题形成了比较深入、科学的分析，并逐渐以阶级关系而非租佃关系来理解农村社会和中国革命。通过阶级分析来分清敌我势力，建立革命统一战线，开展革命斗争，也成为中共在农村地区开展群众运动的基本思路。这一时期，"下中农"概念虽未明确提出，但它的一些基本特征已经显现。

三、"下中农"一词的使用和传播

1927年国民革命失败后，中共开始独立探索自己的革命道路，开辟红色革命根据地，建立工农民主政府，开展土地革命，由农村包围城市。有文章指出，20世纪20年代后期的井冈山，地主阶级中有大地主、小地主之分，中农也有上中农、下中农之别。② 但因为是口述资料，判断此时就有"下中农"的说服力略显不足。

1929年，右江苏维埃政府《合理负担暂行条例草案》规定，各阶级按等级纳税，"下中农为丁级"③。1931年4月，闽西苏维埃政府《土地委员会扩大会议决议案》规定，土地税将实行统一累进税，因为过去非累进税"加重了贫农下中农的负担"④。这两条史料说明，"下中农"一词早在苏维埃时期就已经出现。

---

① 《毛泽东农村调查文集》，北京：人民出版社，1982年，第22页。
② 黄仲芳、罗庆宏主编：《井冈山斗争口述史》下册，南京：江苏人民出版社，2014年，第614页。
③ 《中国农民负担史》（第3卷），北京：中国财政经济出版社，1990年，第166页。
④ 财政部农业财物司：《新中国农业税收史料丛编》（第1册），北京：中央财政经济出版社，1987年，第102页。

抗战时期，中共宣传和执行的是抗日民族统一战线的土地政策，即一方面减租减息一方面交租交息。1940年，山东齐河县实行"合理负担"，规定赤贫农免交公粮，中农、下中农少交公粮，地主、富农多交公粮。①1944年6月以后，山西阳泉地区各抗日根据地进一步深入贯彻减租减息政策，"不少贫农的状况开始达到了中农或下中农水平"②。由此可见，在这一时期的部分农村阶级中亦有"下中农"。

抗战结束后，中共开始转变抗战期间的土地政策。1946年5月4日，中共中央发出《关于土地问题的指示》，号召执行群众路线，发动群众运动，团结中农，迅速解决土地问题，实现"耕者有其田"。冀中地区执行大胆放手发动群众的方针，积极培养以贫雇农、佃农、下中农为主体的积极分子。③晋察冀地区在分配果实时注意照顾包括下中农在内的中农利益，④太行区的下中农也要求分些果实来"缓缓气"⑤。黑龙江双城县对大、中地主的土地进行了没收分配，但也留下少数土地，让他们维持下中农的生活。⑥这一阶段，"下中农"一词开始频繁出现。

1947年7月，全国土地会议在河北西柏坡举行，并于9月13日通过《中国土地法大纲》，主张实行"彻底平分土地"的方针。同年12月，毛泽东《目前形势和我们的任务》一文强调要坚决团结中农，不损害中农的利益。1948年2月，中共中央《关于土地改革中各社会阶级的划分及其待遇的规定（草案）》出台。但是，这几个文件并未提及"下中农"。

---

① 齐河县志编纂委员会：《齐河县志》，北京：中华书局，1990年，第526页。
② 阳泉革命老区建设促进会编：《阳泉革命老区概览》，太原：山西人民出版社，2006年，第169页。
③ 河北省档案馆：《河北土地改革档案史料选编》，石家庄：河北人民出版社，1990年，第125页。
④ 《河北土地改革档案史料选编》，第191页。
⑤ 《河北土地改革档案史料选编》，第206页。
⑥ 黑龙江省档案馆：《黑龙江革命历史档案史料丛编·土地改革运动》（上），内部发行，1983年，第31页。

不过，刘少奇曾在全国土地会议期间谈到，下中农能够积极参加土改，而富裕中农常常恐慌。①邓子恢也指示，富裕中农一般要拿出土地，下中农要分进土地，中农土地一般不进不出或拿出一部分。②任弼时《土地改革中的几个问题》一文进一步强调下中农可以分进一些土地的方针。③

在1947年平分土地的过程中，冀热察区下中农如果土地不够，可以补足与贫农一样，分到一部分土地。④当时因"左"的偏向，冀热察区有很多贫雇农被划成下中农和中农。⑤太行区林县、涉县的不少下中农也发牢骚，说他们的土地不够，应该划作贫农。⑥北岳区在分配土地和浮财时，若有多余，也主张适当照顾中农特别是下中农。⑦

新中国成立后，为了有领导、有秩序地进行土地改革，1950年6月，中共中央颁布《中华人民共和国土地改革法》，其基本原则是依靠贫雇农，团结中农，中立富农。同年8月，政务院又颁布《关于划分农村阶级成分的决定》，该《决定》仍是以1933年《怎样分析农村阶级》和《关于土地改革中一些问题的决定》两个文件为蓝本。1951年3月，《关于划分农村阶级成分的补充规定（草案）》出台。然而，这几个文件也没有关于"下中农"的阐述。

1955年7月31日，毛泽东《关于农业合作化问题》一文指出，贫农、新中农中间的下中农和老中农中间的下中农，他们的经济地位困难（贫农），或者虽然比解放以前有所改善，但是仍然不富裕（下中农）。⑧并进而将贫农

---

① 《中共党史教学参考资料》(第11册)，中国人民解放军政治学院党史教研室，1979年，第70页。
② 《中国土地改革史料选编》，北京：解放军国防大学出版社，1988年，第431页。
③ 《建党以来重要文献选编》(第25册)，第21页。
④ 《河北土地改革档案史料选编》，第316—317页。
⑤ 同上注，第428页。
⑥ 中共山西省委党史办公室编：《陶鲁笳文集》上册，北京：中共党史出版社，2013年，第28页。
⑦ 《河北土地改革档案史料选编》，第333页。
⑧ 《毛泽东选集》(第5卷)，北京：人民出版社，1977年，第172页。

和新、老下中农，特别是其中的积极分子作为优先考虑加入农业合作社的基本力量。毛泽东的这一论述，常被误认为是"下中农"一词产生的源头。事实上，在稍早举行的全国第三次农村工作会议上，邓子恢的报告就已经使用了"下中农"。① 但是，不管怎样，1955年以后，"下中农"一词开始在全国各地反复出现，并逐渐形成"贫下中农"这一专有名词。

四、"下中农"的阶级归属和地位

通过对党史、国史重要文献的系统梳理，我们可以明了"下中农"一词产生、传播和广泛流行开来的整个过程。但不可否认的是，很多农村地区并没有下中农，或是以另一概念指称下中农，抑或是隐蔽地归属于相邻阶级。下中农具有自身独特的政治和经济地位。

第一，"下中农"在农业合作化以前并不是一个统一的、精确的概念。

中央颁发的划分农村阶级的指导性文件虽未言及"下中农"，但各地区的具体实践则呈现出不同面相。1929年土地革命时，鄂豫边界地区没有颁布统一的划分阶级的标准，各县甚至一个县的区、乡之间也不完全相同，"有的划五类，有的划六类，甚至还有七类、八类的"②。"五四指示"下达后，豫北地区的农民要求出透气且提出要恩赐地主土地，其标准就是"富中、中农、下中农、贫农四等"③。在执行《中国土改法大纲》过程中，河北更乐于把农民阶级内部划得过细，中贫农的成分，名称多达30余种，"中农分上、中、下后，每种又分破、降、升、新、旧、复兴等。贫农分上、中、下后，每种又分破、降、血。据说血下贫是最光荣的成分"④。

---

① 《农业集体化重要文件汇编》上册，北京：中共中央党校出版社，1981年，第337页。
② 侯志英主编：《大别山风云录：豫东南土地革命战争史稿》，郑州：河南人民出版社，1990年，第132—133页。
③ 《陶鲁笳文集》上册，第24页。
④ 同上注，第40页。

对比一些回忆性材料也能够发现各地在划分阶级方面的差异。河北磁县韩家庄村在1950年前后的土改中划有下中农成分，①而河南淇县西岗村在1949年划分阶级成分时，"中农没有分上中农、中农和下中农"②。

此外，"下中农"在各地也有不同的提法。冀南鸡泽县北正风村在1946年"耕者有其田"运动前，将中农分为富中农、中农、贫中农，运动后称富裕中农、中农和贫苦中农。③实际上，贫中农、贫苦中农就是指下中农。

这样看来，中央下发的有关划分阶级的指导性文件只能说是一种基本的标准或模板，各地方可以根据农村自身特点做出适当调整，体现出很大的弹性。

第二，下中农是一个流动性阶层，其阶级归属在一定时期内并不确定。

1947年土地改革运动后的太行区，中农占全村人口的33%—42%，当中包含下中农。④而在土地改革前，贫雇农占农村总人口的41%—50%，贫雇农人口的比例之所以这么大，是因为下中农人口比重计算在这里，借以说明，农村的贫雇力量是农村阶级力量中最大的一个。⑤下中农在中农和贫农之间左右摆动，属流动性阶层。

这一定程度上能够解释为什么有的地区阶级统计数据中没有"下中农"，或许不是没有，而是内化在了相邻的阶级队伍中。刘少奇就曾批评说，贫农包括下中农，下中农其实是次贫，但过去的统计表不太对，故意把中农搞多，以表示解放区工作好。⑥这也说明，上述统计所表现出的问题并不鲜见。

第三，下中农具有一定的政治和经济地位。

政治方面，下中农可以加入一些农村的基层组织机构，其优势明显超过

---

① 中共山西省委党史研究室编:《太行革命根据地土地问题资料续编》，晋中地区印刷厂，1984年，第312页。
② 《太行革命根据地土地问题资料续编》，第305页。
③ 《中国土地改革史料选编》，第288页。
④ 《太行革命根据地土地问题资料续编》，第50页。
⑤ 同上注，第54—55页。
⑥ 《中共党史参考资料》(第11册)，第70页。

富裕中农和一般中农。"五四指示"下达后，各地贯彻群众路线，培养和使用骨干分子，下中农因成分好、出身好，而成为积极分子的主要力量之一。①下中农可以加入农会或贫农组，上中农若想加入农会常需介绍人，地主、富农则完全难以入会。②农业合作化时期，贫农和下中农是社会主义建设所依靠的核心力量，贫下中农协会的会员要求必须是真正的贫农、下中农成分。

经济方面，下中农可以分到部分土改果实。除最大限度满足贫苦农民的要求外，中央要求注意照顾包括下中农在内的中农利益。晋察冀四地委坚持不侵犯中农利益，在分配果实时要照顾中农特别是下中农。③冀热察区在平分土地时，下中农一般也可以得到土地。④下中农相比一般中农和上中农，能够分得一部分果实，但又不及贫农。

总体来看，农业合作化特别是土改以前，中共迫切需要解决的是地主、富农和贫雇农之间的阶级矛盾，而非中农内部构成问题，因此才会再三强调富农和富裕中农之间的界限问题。依靠贫雇农，团结中农，形成90%的反封建统一战线，是中央没有明确发文提出"下中农"概念的重要历史情境。在土改结束后的一段时期内，中央依然号召"不要强调阶级划分，特别是不要强调中贫农的界限"⑤。但随着土改后多数贫雇农经济地位的提升，新中农逐渐崛起，农村出现"中农化"趋势。面对合作化初期贫农和中农间的矛盾，邓子恢一方面强调依靠贫农；另一方面又无法剥离中农当中支持和反对合作化的力量，因而只能采取"压缩"办法来减少合作化的阻力。毛泽东则思考将"依靠贫农巩固地联合中农"这个口号按照新的情况加以具体化，⑥重新调整农村的阶级关系，把具有合作倾向的"下中农"从中农中剥离出来，

---

① 《河北土地改革档案史料选编》，第125页。
② 《中共党史教学参考资料》(第18册)，中国人民解放军国防大学党史党建政工教研室，1986年，第56页。
③ 《河北土地改革档案史料选编》，第191页。
④ 同上注，第316页。
⑤ 《建国以来重要文献选编》(第1册)，北京：中央文献出版社，1992年，第26页。
⑥ 《毛泽东选集》(第5卷)，第193页。

与贫农一起构成合作化的依靠力量。毛泽东对农村阶级关系的重新认识，说服了包括邓子恢在内的各级领导人，推动了农业合作化运动在全国的迅速开展。这是中央在农业合作化时期明确提出"下中农"的重要历史背景。

总而言之，"下中农"一词并非最早出现于新中国成立前夕或农业合作化时期，而是早在苏维埃时期就已经出现。同时，"下中农"具有自身独特的内涵和阶级地位。中共在不同时期对农村阶级及其关系的认识和调整，是不同历史情境下革命形势和斗争策略的客观要求和具体体现。在运用史料和书写历史时，我们必须对一些基本概念进行扎实的考辨，才能形成明晰的历史认知。